제7판

장애인복지론

이채식 · 이은영 · 이형렬 · 김재익 · 전영록

창지사

머 / 리 / 말

최근 우리 사회는 사회복지를 둘러싼 환경이 매우 빠르게 변화하고 있고, 저출산, 고령화, 소득의 양극화, 문화의 다양성 등 복합적인 사회문제에 직면하고 있는 상황이다. 이러한 사회환경의 변화는 우리 장애인복지환경에도 적잖은 영향을 주고 있다. 특히 최근 장애인복지의 이념적 개념이 '복지의 개념'에서 '인권과 권리의 개념'으로 변화하고 있고, 정책적·실천적으로도 장애인 당사자의 권리를 중심으로 한 자립생활 이념이 확산되고 정착되어 가고 있다. 이러한 배경을 기반으로 최근 정부에서 발표한 제6차 장애인정책종합계획(2023~2027)에서도 약자 중심의 복지, 수요자 욕구 기반 맞춤형 통합서비스 지원, 전 생활영역에서의 장애인 권리보장 확대를 주요 정책으로 제시하였고, 이를 토대로 활동지원제도 대상자 지속적 확대, 개인예산제 시범사업과 입법추진, 탈시설 가속화, 최중증 발달장애인 24시간 지원체계 구축 등 장애인의 권리보장과 삶의 질 향상을 위한 진지한 고민과 노력이 계속되고 있는 실정이다.

이와 같은 사회환경의 변화 속에서 장애인복지환경을 비롯한 정책적·실천적 내용도 하루가 다르게 변화하고 있으며, 이러한 변화된 내용을 장애인복지에 관심이 있는 모든 분께 조금 더 일찍 전하고자 이 책을 개정하게 되었다. 이 책은 수년 동안 장애인복지를 대학에서 강의하고 장애인복지 현장에서 장애인복지서비스를 제공해 오던 저자들이 모여 발간 및 개정하게 되었으며, 내용이 불분명하거나 중복되는 부분, 그리고 장애인복지현장에서 이 책을 사용하신 많은 분들이 지적해 주신 부분들에 대해 전적으로 공감하면서 많은 부분을 수정하고 보완하였다.

이 책에 대한 개정 작업을 진행하면서 저자들이 뜻을 함께한 것은 장애인복지현장에서 근무한 생생한 경험을 바탕으로 환경변화와 최근의 이슈를 중심으로 집필하자는 것이었고, 특히 최근의 자립생활 이념에서 강조하고 있는 부분과 장애인 당사자 중심의 권리 측면에서의 내용을 보완하는 것에 주안점을 두었다. 2024년 초에 6판을 출간하고 1년 만에 7판 개정을 진행한 이유는 2024년 12월에 보건복지부 및 한국보건사회연구원에서 발표한 장애인 실태조사를 책 속에 반영하기 위해서이다.

이 책은 크게 네 부분으로 구성되어 있다.

제1부에서는 장애인복지에 대한 기본적인 이해에 대한 내용을 담았다. 현대사회에서 장애인 문제가 출현한 배경과 장애인복지의 특성 그리고 무엇보다도 중요한 장애인복지의 기본적 가치와 이념을 다루었다. 아울러 장애인 문제를 해결해 나가는 데 있어서는 장애에 대한 정확한 개념적 이해가 필요하기 때문에 장애개념과 장애인실태 현황을 중점적으로 다루었다. 특히 가치와 이념 부분에서는 최근에 강조되는 이념과 가치를 보완하였고, 장애인실태 현황자료도 최근 자료로 수정하였다.

제2부에서는 장애인복지 실천서비스에 대한 이해를 위해서 장애인복지의 발전과정, 장애진단 및 평가, 장애유형별 이해, 그리고 재활서비스 영역을 통하여 장애인실천서비스에 대한 이해에 관하여 내용을 구성하였다. 이 영역에서는 사정과 평가영역에서 장애인복지현장의 실천내용을 보완하였으며, 최근 사회복지실천현장에서 사례관리기술이 강조되고 있어 이에 대한 부분을 포함하여 기술하였다.

제3부에서는 장애인복지 정책서비스에 대한 이해를 하는 과정으로서 장애인

에 대한 소득보장, 고용보장, 의료보장 그리고 이동보장을 위한 접근권을 다루었다. 특히 정책적인 환경변화가 급변하게 이루어지고 있는 시점에서 최근의 정책내용을 중심으로 대폭 수정하였다.

제4부에서는 장애인복지 환경 및 패러다임 변화에 대한 이해를 위하여 자립생활의 이해, 장애인의 문화체육, 장애인 차별과 권리운동 그리고 향후 장애인복지의 전망과 과제를 살펴보았다. 특히 최근 장애인의 실천 패러다임이 재활모델에서 자립생활모델로 이행되고 있는 시점에서 자립생활에 대한 내용을 현장의 경험을 토대로 장애인과 사회서비스에 대해서 추가로 기술하였다.

이 책을 통해 다섯 명의 저자들은 본서를 통해 사회복지학도와 현장의 사회복지사들이 장애인복지에 대해 그 개념을 정확히 이해하고, 올바른 장애인관으로 이론과 실무의 경험을 겸비한 전문가로 거듭나기를 기대하면서 집필하였다. 그러나 여전히 장애인복지의 영역이 확대되고 있는 시점에서 장애인복지의 전반적인 내용을 세세하게 다루기에는 저자들의 능력에 한계가 있었음을 인정하고 못내 아쉽게 생각한다. 그럼에도 불구하고 장애인복지에 관한 현장감 있고 포괄적이며 실제적으로 정리된 저술임을 자부하면서 앞으로도 더욱 보완하여 알찬 내용이 될 수 있도록 노력을 게을리하지 않겠다는 약속을 감히 드린다.

끝으로 제7판이 나오기까지 내용 수정에 성실하게 참여해 준 한 가족 같은 다섯 명의 저자들에게 깊은 감사를 마음 모아 전하며, 아울러 출판을 위해 많은 도움을 주신 창지사 사장님과 직원 여러분에게 감사를 드린다.

2025년 2월

저자 일동

차 / 례

PART 2 장애인복지 실천서비스에 대한 이해 · 51

PART 4 장애인복지 환경변화에 대한 이해 · 325

social welfare for people with disabilities

PART 1

장애인복지에 대한 기본적 이해

CHAPTER 01 현대사회와 장애인복지

1절 장애인 문제의 사회적 배경

최근 우리나라의 장애인을 둘러싼 사회환경을 보면 중증화, 중복화, 고령화가 진행되는 한편, 장애인에 대한 가족의 친족부양 능력은 상대적으로 저하되고 장애인 당사자의 의식도 크게 변화되고 있다. 이와 같은 최근의 사회환경과 장애인 문제의 특성을 여러 측면에서 조명해 볼 필요가 있다.

1 지역사회공동체 약화

최근 우리나라의 노동인구는 농어촌 및 소도시에서 대도시로 집중되는 현상을 보이고 있고, 이러한 현상은 지금도 별반 다르지 않게 진행되고 있으며, 다른 한편에서는 타인으로부터 도움이 필요한 장애인과 노인들은 농어촌 및 소도시에 그대로 머물게 되는 경향이 나타나고 있다. 또한, 젊은층의 노동인력이 빠져나간 지방 소도시에서는, 과거 자연발생적으로 형성되어 온 이웃 간의 생활지원 네트워크의 기능이 약화되고 아울러 지역사회 내의 인적자원의 부족현상으로 인하여 그 안의 장애인, 노인 등의 약자들은 더욱 취약한 입장에 놓이게 되었다.

한편 대도시에서는 지방으로부터 유입되어 온 사람들과 그곳에서 삶을 유지해 온 지역주민들과의 사이에서 서로의 의식이 다르고 공동의 이익을 위한 공동체에 대하여 관심이 적음으로 인해 상호 원조 의식이 약할 수밖에 없다. 또한, 신흥도시에서도 마찬가지로 지역주민 간의 연대의식을 향상시킬 수 있는 지역원조활동의 의도적인 개입이 없는 한, 지역사회 내의 장애인이나 노인들은 자연발생적인 지역생활원조 네트워크로부터 소외되고 고립화되면서 정서적인 외로움까지 가중될 수밖에 없다. 아울러 여러 가지 일상생활에서의 재난이나 사회문제 등의 사회적 위험에 노출될 수밖에 없는 여러 문제가 나타나고 있다(蔣村多加志, 2013).

2 가족공동체 약화

인구의 도시집중화로 주로 젊은 세대들을 중심으로 진행되고 있고, 고령화세대들은 지방도시나 농어촌이라는 과소지에 남겨지게 되는 경향이 강하게 나타나고 있다. 대도시로 모여든 세대들은 협소한 토지와 높은 지가상승 등과 규격품으로 제공되는 주택의 물리적인 한계 때문에 넓은 주거공간을 필요로 하는 장애를 가진 사람들이나 고령자에게는 함께 동거할 수 있는 공간이 절대적으로 부족할 수밖에 없다(竹原健二, 2005).

따라서 대부분의 도시사람들은 일정 정도의 수입이 있더라도 높은 물가와 비싼 주거비용 때문에 노부모를 부양하거나 장애를 가진 가족구성원에 대한 부양이 경제적으로 매우 큰 부담이 된다. 또한, 장애를 가진 가족구성원에게 형제자매나 친척이 있다고 하더라도 지리적으로 멀리 떨어져서 생활하고 있다면 경제적으로 부양책임을 진다는 것은 매우 어려운 현실이다.

이와 같은 현실에서 장애인을 부양하고 있는 가족의 부양책임을 경감시키고 가족위기를 예방하기 위해서는 장애인활동보조 서비스제도, 성년후견인제도, 긴급일시보호, 장애인 가족지원 사업 등이 하나의 방법이 될 수 있고 지역사회 내에서 장애인을 지원하는 데 좋은 네트워크의 자원으로 활용될 수 있을 것이다.

3 고령장애인 인구 증가

최근 우리나라의 고령인구는 다른 선진국가에 비해 급속하고 빠르게 진행되고 있다. 60세 이상의 고령자 총인구가 차지하는 비율이 1960년에 2.9%에 불과하던 것이 1980년에는 3.8%, 2000년에는 7.1%를 차지하고 있고 2022년에는 17.5%, 2030년에는 23.1%, 2050년에는 37.3%, 2070년에는 총인구의 절반에 가까운 46.4%가 초고령사회로 진입할 것으로 예측된다(통계청 내부자료, 2023).

이와 같은 인구고령화 현상은 장애인 문제에도 많은 영향을 미칠 것으로 보인다. 이는 비장애인들도 고령화되면서 시각, 청각, 후각, 미각, 촉각 등 노화현상이 현저하게 나타나게 될 것이고, 필연적으로 고령화인구가 장애인인구로 발전하게 될 것이기 때문이다.

2023년 한국보건사회연구원의 조사에 의하면 65세 이상 장애노인이 전체 장애인구에서 차지하는 비율이 54.3%로서 매년 증가하고 있고, 이는 우리 사회가 고령화사회로 진입하면서 장애인 중 고령자 비율이 지속적으로 증가하고 있다는 것을 보여 주고 있다(보건사회연구원, 2023).

따라서 장애인인구의 고령화라고 하는 것은 의료, 수발, 주택개조, 소득보장, 여가활동 등 보다 고도의 복지욕구를 만들어내고 있다. 그러나 이러한 욕구를 지역사회 내에서 일상적인 삶의 과정 속에서 지원되고 욕구가 충족되는 것이 오늘날 장애인복지의 흐름이다. 즉, 장애인복지서비스에 대한 효율성보다는 효과성에 대한 기대가 높게 나타나고 있다.

2절 장애인복지의 질적 변화

과거 전통적인 장애인복지의 입장은 일상생활에 장애가 있어 타인으로부터 지원이 필요한 장애인들은 생활시설에서 비장애인과는 다른 삶의 방식을 가질 수밖에 없다고 생각했었다. 그러나 오늘날에는 장애인의 권리의식이 향상되면서 장애의 경중을 떠나 장애를 가진 사람들도 기본적으로 비장애인과 마찬가지로 스스로 원하는 삶을 지역사회 내에서 자립된 생활로 실현해 나가는 것이 당연한 것이라고 생각하고 있다(이기량 외, 1999).

자립생활에 대한 이러한 사고의 변화는 1970년대에 장애인자립생활운동이 전개되고 1981년 세계장애인의 해를 맞이하면서 본격적으로 대두되기 시작하였다. 장애를 가진 사람들이 자기의 권리를 포기하지 않고 주체적으로 살아간다는 권리의식은 지금에서는 전 세계적으로 확산되고 있다. 자기 삶에 대한 자기결정이 당연한 것이라는 만인 공통의 욕구를 장애인 본인은 물론이거니와 사회 일반의 비장애인, 정부 및 행정 측에서도 당연한 결과로 받아들여야 할 것이며, 이에 대한 욕구를 실현시켜 나가기 위한 공동의 책임감도 가져야 할 것이다. 이를 위해서는 장애인 자신이 직업이나 정치활동 등에서 주체적인 활동과 기회를 만들어 나가야 할 것이며, 스포츠나 문화적인 활동, 외출과 여행, 도로나 숙박시설 등 관련 공동시설의 설비개선이나 생활공간의 확대를 현실화시켜 나가야 할 것이다. 아울러 행정결정이 가능한 위원회나 심의회 등에 장애인의 대표로 참가하여 정책결정 과정에 장애인의 목소리를 정책이나 제도에 반영시켜 나가는 것이 사회적 정상화의 이념을 실현시키는 것이라고 볼 수 있다(相澤讓治, 2005).

이와 같이 장애인을 둘러싼 사회적 배경이 변화되고 있고 장애인 당사자들의 의식이 지역사회 내에서의 자립생활 방향으로 변화되고 있지만 아직 지역사회 내에 장애인을 받아들일 수 있는 사회적 기반이 성숙되어 있지 못한 것이 현실이다. 이를 위해서는 자연발생적인 법외시설로서 장애인의 욕구를 지원할 수 있는 시설들이 생겨나야 할 것이다. 일본의 경우 지적장애인 부모회나 장애인 당사자가 중심이 되어 지역사회 내에서의 장애인소규모작업장이 활성화하여 운영되고 있다. 이는 경제적인 소득확보보다는 지역사회와의 소통의 장소로서 교류하고 학습하고 근로하면서 일상생활 활용의 장소로서 자리매김하고 있다. 이처럼 종래의 생활시설 중심에서 벗어나서 중증의 장애인들이 지역사회 내에서 자립된 생활이 가능하도록 장애인 당사자뿐만 아니라 장애인 가족의 지원 등 재택복지가 강화되어 나가야 할 것이다.

또한 장애의 중증화와 중복화가 이전에 비해 빠르게 진행되고 있기 때문에 중증 장애인들의 욕구를 수용할 수 있는 기본 이념을 확실히 하고, 인권존중의 시점에서 장애인의 문제를 다루어 나갈 필요가 있다(手塚直樹, 1981).

3절 장애인복지의 특성

오늘날 사회복지는 개인의 복지에 직접 관계되어 인간 개인의 복지를 목적으로 하고 이에 대해 직접적으로 그 개인에게 작용되는 사회정책으로 이해되고 있으며, 사회복지의 특성으로 사회적인 책임과 주관성, 조직적인 활동성, 이용자와의 직접적인 관계성, 인간의 권리성 등을 들고 있다.

장애인복지의 궁극적인 지향점은 일반적인 사회복지의 이념과 다르지 않다. 장애인복지와 사회복지의 목적과 방법은 다르지 않지만, 대상이 갖는 특성으로 인해 고유의 성격을 갖는다. 여러 분야 중에서 장애라는 특성이 추가된다는 점에서 그러하다. 일반적으로 장애인복지의 이념은 완전한 사회참여를 통한 사회통합의 목적을 갖는다. 일반적으로 사회복지를 '사회구성원이 만족한 삶과 건강을 누릴 수 있도록 도와주기 위해 만들어진 사회적 서비스와 제도의 조직화된 체계'로 규정하여, 사회보장제도를 사회보험, 공공부조, 복지서비스로 분류하면서 장애인복지는 서비스에 포함시킨다. 그렇지만 장애인복지는 특성상 사회복지의 전 분야를 망라한다고 해도 과언이 아닐 것이다. 이는 장애가 갖는 생애주기적 특성과 함께 장애라는 특성의 다양성에서 기인한다. 즉, 태어나면서부터 아동, 청·장년, 노년기에 이르기까지 전 생애에 걸쳐 야기되는 부가적 욕구로 인해 각 시기에 맞는 적절한 지원을 필요로 한다. 또한, 장애의 특성이 다르다는 점은 다양한 대책의 필요성을 의미한다. 예를 들면 시각, 청각장애인에게는 감각기능이나 의사소통에 관한 사회적 대책이 필요하며, 사회보험에 있어서는 각종 사고로 인한 장애인에게 해당하는 보험급여가 제공되고, 장애로 인한 빈곤문제는 공공부조정책의 주요 사안이 되고 있다. 이와 같이 유사한 특성을 범주화할 수 있는 다른 대상 영역과 달리 장애인 분야는 다양한 특성으로 인해 접근방법 또한 매우 복잡하게 이루어져 있다고 하겠다(권선진, 2005).

따라서 장애인복지는 넓게는 사회복지라는 틀 속에서 공통된 특성을 가지고 있지만 장애인이라는 특정인을 대상으로 하기 때문에 독특한 특성을 가질 수 있는데 장애인복지의 특성은 장애문제의 복잡성, 종합성, 역동성, 책임성 등으로 정리해 볼 수 있다(남상만 외, 2003).

1 복잡성(complexity)

장애는 신체적 장애와 정신적 장애로 분류되며 신체적 장애는 외부 신체기능의 장애와 내부기관의 장애로 나누어지고 외부 신체기능의 장애는 지체, 뇌병변, 시각, 청각, 언어, 안면 장애로 분류되며 내부기관의 장애는 신장, 심장, 간, 호흡기, 장루요루, 뇌전증장애로 분류된다. 아울러 재활서비스 측면에 따라 다시 정의되는 등 장애유형과 장애로 인해 파생되는 여러 가지 문제도 다양하다. 또한, 이러한 장애문제는 사회 전체가 가지고 있는 잘못된 장애인관, 사회 · 문화적 환경과도 깊은 관련이 있는데 이러한 여러 가지 장애문제의 다양성과 복잡성은 장애인복지를 어렵게 하기 때문에 복잡성이라는 특성을 가진다(권선진, 2005).

2 종합성(comprehensive)

장애문제는 다양하고 복잡하기 때문에 해결방법도 다양하고 종합적으로 강구되어야 한다는 것이다. 장애인복지는 단순한 사회복지 차원뿐만 아니라 의료적, 교육적, 직업적, 사회적, 환경적 차원과도 관련되어 있는 종합성이 요구되는 복지로서 장애인의 복지는 결코 어느 한 특정 분야의 전문성만 가지고는 달성하지 못한다는 사실이다. 예를 들면, 교통사고로 인한 지체장애인이 사회 재적응을 위해 필요로 하는 측면은 단순히 사회복지적인 차원에서의 서비스뿐만 아니라 의료적, 교육적, 사회적, 직업적, 재활적인 모든 차원에서의 종합적인 서비스가 요구된다. 그러므로 장애인복지는 한 분야의 전문가만으로 그 서비스 목적을 실현할 수 없으며, 각 분야의 전문가들이 한 팀으로 조직적인 활동과 종합적인 서비스를 동시에 제공함으로써 그 효과성을 높일 수 있다(정영숙 외, 2003).

따라서 장애인복지는 전문 분야의 특성을 팀으로 조직화하여 접근하여야 하며 복지라는 측면과 재활이라는 측면이 종합적으로 강구될 때 소기의 목적을 달성할 수 있을 것이다.

3 역동성(dynamic)

선진국에서 장애인복지가 처음 실시될 때에는 위정자나 전문가를 중심으로 한 일부 소수들에 의해 다루어지고 움직여졌으나 점차 장애인 자신들의 의식이 높아지고 사회의 경제적인 수준이 상승되어 가고 있으며 장애요인의 증가 등으로 인해 장애인복지에 대한 공감대 형성은 장애인복지를 시대나 상황에 따라 역동적으로 움직이게 하고 있다. 장애인복지를 위한 모든 정책, 제도, 방법, 기술 등이 장애인의 욕구에 따라 수시로 유연성 있게 적용되어야 하며 사회적 변화와 환경에 역동적으로 적절하게 움직여야 하므로 역동성이라는 특성을 가진다(남상만 외, 2003).

4 책임성(responsibility)

장애인복지는 한 인간의 재활문제를 다루는 공공적 성격을 띤 복지이기 때문에 반드시 책임성이 뒤따른다. 그 책임의 한계는 다음과 같다.

첫째, 장애인 개인을 대상으로 한 책임성이다. 장애인의 재활문제는 한 인간의 삶과 연계된 문제이기 때문에 거기에는 책임이 따라야 한다.

둘째, 후원자에 대한 책임으로 최근 장애인복지는 국가에서뿐만 아니라 민간, 특히 장애인복지기관에서 수행되는 경우가 많다. 이러한 기관은 반드시 후원자에 대한 책임성을 입증할 수 있어야만 운영이 가능하다.

셋째, 사회적 책임성이다. 장애인복지는 개인이나 사적이 아닌 공적, 사회적 목적에 의해 규정하는 활동이라는 점에 대한 책임성을 입증할 수 있어야 할 것이다(권선진, 2005).

이러한 관점에서 볼 때 장애인복지는 장애인 본인이나 가족에게만 국한되는 문제가 아니라 사회와 국가가 협동해야 할 성질의 것이고 또한 장애인의 개인적 복지를 실현하기 위해서는 각종 전문 분야 서비스가 다각적인 접근을 통하여 종합적, 통합적으로 수행될 때 그 효율성이 보장될 수 있을 것이다. 그러므로 장애인을 일정한 테두리 안에서만 살게 할 것이 아니라 가능한 한 조기에 모든 재활서비스를 받게 함으로써 사회에 통합될 수 있도록 하여야 한다. 물론 사회는 장애인을 하나의 인격적 존재로 존중하고 그들의 사회적 성숙의 필요를 깊이 느끼며 잠재능력의 개발에 대한 책임의식을 가져야 할 것이다.

그리고 장애인복지의 특성을 논의할 때 간과해서는 안 될 점은 장애인의 일반적 심리를 이해하고 염두에 두어야 한다는 것이다.

CHAPTER 02 장애인복지의 기본적 이념과 가치

1절 장애인복지의 이념

1950~1960년대 복지 선진국가들의 장애인복지 패러다임은 생활시설 중심이었다. 생활시설에서 제공하는 대부분의 서비스는 많은 사람들이 동시에 생활하기 때문에 지역사회의 자원을 연결시킬 수 있는 여유를 갖지 못한 채 거주, 교육, 직업, 여가, 의료 등 인간생활에 필요한 사회기능을 한 장소에 결집시켜 놓은 형태였다. 이는 지역사회와는 격리된 별개의 생활이었으며, 또한 생활인원이 많기 때문에 자유롭게 생활할 수 있는 쾌적한 거주환경이기보다는 관리하기 쉬운 형태의 제약된 시설환경이 대부분이었다(한국장애인재활협회, 2006).

이러한 생활시설형태에서 비롯될 수밖에 없는 서비스에 한계에 대한 반성에서 사회의 주류에 장애인이 합류해야 함을 제창한 사회적 정상화(normalization) 사상이 덴마크와 스웨덴에서 나와 국제적으로 활발하게 파급되었다. 1969년 Nirje가 장애인에 대한 정상화 이론을 처음 소개했을 때 이는 혁신적인 개념이었다. Nirje는 정상화 개념에서 발달장애인의 평등기회를 주장하였다. 그 후 정상화에 대한 해석은 다양해졌다. 그중 가장 보편적인 해석은, 장애인이 문화적으로 정상활동을 하는 대부분의 사람들 사이에서 같은 수준의 활동을 할 수 있기를 요구하는 개념이다(김미옥 외, 2004).

정상화 이념과 관련하여 Wolfensberger(1983)는 '사회의 일상생활에서 장애인이 신체적으로 사회의 보편적인 흐름에 합류하기 위해서는 문화적인 수단을 이용할 것'을 주장했으며, '장애인이 사회의 주류에 접근하는 생활 수준과 생활양식뿐만 아니라 장애인의 주체행동을 중시해야 한다.'고 주장함으로써 장애인이 대부분의 사람들과 일치하는 행동으로 사회의 주류에 합류될 수 있어야 함을 설명하였다(佐藤久夫 외, 2002).

이와 같은 정상화 사상은 사회의 주류에 합류하기 위해 장애인 자신의 변화를 강조했으나 사회 자체에 대한 변화를 간과했기 때문에 장애인의 평등기회를 촉진시키는 데 크게 역할을 하지 못했다. 그러나 정상화 개념에 관한 해석이 한정적으로 나왔음에도 불구하고 크게 파급되었으며, UN총회는 정상화 사상의 영향과 '세계인권선언(1948)'을 근거로 1970년에 '장애인재활 10년선언'을 채택했고, 1971년에는 '정신지체인 권리선언'을 1975년에는 '신체장애인 권리선언'을 1976년에는 '국제장애인 해(1981년)'를 결정하고 '2010년 행동계획'을 각각 채택하였다. 이와 같은 국제선언이 내포하고 있는 공통된 합의는 ① 장애인의 인간적 존엄성 존중, ② 생명 존중, ③ 생존권 존중이며, 특히 1990년도에 제정된 미국의 ADA(Americans with Disabilities Act: 미국장애인법)는 ④ 사회접근 보장과 ⑤ 기회균등 보장을 기본정신으로 하고 있다(김미옥 외, 2004).

이상의 국제선언들이 내포하고 있는 공통된 합의나 ADA의 기본정신은 장애인복지가 추구하는 이념으로 정착되고 있으며, 이 이념은 ① 장애인이 인간으로서 가지는 개인적인 기본 권리 실현(개인주의 이념)과 ② 장애인이 같이 살 수 있는 공존사회 실현(집합주의 이념)으로 분석할 수 있다. 장애인복지의 주요 이념을 다음과 같이 정리할 수 있다(장애우권익문제연구소, 2001; 김용득 외, 2001; 손광훈, 2007; 김미옥 외, 2004).

1 개인주의적 복지이념(개인의 인권보장)

장애인복지이념 중 장애인의 존엄성 존중, 생명 존중, 생존권 존중 등은 장애인의 인간적 기본 권리를 천명하는 가치관념이다. 장애인은 '장애'라고 하는 인간의 문제 상황에 처할 때 인간으로서 개인의 기본 권리가 손상당하여 인간다운 생활이 어렵게 되기 쉽다. 따라서 장애로 인하여 손상된 장애인의 개인 기본 권리를 실현하는 것은 장애인복지과정에서 추구되어야 하는 개인주의적 이념으로 정착되고 있다. 개인주의 이념은 개인의 상호행동과정에 의해서 사회가 성립되고 유지·발전된다고 인식하는 사회적 개인론에 근거한다. 따라서 개인주의 이념은 사회의 상호행동자로서 장애인 개인의 인간적 기본 권리 실현(회복)을 복지 가치로 보는 가치관념이다. 이러한 개인주의 이념에서 장애인의 기본 권리를 실현하는 것은 세 가지 형태로 구체화된다. ① 인간존엄성을 존중받을 권리이다. 이것은 장애로 인해 인간존엄성이 손상될 수 없으며, 만일 손상되었다고 하면 복지서비스 과정을 통하여 모든 존재 중에서 가장 존귀한 존재로 존엄성이 회복되어야 함을 명확히 하는 가치관념이다. ② 생명을 존중받을 권리의 실현이다. 이것은 장애로 인해 손상된 장애인의 생명이 복지과정을 통해서 천부적인 생명으로 존중받아야 함을 명확히 하는 가치관념이다. ③ 생존권 보장에 대한 실현이다. 이것은 장애로 인해 장애인의 생존권이 손상될 수 없으며, 만일 손상되었다고 하면 복지과정을 통하여 자유롭고 행복하게 살아갈 수 있도록 생존권이 존중되어야 함을 명확히 하는 가치관념이다.

2 집합주의적 복지이념(공존사회 실현)

장애인복지 이념 중에서 사회접근권 보장, 기회균등권 보장 등은 장애인이 사회에 공존해야 함을 천명한 가치관념이다. 일반적으로 사회는 비장애인을 기준으로 형성되기 때문에 장애인이 적응하기 어려운 환경조건을 갖고 있다. 따라서 사회환경의 조건(사회적 장애)으로 인해 장애인이 다른 시민들과 공존할 수 없는 사회를 공존사회로 실현하는 것이 바로 복지과정에서 추구해야 하는 집합주의적 이념인 것이다. 집합주의 이념은 개인주의를 넘어서 집합체인 개인의 통합을 사회형태로 인식하는 사회적 전체론을 근거로 한다. 따라서 집합주의 이념은 복지과정을 통하여 장애인이 다른 비장애인과 같이 사회환경 전체에 합류할 수 있도록 집합체인 사회를 변화시키는 것을 복지의 가치로 본다. 이는 주로 사회접근권 보장과 기회균등권 보장을 위한 형태로 구체화된다. 즉, ① 장애인의 경우 사회의 모든 장에 자유롭게 접근하는 것이 비장애인처럼 용이한 것은 아니다. 따라서 사회접근권 보장을 위한 이념은 복지과정을 통하여 사회의 모든 장면에서 장애인이 자유롭게 접근할 수 있도록 사회를 변화시킴으로써 추구될 수 있는 가치관념이다. ② 장애인의 경우, 사회의 모든 장면에 참여할 수 있는 기회가 일반시민에 비하여 많은 부분에서 제한을 받게 된다. 따라서 기회균등권 보장을 위한 집합주의 이념은, 복지과정을 통하여 사회의 모든 장면에서 장애인이 참여할 수 있는 기회가 일반시민과 동등하게 주어질 수 있도록 사회를 변화시킴으로써 이루어질 수 있는 구체적인 가치관념이다.

3 통합주의적 복지이념(사회통합 실현)

통합주의 이념은 개인주의 복지이념이나 집합주의 복지이념 중 어느 한쪽의 이념에 치우치지 않고 이들 두 이념을 장애인복지과정에서 동시에 추구해야 하는 것으로, 두 이념의 통합형태를 천명하는 가치관념이다. 다시 말하면 장애인복지과정에서 장애인의 개인적 기본 권리와 장애인이 같이 살아갈 수 있는 공존사회를 동시에 추구하였을 때만이 장애인복지의 최고 가치개념인 '장애인의 사회통합'이 이루어질 수 있다고 하는 가치관념이다. 이는 사회체계이론인 사회적 통합론을 근거로 성립된다. 따라서 장애인복지과정은 장애인의 개인적 기본 권리 실현만을 위한 과정도 아니고 그렇다고 장애인이 같이 살 수 있는 공존사회 실현만을 위한 과정도 아니며, 두 개의 가치를 동시에 추구함으로써 명확해지는 것이다.

4 정상화의 이념

장애인 이념 가운에 최근에 특히 강조되는 것이 정상화(normalization) 이념이다. 이것은 장애를 가진 사람을 장애인으로 취급하는 것이 아니라 그 전에 한 사람의 인간으로서 보통의 생활환경 속에서 정상의 생활을 하도록 하는 사회의 실현을 꾀하려는 생각이며, 지역사회에서는 어떠한 장애인이라도 함께 존재하는 것이 정상적인 사회라는 것이다. 그러므로 장애인이 지역사회에 살고 있는 한 시민으로서의 일상적인 생활을 할 수 있도록 정신적·물리적 환경을 이루어 가자는 것이다. 이것은 또한 일반사회 속에 아주 당연히 수용해야 한다는 통합화(integration)의 생각과 직결된다. 이와 같이 비장애인과 함께 생활한다는 정상화나 비장애인 속에 통합적으로 처우한다는 통합화는 현재 장애인 재활의 이념으로서 매우 중요한 것이다.

정상화의 개념은 1960년대 후반 스칸디나비아에서 지적장애인에 대한 서비스 실천의 원칙으로 제기된 이념으로 시설보호에 반대하며, 일상적인 생활 형태와 리듬을 강조하는 개념이다. 이러한 이념적 지향은 비슷한 시기에 북미에서 유행하여 울펜스버그(Wolfensberger) 등에 의하여 1970년대와 1980년대 초반을 거치면서 정교화되었다. 이러한 정상화의 이념은 기존의 지배적인 서비스 이데올로기에 대하여 반대하며, 정상적이고 일상적인 생활의 리듬을 존중할 것을 강조한다. 이러한 이념은 아침에 일어나고 저녁에 잠자리에 드는 등의 행위를 포함하는 하루 일과에서의 정상적인 리듬, 일주일 중 낮 시간의 6일은 직장에 나가서 일하고 밤 시간과 주말은 휴식을 취하는 한 주간의 정상적인 리듬, 연중 특정 시기에는 휴식시간을 가지는 등의 일 년 동안의 리듬 등을 서비스 분야에도 동일하게 적용해야 함을 주장한다.

정상화는 또한 개인의 성장과 발달에서 정상적인 발달경험, 인생주기에서의 선택의 자유, 정상적인 이웃과 같이하는 정상적인 가정에서의 삶, 지역사회에 통합되어 있는 삶을 강조하면서 시설 집중화에 대하여 반대한다. 정상화는 지역사회로 이전한다는 현상적인 면에서는 탈시설화와 유사하지만 근본적인 지향점은 다르다. 탈시설화는 시설수용의 비인도성에서 출발하였지만 시설의 비용 측면을 보다 강조한 흐름이다. 즉, 탈시설화는 시설유지에 비합리적인 재정 투입에 반대하여 복지 예산 삭감의 정치적 이유를 제공하였다. 반면에 정상화는 시설수용에 반대한다는 측면에서는 탈시설화와 동일하지만, 재정 투입의 대폭적인 증대를 통한 서비스 질의 향상을 주장하며 근본적으로 정상화를 위해서는 시설수용의 경우보다 훨씬 많은 예산을 투입해야 함을 강조한다. 이러한 정상화 이념이라는 가치는 계속해서 발전되면서 확산되어 서비스 제공에 있어서 가장 강력한 하나의 이데올로기로 자리 잡게 되었다. 그리고 정상화 이념과 개념은 장애인복지 분야의 서비스의 질 개선에 강력한 기준으로 자리 잡아 가고 있다(김용득 외, 2001).

5 보호주의 이념

전술한 네 가지의 장애인복지 이념은 장애인 자신의 사회 역할과 사회적인 개선을 통하여 장애인이 사회적으로 자립할 수 있도록 하는 가치개념이다. 그러나 장애인 중에는 사회적 역할을 할 수 없는 정도의 중증장애를 가진 사람이 적지 않다. 이들에게 사회적 자립을 기대하기는 어렵다. 이같이 사회적 자립을 기대할 수 없는 중증장애인에 대한 인간적 존엄성, 생명 및 생존권 등을 보장하기 위한 가치이념이 장애인복지의 보호주의 이념이다. 즉, 장애인복지에서 추구해야 하는 가치이념은, 장애인의 잔존능력과 잠재능력을 촉진·개발하여 사회에서 자립할 수 있도록 하는 것인 동시에, 다른 한편 중증장애로 인해 구체적인 자립을 기대할 수 없는 중증장애인에게는 장애인 본인이 복지 주체가 될 수 없기 때문에 보호주의 입장에서의 가치를 포함한다.

2절 장애인복지의 가치

장애인복지 이념을 실현하기 위하여 선행적으로 이루어져야 하는 목적적 가치관념으로 인간의 인권 존중의 가치, 생명 존중의 가치, 전인격 존중의 가치, 사회통합 존중의 가치, 평등의식 존중 가치를 들 수 있으며, 수단적 가치관념으로서 사회에 대한 접근보장(접근권)의 가치를 살펴볼 수 있다. 가치와 이념은 합목적적인 의미를 지니며 그것이 나타나는 양태가 조금씩 다를 뿐이다. 또한, 목적과 수단으로서의 가치 전제도 지향점은 장애인의 완전한 사회통합과 평등을 실현시키기 위한 과정상의 전제이기에 하나의 과정으로서 이해하여야 한다(남상만 외, 2003; 정무성, 2004; 권선진, 2005; 手塚直樹, 1981; 蔣村多加志, 2002; 佐藤久夫 외, 2002).

1 인권의 존중

장애인 재활의 이념을 정립하기 위해서는 장애인의 사회적 평가가 오랜 역사의 과정에서 편견이나 차별이 있었다는 사실의 인식, 그리고 장애인이 한 사람의 인간으로서의 존엄 위에 당연한 권리와 의무를 가지고 있다는 인간존중의 이념이 있었다는 사실을 알아야 한다. 세계인권선언에도 장애인은 자유와 존엄과 권리에 있어서 평등하다고 하였고, 장애인의 권리선언에서도 장애인은 인간으로서 존엄이 존중되고 같은 나이의 시민과 동등한 기본적 권리를 가지고 있다고 하고 있다.

우리나라의 「대한민국헌법」을 비롯하여 「장애인복지법」 등에도 장애인의 인권존중이 강하게 규정되어 있다. 특히 사회의 소수집단으로서 장애인의 사람으로서의 당연한 권리를 주장하면서도 그것을 지켜주지 못한 사실에 대해서 사회 전체가 분명하게 인식하지 않으면 안 된다. 사회 속에서 장애인의 인권을 존중하는 것은 사회 전체의 인권을 존중하는 것이 된다.

'세계장애인 해(International Year of Disabled Persons)'의 주제를 완전참여와 평등으로 한 것은 인류의 가장 고귀한 양심선언임과 동시에 사회가 지향해야 할 이념과 인류의 새로운 미래를 시사해 주는 것이라고 할 수 있다. 현대 민주사회는 개체 인간에게 자기실현의 기회를 보장해 주는 것을 기본임무로 한다. 독특한 존재인 개인의 자기실현을 위한 최적의 조건보장은 인권보장의 기본방향이다. 그런 의미에서 장애인 직업재활은 인간의 존엄, 사회의 연대, 완전한 참가 등 권리로서의 복지와 평등의식에서의 권리 보장이 실현되는 인권의 존중이 기반이 된다는 것이다.

2 생명의 존중

장애인의 재활대책은 인간생명 존중에의 자각으로부터 시작되어야 하며, 어떤 상태에 처한 사람이라도 다른 어떤 것과 대치가 허용되지 않는 존재로서 존귀한 가치가 있으며 삶의 권리에 있어서도 경중이 있을 수 없다는 인식이 있을 때만이 그러한 대책들이 정당한 가치를 부여받게 된다.

오늘날 어떻게 하면 개인차가 있는 모든 사람이 행복한 상태로 사람다운 생활을 할 수 있는 사회로 만들 것인가 하는 기본 명제를 가진 사회에서만이 장애인 재활대책의 정당성이 인정될 것이다. 독일의 바이마르헌법은 제151조에서 경제생활의 질서는 모든 사람에게 사람다움에 상응하는 생활을 보장하는 것을 목적으로 하여야 함을 규정하고 인간의 생존권과 복지이념을 최초로 실정법으로 명확하게 밝히고 있다. 이리하여 현대국가는 모든 국민에게 건강하고 문화적인 최적의 생활을 영위할 수 있는 권리를 기본적으로 설정하게 되었다.

즉, 생존권은 최저생활보장을 요구하는 긴급성을 띤 생존권보다 사람다운 생활수준의 유지향상을 위한 국가적 노력을 요구하는 생활권으로 확대되게 되었다. 최근 장애의 중증화, 중복화 경향에 따라 더욱 장애인의 생명을 존중할 수 있는 재활이념의 확립이 요청된다.

3 전인격의 존중

우리 사회가 장애인을 보는 시각은 장애를 통하여 그 사람의 전체를 장애인으로 규정하고 있다. 그러나 깊이 생각해 보면 장애라는 것은 그 사람이 지닌 신체의 일부이며 건전한 사람의 한 부분에 더해진 하나의 특징으로 받아들여지는 것에 지나지 않는다. 즉, 사람이라는 커다란 존재 뒤에 장애라는 작은 것이 더해진 상태라고 할 수 있다.

이와 같은 생각은 성장발달기에 있는 아동에게 매우 중요한 문제이다. 훌륭한 아동으로 성장하는 장애아에게는 그 시기에 습득해야 할 문제들이 너무 많다. 운동기능을 비롯하여 언어, 생활학습 및 인간관계의 습득 등이며 그것들은 정서의 정상적인 발달 등 장차 사회인으로서 갖추어야 할 사항이다. 이러한 것들은 친구들 사이의 사귐이나 놀이를 통해서 대다수가 습득되는 것들이다.

팔다리의 기능을 치료하고 훈련할 때 오랜 기간 병원에 입원하거나 특수한 환경 속에 있어야 하는 장애아에게 아동으로서의 성장발달이 원만하도록 충분한 시설적 배려를 하지 않으면 안 된다.

그리고 장애인을 전체적으로 보아야 한다는 것이다. 영어의 개인(individual)은 분할하여(di) 보는(vid) 것의 부정(in)을 의미한다. 그러므로 분할해 버리면 그 인물은 없어져 버린다. 개인은 분할된 단순한 기계적 집합체가 아니라 유기적인 하나의 전체로서 보아야 한다. 따라서 개인은 분명히 특수한 독자의 존재이고 무엇과도 바꿀 수 없는 존재이다. 마찬가지로 장애인도 현상으로는 장애를 가지고 있으나 한 인간으로서 하나의 전체적인 존재이다. 그러므로 장애를 지닌 신체의 일부분에만 주목하여 사람으로서의 본래의 인권을 잘못 보아서는 안 된다. 장애는 결손기능이나 잔존기능만이 아니고 장애라는 특징을 포함하여 전체적으로 보는 전인격을 존중하는 이념의 확립이 절실하다.

4 평등의식의 존중

오랜 역사적 소산으로서 존재하는 장애인에 대한 편견과 차별 속에 현재도 많은 장애인들이 생활하고 있다. 세계의 장애인이나 우리나라의 장애인이 직면하고 있는 근본적인 문제 중의 하나가 편견이나 차별의 구조적인 문제라는 것이다. 장애인에게 있어서 장애가 엄연한 것으로 존재하는 이상 그것은 확실히 중요한 문제이다. 그러나 장애를 극복하였다고 하더라도 장애를 가졌다는 이유 하나로 사회로부터 차갑고 특별한 눈으로 보는 것을 참고 견디어 내는 일은 많은 장애인들이 해낼 수 있는 일이 아니다.

이러한 편견이나 차별은 복지의 선진국에서도 완전히 불식되지 않고 있다. 그러나 인간존중의 오랜 역사의 배경 속에 장애인의 인권을 존중하는 이념은 우리나라와는 비교가 되지 않을 정도로 진전되어 있다. 우리나라의 장애인은 이중의 불행을 지고 있다고 한다. 그 하나는 장애를 가진 것이고 다른 하나는 사회의 이해부족이나 편견과 차별을 상대하지 않으면 안 된다는 것이다. 우리나라의 현대사회에 뿌리 깊이 박혀 있는 편견이나 차별에 대하여 평등의식이 존중되지 않는 한 장애인복지는 발전이 없을 것이다.

5 사회접근보장

사회접근의 보장(접근권)은 비교적 최근에 나타난 가치이다. 위에서 제시한 이념들을 실현하기 위해서는 기본적으로 사회에 장애인의 참여가 필수적인 조건이다. 그런데 기존 사회의 물리적, 환경적 측면은 장애인의 사회참여가 원천적으로 봉쇄되어 있다. 즉, 이동에 있어서 제한, 정보 접근에 있어서의 불리, 건물 내·외의 접근에 있어서의 제약 등이 있는 것이다. 장애인복지서비스 접근 등이 아무리 제도적으로 또는 실천적으로 잘 구비되어 있더라도 그것을 이용해야 하는 장애인들의 이동, 접근 등이 보장되지 아니하였을 경우에는 아무런 소용이 없다. 결국, 장애인복지에 있어서 가장 기본적이며 모든 접근의 기초가 되는 것이 사회 제반 환경들에 대한 접근의 보장이라는 것이 선행요건이자 가치인 것이다.

CHAPTER 03 장애개념과 장애인의 실태

1절 장애인의 정의와 장애 개념

1 장애인의 정의

장애인에 대한 정의는 국가의 경제수준과 문화 그리고 가치관에 의해서 다양하게 규정되기 때문에 간단히 정의할 수 있는 것은 아니다. 또한, 장애인에 대한 정의를 어떻게 규정하느냐에 따라 장애인과 관련된 정책과 서비스의 기본적 방향과 규모가 달라진다. 따라서 장애인복지에 있어서 가장 기본적인 것이 장애에 대한 올바른 정의와 개념을 이해하는 것이며, 이를 위해서는 장애인에 대한 법적인 정의를 살펴보는 것이 중요하다.

장애인에 대한 정의와 관련하여 우리나라「장애인복지법」제2조에서는 "장애인은 신체적·정신적 장애로 오랫동안 일상생활 또는 사회생활에 상당한 제약을 받는 자로서 대통령령이 정하는 장애의 종류 및 기준에 해당하는 자"로 정의하고 있다. 따라서 장애의 정의에는 신체적 또는 정신적 장애라는 의학적 원인이 존재하며, 이러한 원인에 의하여 일상생활이나 사회생활에 상당한 제약을 받고 있는 상태라는 두 가지의 조건에 의하여 정의된다고 할 수 있다(정영숙 외, 2003).

또한, 국제연합의「장애인의 권리선언(1975)」제1조에서는 "장애인은 선천적이든 아니든 신체적 또는 정신적 능력의 결함으로 인하여 일상의 개인 또는 사회생활에 필요한 것을 확보하는 데 스스로 완전히 혹은 부분적으로 행할 수 없는 사람"을 의미한다. 그리고 국제노동기구의 신체장애인의 직업복귀에 관한 권고 제99조에서는 "장애인은 신체적 또는 정신적 결함의 결과로 적당한 직업을 확보하고 유지해 나갈 전망이 없는 상당히 손상을 받은 사람"이라고 규정하여 장애를 정의하고 있다(정무성 외, 2007).

한편 한국 사회복지실천학회(2006)에서는 장애인의 정의를 협의와 광의로 구분하여 설명하고 있는데 협의의 장애는 "신체나 정신기능의 저하·이상·상실 또는 신체 일부의 결손 등과 같은 의학적 차원에서의 장애"를 말하며, 광의의 장애는 "협의의 장애를 포함하여 이로 인해 발생하는 곤란까지를 포함하는 개념"으로 정의하고 있다.

이와 같이 장애인에 대한 올바른 정의를 이해하는 것은 개별 국가나 사회에서 장애인에 대한 정의를 어떻게 규정하고 받아들이는가에 따라서 장애인복지의 정책, 제도, 서비스 내용에 많은 영향을 미칠 수가 있기 때문에 매우 중요하다. 지금까지 논의된 장애인에 대한 정의를 통하여 최근의 장애인에 대한 정의와 인식 그리고 그에 따른 장애인복지서비스 모델이 장애에 대한 개별적 모델 중심에서 사회적 모델 중심으로 변화하고 있는 것을 엿볼 수 있다. 즉, 장애의 원인, 장애로 인하여 나타나는 문제, 그 문제의 소재, 해결책 등을 장애인 개인적 속성에서 찾아내는 개별적 모델에서 장애인 개인과 사회환경과의 부적절한 상호작용을 문제의 원인으로 보고, 문제의 해결책으로 사회환경의 변화를 추구하는 등의 사회적 모델 중심으로 변화하는 것을 말한다(한국장애인개발원, 2009).

따라서 장애인에 대한 정의를 바탕으로 하여 장애인복지란 장애인의 삶의 질을 개선하는 데 목적을 둔 사회적이고 조직적인 활동이라 하겠다. 또한, 장애인복지는 정부와 민간부문의 활동으로 이루어지며 욕구 상태에 있는 모든 장애인을 위한 제도적·실천적 프로그램이라고 정의할 수 있다.

2 장애의 개념

장애개념에 대한 정의는 각 시대, 국가, 학자별로 약간씩 다르게 정의되어 왔으나, 오늘날 가장 보편적으로 받아들여지고 있는 것으로 세계보건기구(WHO)에서 제시한 개념을 들 수 있다. 세계보건기구에서는 1981년을 '세계장애인의 해'로 정하고 행동계획을 결의하였으며 1980년에 국제장애분류(International Classification of Impairments, Disabilities, and Handicaps: ICIDH)라고 하는 장애에 관한 개념적 틀을 발표하고 이 분류기준을 세계 각국에 적용할 것을 권장하고 있다(권선진, 2005). 세계보건기구에서 정의한 ICIDH(1980), ICIDH-2(1997), ICF(2001)를 차례대로 살펴보면 다음과 같다.

1) ICIDH(1980)

세계보건기구에서는 1980년 국제장애분류(International Classification of Impairments, Disabilities, and Handicaps: ICIDH)라는 장애에 관한 개념적 틀을 발표하고 이 분류기준을 세계 각국에 적용할 것을 권장하고 있다. 세계보건기구는 1980년의 국제장애분류 제1판(ICIDH-1)의 장애개념에서 장애의 정의를 기능장애, 능력장애, 사회적 불리의 세 개의 영역으로 나누었다. 이를 도식화하면 다음의 [그림 3-1]과 같이 설명할 수 있다.

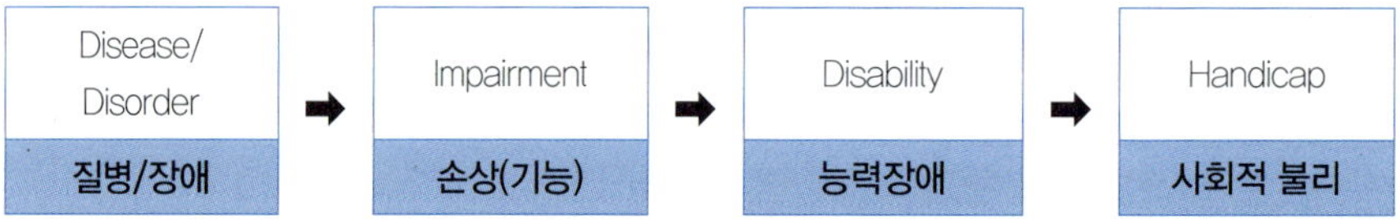

[그림 3-1] ICIDH(1980)

출처: 島美都子 외(2001)에서 재정리.

기능장애(impairments)는 생물학적 장애로 기능의 감소를 가져다준 영구적 또는 일시적인 병리적 상태를 의미하며, 능력장애(disabilities)는 기능장애에서 야기된 것으로서 인간에게 정상적인 것으로 간주되는 범위 내에서 또는 그러한 방식으로 활동을 수행하는 능력의 제약이나 결여를 말한다. 이것은 정신적·신체적 손상의 결과일 뿐만 아니라 그 상태에 대한 개인의 적응 결과를 뜻하기도 한다. 사회적 불리(handicaps)는 선천적 또는 노령, 질병, 사고 등으로 인하여 신체적·정신적 상태가 일시적 또는 영구적으로 손상되어 그 결과 독립생활, 교육, 취업 등이 저해되는 상태를 말한다. 세계보건기구에서는 1차적 기능장애, 2차적 능력장애, 3차적 사회적 장애로 구분하고, 그에 따라 행동지침도 예방, 재활, 기회의 균등화를 정책적 대안으로 제시하고 있다(兒島美都子 외, 2001). 이와 같은 ICIDH 개념을 정리하면 〈표 3-1〉과 같이 설명할 수 있다(권선진, 2007).

〈표 3-1〉 ICIDH의 장애 개념

개념	의미	차원
건강조건 (health condition)	병리학적인 변화로서 증상이 있다. 즉, 개인적인 차원에서 어떤 비정상성이 발생하였다.	개인적 차원
손상 (impairment)	임상적인 질병을 다른 사람이 인식할 수 있게 되었다. 즉, 일반 타인이 개인의 어떤 비정상을 인식하였다.	개인적 차원
능력 (disability)	활동상의 능력제한이 발생했다. 즉, 개인적인 차원에서 활동수행능력이 감소되었다.	개인적 차원
사회적 불리 (handicap)	개인의 활동상 능력제한에 대해 사회적 참여의 제한이라는 사회적 반응이 발생했다. 즉, 개인은 다른 사람에 비해 불리한 상황에 처해졌다.	사회적 차원

출처: 권선진(2007)에서 재정리.

그러나 1980년의 국제장애분류(ICIDH)는 질병과 기능장애, 능력장애, 사회적 불리 사이에 명확하게 경계를 구분하기 어려우며, 질병이나 부상, 기능장애 이외에도 능력장애와 사회적 불리에 영향을 주는 다른 많은 요인이 존재할 수 있다는 한계를 가지고 있다(한국장애인고용촉진공단, 2005). 이러한 한계를 보완하여 1997년에 국제장애분류(ICIDH−2)가 제안되게 되었다.

2) ICIDH-2(1997)

1997년의 국제장애분류 제2판(ICIDH−2)은 장애의 개념과 범주를 개별적, 사회적 모델 개념의 차이로 새롭게 정의하고 있다. 즉, 장애라는 현상을 질병, 종양, 건강조건 등에 의해 직접적으로 야기된 개인(individual)의 문제로 간주하는 것이 개별적 모델로서, 개인의 장애문제에 그 핵심을 두고, 이러한 문제의 원인이 장애가 발생시키는 근본적인 제한 혹은 심리적인 상실에 기인된다고 보고 있다. 반면 사회모델은 장애현상을 장애를 가진 사람의 사회통합이라는 관점에서 사회적인 문제로 간주하여, 장애인 개인에게 귀속된 것이 아니고 사회적 환경에 의해 야기된 조건들의 복잡한 집합체로 보는 것이다.

결함 혹은 손상(impairments)은 신체구조나 물리적, 심리적 기능상의 상실이나 비정상성을 의미하는 것으로 이러한 기능상의 제한, 신체 혹은 신체 부분의 기본적인 기능을 수행하는 데 따른 불능을 말한다. 활동(activities)은 개인적 수준에서 기능의 범위와 본질로서 일상생활과 관계된 개인의 활동을 다룬다. 참여(participation)는 손상, 활동, 건강조건, 생활요인과 관련한 생활상황에서 개인의 연관성 정도와 본질로 정의한다. 따라서, 참여의 차원은 사회적 현상을 다루며 개인의 참여 정도, 참여를 촉진하거나 방해하는 사회적 반응을 의미한다(裝村多加志, 2002; 손광훈, 2007). 이와 같은 ICIDH−2에 대한 정의를 [그림 3-2]와 같이 구성할 수 있다.

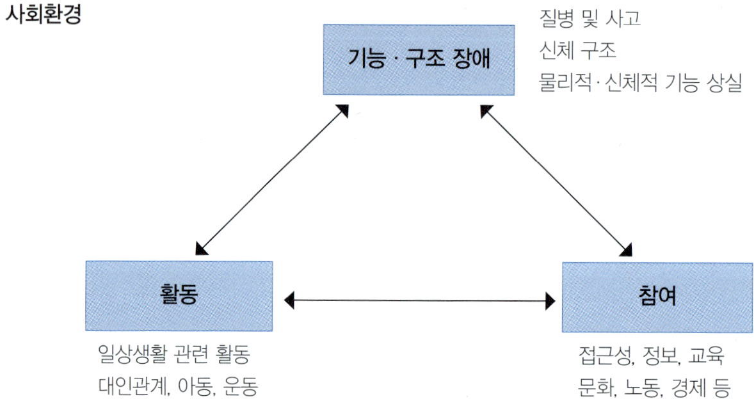

[그림 3-2] ICIDH-2 구성

출처: 정일교 외(2007)에서 재정리.

3) ICF(2001)

세계보건기구에서는 2001년도에 '국제장애분류 제2판(ICIDH−2)'의 장애개념을 ICF(International Classification of Functioning, Disability and Health)로 확정하여 장애분류를 세계적으로 통용될 수 있도록 하였다. ICF는 ICIDH−2에서 제시되고 있는 대부분의 내용을 계승하면서 장애분류체계와 언어사용을 보다 긍정적이며 환경지향적인 맥락에서 수정한 결과라고 할 수 있다. 또한, [그림 3-3]에서 보는 바와 같이 ICF에서는 개인적 장애나 질병과 상황적 맥락(환경적 요소와 개별적 요소)과의 상호작용에 의하여 기능과 장애를 설명하고 있다. 즉, 특정 영역에서의 개인들의 기능수준은 건강상태와 상황적 맥락의 상호작용 결과로 볼 수 있다(裝村多加志, 2002). 이와 같은 ICF의 장애개념을 다음의 [그림 3-3]과 같이 설명할 수 있고 이를 바탕으로 ICF의 목적과 범위, 적용방법 그리고 전반적인 내용을 살펴보고자 한다(정일교, 2007).

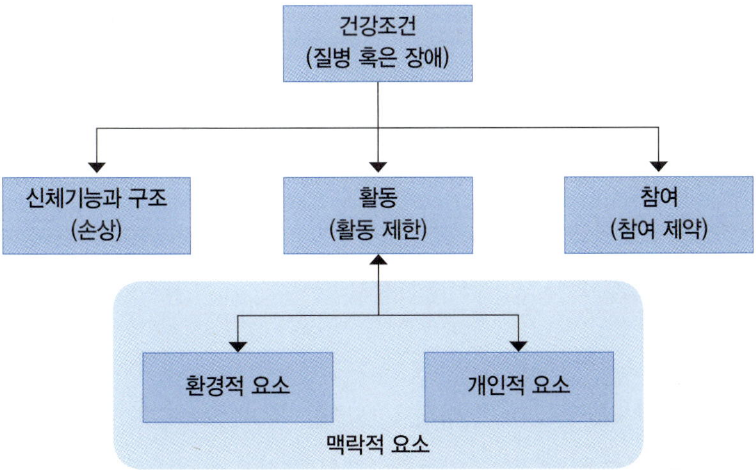

[그림 3-3] ICF의 구성

출처: 裝村多加志, 2002: 17에서 재구성.

(1) ICF의 목적

ICF는 다양한 목적으로 사용할 수 있는 분류로 전문분야와 영역에 기여한다. ICF는 첫째, 건강상태와 건강관련상태, 건강관련결과, 결정요소를 이해하고 연구하기 위한 과학적 기초를 제공하고, 둘째, 건강 상태와 건강관련 상태를 표현하기 위한 공용어를 제공하고, 셋째, 장애인을 포함한 보건의료 종사자, 연구자, 정책입안자, 일반 시민 등 다양한 이용자 간의 의사소통 개선, 넷째, 국가 간 전문 보건분야 간, 각종 서비스 시기와 관계없는 데이터의 비교, 다섯째, 건강정보시스템에 사용할 수 있는 체계적이고 코드화된 분류 리스트의 제공을 목적으로 한다.

(2) ICF의 범위

ICF를 이용해 모든 건강조건과 관련된 건강 및 건강상태를 설명할 수 있다. 다시 말해 ICF는 전 인류에 적용될 수 있는 보편적인 정의이다. ICF는 세 가지 부분으로 나눌 수 있는데, 기능과 장애측면, 배경요인, 환경요인에서 정보를 조직화한다. 즉 다음과 같이 설명할 수 있다.

① 기능과 장애의 구성요소

기능과 장애의 구성요소는 두 가지 분류, 즉 신체계통의 기능적 분류와 신체계통의 구조적 분류로 구성된다. 활동과 참여요소는 개인적 관점과 사회적 관점에서의 기능측면과 관련된 모든 영역을 포괄한다.

② 배경요인

배경요인은 개인생활의 총체적 배경을 대변한다. 배경요인은 개인의 건강여건과 건강관련 상태에 영향을 미칠 수 있는 두 가지 구성요소 즉, 환경요인과 개인요인으로 이루어진다.

③ 환경요인

환경요인은 사람들이 삶을 영위하는 물리적·사회적·태도적 환경을 구성한다. 이러한 요소들은 개인에게는 외적 요소, 즉 한 개인이 사회의 일원으로서 수행에 있어서는 일상행위나 임무를 이행하는 개인의 능력과 개인의 신체기능이나 구조에 긍정적인 또는 부정적인 영향을 미칠 수 있다.

(3) ICF의 적용

ICF는 건강 분류 및 건강 관련 분류이지만 보험, 사회보장, 노동, 교육, 경제, 사회정책, 입법, 환경 정비와 같은 영역에서도 사용할 수 있다. ICF는 UN의 사회분류 중 하나로 인정받고 있으며 장애인의 기회균등에 관한 표준 규칙에 쓰이고 있다. 따라서 ICF는 국내 법령뿐 아니라 공식적인 국제인권에 관한 제 규칙과 방침과 각국의 법령을 집행하기 위한 도구를 제공한다.

(4) ICF의 '참여'와 '활동'의 관계

大川弥生(2015)는 참여와 활동과의 관계에 대해 [그림 3-4]와 같이 설명하고 있다. 즉, 참여는 사회활동의 목적이라고 할 수 있으며, 활동은 참여를 가능하게 하는 수단으로 설명할 수 있다. 예를 들어 참여가 직업을 가진다고 가정했을 때에 활동이라는 것은 직업을 가질 수 있는 수단으로서 일을 가지기 위한 작업 활동, 출퇴근 활동, 작업장 등에서의 의복탈착 활동, 화장실 이용하기 등의 활동이 이루어져야 한다고 설명하고 있다.

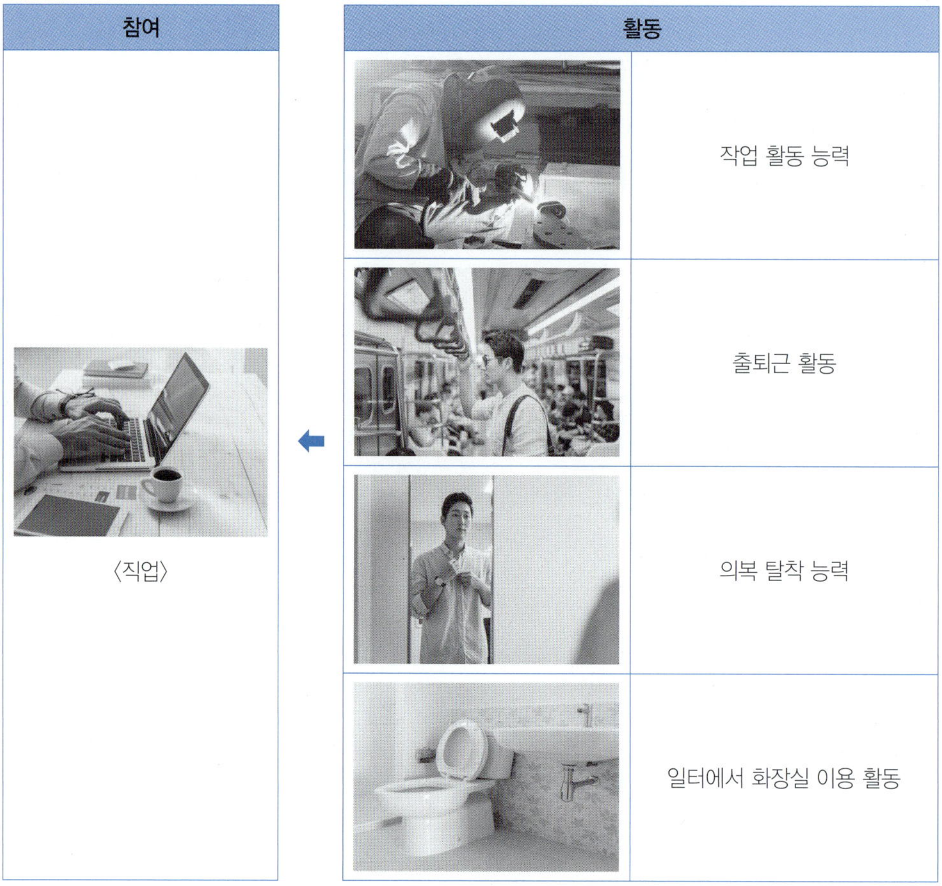

[그림 3-4] 참여와 활동과의 관계

출처: 大川弥生(2015). 「일본 ICF 활용」. 산업기술종합연구소에서 재정리.

(5) ICF의 개관

<table>
<tr><th>구분</th><th colspan="2">영역1: 생활 기능과 장애</th><th colspan="2">영역2: 배경요인</th></tr>
<tr><td>구성요소</td><td>신체기능 및 구조</td><td>활동과 참여</td><td>환경요인</td><td>개인요인</td></tr>
<tr><td>영역</td><td>신체기능과 구조</td><td>생활과 인생영역(과제, 행위)</td><td>생활기능과 장애로의 외적 영향</td><td>생활기능과 장애로의 내적 영향</td></tr>
<tr><td>구성개념</td><td>· 신체기능의 변화(생리적)
· 신체구조의 변화(해부학적)</td><td>· 능력: 표준적 환경에 있어서 과제의 수행
· 실행상황: 현재의 환경에 있어서 과제의 수행</td><td>물적 환경과 사회적 환경, 사람들의 태도에 의해 형성된 환경적 특징을 가진 촉진적 혹은 저해적 영향력</td><td>개인적 특징의 영향력</td></tr>
<tr><td rowspan="2">긍정적 측면</td><td>기능적·구조적 통합성</td><td>활동과 참여</td><td rowspan="2">촉진요인</td><td rowspan="2">해당 없음</td></tr>
<tr><td colspan="2">생활기능</td></tr>
<tr><td rowspan="2">부정적 측면</td><td>기능장애(구조장애 포함)</td><td>활동제한
참여제한</td><td rowspan="2">저해요인</td><td rowspan="2">해당 없음</td></tr>
<tr><td colspan="2">장애</td></tr>
</table>

출처: 정일교 외(2007)에서 재정리.

3 장애인복지의 개념

장애인복지는 심신의 손상으로 인해 사회생활에 곤란을 겪고 있는 장애인을 대상으로 한 사회복지의 한 영역이다. 사회복지는 인간 개인의 복지를 목적으로 하고 있기 때문에 누구나 사회적으로 평안하고 만족스러운 상태를 누릴 권리와 존엄성이 있는 바람직한 사회를 지향하는 이상향적 개념으로 사용하고 있다(강영실, 2010). 장애인복지의 개념을 다음과 같이 여러 측면에서 살펴보고자 한다.

세계보건기구는 장애인복지를 의료적, 사회적, 교육적, 직업적 서비스를 통합적으로 사용하여 개인을 훈련시키고 재훈련시켜 개인의 기능적 능력을 가능한 한 최고의 수준으로 높이는 것으로 정의하였다. 또한, 미국의 국립재활전문위원회는 장애인의 신체적, 정신적, 직업적, 경제적 가용능력을 최대한으로 회복시키는 것이라고 정의하였다. 그러나 이와 같은 정의는 장애에 대한 사회적 책임을 배제한 채 장애인의 기능습득과 사회적응을 강조한 것으로 최근의 장애인복지 흐름을 충분히 반영하지 못한 정의라고 할 수 있다(권도용, 1998).

최근 사회경제적 여건의 변화, 산업재해로 장애 발생이 증가하고 있으며 인구의 고령화로 고령장애인이 급속히 늘어나고 있어 국가의 책임이 증가하고 있는 실정이다.

1981년 '세계장애인의 해'의 테마는 완전 참여와 평등이다. 구체적으로는 장애인이 신체적, 정신적으로 사회에 적응할 수 있도록 원조, 취로의 기회보장, 일상생활 참여의 촉진, 사회참여권 주지를 위한 사회교육과 정보의 제공 등을 들고 있다. 이러한 '세계장애인 해'의 영향을 받아 장애인복지의 개념은 장애인의 완전한 사회참여와 사회통합을 전제로 하고 있으며, 장애인복지는 장애인이 사회참여와 사회통합을 통해 인간다운 삶을 영위할 수 있도록 하는 것이라고 할 수 있다(류상렬, 2002).

사회통합이란 최근 장애인복지에 있어서 가장 많이 대두되는 개념이다. 사회통합은 장애인이 사회구성원으로서 가치 있는 역할을 수행하며 살아가는 것을 의미하는데, 진정한 사회구성원의 역할을 수행하기 위해서는 그 사회에서 인정하는 생활방식과 기회에 완전하게 참여하여야만 가능하다. 장애인이 사회에 완전하게 참여하기 위해서는 그 사회가 장애인의 참여에 부정적인 것, 예를 들어 물리적, 심리적, 문화적 제약조건을 없애는 것이 중요하다(김미옥 외, 2004).

역사적으로 장애인이 기존 사회로부터 격리되고 사회구성원의 역할을 할 수 없도록 기대되어 왔기에 장애인의 사회통합은 장애인이 사회구성원으로서 성장과 발달을 할 수 있는 경험, 개인생활에 있어서 중요한 선택, 상황에서의 참여, 지역사회 내에서 생활 등이 실행될 때 이루어질 수 있는 것이다. 결국, 장애인복지의 궁극적인 목표 중 하나로 사회통합이 필요하며 장애인복지의 패러다임 선외에 기초한 공급자 중심의 패러다임에서 권리에 기초한 소비자 중심의 패러다임으로 변화하고 있다는 것을 잘 보여 주고 있다(오혜경, 2005).

현재 우리나라에서 통용되고 있는 장애인복지란 장애인의 완전한 사회참여를 통한 사회통합을 목적으로 심신의 결함으로 인하여 가정생활, 사회생활에 곤란을 가지게 되는 것을 국가나 민간사회복지기관이 의료적, 교육적, 직업적, 사회적 문제에 걸쳐 원조하는 제도적, 정책적 서비스의 조직적 활동과 노력이라고 설명할 수 있다.

그러하기에 이러한 개념에서 출발한 장애인복지서비스란 장애로 인한 생리학상의 문제를 장애인 개인의 불행으로 돌리는 한편, 사회인의 편견이나 약자를 더욱 불리하게 하는 경쟁적 사회구조에 대하여 장애인이 생활 위기를 대처해 나가도록 예방적, 사회치료적으로 개입하는 시책과 실천행동이라고 정의할 수 있다. 따라서 장애인복지의 개념에서 주의할 것은 장애라는 것이 신체구조 및 기능의 손상을 의미하는 것으로 끝나지 않으며 인식의 문제, 활동성의 제약, 참여의 제한 등을 포함하는 사회문화적인 것으로 이해하여야 한다는 것이다.

장애인이 가지고 있는 능력을 과소평가하거나 선입견을 가지고 부정한다면 장애인에게 가치 있는 사회적 역할을 보장할 수 없을 것이다(정일교 외, 2007).

2절 장애인구 실태[1)]

1 장애인 추정수 및 장애등록률

장애인구를 정확히 파악하는 것은 여러 가지 어려움이 있다. 세계보건기구에서는 장애개념을 넓게 정의함으로써 일반적으로 인구의 약 10%가 장애인구에 해당한다고 제시하고 있다. 우리나라에서는 「장애인복지법」 제31조에 의해 보건복지부 주관으로 3년마다 장애인구와 장애인들의 생활실태를 파악하기 위한 장애인 실태조사를 실시하고, 이 조사에 근거하여 장애인구를 추정하고 있다.

2023년도 장애인 실태조사(보건복지부, 2023)에 의하면 전국의 장애인은 2,630,374명으로 추정되어, 2020년의 2,622,950명에 비해 다소 증가한 결과로 나타났다.

1) 장애인구 현황에서 제시하는 각종 현황자료는 2020년 보건복지부 · 한국보건사회연구에서 조사 발표한 “2020년 장애인 실태조사”에서 발췌한 것임을 밝혀 둔다.

2020년과 2023년의 장애유형별 장애인 수를 비교하면, 청각장애, 신장장애, 지적장애, 자폐성장애 등이 증가하였고, 지체장애, 뇌병변장애 등은 감소하였다(보건복지부, 2023).

〈표 3-2〉 장애인 추정수 및 장애등록률 변화 추이

(단위: 명)

구분		2020년		2023년	
		등록 장애인 수[1]	재가 장애인 수	등록 장애인 수[2]	재가 장애인 수
계		2,623,201	2,622,950	2,657,397	2,630,374
장애유형별 장애인 수	지체장애	1,215,916	1,215,914	1,170,147	1,169,082
	뇌병변장애	250,963	250,961	244,654	242,404
	시각장애	252,703	252,702	250,652	249,966
	청각장애	384,672	384,668	430,870	430,661
	언어장애	21,954	21,954	23,260	23,219
	지적장애	214,850	214,792	227,585	206,636
	자폐성장애	29,467	29,466	39,621	38,119
	정신장애	103,212	103,031	104,577	104,314
	신장장애	94,249	94,249	107,402	107,374
	심장장애	5,253	5,253	5,039	5,038
	호흡기장애	11,427	11,427	11,401	11,400
	간장애	13,419	13,419	15,340	15,340
	안면장애	2,676	2,676	2,737	2,736
	장루·요루장애	15,376	15,376	17,071	17,070
	뇌전증장애	7,064	7,062	7,041	7,015

자료: 1) 2020년 5. 말 현재 등록장애인 수(한국사회보장정보원)
2) 2023년 5. 말 현재 등록장애인 수(한국사회보장정보원)
주: 재가 장애인은 장애인 거주시설, 장애인단기보호시설 거주자를 제외함

출처: 이민경 외(2023). 2023년 장애인 실태조사에서 재구성.

● 중복장애 포함 추정수

2개 이상의 장애를 가진 장애인의 중복 장애유형을 고려하여 장애유형별 장애인 추정수를 보면, 전체 장애인 중 지체장애인이 1,214천 명으로 가장 많았고, 다음

으로는 청각장애 인구가 461천 명, 시각장애 인구가 278천 명, 뇌병변장애 인구가 277천 명, 지적장애 인구가 225천 명 등으로 나타났다(보건복지부, 2023).

〈표 3-3〉 장애인 추정수 및 장애등록률 변화 추이

(단위: 명)

구분		2020년	2023년
		추정장애인 수	추정장애인수
장애유형별 장애인 추정수	지체장애	1,290	1,214
	뇌병변장애	279	277
	시각장애	308	278
	청각장애	448	461
	언어장애	126	70
	지적장애	242	225
	자폐성장애	39	39
	정신장애	113	107
	신장장애	101	109
	심장장애	13	6
	호흡기장애	20	12
	간장애	15	17
	안면장애	4	4
	장루 · 요루장애	19	21
	뇌전증장애	41	12

주: 1)재가 장애인 기준이며 백명 단위는 반올림함.
2) 2개 이상의 장애가 있는 경우 중복 응답임

출처: 이민경 외(2023). 2023년 장애인 실태조사에서 재구성.

2 재가 장애인의 실태

1) 성비 및 연령

재가 장애인의 성별 분포는 남자 57.8%, 여자 42.2%로 남자가 여자에 비해 15.6% 포인트 높게 나타났다(보건복지부, 2023).

〈표 3-4〉 성별 분포

(단위: %, 명)

구분	지체 장애	뇌병변 장애	시각 장애	청각 장애	언어 장애	지적 장애	자폐성 장애	정신 장애	신장 장애	심장 장애	호흡기 장애	간 장애	안면 장애	장루·요루 장애	뇌전증 (간질) 장애	전체
남자	57.0	57.0	60.2	52.8	74.9	64.9	82.5	51.6	59.8	61.1	78.8	73.2	64.2	54.2	50.4	57.8
여자	43.0	43.0	39.8	47.2	25.1	35.1	17.5	48.4	40.2	38.9	21.2	26.8	35.8	45.8	49.6	42.2
계	100.0	100.0	100.0	100.0	100.0	100.0	100.0	100.0	100.0	100.0	100.0	100.0	100.0	100.0	100.0	100.0
전국 추정수	1,162,531	256,042	252,490	424,652	23,254	202,112	38,072	103,819	107,516	4,944	11,400	15,239	2,629	18,439	7,235	2,630,374

출처: 이민경 외(2023). 2023년 장애인 실태조사에서 재구성.

2) 연령분포

장애인의 연령 분포는 만 65세 이상이 54.3%로 가장 높았고, 50~64세가 26.8%로 다음으로 높았다. 이는 우리 사회가 고령화 사회로 진입하면서 장애인 중 고령자 비율이 지속적으로 증가함을 보여 주었다(보건복지부, 2023).

〈표 3-5〉 연령분포

(단위: %, 명)

구분	지체 장애	뇌병변 장애	시각 장애	청각 장애	언어 장애	지적 장애	자폐성 장애	정신 장애	신장 장애	심장 장애	호흡기 장애	간 장애	안면 장애	장루·요루 장애	뇌전증 (간질) 장애	전체
만 0~17세	0.1	4.1	0.1	1.3	24.1	17.9	54.1	0.0	0.3	4.5	0.0	1.3	0.0	1.3	5.9	3.1
만 18~29세	0.8	4.0	1.4	0.9	2.6	29.2	32.8	2.2	1.0	12.3	0.5	0.5	6.7	1.0	5.1	3.9
만 30~39세	1.4	4.8	3.8	1.3	3.1	19.3	12.1	9.9	3.7	4.9	1.7	0.0	7.2	1.2	10.5	4.0
만 40~49세	7.2	7.1	10.2	2.9	6.1	13.8	1.0	21.3	11.6	6.4	4.5	11.7	10.7	3.1	20.4	8.0
만 50~64세	31.7	25.7	29.2	11.1	26.7	15.0	0.0	49.2	38.3	28.9	25.1	53.5	39.2	17.4	46.8	26.8
만 65세 이상	58.8	54.2	55.4	82.4	37.3	4.8	0.0	17.5	45.1	43.0	68.2	33.1	36.3	76.0	11.4	54.3
계	100.0	100.0	100.0	100.0	100.0	100.0	100.0	100.0	100.0	100.0	100.0	100.0	100.0	100.0	100.0	100.0
전국 추정수	1,162,531	256,042	252,490	424,652	23,254	202,112	38,072	103,819	107,516	4,944	11,400	15,239	2,629	18,439	7,235	2,630,374

출처: 이민경 외(2023). 2023년 장애인 실태조사에서 재구성.

3) 장애 정도

등록장애인 중 장애정도가 심한 장애인은 34.9%, 장애정도가 심하지 않은 장애인은 65.1%의 분포를 보였다(보건복지부, 2020).

〈표 3-6〉 장애 정도

(단위: %, 명)

구분	지체 장애	뇌병변 장애	시각 장애	청각 장애	언어 장애	지적 장애	자폐성 장애	정신 장애	신장 장애	심장 장애	호흡기 장애	간 장애	안면 장애	장루·요루 장애	뇌전증 장애	전체
심한 장애	16.6	57.5	17.7	19.2	42.3	100.0	100.0	99.0	73.8	75.9	95.6	4.6	45.7	5.3	25.1	34.9
심하지 않은 장애	83.4	42.5	82.3	80.8	57.7	-	-	1.0	26.2	24.1	4.4	95.4	54.3	94.7	74.9	65.1
계	100.0	100.0	100.0	100.0	100.0	100.0	100.0	100.0	100.0	100.0	100.0	100.0	100.0	100.0	100.0	100.0
전국 추정수	1,162,531	256,042	252,490	424,652	23,254	202,112	38,072	103,819	107,516	4,944	11,400	15,239	2,629	18,439	7,235	2,630,374

출처: 이민경 외(2023). 2023년 장애인 실태조사에서 재구성.

4) 장애유형별 장애 원인

재가 장애인의 장애 원인은 88.0%가 후천적 질환이나 사고로 인하여 발생한 것으로 나타났다. 특히 후천적 원인 중 질환(58.1%)이 사고(29.9%)보다 더 높게 나타났다(보건복지부, 2023).

〈표 3-6〉 재가 장애인의 장애 유형별 장애 원인

(단위: %, 명)

구분		지체 장애	뇌병변 장애	시각 장애	청각 장애	언어 장애	지적 장애	자폐성 장애	정신 장애	신장 장애	심장 장애	호흡기 장애	간 장애	안면 장애	장루·요루 장애	뇌전증 장애	전체
선천적 원인		1.5	2.3	5.2	2.7	21.6	22.7	31.0	0.9	0.7	24.2	0.3	1.1	16.4	0.8	8.2	4.4
출산 시 원인		0.0	6.6	0.5	0.1	0.9	5.0	1.1	0.0	0.0	0.0	0.0	0.0	1.0	0.0	0.0	1.1
후천적 원인	질환	45.8	79.6	57.3	88.2	46.0	8.3	0.5	85.0	98.8	75.1	94.9	98.9	19.4	95.4	55.0	58.1
	사고	52.5	10.2	35.3	7.0	12.7	7.3	0.0	10.2	0.3	0.3	3.9	0.0	59.7	3.7	19.6	29.9
원인불명		0.2	1.3	1.7	2.0	18.8	56.7	67.4	3.9	0.2	0.5	0.9	0.0	3.5	0.0	17.3	6.4
계		100.0	100.0	100.0	100.0	100.0	100.0	100.0	100.0	100.0	100.0	100.0	100.0	100.0	100.0	100.0	100.0
전국추정수		1,162,531	256,042	252,490	424,652	23,254	202,112	38,072	103,819	107,516	4,944	11,400	15,239	2,629	18,439	7,235	2,630,374

출처: 이민경 외(2023). 2023년 장애인 실태조사에서 재구성.

3절 우리나라의 장애범주

1 장애범주

한 나라에서 법적으로 규정하고 있는 장애개념은 그 나라에서 누구를 장애인으로 간주하고 있으며 장애인을 어떻게 바라보고 있는가를 알 수 있을 뿐만 아니라 이들이 사회에서 어떻게 생활하며, 장애인복지와 관련하여 어떠한 서비스를 어느 정도로 받는가를 결정짓는 기본적인 시각이다. 한 장애인이 갖고 있는 장애의 특징은 장애유형과 장애등급으로 이해된다. 특히 장애유형과 정도를 모두 고려한 장애등급은 장애에 대한 사회적인 반응을 대표하는 대리변수라고 할 수 있다. 일반적으로 장애등급만을 가지고 장애인의 독립적인 생활의 정도나 근로능력 정도 등을 판단하는 경향이 많다는 것이다(김용득 외, 2001).

따라서 장애범주도 한 나라의 장애정책과 제도에 따라 계속 변화되는 과정을 거치게 되며, 장애인복지제도가 잘 발달되어 있는 국가일수록 장애범주가 포괄적이고 광범위하다고 볼 수 있다. 우리나라의 경우에도 「장애인복지법」이 대폭 개정되기 이전인 2000년 이전에는 지체장애, 시각장애, 청각장애, 언어장애, 정신지체의 5개 유형으로 한정되어 있었지만 다섯 가지 장애를 가진 사람만을 장애인으로 인정함에 따라 자폐증, 왜소증, 안면추형 등 사회생활을 하는 것이 불편하거나 곤란하여 실제 장애를 가지고 있는 많은 사람들이 장애인복지법의 적용을 받지 못했던 것이다(보건복지부 내부자료, 2007).

이와 같은 상황에서 2000년에 「장애인복지법」을 개정하여 만성중증 정신질환자, 만성중증 심장 및 신장질환자 등 현 장애인복지법상의 장애인과 유사한 제약을 받고 있는 만성질환자의 복지증진을 위하여 장애범주를 확대하게 된 것이다. 2000년 1월, 1차 장애범주 확대를 통하여 지체장애에서 뇌병변장애를 분리하였으며, 내부장애인 신장장애와 심장장애 그리고 정신장애와 발달장애가 추가되어 열 개의 유형으로 증가되었다. 2003년 7월에는 2차 장애범주 확대 개정을 통하여 안면장애, 간장애, 호흡기장애, 장루·요루장애, 뇌전증장애가 추가되어 현재 우리나라는 「장애인복지법 시행령」에 따른 장애범주가 〈표 3-8〉과 같이 열다섯 개의 유형으로 나뉘어 있다. 또한, 2007년에는 장애유형 가운데 부정적인 용어의 장애명을 개정하였는데 '정신지체'를 '지적장애'로, '발달장애'를 '자폐성장애'로 용어 변경하였고, 2014년에는 간질장애를 뇌전증장애로 고쳐 부르기로 하였다. 그러나 향후 정부에서는 제3차 장애범주 확대를 통하여 치매, 알코올중독, 만성질환 등의 장애를 장애범주에 포함시킬 예정으로 있어 장애범주가 점차 늘어날 것으로 보인다.

그러나 우리나라의 경우 세계보건기구에서 제시한 장애개념 중 의료적 측면인 손상장애의 개념에서 장애 정도를 진단하고 장애등급을 판정하기 때문에 장애유형과 장애등급 간의 불합리한 부분들이 발생하고 있는 것도 사실이다. 이 때문에 장애등급제 폐지에 대해서도 논의되고 있지만 아직까지는 다음과 같이 의료적 측면에서 장애를 범주화시키고 있다.

〈표 3-8〉 장애인복지법에 따른 장애유형 분류

대분류	중분류	소분류	세분류
신체적 장애	외부 신체 기능의 장애	지체장애	절단장애, 관절장애, 지체기능장애, 척추장애, 변형 등의 장애
		뇌병변장애	뇌의 손상으로 인한 복합적인 장애
		시각장애	시력장애, 시야결손장애, 겹보임(복시)
		청각장애	청력장애, 평형기능장애
		언어장애	언어장애, 음성장애, 구어장애
		안면장애	안면부의 추상, 함몰, 비후 등 변형으로 인한 장애
	내부 기관의 장애	신장장애	투석치료 중이거나 신장을 이식 받은 경우
		심장장애	일상생활이 현저히 제한되는 심장기능 이상
		간장애	일상생활이 현저히 제한되는 만성 · 중증의 간기능 이상
		호흡기장애	일상생활이 현저히 제한되는 만성 · 중증의 호흡기기능 이상
		장루 · 요루장애	일상생활이 현저히 제한되는 장루 · 요루
		뇌전증장애	일상생활이 현저히 제한되는 만성 · 중증의 뇌전증
정신적 장애	발달 장애	지적장애	지능지수가 70 이하인 경우
		자폐성장애	소아청소년 자폐 등 자폐성 장애
	정신 장애	정신장애	조현병, 조현정동장애, 양극성정동장애, 재발성우울장애, 뇌의 신경학적 손상으로 의한 기질성 정신장애, 지속적 치료에도 호전되지 않는 강박장애, 투렛장애(Tourette's disorder), 기면증

출처: 이민경 외(2023). 2023년 장애인 실태조사에서 재구성.

2 장애인 등록

장애인 등록은 장애를 진단하여 장애인에 대한 적절한 복지서비스 제공체계를 구축하고자 하는 것으로 「장애인복지법」 제32조(장애인 등록) 및 같은 법 시행규칙 제3조(장애인의 등록신청 및 장애진단)에 이와 관련한 사항이 명시되어 있다. 장애인 등록 신청은 본인이 하는 것을 원칙으로 하되 18세 미만의 아동, 중증장애인 등 본인이 등록 신청을 하기 어려운 경우에는 보호자가 신청을 대행하거나 전화로 신청할 수 있다. 장애인이 장애등급판정 기준에 맞지 아니하거나 사망할 경우 장애인 등록증을 반환해야 하며, 장애 상태의 변화에 따른 장애 등급 조정이 필요한 경우 장애 재진단 및 재판정을 받을 수 있다(한국장애인개발원, 2009).

그러나 우리나라의 장애인 등록에 따른 장애등급 판정기준이 지나치게 의료적 측면에서의 손상기준으로 고려되고 있어 일상생활이나 사회생활에서의 장애 정도를 반영하여야 한다는 문제도 제기되고 있다. 따라서 정부에서는 현행의 장애등급 판정기준을 개정(2013. 1. 시행)하여 장애인 등록대상을 확대하였다. 특히 호흡기, 간, 장루, 요루, 뇌전증 등 실제로 신체적, 정신적으로 일상생활에 많은 어려움을 겪고 있음에도 장애상태가 현행의 장애등급 판정기준에 미치지 못하는 장애인들에 대해 장애등록을 확대하였다. 현행 장애등록을 위한 신청 및 심사 과정은 다음의 [그림 3-5]와 같다.

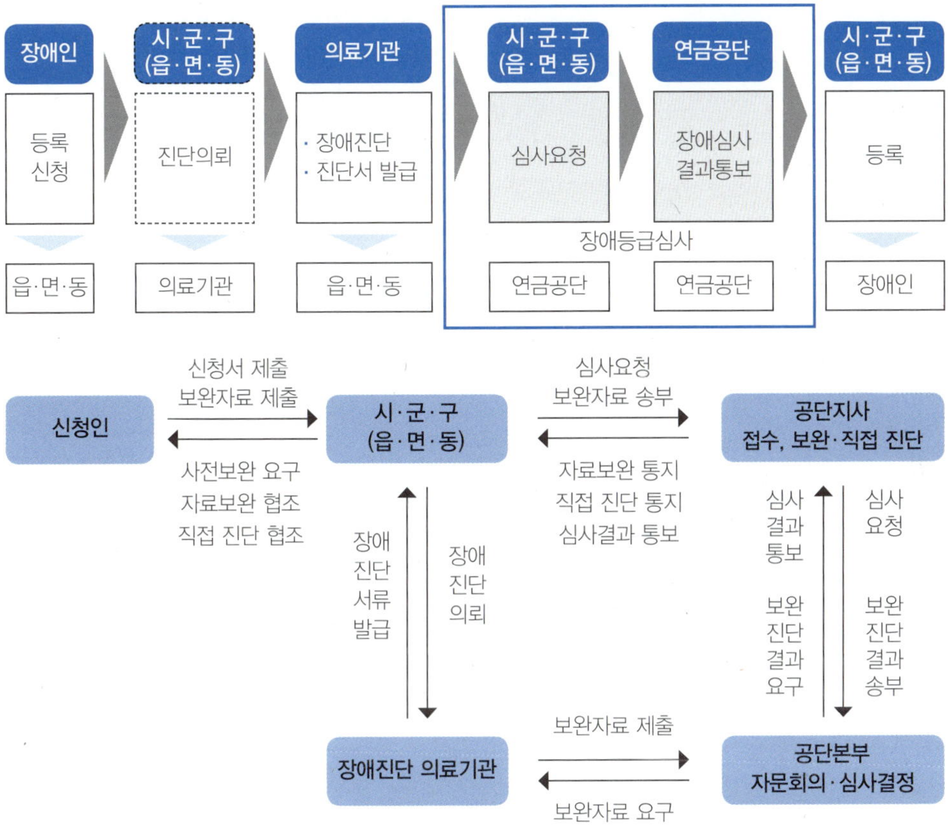

▶심사 중 자료보완은 공단지사에서 신청인 또는 의료기관에 직접요구, 제출은 공단지사 또는 읍·면·동, 직접 진단은 공단지사에서 신청인에게 직접 시행, 필요한 경우 읍·면·동 협조.

[그림 3-5] 장애등록 신청 및 심사 과정

출처: 보건복지부 내부자료(2020).

social welfare for people with disabilities

PART 2

장애인복지 실천서비스에 대한 이해

CHAPTER 04

장애인복지의 발전과정

1절 서구 장애인복지의 역사

지금 시행되는 장애인복지제도와 그 구성내용은 과거 역사적 사건과 시대적 배경의 결과물이며, 그 시대에 가장 최선의 선택으로 시도되었을 것이다. 우리가 지난 역사를 배우기 위해 무수한 시간을 기울이는 이유는 잘된 점은 다시 시대에 맞게 활용하고, 잘못된 점은 그 과오를 다시 범하지 않기 위한 과정으로 활용하기 위함이다. 이러한 역사의 중요한 목적하에 서구 장애인복지의 역사는 크게 세 가지로 나누어 근대 이전, 근대, 현대로 구분하여 구성하였고, 우리나라 장애인복지의 역사는 초기, 개화기, 현대로 구분하여 장애인에 대한 복지제도의 변천과정에 대해 살펴보고자 한다.

1 근대 이전

1) 고대시대

고대시대의 장애인관은 원시적이고 미신적인 것에 치중하고, 장애인에 대한 처우 또한 유기, 학대, 방임, 살해 등이 일반적으로 행해졌다(정일교 외, 2007). 이러한 행위가 나타나게 된 시대적인 배경으로는 자연과 동물 그리고, 강자로부터의 자기생명과 종족의 보존이 최우선으로 중요하게 자리 잡고 있었기 때문이다. 기원

전 5세기경 히포크라테스의 당대를 기점으로 하여 심신질환을 의학적으로 치료하려는 노력이 일부 이루어졌다고 할 수 있으나, 고대 대부분의 도시 국가에서는 신체장애아를 절벽에 던져 버리거나 유아 살해를 허용하기도 했다. 로마인들은 청각장애인들을 리베르강에 던져 익사시키거나 투기장과 흥행장, 귀족들 연회의 노리갯감으로 이용하고, 네로왕은 장애인을 활쏘기 연습의 표적으로 사용하기도 하였다. 로마법에서는 모체에서 출생하여 인간의 형체를 갖추지 못한 경우에는 이를 살해하거나 유기하는 것이 왕법 및 12표법 아래 인정되었으며, 이들에 대한 출생의 법적 효과는 인정되지 않고, 그밖의 장애인들의 경우 법적 권리능력은 인정되었으나 행위능력에 있어서 일정한 제한이 가해졌다(정무성 외, 2007).

고대사회를 정서적으로 지배하였던 기독교 사상에서는 장애인을 보호하는 사상과 장애인의 권리에 대해 언급이 되었다. 첫째, 구약성서는 장애인에 대하여 하나님의 형상대로 창조된 존엄한 존재로서, 장애인이 있게 된 것은 하나님의 뜻이고, 장애인을 보호해야 한다는 장애인에 대한 긍정적 견해를 볼 수 있지만, 동시에 장애인에 대해 차별의 대상, 죄의 대가로서 부정적 견해를 함께 엿볼 수 있다. 둘째, 신약성서는 장애인관에 대하여 시대적 한계에도 불구하고 장애인에 대한 적극적이고 긍정적인 인식을 표현하였다.

2) 중세시대

중세사회는 기독교의 영향으로 빈민과 장애인에 대한 구제보호사상의 시도가 싹트는 시기로 종교적인 자선보호사상과 박애사상에 입각한 장애인 구제노력이 전개되었다. 중세의 장애인복지 이념은 중세 초기에는 그리스로마시대와 별다른 차이를 발견할 수 없었으나, 중세 말 르네상스 휴머니즘의 영향으로 장애인도 인간의 존엄성이라는 차원에서 보호받아야 할 대상으로 받아들여진 시기이다. 특히 기독교의 성서에 있는 모든 인간은 하나님 앞에 동등한 의무와 권리를 갖는다는 데서 연유하여 콘스탄티누스 대제에 의한 기독교 공인(313년)이 있었고, 니케아종교회의(325년) 이후 그리스나 로마의 장애인 학대는 자비와 동정으로 변화하게 되었다

(남상만 외, 2003). 이러한 장애인보호사상은 장애인 차별사상이 팽배하던 시대적인 상황으로서는 획기적인 것이었으나, 장애인이 비장애인과 동등한 권리를 갖는 것으로 인식하는 데는 제한적인 상황이었다.

2 근대

근대시대는 르네상스의 전개와 더불어 의학의 발달, 종교의 개혁, 철학사상의 변화 등으로 인해 장애인에 대한 인식이 크게 변화하는 계기가 되었다고 볼 수 있으나, 인식의 전환은 크게 가져오지 못하였다. 특히 장애인에 대한 차별과 편견은 근대사회에서도 일반적인 사회적 통념으로 이어져 내려왔다. 근대시대의 시대적인 영향은 다음과 같이 전개되었다(오혜경, 2005).

첫째, '르네상스와 인문주의 교육사상'으로 인간중심주의로 환원하려는 특징을 갖는다. 특히 이러한 인문주의자들의 사상은 장애인의 본성과 장애의 본질을 현실적 근거에서 합리적으로 이해하도록 하였으며, 장애인에 대한 교육적 가능성을 탐색하도록 하였다.

둘째, '종교개혁사상'은 인문주의 교육사상의 인간성 본위의 사상에서 진일보하여 보통교육사상에 입각한 국민교육제도의 실시를 주장하였다는 점에서 큰 의의를 가지며, 이것은 장애아동의 공교육을 시작하는 계기가 되었다.

셋째, '의학의 발달'은 장애인에 대한 과학적 이해를 전개하였다. 장애에 대한 병리적인 접근을 과학적으로 해명함으로써, 과학적 이해를 도모하였다. 이러한 접근은 기존에 팽배하던 미신적 편견에 의한 인간의 장애에 대한 운명론을 극복하게 하였으며, 합리적·과학적·기초적인 기반하에 인간의 장애를 이해하게 되었다.

넷째, '장애인교육의 개시'로 지금까지는 부정되어 왔던 장애아동교육의 시도가 개인적 혹은 실험적으로 이루어지기 시작하였다. 일반아동에 대한 교육의 대폭적인 증가는 결과적으로 특수아동에 대한 관심도 증폭시키는 결과를 가져오게 되었다. 19세기 후반부터는 생리학, 의학, 심리학, 사회학 등의 발전으로 인하여 장애아동의 원인규명과 함께 특수교육을 크게 촉진시키게 되었다.

이 시기 유럽 각지에는 여러 시설이 개설됨으로써 보호적인 차원에서 장애인교육과 보호가 함께 이루어졌다. 또한, 영국에서는 열악한 인자를 가진 사람의 출산을 억제하는 우생학운동이 활발해져 정신지체는 범죄, 타락, 빈곤의 근원이라는 인상을 만들어 내어 사회방어, 발생예방을 목표로 하는 격리수용이 촉진되기도 하였으며, 일부에서는 보호차원을 탈피하여 보다 적극적인 서비스를 제공하는 움직임도 전개되었다.

3 현대

현대적 장애인복지가 태동된 시기는 제2차 세계대전으로 미국, 영국을 비롯한 선진국들이 장애인의 의료재활, 교육재활, 직업재활 등을 중심으로 장애인제도를 마련하였다. 이는 장애인의 사회통합이 현대 장애인복지의 이념으로 정착됨과 동시에 현대 장애인복지의 기본적인 틀이 마련되는 시기이다(한국복지연구회, 1995; 한국재활재단, 1997; 함세남, 2001; 박광준, 2002; 감정기 외, 2002; 한국장애인재활협회, 2006).

1) 제1기(1910~1960년대)

이 시기에는 주로 경증장애인을 대상으로 우선 장애인의 직업재활이 활성화되었고 중증장애인에게는 수용시설 대상자에게 의료재활을 중심으로 심리, 사회, 교육 등 각 영역의 재활을 도입하여 장애인복지의 통합적 기반을 이루기 시작한 시기였다.

먼저 영국은 퇴역상이군인을 일정 비율 이상 자주적으로 고용하고 있는 고용주의 방명록제도를 설치하였는데 이는 「신체장애인고용법」의 제정배경이 되었다. 이탈리아는 전쟁 신체장애인의 고용의무를 정한 법률을 제정하였으며, 또한 국제조약으로도 인정되어 1923년 ILO(국제노동기구)가 제네바에서 퇴역상이군인을 중심으로 한 신체장애인의 고용촉진방법을 연구하기 위해 소집한 전문가 회의에서도 법률에 의한 고용의무라는 수단이 필요하다고 지적하게 되었다. 그리하여 「산재장애인의무고용법」, 「전쟁 신체장애인 의무고용법」, 「국가봉사 신체장애인 의무고용법」이 제정되었다. 서독은 「신체장애인 고용법」을 제정하였고, 프랑스는 「할당고용법」, 「재활기준법」을 제정하였다. 이 밖에 벨기에 등의 나라에서도 장애인의 고용촉진을 도모하는 법을 제정하는 등의 활동을 전개하였다.

2) 제2기(1970년대)

1971년에 UN에서는 「정신지체인의 권리선언」 제정을 통해 장애인은 그 장애의 원인 및 특징 정도에 상관없이 같은 연령의 시민과 동등한 기본적 권리를 가지고 있음을 선언하게 되었다. 또한, 1975년 같은 맥락에서 장애인의 권리선언을 채택하였고 장애인도 다른 사람과 마찬가지로 모든 사회활동에 참여할 권리가 있으며 모든 국가는 장애인의 이 같은 권리를 보호하고 이를 보장하는 적극적 시책을 펴줄 것을 촉구하였다. 이러한 권리선언은 생명의 존엄과 인류의 평화를 기원하는 사상에서 우러나온 정상화의 이념을 도입한 것이며, 장애인의 인권에 대한 인식이 지역사회를 중심으로 한 자립생활을 강조하는 방향으로 발전하게 되었다.

이 시기에 스웨덴은 비장애인의 거주지와 떨어진 외딴곳의 대규모 시설에 장애인을 수용하는 것을 금지하였고, 중증장애인을 제외하고 시설수용보다 위탁가정이나 부모 또는 본인의 가정에서 생활하게 하는 것을 원칙으로 하였다. 영국은 1970년에 「만성병 및 장애인법」을 제정하였고, 독일은 '장애인 재활촉진을 위한 활동강령'에 의해 「중증장애인법」을 제정하였다. 또한, 미국은 「발달장애인서비스 및 시설건축물법」, 「재활법」, 「장애아동교육법」, 「장애인 부조 및 권리법」을 제정하였다. 이후 보스턴 자립생활센터가 설립된 것을 시초로 하여 자립생활센터 설립이 전국화되어 장애인 당사자 위주의 서비스가 전개되었다.

3) 제3기(1980년대)

1980년대에 접어들면서 장애인복지실현을 위한 국제적 협력체계가 수립되어 총체적 접근형태의 장애인복지가 촉진되었으며, 장애인복지의 도약기를 맞이하게 되었다. 1976년 UN 총회의 결의에 따라 1981년을 '세계장애인의 해'로 정하여 장애인의 완전한 사회참여와 평등을 주제로 전 세계적인 장애운동을 전개하였다. 더 나아가 1983~1992년을 '장애인 10년'으로 선포하고 이를 실천하기 위한 「장애인에 관한 세계행동계획」을 선포하였다.

스웨덴은 「정신지체인 특별법」을 발효하였고, 영국은 「장애인법」, 「개정 장애인법」을 제정하였다. 독일에서는 세계장애인의 해를 1년 앞두고 '1980년대의 재활'이란 주제로 1970년에 이어 두 번째 활동강령이 제시되었고, 미국은 「발달장애인법」이 제정되었다.

4) 제4기(1990년 이후)

장애인복지가 좀 더 일상적인 생활에 밀착해 각 분야의 전문가뿐 아니라 장애인 당사자와 그 가족, 지역주민 및 정부의 정책적인 참여에 따른 장애인 당사자의 사회통합을 위해 여러 가지 형태로 총체적인 개념의 장애인복지가 형태를 갖추기 시작하였다.

UN은 'UN장애인 10년'이 끝날 무렵, 장애인을 포함한 모든 사회구성원들이 함께 잘살기를 원하는 '만인을 위한 사회지향과 인식으로부터 실천'이라는 표어를 걸고 「장애인의 기회균등을 위한 표준규칙」을 채택하였다.

우선 스웨덴은 장애인 옴부즈맨사무소를 설치 운영하고 전반적인 장애인서비스에 대한 문제해결을 위한 역할을 담당하게 하였으며, 1990년 7월 제정된 미국의 「장애를 가진 미국인의 법(Americans with Disabled Act)」은 장애문제의 해결은 장애인의 인권보장을 바탕으로 장애인재활의 궁극적인 목표인 장애인의 평등하고 완전한 사회참여와 통합을 위해 균등한 기회부여를 전제로 하여 사회적·물리적 장벽에 대한 규제에 관련된 조치로 구성된다. 즉, 장애라는 이유로 차별을 받을 수 없다는 차별에 대한 보호조처로서 만들어졌다. 이어서 호주도 1992년에 「장애차별법」을 제정하였고, 1995년에 영국도 「장애차별금지법」을 제정하였다.

UN 아시아·태평양 경제각료이사회(ESCAP)에서는 1993~2002년을 '아시아·

태평양 장애인 10년'으로 선포하였다. 나아가 UN에서는 2006년 국제장애인권리협약을 채택하여 회원국들로 하여금 준수하도록 하였다. UN 국제장애인권리협약은 기존 UN의 선언보다는 더 강력한 것으로서 장애인의 인권과 기본적 자유를 보장하고, 차별을 없애기 위한 노력을 국제사회에 요구하는 국제법이라고 할 수 있다.

5) 제5기(2000년 이후)

2000년대 들어서면서 대부분의 국가는 장애인복지제도 및 서비스에 대한 기조가 의료적 모델에서 사회적 모델로 급격하게 변화하면서 장애인 이용인 중심의 개별화된 서비스 체제로 강화되고 있다. 개별화된 장애인복지서비스와 관련하여 최근에 주목받고 있는 것이 지역사회 중심의 개별화된 서비스, 개인예산제 도입 등이다. 주요 국가에서의 시행되고 있는 장애인복지서비스의 패러다임과 주요 내용을 살펴보고자 한다. 영국의 경우 성인서비스 대부분은 지역사회 기반 서비스로 구성되며, 2008년도 영국 전역에 자기주도성과 자기결정권을 강화하는 개인예산제도가 도입되어 시행되고 있다. 최근 자기주도지원이라는 개인예산제도 이용자는 계속해서 증가하고 있는 추세에 있다(한국장애인개발원, 2017). 일본의 경우에는 2003년 기존 조치제도라는 장애인복지서비스에서 서비스 이용인이 서비스 이용을 결정하는 계약방식인 지원비제도로 전환하면서 중증장애인을 대상으로 하는 활동지원서비스 이용시간이 크게 증가하고 있는 현실이다(厚生労働省, 2007). 프랑스의 경우에는 장애유형별 개별화된 서비스지원종합조사표를 기반으로 개인의 욕구와 개인별 사회적 · 환경적 상황을 고려하는 방향으로 발전해 가고 있다. 프랑스에서는 장애판정 및 장애복지서비스를 담당하는 전담기관인 MDPH에서 사회복지사, 임상심리사, 직업재활사, 교육전문가 등으로 구성된 종합사정팀이 장애인과의 면담 및 조사를 통해 다양한 서비스에 대한 급여량을 결정하여 개별화된 서비스체계를 강화해 나가고 있다(이병화 외, 2019).

특히, 2006년에 채택된 유엔(UN, United Nation)의 장애인권리협약(CRPD, Convention on the Rights of Persons with Disabilities)은 장애에 대한 전통적 접근들

인 치료모델, 재활모델, 사회모델의 한계를 극복하고 더 적극적인 당사자 중심의 인권모델 구축의 필요성을 강조하고 있다. 우리나라에서도 2008년 UN 장애인권리협약을 비준하였고, UN의 CRPD 채택 이전인 1995년에 제정된 정신보건법을 2016년에 전면 개정하여 2017년 5월 30일을 기점으로 「정신건강증진 및 정신질환자 복지서비스 지원에 관한 법률」(이하, 정신건강복지법)'을 시행해 오고 있다. 2017년부터 시행된 「정신건강복지법」은 당사자 중심의 회복 및 자립을 목표로 하는 CRPD 원칙을 법 이념에 반영하고 실현하기 위한 국가차원의 관심 및 노력을 경주하는 계기가 되었다(국가인권위원회, 2021).

2절 우리나라 장애인복지의 역사

우리나라에서 현대적 의미의 장애인복지는 1950년 이후 상이군경을 대상으로 한 고용제도의 마련을 시작으로 태동을 갖게 되었으며, 1977년 「특수교육진흥법」의 제정과 1981의 '세계장애인의 날'을 기점으로 「심신장애자복지법」을 제정하게 되었다. 특히 1988년 서울올림픽의 개최로 장애인복지제도가 발전하게 되는 계기가 되었다. 이와 같은 우리나라의 관련 제도 등의 정비를 통해 발전된 장애인복지의 역사를 초기, 근대, 현대로 구분하여 살펴보고자 한다(권선진, 2005; 한국장애인재활협회, 2006; 정일교 외, 2007; 정무성 외, 2007; 보건복지부 내부자료, 2013).

1 초기

먼저 삼국시대에도 장애인에 대한 국가의 구제활동과 제반 노력 등이 전개되었는데, 장애인과 관련 있는 제도는 관곡진급(官穀賑給), 사궁구휼(四窮救恤), 조조감면, 대곡자모구면(貸穀子母俱免)이라고 할 수 있으며, 장애인과 병자에 대한 구분 없이 임시방편적 활동이 전개되었다. 고려시대 장애인에 대한 구제는 은면지제(恩免之制), 재면지제(災免之制), 환과고독진대지제(鰥寡孤獨賑貸地制), 수한질여

진대지제(水旱疾廬賑代之制), 납속보관지제(納粟補官之制)로 되어 있다. 대표적으로는 의료구제의 활동으로 성종 때 의학교육기관인 대의감을 설립하고, 예종 때 대의감 부속 약국을 설치하여 의료제도의 발전을 가져왔다. 또한, 서민의 구료기관으로 혜민국을 설치하였으며, 병자, 빈민, 고아, 노인, 폐질자, 걸식자 등을 대상으로 구빈 시료를 하였고, 수용보호하는 의료구제기관으로 동서대비원을 설치하였다. 동서대비원은 환자의 치료뿐 아니라 기한자, 무의무탁자까지 수용하는 구제기관이었다.

조선시대에는 장애인 중 폐질자에 대한 구휼사업이 계속되었고, 장애인에 대한 국가의 구빈 내지 구료사업은 태조 2년에 노약 폐질자로 자립할 수 없는 자에게 노동면제 및 구휼을 실시했으며, 세종 원년에 환과고독, 폐질자에게 쌀과 콩 등으로 구제하였다. 그리고 구호사업 외에도 폐질자에게는 모두 노동을 면제하였다. 그러나 부랑아 및 불구폐질에 대한 보호 등 약간의 구제책만 있을 뿐, 대부분의 장애인은 친족부양에 의존한 사업을 전개하였다.

2 근대

중세 후기에 접어들면서부터 세속문학의 하나로서 의학이 크게 발전하게 되자 종래의 미신적 편견에 의한 인간의 장애에 대한 운명론을 극복하여 합리적·과학적인 기초에서 인간의 장애를 이해하게 됨으로써 종래의 장애인관에서 탈피한 새로운 장애관을 확립하게 되었다. 이 시기에 최초로 장애인 교육이 시작되었는데 고종 31년 미국인 선교사에 의해 평양에서 맹인학생을 집에서 보호하며 맹교육을 실시한 것이 최초의 일이었다. 1910년 한일합병 후 경성고아원을 1911년에 조선총독부가 접수하여 제생원이라 칭하였다. 이후 일본은 1944년 「조선구호령」을 제정하면서, 구호대상은 65세 이상의 노쇠자, 13세 이하의 유아, 임신부, 불구, 폐질, 상이, 정신 및 신체의 장애로 인하여 노동을 못하는 자로 제한하였다. 1948년에 이문형이 정신박약아 수용시설로서 중앙각심학원을 설립하였는데, 이것은 한국 최초의 정신박약 보호시설로 1949년 정식 허가되었고, 이후에 국립재활원이 된다. 미군정하에서는 장애인

문제를 독립된 관심의 영역으로 삼지 않았고, 구빈문제나 아동, 부녀문제에 포함하였다.

3 현대

현대 장애인복지의 발전과정을 시기별로 구분하여 각 시기별로 진행된 각종 제도와 서비스 주요 내용을 살펴보고자 한다.

1) 제1기(정부수립 이후 1970년대까지)

1948년 정부수립 후 우리나라는 1962년 1차 경제개발 5개년 계획이 시작되기까지 전쟁과 빈곤에 시달렸으며, 1960년대 초부터 1970년대 중반까지 3차의 경제개발계획을 수행해 오면서 고도의 경제성장을 이루는 데 여념이 없어 왔다. 장애인복지의 발달사에 있어서 1970년까지를 현대적 의미의 장애인복지가 태동한 시기라 할 수 있다.

첫째, '상이군경에 대한 국가보훈사업'으로 한국전쟁에 UN이 참전하고 많은 외국의 종교단체와 민간원조기관이 원조활동을 전개하면서, 이들 민간기관이 장애인 재활사업에 도움을 주어 한국전쟁은 우리나라 장애인복지 발전에 하나의 계기가 되었다고 할 수 있다. 1950년에는 「군사원호법」, 1951년에는 「경찰원호법」이 제정되었으며, 상이군경을 위한 버스 설치, 무임승차권 발급, 직업재활을 위한 직업보도조합 설치 등 다양한 사업을 전개하였다.

둘째, 「특수교육진흥법」이 1977년 제정, 공포되어 시각장애자, 청각장애자, 정신장애자, 지체부자유자, 정서장애자, 언어장애자, 심신장애자를 특수교육 대상자로 하며, 국가 및 지방자치단체에 특수교육 진흥을 위한 시책을 강구하도록 하고 있다. 더욱이 이 법은 각급 학교의 장에게 특수교육 대상자가 당해 학교에 입학하고자 할 경우에 그가 특수교육 대상자임을 이유로 불이익을 당하지 못하도록 하고 있다.

2) 제2기(1981~1987)

1981년은 UN이 정한 '세계장애인의 해'였고, 1982년 UN이 「세계장애인의 해 행동계획」을 채택하였고 한국 역사상 최초로 장애인복지의 종합적 법률이라 할 수 있는 심신장애자 복지법이 공포되었다. 다음 해인 1983년에서 1992년은 UN이 정한 세계장애인 10년으로 장애인에 대한 긍정적 인식의 전환이 이루어진 시기이다.

또한 「심신장애자복지법」 제정으로 유엔의 권고에 따라 '장애인복지에 대한 국민의 관심을 촉구하고, 장애인을 올바르게 이해하며 장애인의 재활 의지를 고취'할 목적으로 1981년 「심신장애자복지법(1981)」을 제정하고 4월 20일을 '장애인의 날'로 정해 이날을 기념하고 있다.

3) 제3기(1988~1997)

이 시기는 서울올림픽 및 장애인올림픽 개최로 장애인에 대한 복지증진이 발전하는 시기이다.

첫째, '장애인 올림픽'으로, 1988년 서울올림픽 및 장애인 올림픽대회의 개최를 계기로 장애인복지종합대책을 마련했다. 개최를 준비하는 동안 편의시설(공항, 경기장, 선수촌, 도로, 교통시설)을 정비하고, 접근성 보장(특수차량의 보급, 화장실의 개조, 승강시설의 정비) 작업이 진행되었다.

둘째, '장애자복지대책위원회'는 1988년 8월 1일 「장애자복지대책위원회」 규정이 공포된 후 장애발생의 예방, 의료의 보장, 재활용구의 교부, 교육기회의 확충, 취업의 보장, 소득의 보장과 경제적 부담 경감, 장애자복지시설의 확충, 생활환경의 조성, 국민의 이해력 증진, 전문가의 양성과 연구의 활성화, 전달체계의 개선 등 열한 개 부문에 걸친 대책안을 대통령에게 제출하면서 장애인에 대한 주요정책을 수립하는 역할을 수행하였다.

셋째, 1989년 12월 30일 장애인복지대책위원회의 건의를 바탕으로 「장애인복지법」을 제정하였다. 법안에는 국가 및 지방자치단체의 책무규정, 장애인 등록제도와 장애인 수첩제도 도입, 복지조치 규정, 장애인복지시설 규정, 장애인의 날과 장애인 주간 설정, 한국장애인복지체육회의 설립, 장애인 단체의 보호육성 등에 관하여 규정하였다.

4) 제4기(2000년 이후)

우리나라 장애인복지 도약기는 2000년 이후라고 할 수 있으며, 이는 이 시기에 장애인복지발전 5개년 계획 등 장애인의 복지를 신장시킬 수 있는 사회여건이 조성된 것에서 유추할 수 있다. 2000년 이후 우리나라의 장애인복지 변화내용을 보면 다음과 같다.

첫째, 장애인복지발전 5개년 계획이 시행됨으로써 5년 주기로 하여 장애인복지 사업의 확대추진, 특수교육의 내실화 강화, 직업재활 및 능력개발 증진, 중증장애인의 취업 및 고용환경 개선, 사업체의 장애인고용촉진 강화 등의 사업을 연차적으로 시행하는 것을 5개년 계획 수립을 통하여 시행하고 있다.

둘째, '장애인복지법 개정'은 1999년 「장애인복지법」의 개정을 통해 장애범주의 확대, 장애인의 정보접근권 명시, 장애인 우선 주택분양 및 비용지원, 장애인 수당제 등이 신설되어 전면 개정하였다. 2000년 장애 인정 범위를 내부장애로까지 확대하고 뇌병변장애를 지체장애에서 분리하여 10종 장애로 확대하였고, 2003년에 더욱더 확대되어 장애범주가 15종 장애로 개편되었다.

셋째, 장애인복지 5개년 계획 시행 이후 지속적인 평가를 통하여 장애인복지서비스 및 제도가 양적으로 확대되었고, 장애인복지에 대한 관점 또한 변화하였다. '자립생활패러다임'에 의해 지역사회 중심의 자립생활이념과 실천이 확산되면서 2008년 4월 11일부터 시행된 「장애인차별금지 및 권리구제 등에 관한 법률」을 통해 장애인에 대한 차별금지를 위한 법적 기반이 되었다.

2014년 5월 20일 「발달장애인 권리보장 및 지원에 관한 법률」이 제정되어 발달장애인의 의사를 최대한 존중하여 그들의 생애주기에 따른 특성 및 복지 욕구에 적합한 지원과 권리옹호 등이 체계적이고 효과적으로 제공될 수 있도록 법적인 기반이 마련되었다.

2019년 7월 1일부터는 기존의 장애인등급에 따른 일률적인 정책 및 서비스를 탈피하고, 장애인의 개별적인 욕구와 특성에 맞는 서비스 지원체계를 구축하기 위하여 장애등급제가 폐지되었다. 이러한 상황에서 장애인의 개별적인 욕구와 수요자 중심의 전달체계 구축을 위한 장애인복지의 중요성과 책임성도 높아지고 있다.

5) 제5기(2011년 이후)

장애영역 전반에서 개인 의료모델에서 사회적 모델로, 재활모델에서 자립생활모델로, 전문가모델에서 당사자모델로의 장애패러다임 전환이 요구되면서 장애인복지서비스도 지속적으로 변화하고 있다(한국장애인개발원, 2017). 이러한 이용자 중심의 서비스 변화는 2019년 7월 장애등급제 폐지 이후 가속화되고 있다. 장애인 등록제도는 1988년에 도입이 된 이후 다양한 장애인 복지서비스의 지원 기준으로 활용이 되어, 장애인복지 서비스 지원 시 장애유형 혹은 장애등급을 기준으로 차등 지급되는 데 활용되어 왔다. 장애등급이 장애유형별 중증도를 구분하는 객관적 기준으로서 장애인복지제도 도입 및 확대에 기여한 것은 사실이나, 의학적 기준으로만 판정되는 장애등급은 개개인의 교육정도, 직업경험, 가족관계, 주거형태, 경제적 수준 및 사회적 관계망 등 다양한 사회 · 환경적 상황에 따른 차이를 고려하지 못한다는 비판을 받았다. 즉, 신체적 · 정신적 제약의 물리적 상태만을 알려주는 장애등급이 급여 및 서비스 제공의 결정적인 기준이 되기 때문에 사회 · 환경적 상황에 따른 서비스 욕구가 있음에도 서비스를 받지 못하는 장애인과 여러 기관에서 동일한 장애인 서비스를 받고 있는 장애인이 상존하는 문제가 발생하였다(한국장애인개발원, 2020). 장애등급은 폐지되었지만 장애인 여부에 대한 객관적인 인정을 위해 장애인등록은 유지하였다. 즉, 1~6급의 장애등급은 폐지하고, 장애정도에 따라 '장애의 정도가 심한 장애인'과 '심하지 않은 장애인'은 구분하는 것으로 개편되었다. 최근 장애인복지 정책 및 서비스 주요 변화내용을 살펴보고자 한다.

첫째, 2014년 특정 장애유형에 대해 최초로 「발달장애인 권리보장 및 지원에 관한 법률」(이하, 발달장애인법)을 제정하였으며, 2015년 11월 21일에 시행했다. 이로써 발달장애인과 그 가족을 지원할 수 있는 법적 · 재정적 기반이 마련되었다. 해당 법령에서는 발달장애인에 대한 정의, 당사자의 권리보장의 근거, 당사자와 그 가족(보호자)을 지원하기 위한 복지지원 및 서비스, 발달장애인지원센터 등 관련 전달체계의 설치 근거를 포함하고 있다(보건복지부, 2022). 이와 관련하여 보건복지부에서는 2016년과 2017년 두 차례 시범사업을 거친 이후, 발달장애인의 다양한 욕구와 장애 특성을 반영하는 주간활동서비스를 개발하여 2019년 3월부터 본사업을 시행하고 있고, 발달장애인의 지역사회 참여를 활성화하고 가족의 돌봄을 경험할 수 있도록 하였다(보건복지부, 2023).

둘째, 2019년 서비스 지원종합조사의 도입이다. 서비스지원종합조사는 장애인 서비스의 지원수준을 결정하기 위한 것으로, 서비스 신청인의 일상생활 수행능력, 인지 · 행동특성, 사회활동, 가구환경 등을 종합적으로 평가하는 조사도구이다. 2019년 7월 1일부터 활동지원급여, 장애인 보조기기, 장애인 거주시설, 응급안전 서비스, 발달장애인 주간활동서비스에 우선 적용되었으며, 2020년 10월 30일부터 장애인 주차구역 주차표지 등 보행상장애인 예외판정에 확대되었다(보건복지부, 2023).

셋째, 서비스 전달체계 강화이다. 장애등급제 폐지 이전에 장애인은 장애인등록 이후 본인이 개별 서비스 정보를 확인하여 신청을 해야 서비스를 받을 수 있었다. 이러한 문제점을 해결하고자 수요자 중심 장애인 지원체계 도입을 통해 장애인이 지역사회 독립생활을 위해 필요로 하는 서비스를 편리하게 이용할 수 있도록 사회보장정보시스템(행복e음)을 통해 장애유형, 장애정도, 연령에 따라 받을 수 있는 서비스를 선별할 수 있는 '맞춤형 상담 시스템'을 마련하여 전달체계를 강화하였다(보건복지부 내부자료, 2023).

마지막으로는 제6차 장애인정책종합계획(2023~2027)을 들 수 있다. 제6차 장애인정책종합계획에서의 정책방향은 약자복지(취약계층 장애인), 사회서비스 고도화(수요자 욕구 기반 맞춤형 통합서비스 지원), 글로벌 스탠다드(전 생활영역에서의 장애인 권리보장 확대)이다. 주요 내용을 보면 활동지원 제도 사각지대 해소를 위한 대상자 지속 확대, 개인예산제 모의적용 및 시범사업과 입법추진 마련, 탈시설

로드맵에 따른 주거결정권 강화, 최중증 발달장애인 24시간 지원체계 구축 등이다(관계부처 합동 내부자료, 2023).

〈표 4-1〉 우리나라 장애인복지 주요 연혁

시행일시	내용
1950. 4. 14.	군사원호법
1951. 4. 12.	경찰원호법
1971. 12. 30.	UN 정신지체인권리선언
1975. 12. 9.	UN 장애인권리선언
1976. 12. 16.	'세계장애인의 해' 선정
1977. 12. 31.	특수교육진흥법 제정
1978. 6. 17.	심신장애자 종합복지대책
1981. 6. 5.	심신장애자복지법 제정
1984. 5. 7.	장애인편의시설 의무화
1986. 10. 31.	국립재활원 개원
1988. 11. 1.	장애인 등록사업 전국 확대
1989. 12. 30.	장애자복지법 전문개정
1991. 1. 1.	장애인고용촉진 등에 관한 법률 시행
1994. 12. 30.	장애인편의시설 및 설비의 설치기준에 관한 규칙 제정·공포
1997. 4. 6.	장애인·노인·임산부 등의 편의증진 보장에 관한 법률 제정
1998. 12. 9.	장애인 인권헌장 제정·공포
2000. 1. 1.	장애인복지법 전면 개정 실시 장애범주 확대 실시(10개 유형)
2003. 7. 1.	2차 장애범주 확대(15개 유형)
2008. 4. 11.	장애인차별금지법 시행
2010. 7. 1.	장애인연금법 시행
2011. 10. 1.	장애인 활동지원법 시행
2013. 7. 1.	장애인성년후견제도 시행
2014. 4. 29.	발달장애인 권리보장 및 지원에 관한 법률 제정
2019. 7. 1.	장애등급제 폐지
2021. 8.	장애인 탈시설 로드맵 발표
2023. 6.	개인예산제 모의적용 사업

장애인복지서비스의 사례관리 실천방법

CHAPTER 05

1절 장애인복지서비스의 사례관리 필요성

장애인복지서비스의 사례관리 필요성은 탈시설화가 본격적으로 대두되면서 지역사회에 기반을 둔 패러다임의 전환으로 인해 더욱 대두되기 시작하였다. 기존 시설 중심 서비스를 받던 장애인은 한 기관에서 서비스를 받던 형식에서 벗어나 지역사회의 다양한 기관에서 개별성을 갖춘 프로그램을 이용하는 가운데 서비스 접근성과 정보의 제한 등의 문제가 크게 나타나기 시작하였다.

특히 현대 산업사회의 발전에 의한 인간의 수명 연장과 적극적인 사회참여의 증대, 장애인구의 증가 등으로 복잡하고 심도 있는 장애인 당사자의 서비스 욕구가 발생할 수밖에 없게 되었다. 이러한 가운데 장애인은 한 개 기관에서도 2~3개 서비스의 이용 여부, 타 기관과의 중복적인 서비스의 제공 여부, 타 기관으로의 적극 서비스 의뢰 및 연계 등의 욕구가 대두되고 있다.

우리나라의 장애인복지서비스는 보건복지부를 중심으로 여러 부처 간에 걸쳐 전개되고 있으며, 서비스 기관도 장애인복지관을 중심으로 종합사회복지관, 특수학교, 한국장애인고용공단, 병원 등 다양하게 제공되고 있는 실정이다. 따라서 장애인의 사례관리는 지역사회 내에서 장애인이 인간의 생애주기에 맞춰 각 생애단계에 맞는 서비스를 자립적으로 활용할 수 있도록 지역사회 내 가용한 자원과 유용한 정보에 접근할 수 있도록 체계적인 사례관리 실천방법이 절실히 필요하다.

2절 사례관리의 개념 및 내용

1 사례관리의 개념

사례관리(case management)는 서비스 전달방식의 일환이며, 보호관리, 사례조정 등의 다양한 용어로 사용되고 있다(정일교 외, 2007; 정무성 외, 2007; 이승기 외, 2016). 한국사회복지사협회의 사회복지사전에 의하면, '사례관리'란 복합적인 원인으로 요보호의 상태에 있는 클라이언트에게 다양한 지역사회 자원을 연결시켜 관리하는 원조대책으로서 정신장애인 등이 가지고 있는 여러 가지 욕구에 대해 조기에 적절하게 대응하는 지역보호체계로 정의하고 있다.

Moxley(1989)는 '사례관리'란 대인서비스 실천의 다양한 분야에서 복합적인 욕구를 가진 클라이언트를 대상으로 사례관리자가 그들의 욕구를 사정하며, 적절한 서비스 기회 또는 급여를 확인하고 포괄적인 서비스 계획을 개발하며 클라이언트의 서비스에 대한 접근과 이용을 제공하고 적절하고 효과적인 서비스의 전달을 점검하거나 평가하는 것 등을 통해 클라이언트의 욕구를 충족시킬 수 있도록 원조하는 것이라고 정의하였다.

2 사례관리의 목적

사례관리는 사회복지실천의 모든 측면을 통합하여 다양하고 복합적인 욕구를 가진 클라이언트를 대상으로 그들의 욕구를 충족시키고 사회적 기능을 향상시키기 위해 고안된 방법이다. 이와 같이 사례관리가 지향하는 목적을 구체적으로 정의하면 다음과 같다(김성천 외, 2000).

첫째, '보호의 연속성'으로 어떤 일정한 장소나 기간 내에서 지속적으로 서비스를 제공하는 보호의 연속성을 보장한다.

둘째, '서비스 전달의 비용-효과성 증진'으로 제공자의 능력을 개발하고 서비스의 중복을 방지하며 가능한 한 가장 효율적인 방법으로 서비스와 지원이 전달될 수 있도록 함으로 효과성을 증진시킨다.

셋째, '서비스에 대한 접근성과 책임성의 증진'으로 서비스 이용자들의 적격성, 기준, 규정, 정책, 절차 등과 관련된 서비스 접근의 장애물을 극복함으로 개인이 필요한 서비스에 쉽게 접근할 수 있도록 원조하고 서비스 제공 기관의 사회적 책임성을 강화한다.

넷째, '가족과 일차집단의 보호능력 향상'은 가족뿐만 아니라 이웃, 친지, 친구 등 일차집단의 보호능력을 강화한다.

다섯째, '클라이언트의 사회적 기능 향상'은 환경을 이용할 수 있는 각 개인의 잠재능력을 개발하고 활용을 극대화하고 클라이언트 욕구의 스펙트럼에 따른 자원을 체계적으로 연결함으로써 사회적 기능을 향상시킨다.

3 사례관리의 기능

사례관리의 기능은 장애인의 원활한 사회통합을 도모하기 위한 목적으로 기존의 보호 위주의 전통적인 관점에서 벗어나 통합적인 서비스 전달체계를 실천하는 데 의의가 있다(윤선오, 2015).

첫째, 클라이언트와 필요한 서비스의 연결기능을 수행한다.

둘째, 비공식 보호체계와 클라이언트 간의 상호작용 촉진기능을 수행한다.

셋째, 사례관리 기관 상호 간의 조정기능이다.

넷째, 상담기능을 수행한다.

3절 사례관리 과정

사례관리 과정은 장애인복지서비스를 제공하는 기관의 유형, 지역사회의 환경, 장애인 당사자의 욕구 등에 따라 매우 다양한 절차를 통해 제공되고 있는 실정이다. 본 장에서는 접수, 사정, 계획, 개입 및 점검, 종결 및 사후관리의 5단계로 정리하였다(오혜경, 2005; 정무성 외, 2007; 정일교 외, 2007).

1 접수

장애인복지서비스의 사례관리 과정에서 첫 단계는 초기접수 과정이다. 이 과정에서는 접수를 통해 기관에 등록하는 단계로 장애인 클라이언트가 기관의 서비스를 안정적으로 받을 수 있도록 적극적으로 지지할 필요가 있다. 이 단계에서는 사례발굴, 초기면접, 등록 및 계약의 과정 등이 포함될 수 있으며 각 단계가 통합적인 절차에 의해 이루어질 수 있도록 사례관리자는 노력해야 한다.

1) 사례발굴

장애인복지서비스의 과정은 사례발굴을 통해 이루어지는데, 사례는 장애인 클라이언트와 보호자의 자발적인 방문(전화), 타 기관 의뢰, 아웃리치(out reach) 등을 통해 대부분 이루어지고 있다.

① 자발적인 방문(전화): 장애인 클라이언트와 보호자가 자발적으로 기관의 서비스를 이용하고자 방문하는 경우이다. 장애인 당사자가 지니는 기본적인 욕구를 토대로 적절한 서비스가 무엇인지 등에 대한 정보제공이 필요하다.

② 타 기관 의뢰: 타 기관(공공기관, 특수학교, 종교기관, 보건소 등)을 통해 의뢰된 경우는 장애인 클라이언트가 수동적인 입장이기 때문에 심리적인 안정을 취하게 하고 스스로의 문제와 욕구에 대해 충분히 파악할 수 있는 기회를 제공한다.

③ 아웃리치(out reach): 지역사회 내 복지 사각지대에 있는 장애인과 가족을 발굴하여 적절한 서비스를 받을 수 있는 체제로 유도하는 노력이 필요하다. 그러나 아웃리치 실태는 장애인복지기관의 인력부족으로 적극적인 서비스를 전개하지 못하고 있는 실정이다.

2) 초기면접

초기면접 단계에서 사례관리자는 장애인 클라이언트가 지니는 문제와 욕구에 대한 정확한 정보를 수집하고, 클라이언트가 지니고 있는 자신의 정보를 최대한 도출할 수 있는 관계를 형성해야 한다. 사례관리자는 클라이언트가 가장 중요한 정보제공원임을 각인시켜 상담에 적극성을 지닐 수 있도록 지지할 필요가 있다. 특히 아웃리치와 타 기관의 의뢰를 통해 접수된 장애인 클라이언트의 경우에는 서비스에 대한 거부감과 부정적인 동기부여가 생길 수 있으므로 신중히 접근해야 한다.

3) 등록 및 계약

초기면접 단계에서 사례관리자는 장애인 클라이언트를 사례관리의 대상으로 등록하게 된다. 등록이란 과정은 기관의 등록번호를 부여하고 개별파일로 관리하여 전산에 등록하고 서비스 과정을 관리하는 대상으로 포함되는 것이다. 따라서 기관에서는 공식적인 회원으로 등록하는 과정이기 때문에 기관의 신청서 서식에 서명을 통해 서비스 제공을 공식화할 필요가 있다.

〈표 5-1〉 초기 상담(면접)지 예시 양식 1

<table>
<tr><th>접수번호</th><td></td><th>상담일시</th><td></td></tr>
<tr><th>초기 상담자</th><td></td><th rowspan="2">상담장소</th><td rowspan="2">□ 자택 □ 기관내방
□ 전화 □ 기타( )</td></tr>
<tr><th>의뢰 자료</th><td>□ 유 □ 무</td></tr>
<tr><th>상담의뢰 경로</th><td colspan="3">□ 이용자 요청 □ 사례관리자의 발굴 □ 기관내부( )
□ 타기관이나 단체( ) □ 이웃주민( ) □ 기타( )</td></tr>
</table>

<table>
<tr><th>이용자 성명</th><td></td><th>생년월일</th><td></td></tr>
<tr><th>주소</th><td></td><th>연락처</th><td></td></tr>
<tr><th>보호자(후견인)</th><td>성명: (관계)</td><th>연락처</th><td></td></tr>
<tr><th>장애유형/정도</th><td></td><th>건강상태</th><td>□ 양호 □ 질환( )</td></tr>
<tr><th>지원 여부</th><td colspan="3">□ 수급자 □ 차상위 □ 의료급여 □ 건강보험 □ 장애연금
□ 노령연금 □ 장애아동수당 □ 기타(장애활동보조, 보육료, 국가유공자 등)</td></tr>
<tr><th>주거상태</th><td>□ 자택 □ 영구임대 □ 무료임대( )
□ 월세(보증금 원/ 월세 원)
□ 전세(원) □ 기타 ( )</td><th>종교</th><td>□ 불교 □ 기독교
□ 유교 □ 가톨릭
□ 기타( )</td></tr>
<tr><th>개인력</th><td colspan="3"></td></tr>
<tr><th>가족력</th><td colspan="3"></td></tr>
</table>

<table>
<tr><th>이용자 요구</th><td></td></tr>
<tr><th>보호자 요구</th><td></td></tr>
</table>

<table>
<tr><th colspan="2">가계도</th><th>생태도</th></tr>
<tr><td colspan="2"></td><td></td></tr>
<tr><th rowspan="2">상담자 평가 및 의견</th><td colspan="2"></td></tr>
<tr><td>개입 여부 평가</td><td>□ 대상(긴급 여부: □ 예 □ 아니오)
□ 비대상 (□ 정보제공: □ 연계:)</td></tr>
</table>

출처: 박미은 외(2011). 사례관리실천매뉴얼. 대전광역시사회복지사협회.

〈표 5-2〉 초기 상담(면접)지 예시 양식 2

<table>
<tr><td>사례번호</td><td colspan="2"></td><td>접수일시</td><td colspan="2">20 년 월 일</td><td>접수자</td><td colspan="2">(인)</td></tr>
<tr><td>성명</td><td colspan="2"></td><td>생년월일</td><td colspan="2"></td><td>전화번호</td><td colspan="2"></td></tr>
<tr><td>주소</td><td colspan="8"></td></tr>
<tr><td>결혼상태</td><td colspan="5">□ 미혼 □ 기혼 □ 기타</td><td>종교</td><td colspan="2"></td></tr>
<tr><td rowspan="4">가족 및
동거사항</td><td>성명</td><td>관계</td><td>연령</td><td>결혼</td><td>동거
여부</td><td>직업
(직장)</td><td>연락처</td><td>기타</td></tr>
<tr><td></td><td></td><td></td><td></td><td></td><td></td><td></td><td></td></tr>
<tr><td></td><td></td><td></td><td></td><td></td><td></td><td></td><td></td></tr>
<tr><td></td><td></td><td></td><td></td><td></td><td></td><td></td><td></td></tr>
<tr><td>대상자 분류
(복수가능)</td><td colspan="8">□ 수급자 □ 차상위 □ 실직가정 □ 저소득 가정
□ 다문화 □ 소년소녀가장 □ 조손가정 □ 한부모가정 □ 기타</td></tr>
<tr><td>주요문제</td><td colspan="8">□ 경제문제 □ 주택문제 □ 사회지원 □ 시설입소 □ 법률문제
□ 건강문제 □ 수발문제 □ 정신건강 □ 이동문제 □ 학교문제
□ 이성문제 □ 가족문제 □ 자녀문제 □ 대인관계 □ 기타( )</td></tr>
<tr><td rowspan="2">경제상태</td><td>월소득</td><td colspan="3">총 만 원</td><td colspan="2">직업</td><td colspan="2"></td></tr>
<tr><td>소득원</td><td colspan="7">□ 연금 □ 정부보조 □ 저축 □ 가족지원 □ 근로소득 □ 기타( )</td></tr>
<tr><td>건강상태</td><td>건강 정도</td><td colspan="3">□ 양호 □ 보통 □ 허약</td><td colspan="2">만성질환</td><td colspan="2">□ 무 □ 유</td></tr>
<tr><td>장애유형/정도</td><td colspan="8">□ 지체( ) □ 시각 □ 청각 □ 언어 □ 지적
□ 정신 □ 내부장애( ) □ 기타</td></tr>
<tr><td>주거상황</td><td colspan="8">□ 자가 □ 전세(만 원) □ 월세 □ 임대 □ 무료임대 □ 기타( )</td></tr>
<tr><td rowspan="2">가계도 및
생태도</td><td colspan="4">가계도</td><td colspan="4">생태도</td></tr>
<tr><td colspan="4"></td><td colspan="4"></td></tr>
<tr><td>대상자 판정</td><td colspan="8">□ 대상(긴급여부: 예 / 아니오) □ 비대상(정보제공 / 연계)</td></tr>
<tr><td colspan="9">Screening</td></tr>
<tr><td>사례관리 대상자
선정사유
(W'ER 견해)</td><td colspan="8"></td></tr>
</table>

출처: 박미은 외(2011). 사례관리실천매뉴얼. 대전광역시사회복지사협회.

〈표 5-3〉 사례관리 동의서 예시 양식

접수일		생년월일	
이용자	확인(인)	연락처	
보호자	확인(인)	연락처	

●(기관) 서비스 제공 동의

1. (사례관리) 필요로 하는 복지서비스를 제공하겠습니다.

본 기관은 통합적인 사례관리를 통해 귀하에게 필요한 복지서비스를 제공하도록 노력하겠습니다.

2. (비밀보장) 개인정보에 대한 비밀을 보장하겠습니다.

귀하께서 주시는 정보는 사례관리를 위한 목적으로만 사용되며, 그 외에 개인적인 정보가 유출하지 않을 것을 약속합니다.

●(이용자) 서비스 이용 동의

1. (사례관리 동의) 사례관리 서비스 제공에 동의합니다.

본인은 귀 기관에서 제공하는 사례관리 서비스 제공 활동에 동의합니다.

2. (상호협조) 서비스 제공기관에 협조하겠습니다.

본인은 서비스 제공과정에 문제나 어려움이 있을 때 귀 기관에 협의하며, 신상 변동 등 사례관리와 관련하여 귀 기관에서 필요로 하는 것을 적극적으로 협조하겠습니다.

3. (정보제공) 필요시 본인의 정보를 제공하겠습니다.

필요한 경우 동의하에 서비스 제공기관에 본인의 정보를 제공할 것을 허락합니다.

년　　월　　일

주소:　　　　　　　　　　　　　　연락처:

사례관리자:　　　　(인)

기관명:

출처: 박미은 외(2011). 사례관리실천매뉴얼. 대전광역시사회복지사협회.

2 사정

사정은 주로 장애인의 현재 정서적 및 신체적 상황과 특성, 건강상태 등을 파악하고, 클라이언트와 그 가족을 전체적인 관점에서 바라보며, 생활이나 문제 상황을 파악하고 수집된 정보를 종합, 해석하는 총체적이고 체계적인 과정이다. 따라서 사정의 내용은 사회복지사 1인에 의해 이루어지는 것이 아니라 각 영역의 전문가들이 함께 실시하며, 그 결과로 장애인 개인에게 적합한 종합적인 개별서비스 계획을 설정하고 서비스를 실시하도록 결정하고, 이를 토대로 평가를 실시하게 된다.

이 과정에서 진단의 영역이 포함되는데, 진단이란, 개입전략을 계획하고 수행하기 위하여 필요한 과정이며, 장애인 기관에서 진단의 목적은 치료 및 교육 프로그램에 장애인을 적절히 배치하기 위해서 필수적이다. 특히 진단의 중요성은 판정해야 할 장애인의 상태에 대하여 충분한 정보를 제공하는 데 있다고 볼 수 있다. 진단의 구체적인 내용은 첫째, 의학적·발달적·교육적 상태를 사정한다. 둘째, 심리적·사회적·직업적 능력과 강점, 약점을 파악한다. 셋째, 프로그램의 배치와 치료를 결정하는 중요한 정보제공을 한다.

이러한 내용을 토대로 실시되는 진단의 각 영역은 다음과 같다.

첫째, 의료진단은 장애인의 의료적 측면을 진단, 처방하고, 재활방향을 제시하게 된다.

둘째, 교육진단은 학습준비도나 기초학습능력을 정확하게 파악하여 가족에게 정보를 제공하고 필요한 교육과 적합한 교육적 지원을 하도록 도움을 준다.

셋째, 사회진단은 생육사, 가족력, 사회력 조사와 접수상담을 통해 수집된 정보를 중심으로 종합적인 의견을 제시하게 된다.

넷째, 직업진단은 직업에 대한 흥미, 욕구, 잠재된 기술 등에 대한 정보를 얻을 수 있다.

다섯째, 언어진단은 언어발달 기능의 정도를 파악한다.

여섯째, 청력진단은 가장 적합한 보조기를 선택해 주는 역할을 하게 된다.

〈표 5-4〉 장애인 욕구 영역 사정지 예시

1. 안전

<table>
<tr><th rowspan="2">욕구 영역</th><th rowspan="2">주요 현상</th><th rowspan="2">욕구 수준</th><th rowspan="2">대상자</th><th colspan="2">주요 원인</th><th rowspan="2">주요원인 내용</th><th rowspan="2">우선순위</th></tr>
<tr><th>원인1</th><th>원인2</th></tr>
<tr><td rowspan="6">가족 내부</td><td>폭력</td><td></td><td></td><td></td><td></td><td rowspan="6">① 정신질환 ② 습관성 음주
③ 약물 오남용 ④ 폭력적 성향
⑤ 왜곡된 성 의식 ⑥ 치매
⑦ 무기력감 ⑧ 성격차이 ⑨ 무관심
⑩ 보호역할 가구원 부재 ⑪ 가족 내 차별
⑫ 가족간 갈등 ⑬ 가정해체
⑭ 경제적 빈곤 ⑮ 시간 부족</td><td rowspan="6"></td></tr>
<tr><td>성폭력</td><td></td><td></td><td></td><td></td></tr>
<tr><td>유기</td><td></td><td></td><td></td><td></td></tr>
<tr><td>방임</td><td></td><td></td><td></td><td></td></tr>
<tr><td>학대</td><td></td><td></td><td></td><td></td></tr>
<tr><td>실종</td><td></td><td></td><td></td><td></td></tr>
<tr><td rowspan="5">가족 외부</td><td>폭력</td><td></td><td></td><td></td><td></td><td rowspan="5">① 자기보호 능력 미약
② 친인척 간 불화
③ 이웃 간 불화
④ 원한관계
⑤ 금전거래</td><td rowspan="5"></td></tr>
<tr><td>성폭력</td><td></td><td></td><td></td><td></td></tr>
<tr><td>협박 · 위협</td><td></td><td></td><td></td><td></td></tr>
<tr><td>학대</td><td></td><td></td><td></td><td></td></tr>
<tr><td>착취</td><td></td><td></td><td></td><td></td></tr>
<tr><td colspan="2">위기대처능력/ 보호자</td><td colspan="6"></td></tr>
</table>

2. 건강

<table>
<tr><th rowspan="2">욕구 영역</th><th rowspan="2">주요 현상</th><th rowspan="2">욕구 수준</th><th rowspan="2">대상자</th><th colspan="2">주요 원인</th><th rowspan="2">주요원인 내용</th><th rowspan="2">우선순위</th></tr>
<tr><th>원인1</th><th>원인2</th></tr>
<tr><td rowspan="5">신체적 건강</td><td>신체장애</td><td></td><td></td><td colspan="2"></td><td rowspan="5">① 유전 원인 ② 사고 ③ 자해 ④ 방임
⑤ 유기 ⑥ 학대 ⑦ 혈압 ⑧ 당뇨
⑨ 관절염 ⑩ 암 ⑪ 천식 ⑫ 결핵
⑬ 전염병 ⑭ 간질환 ⑮ 간질 ⑯ 치매
⑰ 뇌졸중 ⑱ AIDS ⑲ 백혈병
⑳ 심장질환 ㉑ 신장질환 ㉒ 노환
㉓ 기타 만성질환 ㉔ 스트레스
㉕ 식습관 ㉖ 운동부족
㉗ 질병에 노출된 환경 ㉘ 빈곤
㉙ 적절한 치료 부재 ㉚ 정보 부족</td><td rowspan="5"></td></tr>
<tr><td>일시적 질병/ 상해</td><td></td><td></td><td colspan="2"></td></tr>
<tr><td>만성희귀질환</td><td></td><td></td><td colspan="2"></td></tr>
<tr><td>비만</td><td></td><td></td><td colspan="2"></td></tr>
<tr><td>영양결핍</td><td></td><td></td><td colspan="2"></td></tr>
<tr><td rowspan="7">정신적 건강</td><td>정신질환</td><td></td><td></td><td colspan="2"></td><td rowspan="7">① 습관성 음주 ② 약물 오남용
③ 스트레스 ④ 정신분열/우울증
⑤ 기타 정신질환 ⑥ 가족부양부담
⑦ 이성문제 ⑧ 경제적 빈곤
⑨ 가족 및 사회적 관계 형성 미흡
⑩ 적절한 치료 부재</td><td rowspan="7"></td></tr>
<tr><td>약물 오남용</td><td></td><td></td><td colspan="2"></td></tr>
<tr><td>습관성 음주</td><td></td><td></td><td colspan="2"></td></tr>
<tr><td>자해(자살)행위</td><td></td><td></td><td colspan="2"></td></tr>
<tr><td>불안감</td><td></td><td></td><td colspan="2"></td></tr>
<tr><td>폭력적 성향</td><td></td><td></td><td colspan="2"></td></tr>
<tr><td>대인기피</td><td></td><td></td><td colspan="2"></td></tr>
<tr><td colspan="2">명확하지 않은 질병/ 관심, 희망사항</td><td colspan="6"></td></tr>
</table>

3. 일상생활 유지

욕구 영역	주요 현상	욕구 수준	대상자	주요 원인		주요원인 내용	우선순위
				원인1	원인2		
의식주 관련	스스로 식사 곤란					① 신체장애 ② 정신질환 ③ 지적장애 ④ 신체허약 ⑤ 무기력감 ⑥ 교육·학습 부족 ⑦ 노환 ⑧ 약복용 거부 ⑨ 일시적 질병·상해	
	스스로 용변 곤란						
	스스로 옷 입기 곤란						
	스스로 외출 곤란						
	스스로 약물복용						
	스스로 가사활동 곤란						
여가 생활	여가활동 부족					① 시간 부족 ② 정보 부족 ③ 경제적 빈곤 ④ 가족 보호, 교육 미흡 ⑤ 적절한 치료 부재 ⑥ 가족의 무관심 ⑦ 주변의 꾀임	
	부적절한 여가활동 (게임, 도박, 노인대상 물품판매장 출입 등)						
의복관리, 주거청결, 위생관리 능력/잔존 능력							

4. 가족관계

욕구 영역	주요 현상	욕구 수준	대상자	주요 원인		주요원인 내용	우선순위
				원인1	원인2		
관계 형성	부부갈등					① 실업(실직) ② 폭력 ③ 탈선 및 가출 ④ 성격차이 ⑤ 배우자 외도 ⑥ 자녀양육 갈등 ⑦ 종교 갈등 ⑧ 가족부양부담 ⑨ 다문화가구 ⑩ 시간 부족 ⑪ 보호역할 가구원 부재 ⑪ 재산상속 갈등 ⑫ 가족 내 차별 ⑬ 학업성적부진 ⑭ 자녀이성문제 ⑮ 교우관계 ⑯ 재산상속 갈등 ⑰ 금전거래 ⑱ 경제적 빈곤	
	부(모)자갈등						
	고부갈등						
	형제(자매)갈등						
	가족 무관심						
가족 돌봄	장애인 돌봄 곤란					① 보호역할 가구원 부재 ② 시간 부족 ③ 무기력감 ④ 경제적 빈곤 ⑤ 정보 부족	
	노인 돌봄 곤란						
	아동돌봄(보육) 곤란						
	만성(심각)질환자 돌봄 곤란						
가족관계 패턴/ 애착, 존경, 지지							

5. 사회적 관계

욕구 영역	주요 현상	욕구 수준	대상자	주요 원인		주요원인 내용	우선순위
				원인1	원인2		
친인척 및 이웃 관계	친인척 갈등					① 가족부양부담 ② 대인기피 ③ 소란·위협 ④ 금전거래 ⑤ 위험물 방치 ⑥ 쓰레기 방치	
	이웃 간 갈등						
	친인척·이웃 간 관계 소원						
소속된 집단 및 사회 생활	직장생활 어려움					① 정신질환 ② 지적장애 ③ 폭력성향 ④ 대인기피 ⑤ 과도한 활동 ⑥ 적응력 부족 ⑦ 지원 거부 ⑧ 따돌림 ⑨ 폭력 ⑩ 성폭력 ⑪ 성추행 ⑫ 학교생활지도미흡 ⑬ 학업수행부진 ⑭ 탈선 및 가출 ⑮ 경제적 빈곤 ⑯ 정보 부족 ⑰ 사회적지지체계 부족	
	학교생활 어려움						
	종교생활 어려움						
	기타 사회생활의 어려움						
	상습 범죄						
관계패턴 / 의미관계							

6. 경제

욕구 영역	주요 현상	욕구 수준	대상자	주요 원인		주요원인 내용	우선순위
				원인1	원인2		
기초 생활 해결	결식					① 실직 ② 휴·폐업 ③ 파산 ④ 신용불량 ⑤ 주소득원 기능 상실 ⑥ 사고 ⑦ 일시적 질병 및 상해 ⑧ 만성·희귀·난치성 질환 ⑨ 건강보험 미가입 ⑩ 임차료 부담 ⑪ 정보 부족	
	주거비 부족						
	의복비 부족						
	난방비 부족						
	공과금 체납						
	통신비 부족						
	의료비 과다						
자산 관리	자산관리능력 부재					① 지적장애 ② 치매 ③ 정신질환 ④ 습관성 음주 ⑤ 습관성 도박 ⑥ 습관성 불법약품 판매행사 참석 ⑦ 주소득원 기능상실 ⑧ 실직 ⑨ 휴·폐업 ⑩ 파산 ⑪ 신용불량 ⑫ 사고 ⑬ 의료비 과다	
	부채						
	과태료·벌금						
	과소비·낭비						
경제력 향상/ 요구사항, 희망사항							

7. 교육

욕구 영역	주요 현상	욕구 수준	대상자	주요 원인		주요원인 내용	우선순위
				원인1	원인2		
기초 지식	읽기, 쓰기, 말하기					① 다문화가구 ② 신체적 정신적 장애 ③ 경제적 빈곤 ④ 학습능력 부족 ⑤ 성취감 부족	
	수리계산 능력 부족						
교육 개선 (지속 교육)	특수교육 문제					① 경제적 빈곤 ② 보호역할 가구원부재 ③ 가족부양부담 ④ 장애인가구 ⑤ 부(모) 갈등 ⑥ 이성문제 ⑦ 교우관계 ⑧ 탈선 및 가출 ⑨ 정보 부족	
	사교육 문제						
	상급학교 진학의 어려움						
	무단결석						
	학업성적 부진						

8. 직업

욕구 영역	주요 현상	욕구 수준	대상자	주요 원인		주요원인 내용	우선순위
				원인1	원인2		
취업 및 창업	실업 및 실직					① 건강문제 ② 부채 ③ 가족간병부담 ④ 자녀양육부담 ⑤ 조직생활 부적응 ⑥ 따돌림 ⑦ 경험 및 경력 부족 ⑧ 기술 부족 ⑥ 직업훈련 부재 ⑩ 저학력 ⑪ 교통문제 ⑫ 자금 부족 ⑬ 정보 부족	
	열악한 근로환경						
	저임금						
	비정규직						
	구직 어려움						
	창업 어려움						

9. 생활환경 및 권익보장

<table>
<tr><th rowspan="2">욕구 영역</th><th rowspan="2">주요 현상</th><th rowspan="2">욕구 수준</th><th rowspan="2">대상자</th><th colspan="2">주요 원인</th><th rowspan="2">주요원인 내용</th><th rowspan="2">우선순위</th></tr>
<tr><th>원인1</th><th>원인2</th></tr>
<tr><td rowspan="10">주거 내부 환경 개선</td><td>화장실 열악</td><td></td><td></td><td></td><td></td><td rowspan="10">① 시설 부족
② 시설낙후
③ 시설위험
④ (편의)시설부재
⑤ 위험물 방치
⑥ 쓰레기 방치</td><td rowspan="10"></td></tr>
<tr><td>주방시설 열악</td><td></td><td></td><td></td><td></td></tr>
<tr><td>위생환경 열악</td><td></td><td></td><td></td><td></td></tr>
<tr><td>도배·장판 열악</td><td></td><td></td><td></td><td></td></tr>
<tr><td>냉난방 열악</td><td></td><td></td><td></td><td></td></tr>
<tr><td>전기시설 열악</td><td></td><td></td><td></td><td></td></tr>
<tr><td>가스시설 열악</td><td></td><td></td><td></td><td></td></tr>
<tr><td>상하수도 시설 열악</td><td></td><td></td><td></td><td></td></tr>
<tr><td>주택내 이동곤란</td><td></td><td></td><td></td><td></td></tr>
<tr><td>사생활공간 부족</td><td></td><td></td><td></td><td></td></tr>
<tr><td rowspan="4">주거 외부 환경 개선</td><td>교통접근성 열악</td><td></td><td></td><td></td><td></td><td rowspan="4">① 도서산간지역 ② 유흥업소 밀집지역
③ 공장밀집지역 ④ 자연재해 다발지역
⑤ 우범지역 ⑥ 화재폭발 위험물 노출
⑦ 위험물 방치 ⑧ 쓰레기 방치
⑨ 편의시설 부족 ⑩ 시설낙후
⑪ 시설부재 ⑫ 정보 부족</td><td rowspan="4"></td></tr>
<tr><td>주변 위험물</td><td></td><td></td><td></td><td></td></tr>
<tr><td>상습 침수</td><td></td><td></td><td></td><td></td></tr>
<tr><td>철거 등 공공수용</td><td></td><td></td><td></td><td></td></tr>
<tr><td rowspan="2">권익 보장</td><td>차별대우</td><td></td><td></td><td></td><td></td><td rowspan="2">① 조손가구 ② 장애노인
③ 법률(소송)문제 ④ 정보 부족
⑤ 보호역할 가구원 부재</td><td rowspan="2"></td></tr>
<tr><td>권리침해</td><td></td><td></td><td></td><td></td></tr>
<tr><td>기타 / 주거안정</td><td>주거불안</td><td></td><td></td><td></td><td></td><td>① 화재 ② 밀린 월세(보증금)
③ 계약만기 ④ 주거불량
⑤ 이웃갈등 ⑥ 기타</td><td></td></tr>
</table>

출처: 박미은 외(2011). 사례관리실천매뉴얼. 대전광역시사회복지사협회.

〈표 5-5〉 일상생활영역 사정지 예시

구분	항목	세부내용	상(5)	중(3)	하(1)	점수	비고
생활 환경	1	공적 부조 현황	일반	차상위	수급자	5	※ 세부내용:
	2	의료보험 현황	지역	2급	1급	5	
	3	거주지 동거사항	보호자	친척 등	독거	5	
	4	수발자(보호자) 사항	있다	기타	없다	5	
구분	항목	세부내용	그렇다	보통이다	아니다	점수	※ 세부내용:
ADL (일상 생활)	5	의사표현을 할 수 있다.	⑤	③	①	5	
	6	옷 벗고 입기를 할 수 있다.	⑤	③	①	5	
	7	세수하기가 가능하다.	⑤	③	①	5	
	8	양치질을 할 수 있다.	⑤	③	①	5	
	9	목욕하기를 할 수 있다.	⑤	③	①	5	
	10	식사하기가 가능하다.	⑤	③	①	5	
	11	체위변경을 할 수 있다.	⑤	③	①	5	
	12	일어나 앉기를 할 수 있다.	⑤	③	①	5	
	13	화장실 사용을 할 수 있다.	⑤	③	①	5	
	14	걷기가 가능하다.	⑤	③	①	5	
IADL (수단적 일상 생활)	15	약복용을 할 수 있다.	⑤	③	①	5	※ 세부내용:
	16	금전관리를 할 수 있다.	⑤	③	①	5	
	17	전화걸기·받기를 할 수 있다.	⑤	③	①	5	
	18	물건구입을 할 수 있다.	⑤	③	①	5	
	19	식사준비를 할 수 있다.	⑤	③	①	5	
	20	청소를 할 수 있다.	⑤	③	①	5	
	21	가사활동을 할 수 있다.	⑤	③	①	5	
	22	세탁을 할 수 있다.	⑤	③	①	5	
	23	교통수단을 이용할 수 있다.	⑤	③	①	5	
	24	관공서를 이용할 수 있다.	⑤	③	①	5	
강점	25	서비스 내용을 이해할 수 있다.	⑤	③	①	5	※ 세부내용:
	26	서비스 선택할 수 있다.	⑤	③	①	5	
	27	문제해결 의지와 계획을 가지고 있다.	⑤	③	①	5	
	28	여가생활을 하고 있다.	⑤	③	①	5	
	29	자신의 장애상황을 수용하고 있다.	⑤	③	①	5	
	30	복지정보를 수집, 활용할 수 있다.	⑤	③	①	5	
	31	사회적 지원이 충분하다.	⑤	③	①	5	
	32	대인관계(사회적)가 원활하다.	⑤	③	①	5	
결과	32문항			상		160	

구분	순번	세부내용	서비스기간(년/횟수)	
클라이언트 욕구	1			※클라이언트와 담당자와의 합의로 도출된 욕구이다.
	2			
	3			
사정결과				

출처: 대전광역시사회복지사협회 내부자료(2016).

〈표 5-6〉 사정관리 사정결과표 예시 1

사례번호		이용자		사례관리자	
작성일자	20 년 월 일	유형	신규 / 재사정	정보제공자	

기초 사정 (1차사정)	우선순위	현재 상황이나 문제	요구사항, 욕구	자원과 강점, 이용하고 있는 서비스
예: 안전				
건강				
경제				
작성지침: 욕구영역은 이용자가 원하는 것, 가장 시급한 구체적이고 실현가능한 것 순서대로 서술한다. **욕구영역:** ① 안전(가족 내부, 외부) ② 건강(신체, 정신) ③ 일상생활 유지(의식주, 여가) ④ 가족관계(가족원 간 관계, 돌봄) ⑤ 사회적 관계(친인척, 이웃관계, 사회생활) ⑥ 경제(기초생활해결, 자산관리) ⑦ 교육(기초지식, 교육개선) ⑧ 직업(취업, 창업) ⑨ 생활환경 및 권익보장(주거내부, 주거외부 환경, 권익보장 등) 주거안정 등이다.				
전문가 검토의견				

척도를 이용한 사정 (2차 사정)	척도 종류	사정 일시	사정 결과
사례관리 유형 판정	□ 단순형 □ 일반형 □ 집중형 또는 전문관리형		
전문가 종합의견			

출처: 박미은 외(2011). 사례관리실천매뉴얼. 대전광역시사회복지사협회.

〈표 5-7〉 사정관리 사정결과표 예시 2

등록번호		대상자		사례관리자	
시정일시	20 . .	유형	□ 신규 □ 재사정	정보제공자	

유형	우선순위	제시된 욕구	이용가능한 자원(강점)	내/외적 장애물
개인 수준의 욕구				
가족 수준의 욕구				
기관 및 조직 수준의 욕구				
지역사회 및 정책 수준의 욕구				
기타 의미 있는 욕구				

	척도종류	사정결과
척도를 이용한 사정		
사례관리 수준 판정	□ 긴급 □ 집중 □ 일반	

종합의견

출처: 박미은 외(2011). 사례관리실천매뉴얼. 대전광역시사회복지사협회.

3 목표수립 및 개입 계획과 자원분류

사정을 통해 개별화된 서비스 내용이 결정되면 개인별 총괄계획을 세분화하여 단계별로 서비스를 실시하게 되고 그 과정을 기록, 관리하게 된다. 그러나 서비스 진행과정에서 어떤 문제가 발생하거나 클라이언트에게 부적절한 서비스로 판단되는 경우에는 바로 피드백이 이루어져 재진단 또는 재사정이 이루어지는 것이 바람직하다(정무성, 2004; 이승기 외, 2016).

이 계획단계에서는 사정단계에서 수집된 장애인의 문제, 욕구, 성취하고자 하는 목표 등을 확인하는 과정으로, 현재 장애인복지기관에서는 이 계획단계를 '사례계획'이라는 명칭으로 방향을 수립하고 있다. 사례계획은 장애인 클라이언트의 사정이 이루어진 이후 1~2주일 이내에 실시되고 있으며, 참석자는 사례관리자, 각 영역의 사정담당자, 그리고 장애인 당사자와 그 보호자 등이 함께 참석하여 각 재활계획을 수립하여야 한다.

사례계획의 내용에는 장애인 당사자와 보호자, 사례관리자, 프로그램 담당자 등으로 이루어진 팀워크를 통해 발전되고 수정·보완될 수 있다. 이 팀워크 속에서 사례관리자는 각각의 팀원이 가지고 있는 관점을 통찰력 있게 파악하고 조정하는 역할이 대두되고 있다. 특히 장애인 당사자의 욕구와 문제가 반영될 수 있도록 각 과정에 동의절차를 밟을 수 있게 해야 한다.

〈표 5-8〉 사례관리 서비스 계획표 예시 1

사례번호		이용자		사례관리자	
유형	□ 단순형 □ 일반형 □ 집중형			구분	□신규 □재사정

욕구	합의된 목표	서비스				
		실천계획	담당(기관/부서)		빈도	개입기간
			내부	외부		
우선순위 1	1					
	2					
우선순위 2	1					
	2					
우선순위 3	1					
	2					
우선순위 4	1					
	2					

이상과 같은 서비스 제공계획에 동의하며, 목표달성을 위해 적극 참여하고 협력할 것을 상호 약속합니다.

20 년 월 일

성명:_______(인) 보호자:_______(관계:___)/(인) 사례관리자_______(인)

출처: 박미은 외(2011). 사례관리실천매뉴얼. 대전광역시사회복지사협회.

〈표 5-9〉 개별(재활)서비스 계획표 예시

NO-	개별서비스(재활)계획서	담당자	(인/서명)

1. 장애인 인적 사항

성명		생년월일	
장애유형 및 정도		서비스 기간	
주소		연락처	

*직업상담(초기면접) 실시 일자:
*직업평가(초기평가) 실시 일자:
- 장애인의 배경정보, 직업평가결과는 초기면접지, 직업평가보고서, 사례회의록 등을 붙임서류로 참조

2. 장애인 및 보호자의 의견

3. 서비스목표

4. 서비스 장기목표

5. 서비스 단기목표

6. 서비스계획 수행내용

장·단기목표		기간	담당자	수행방법	수행달성 여부	
					예	아니오

7. 사례회의 결과내용

일시	내용	결과	참석자	비고

작성일: 20 년 월 일
서명: (인/서명)
(인/서명)

출처: 박미은 외(2011). 사례관리실천매뉴얼. 대전광역시사회복지사협회.

4 개입 및 점검

개입 및 점검단계에서는 계획단계의 수립에 의거하여, 관련 자원들을 확보하여 서비스를 제공하게 된다. 특히 장애인복지기관에서는 기관 내부에서 이용 가능한 자원을 동원하기도 하며, 기관 외부의 자원을 동원하는 경우도 있기 때문에 지역 네트워크의 활용이 중요하다. 이 단계에서 사례관리자가 수행해야 할 내용은 다음과 같다.

첫째, 사례관리자는 전문적인 지식과 기술을 통해 장애인 당사자가 적절한 서비스를 받을 수 있도록 개입할 필요가 있으며, 생애주기에 따른 서비스가 충분히 제공될 수 있도록 노력해야 한다.

둘째, 사례관리자는 서비스 담당자의 원활한 의사소통을 통한 명확한 역할분담이 필요하다. 사례관리자의 조정하에서 서비스 담당자는 재활계획에 의거하여 세부적인 치료, 교육, 재활 등의 서비스를 제공한 진행과정에 대해 상세히 기록·보관할 필요가 있다.

셋째, 사례관리자는 직접적인 개입서비스 이외에도 장애인 클라이언트를 위해 지역사회 내 다양한 인적 및 물적 자원들과 연계체제를 조성해야 한다. 특히 공식적인 기관 이외에도 비공식적인 기관들과의 상호 협조를 활용해야 한다.

넷째, 사례관리자는 정기적인 점검과정을 통해 서비스의 전달과정과 충분성에 대해 파악해야 한다. 장애인 당사자와 정기적인 접촉을 통해 재활에 대한 동기를 진작시키고 긍정적인 강점을 지닐 수 있도록 지지할 필요가 있다. 특히 점검단계에서는 클라이언트 당사자와 서비스 제공자인 양 측면을 점검할 필요가 있다.

다섯째, 사례관리자는 개입과 점검과정을 통해 재사정과 재평가의 과정을 거칠 수도 있다. 이것은 특히 장애인 당사자의 욕구 및 문제 상황의 변화 여부를 파악하고 당초 계획된 서비스의 목표에 대한 달성 여부를 확인할 수 있기 때문이다.

〈표 5-10〉 사례회의록 예시 1

사례관리자		소속기관(팀)		사례회의 일자	
이용자		성별/나이	남/여 (세)	사례회의 회차	
참여자					

<table>
<tr><td>목적</td><td>□ 적격심사(개입 여부 결정) □ 유형분류 □ 욕구사정 및 개입방안
□ 서비스 목표 협의 □ 서비스 계획 수립 □ 종결 여부 □ 기타( )</td></tr>
<tr><td>주요 안건 내용</td><td></td></tr>
<tr><td>회의 내용</td><td></td></tr>
<tr><td rowspan="2">논의 결과 (추후 개입방향)</td><td>□ 사례관리 선정 □ 유지 □ 재사정 □ 사례관리 서비스계획 수정 □ 의뢰 □ 종결</td></tr>
<tr><td>결과 및 추후 개입방향</td></tr>
<tr><td>사례관리자 종합의견</td><td></td></tr>
</table>

출처: 대전광역시사회복지사협회 내부자료(2016).

〈표 5-11〉 사례회의록 예시 2

<table>
<tr><td colspan="7">NO-</td></tr>
<tr><td>성명</td><td></td><td>생년월일</td><td></td><td>장애유형
및 정도</td><td colspan="2"></td></tr>
<tr><td>일시</td><td colspan="2">년 월 일
(: ~ :)</td><td>장소</td><td colspan="3"></td></tr>
<tr><td>주요
안건</td><td colspan="6"></td></tr>
<tr><td>회의
내용</td><td colspan="6"></td></tr>
<tr><td>회의
결과</td><td colspan="6"></td></tr>
<tr><td>기타
사항</td><td colspan="6"></td></tr>
<tr><td>참석자
확인</td><td>(인/서명)</td><td>(인/서명)</td><td>(인/서명)</td><td>(인/서명)</td><td>(인/서명)</td><td>(인/서명)</td></tr>
<tr><td colspan="7">작성일: 20 년 월 일 작성자: (인/서명)</td></tr>
</table>

출처: 대전광역시사회복지사협회 내부자료(2016).

〈표 5-12〉 사례관리 과정기록지 예시

사례번호		이용자		사례관리자	

번호	월/일	관련목표	내용	개입/실천유형	개입시간
1		1-1		☐ 내방 ☐ 방문 ☐ 전화 ☐ 기타	
2		2-2		☐ 내방 ☐ 방문 ☐ 전화 ☐ 기타	
3				☐ 내방 ☐ 방문 ☐ 전화 ☐ 기타	
4				☐ 내방 ☐ 방문 ☐ 전화 ☐ 기타	
5				☐ 내방 ☐ 방문 ☐ 전화 ☐ 기타	
6				☐ 내방 ☐ 방문 ☐ 전화 ☐ 기타	
7				☐ 내방 ☐ 방문 ☐ 전화 ☐ 기타	

출처: 대전광역시사회복지사협회 내부자료(2016).

〈표 5-13〉 사례보고서 예시

<table>
<tr><th>사례번호</th><td></td><th>대상자</th><td></td><th>성별/나이</th><td></td></tr>
<tr><th>수급 여부</th><td>☐ 수급자 ☐ 차상위</td><th>이용기간</th><td></td><th>장애유형 및 정도</th><td></td></tr>
<tr><th>보고유형</th><td colspan="3">☐ 사례회의 ☐ 통합사례회의 ☐ 기타(　　　)</td><th>사례관리자</th><td></td></tr>
<tr><th rowspan="3">초기상담
내용</th><td colspan="5">☐ 개인력 ☐ 가족력 ☐ 경제적 상황 ☐ 기타 특이사항</td></tr>
<tr><th colspan="2">가계도</th><th colspan="3">생태도</th></tr>
<tr><td colspan="2"></td><td colspan="3"></td></tr>
<tr><th>사정결과</th><td colspan="2">☐ 욕구:</td><td colspan="3">☐ 강점:</td></tr>
<tr><th>계획</th><td colspan="5">서비스 계획:</td></tr>
<tr><th>진행상황
및
변화과정</th><td colspan="5">※ 단계별 개입과정 및 변화의 내용
· 1단계(2개월: 20　. 1. 1. ~　　):
· 2단계(1개월: 20　. 3. 1. ~　　):
· 3단계(1개월: 20　. 4. 1. ~　　):
· 4단계(2개월: 20　. 6. 1. ~　　):</td></tr>
<tr><th>개입 결과</th><td colspan="5">- 사회관계망(지지망)의 개입 전/후 상태
- 목표 달성 내용</td></tr>
<tr><th>추후 계획</th><td colspan="5"></td></tr>
</table>

출처: 대전광역시사회복지사협회 내부자료(2016).

〈표 5-14〉 서비스 점검 양식 예시

<table>
<tr><td>등록번호</td><td colspan="3"></td><td>성명</td><td></td><td>성별</td><td></td><td>생년월일</td><td></td></tr>
<tr><td>장애명</td><td colspan="3"></td><td>등록일</td><td></td><td colspan="2">사례관리자</td><td colspan="2"></td></tr>
<tr><td colspan="4">주 문제 및 욕구</td><td colspan="6"></td></tr>
<tr><td colspan="4">재활계획/목표</td><td colspan="6"></td></tr>
<tr><td colspan="4">서비스 제공 내역</td><td colspan="3">서비스 제공자 모니터링</td><td colspan="3">이용자에 대한 모니터링</td></tr>
<tr><td>서비스명</td><td>담당자</td><td>일시</td><td>내용</td><td>제공자의 자격 및 서비스의 질</td><td>계획에 따른 진척 정도</td><td>협력 정도</td><td>목표 달성 위한 노력 정도</td><td>욕구충족과 변화에의 기여 정도</td><td>수정의 필요성</td></tr>
<tr><td>1.</td><td></td><td></td><td></td><td></td><td></td><td></td><td></td><td></td><td></td></tr>
<tr><td>2.</td><td></td><td></td><td></td><td></td><td></td><td></td><td></td><td></td><td></td></tr>
<tr><td>3.</td><td></td><td></td><td></td><td></td><td></td><td></td><td></td><td></td><td></td></tr>
<tr><td>4.</td><td></td><td></td><td></td><td></td><td></td><td></td><td></td><td></td><td></td></tr>
<tr><td>제언</td><td colspan="9">① 서비스가 욕구충족 및 변화를 위해 필요한 것인가?
② 서비스 제공자들 간 상충되는 노력이나 갈등이 없는가?
③ 서비스 제공자와 장애인 간의 갈등이 없는가 등의 내용을 점검하여 전체 조정 요청사항, 총평에 대해 기록함</td></tr>
</table>

출처: 대전광역시사회복지사협회 내부자료(2016).

5 종결 및 사후관리

종결 및 사후관리 단계는 개입 및 점검단계에서 장애인 당사자에게 제공된 모든 활동이 바람직한 결과를 도출하였는지에 대해 점검해야 한다. 즉, 계획의 적합성(재활계획과 개입의 과정이 장애인 당사자에게 가치 있는 것인지에 대한 여부), 목적 달성 여부, 개입의 효과성, 서비스에 대한 만족도 등에 대해 종합적인 평가를 통해 종결하는 과정이다. 이 과정에서 사례관리자는 종결평가회의를 통해 ① 목적 달성 여부 ② 사례관리 과정의 검토 ③ 서비스에 대한 종결처리 ④ 사후지도계획 수립에 관한 내용을 도출해야 한다.

종결과정은 ① 사례관리를 통해 목표가 달성된 경우 ② 계약기간이 만료된 경우 ③ 장애인 당사자가 더 이상 서비스를 원하지 않는 경우 등으로 인해 이루어진다.

종결평가회의를 통해 목표가 달성된 경우, 더 이상 서비스가 필요하지 않은 경우 등의 이유로 종결될 수 있다.

사후관리 단계에서 사례관리자는 장애인 클라이언트가 종결된 이후에도 정기적인 관리를 통해 서비스에 대한 욕구가 발생할 때는 언제든지 다시 기관에 접근할 수 있도록 노력해야 한다. 또한, 전화상담, 방문상담 및 정기적인 기관의 소식지를 발송하여 접근 가능성을 보장해야 한다.

〈표 5-15〉 **사례관리 종결보고서 예시**

사례번호		이용자		성별/나이	
사례관리자		소속기관		보고 일자	

목표달성 평가			
단기 목표	성과평가	장기 목표	성과평가
	1. (　/5 점) 2. (　/5 점) 3. (　/5 점)		1. (　/5 점) 2. (　/5 점)

이용자 만족도					
문항	매우 만족	만족	보통	불만족	매우 불만족
나는 사례관리자가 설명해 주는 것에 대해 신뢰할 수 있다.					
사례관리자로부터 서비스 내용과 진행에 대해 충분한 설명을 들었다.					
내가 받는 서비스는 내가 원하는 것이다.					
사례관리자는 나의 욕구에 대응하기 위해 열심히 노력한다.					
내 삶은 사례관리 서비스를 받으면서 점차 개선되고 있다.					
기타 의견:					

<table>
<tr><th colspan="2">사회관계망 및 지지망의 변화</th></tr>
<tr><td>개입 전 생태도</td><td>개입 후 생태도</td></tr>
<tr><td></td><td></td></tr>
<tr><td>척도활용 평가(사전/사후)</td><td></td></tr>
<tr><td>사례관리자 의견(사후관리 계획 포함)</td><td></td></tr>
<tr><td>종결 심사 결과</td><td>□ 종결 □ 재사정</td></tr>
<tr><td>종결 유형</td><td>□ 기간 종료 □ 사망 □ 이사 □ 연락두절
□ 거절이나 포기 □ 상황 호전 ( ) □ 기타( )</td></tr>
</table>

출처: 대전광역시사회복지사협회 내부자료(2016).

〈표 5-16〉 사례관리 서비스 의뢰서 예시

<table>
<tr><td>기관명</td><td colspan="3"></td><td>담당자</td><td></td></tr>
<tr><td>접수번호</td><td></td><td>대상자</td><td></td><td>성별/나이</td><td></td></tr>
<tr><td>주소</td><td colspan="3"></td><td>대상자 연락처</td><td></td></tr>
<tr><td>보호자 성명</td><td colspan="3">(관계)</td><td>연락처</td><td></td></tr>
<tr><td>수급자 여부</td><td></td><td>장애유형/정도</td><td></td><td>사례관리자</td><td></td></tr>
<tr><td>의뢰기관
연락처</td><td colspan="2"></td><td>사례관리자
연락처</td><td colspan="2"></td></tr>
</table>

<table>
<tr><td>사례요약</td><td></td></tr>
<tr><td>의뢰내용</td><td></td></tr>
<tr><td>사례관리자
의견</td><td></td></tr>
<tr><td colspan="2">본 기관의 대상자에게 전문적 서비스 제공을 통해 효과적인 문제해결을 지원하고자 위와 같이 의뢰하오니 협조하여 주시기 바랍니다.

20 년 월 일</td></tr>
<tr><td colspan="2">의뢰기관 (인)</td></tr>
</table>

출처: 대전광역시사회복지사협회 내부자료(2016).

4절 장애인복지서비스의 사례관리 유형

기관 내에서 제공되는 장애인복지서비스는 기관이 위치한 지역사회의 환경, 장애유형, 장애상태, 욕구, 기관문화, 기관비전 등에 따라 사례관리의 유형이 다양하게 나타날 수 있다. 장애인복지서비스의 유형을 장애인 거주시설 중심 유형, 재가복지서비스 중심 유형, 직업재활 중심 유형, 집단 프로그램 중심 유형, 타 기관과의 연계 중심 유형으로 구분하여 내용을 살펴보면 다음과 같다(정일교 외, 2007; 정무성 외, 2008; 최윤영 외, 2012).

1 장애인생활(거주)시설 중심 유형

장애인생활(거주)시설 중심 유형에서 사례관리자인 사회복지사는 기관에서 생활하는 장애인 클라이언트를 진단에 근거하여 관련 서비스를 상담, 연결, 중개, 조정하는 역할을 수행한다.

이 유형에서 주로 사용되는 사례관리 절차는 접수→사정→계획→개입 및 점검→종결 및 사후관리의 과정이다.

① '접수단계(intake)'에서는 전화상담, 내관상담 등을 통한 초기접수가 이루어지며, 기관입소 장애인을 등록하는 과정이다.

② '사정단계(assessment)'에서는 표준화된 도구 및 상담 등을 활용하여 진단(의료, 교육, 심리, 사회, 직업평가 등)을 통해 클라이언트에 대한 종합적인 사정을 토의하고 결과를 도출한다.

③ '계획단계(planning)'에서는 진단(판정)회의를 통해 클라이언트의 욕구를 기초로 적절한 입소 계획을 수립한다.

④ '개입 및 점검단계(acting & monitering)'에서는 입소 장애인 클라이언트에게 제공된 서비스가 클라이언트에게 충족되고 있는지 진행과정에서 수시로 또는 정기적으로 생활하면서 점검해야 한다. 퇴소가 예정된 장애인 클라이언트의

경우는 충분한 시간을 가지고 자립지원계획을 수립하여 사회통합될 수 있도록 서비스를 제공한다.

⑤ '종결 및 사후관리(ending & follow-up)'에서는 입소 장애인 클라이언트의 서비스 이용에 대한 종결에 대해 사전에 충분히 공지하고 합의가 되어야 지역사회로의 전환이 가능하다. 또한, 종결과정 이후에도 클라이언트의 근황에 대해 파악하는 과정이 사례관리자의 역할로 중요하게 대두되고 있다.

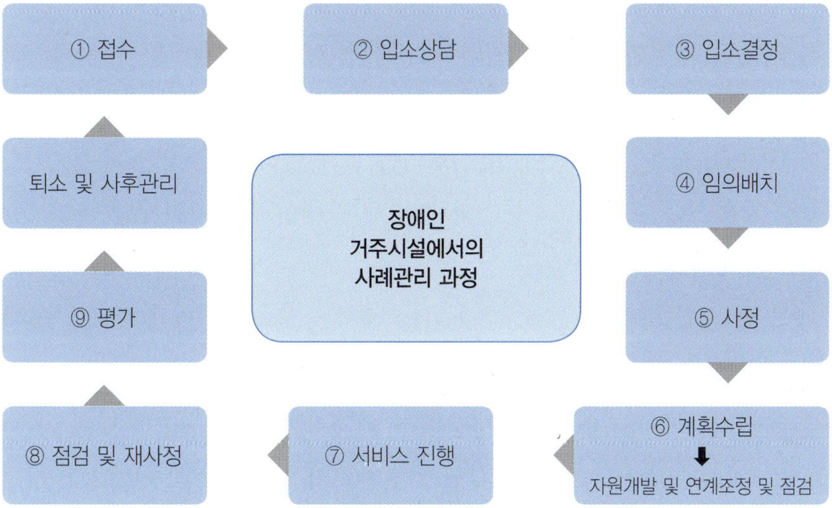

[그림 5-1] 장애인 생활(거주)시설 중심 사례관리 유형

출처: 교남소망의 집 내부자료(2011).

2 장애인복지관 중심 유형

장애인복지관 중심 유형에서 사례관리자인 사회복지사는 지역사회에 위치한 재가 장애인과 가족에게 지역사회에서 가용한 인적·물적 자원을 연계하는 사정자와 연계자의 역할을 해야 한다.

이 유형에서 주로 사용되는 사례관리 절차는 접수→사정(장애인 클라이언트의 가정방문)→계획→개입 및 점검→종결 및 사후관리의 과정이다.

① '접수단계(intake)'에서는 전화상담, 내관상담, 가정 방문상담 등을 통해 초기

접수가 이루어지며, 클라이언트와 보호자의 직접적인 의뢰와 주위 이웃 및 관공서를 통해서도 이루어진다. 외부의 의뢰를 통해 접수된 경우에는 반드시 장애인 당사자와 보호자의 동의를 받은 이후 가정방문을 통해 상담을 진행하는 것이 선행되어야 할 과정이다.

② '사정단계(assessment)'에서는 표준화된 도구 및 상담 등을 활용하여 진단(의료, 교육, 심리, 사회, 직업, 현장평가 등)을 통해 클라이언트에 대한 종합적인 자원목록 등을 중심으로 토의하고 결과를 도출한다. 특히 가정방문을 통해 파악된 가정환경, 주변 지역사회 통합 정도 등에 대해 파악하는 과정이 중요시된다.

③ '계획(planning)'에서는 진단(판정)회의를 통해 클라이언트의 욕구를 기초로 적절한 서비스를 모색하고 그 결과에 대해 장애인 당사자와 보호자와 최종 서비스를 계획한다.

④ '개입 및 점검단계(acting & monitering)'에서는 클라이언트에게 제공된 서비스가 클라이언트에게 충족되고 있는지 수시 및 정기적으로 점검해야 한다. 대부분의 재가복지서비스는 가사서비스, 이동서비스, 정서(말벗) 등의 서비스가 제공되고 있으며, 유급 및 무급 자원봉사자 연결로 이루어지고 있다.

⑤ '종결 및 사후관리(ending & follow-up)'에서는 타 지역으로 이사 등의 이유로 클라이언트의 요청에 의해 종결되고 있으며, 종결과정 이후에도 클라이언트의 근황에 대해 파악하는 과정이 사례관리자의 역할로 대두되고 있다.

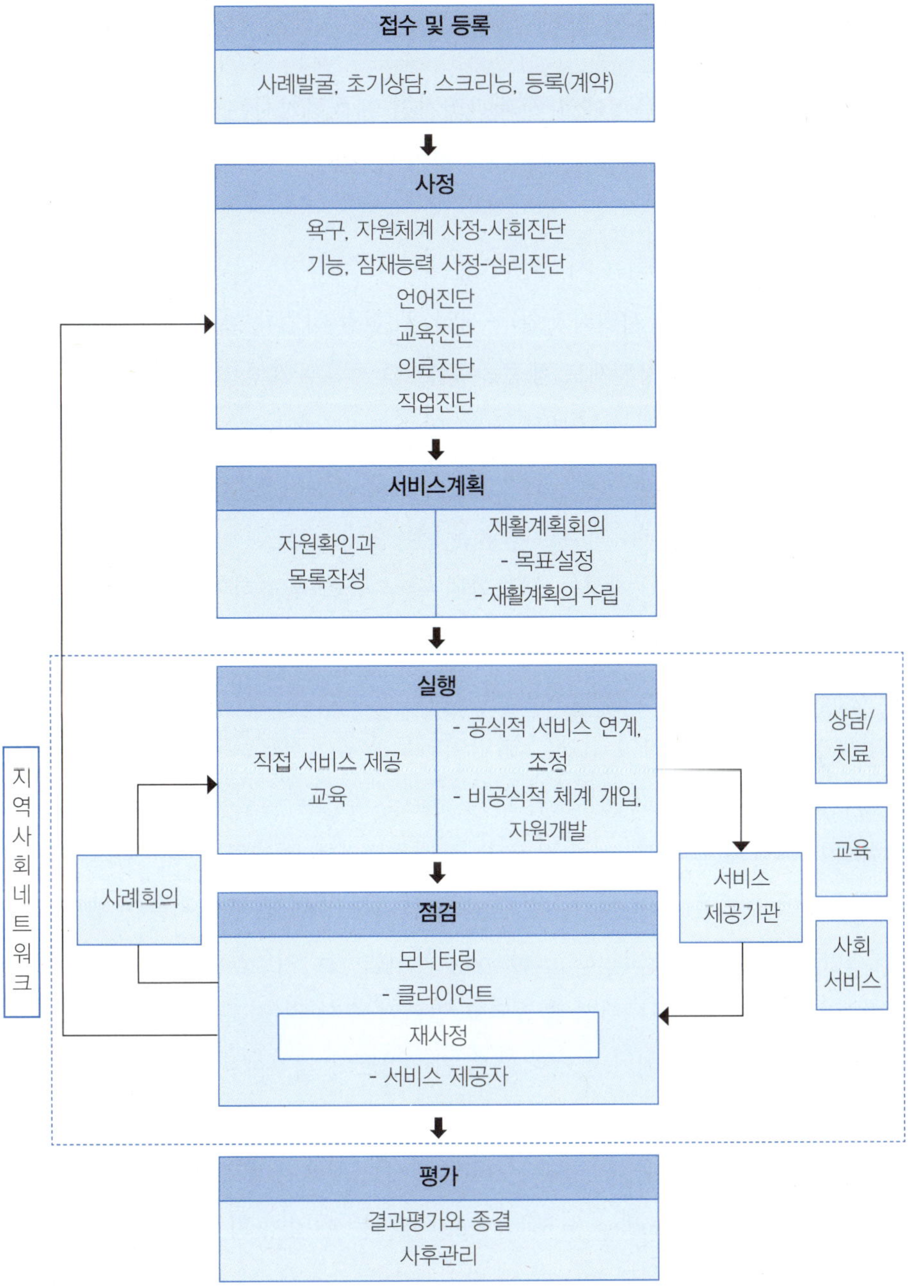

[그림 5-2] 장애인복지관 중심 사례관리 유형

출처: 박미은 외(2011). 사례관리실천매뉴얼. 대전광역시사회복지사협회.

3 직업재활서비스 중심 유형

직업재활서비스 중심 유형에서 사례관리자인 사회복지사는 장애인 클라이언트의 직업을 알선하기 위해 상담자, 사정자, 평가자, 중개자, 조정자, 협상자 등의 역할을 하여야 한다.

이 유형에서 주로 사용되는 사례관리 절차는 접수(직업상담)→사정(직업 도구평가, 현장평가)→계획(고용개별화계획)→개입 및 점검(사업체 배치: 보호고용, 지원고용, 일반고용, 사업주 지원제도 제공)→종결 및 사후관리의 과정이다.

① '접수단계(intake)'에서는 대부분 전화 및 온라인 예약을 통한 내관상담 및 방문상담 등으로 초기접수가 이루어진다. 상담의 주요 내용은 직업에 초점을 두며 직업동기, 직업경력, 직업흥미 등을 파악한다.

② '사정단계(assessment)'에서는 표준화된 도구 등을 활용하여 진단(의료, 교육, 심리, 사회, 직업, 현장평가 등)을 통해 클라이언트에 대한 직업적 강점을 파악하는 과정이 중요시된다. 특히 직업도구를 통한 평가와 사업체 배치를 통한 현장평가 등을 병합하여 장애인 클라이언트를 종합적으로 사정한다.

③ '계획(planning)'에서는 진단(판정)회의를 통해 클라이언트의 욕구를 기초로 적절한 고용개별화계획을 수립한다. 사례관리자는 장애인 클라이언트의 직업적 욕구에 초점을 두며 직업훈련 혹은 고용배치 등에 관해 계획을 수립한다.

④ '개입 및 점검단계(acting & monitering)'에서는 클라이언트에게 제공된 직업재활서비스가 클라이언트에게 충족되고 있는지 수시 및 정기적으로 점검해야 한다. 특히 사업체에 배치된 장애인 클라이언트의 경우에는 동료관계, 직업적 환경에 대한 점검이 필요하며, 지적인 제한으로 인해 자신의 의견을 정확히 제시하기 어려운 장애인의 경우는 더욱 세심한 사례관리가 요구된다.

⑤ '종결 및 사후관리(ending & follow-up)'에서는 취업이 확정된 장애인 클라이언트의 경우에도 직무만족을 통해 장기근속할 수 있도록 정서적인 지지와 직무조정을 통해 경력개발을 할 수 있도록 사후관리 서비스를 제공할 필요가 있다.

CHAPTER 06

장애유형별 정의 및 특성[1)]

1절 장애의 범위

현재 우리나라 장애의 범위는 지체장애, 뇌병변장애, 시각장애, 청각장애, 언어장애, 지적장애, 자폐성장애, 정신장애, 신장장애, 심장장애, 호흡기장애, 간장애, 안면장애, 장루·요루장애, 뇌전증(간질)장애 총 15종류로 나뉜다.

장애인이란 "신체적·정신적 장애로 오랫동안 일상생활이나 사회생활에서 상당한 제약을 받는 자"를 말하는 것으로, 여기서 '신체적 장애'라 함은 주요 외부 신체 기능의 장애, 내부기관의 장애 등을 말하는 것이고, '정신적 장애'라 함은 발달장애 또는 정신질환으로 발생하는 장애를 말한다(장애인복지법 제2조 장애인의 정의 등).

이러한 장애유형 분류는 1997년에 공포된「장애인복지발전 5개년 계획」이후의 단계적인 장애범주 확대에 의한 것으로 1단계 장애범주 확대가 1999년에 이루어져 장애범주가 5개에서 10개의 유형으로 확대되었고, 2단계 장애범주 확대는 2003년에 이루어져 10개의 유형이 15개의 유형으로 확대 실시되었다. 이러한 장애범주의 확대는 점차적으로 선진국 수준에 도달하도록 추진되고 있는데, 향후 확대예상 장애범주에는 만성알코올·약물중독, 기질성 뇌증후군, 기타 정신발달장애, 소화기

1) 본 장의 내용 출처는 법제처 국가법령정보센터 내「장애인복지법 시행규칙(2017. 1. 1. 시행)」, 2014 장애인 실태조사, 한국보건사회연구원(2015) 내용을 재인용함.

장애, 비뇨기장애, 치매, 만성통증, 기타 암, 기타 등이 포함된다. 또한 「장애인복지법」이 개정(법률 제15270호, 2017. 12.19. 공포, 2019. 7. 1. 시행)됨에 따라, '장애등급' 용어를 '장애 정도'로 정비하고 장애인을 장애 정도에 따라 '장애의 정도가 심한 장애인' 및 '장애의 정도가 심하지 않은 장애인'으로 구분하면서 장애정도 판정기준이 일부 개정되었다.

1) 장애의 유형

우리나라는 1989년 「장애인복지법」 전부 개정으로 장애인등록사업이 시행되었으며, 당시 법정 장애는 지체장애, 시각장애, 청각장애, 언어장애, 정신지체(현재 '지적장애')' 등 5가지로 규정하였다. 그 후 '장애인복지발전 5개년 계획'의 일환으로 두 차례에 걸쳐 장애 범주가 확대되었다. 2000년에는 뇌병변장애, 발달장애(현재 '자폐성장애'), 신장장애, 심장장애, 정신장애가 추가되어 10개 유형이다. 또 2003년에는 안면장애, 장루 · 요루장애, 간장애, 호흡기장애, 간질장애(현재 '뇌전증장애')가 다시 추가되어 현행 15개 유형을 유지하고 있다.

특히, 2021년에는 그동안 장애 인정 필요성이 꾸준히 제기된 10개 질환이 기존의 장애 유형 안에 포함되었다.

장애로 인정받을 수 있는 추가된 질환은 다음과 같다.

장애 유형	확대된 질환
간장애	간신증후군, 정맥류출혈을 합병증 범위에 포함함
지체장애	복합부위통증증후군(CRPS)을 장애로 인정함
안면장애	탈색소질환인 백반증을 장애로 인정함
시각장애	심한 복시(겹보임)를 장애로 인정함
장루 · 요루장애	완전 요실금을 요루 장애로 인정함
정신장애	뚜렛증후군, 기면증, 강박, 기질성 정신질환을 추가함

(1) 간신 증후군

간신 증후군이란 신장 자체에 문제가 없었으나 간경변증이나 급성 간부전 등 간의 문제로 인하여 신장 기능이 급격하게 악화되는 상태를 의미한다. 간 기능과 신장 기능이 악화되면서 소변량 감소, 검은색 소변, 노란색 피부, 피부 질환, 체중 증가, 복부 팽창, 메스꺼움과 구토, 치매, 혼돈 등의 정신장애가 나타날 수 있다.

(2) 간 정맥류출혈

간 정맥류출혈은 간에 있는 정맥이 혹처럼 부풀어 오르는 질환으로, 이 질환은 간경변증의 주요 합병증으로 출혈이 발생할 경우 사망률이 12~22%에 달하는 응급질환이다. 간경변증 환자의 주요 사망 원인 중 하나이다.

(3) 복합부위통증증후군

복합부위통증증후군이란 우리 신체의 어느 한 부위에 발생하는 매우 드물지만 만성적으로 지속되는 신경병성 통증을 말한다. 외상 등으로 손상을 입은 부위에 그 손상 정도에서 기대되는 것보다 훨씬 심한 통증이 나타나고, 해당 손상이 해결되거나 사라졌음에도 지속되는 특징이 있다.

(4) 백반증

백반증이란 경계가 명확한 유백색의 탈색반이 피부에 나타나는 질환으로 색소를 생성하는 멜라닌 세포의 결핍에 의하여 발생한다. 인구의 1~2% 정도에서 남녀 동일하게 발생하며, 대개는 후천적으로 나타나나 때로는 유전적으로 발생할 수 있으며, 심리적 자극이나, 외상, 화상 후에 발생하는 경우가 많다. 피부 외에 입술, 외음부 등의 점막에도 발생하며 모발의 탈색이 동반되기도 한다.

(5) 복시

복시는 한 물체에 대해 두 가지 영상을 보는 현상을 말한다. 복시는 한쪽 눈만 뜨는 경우(단안복시) 또는 보다 일반적으로 두 눈을 모두 뜨는 경우(양안복시)로 발생할 수 있다. 양안복시는 어느 한쪽 눈을 감으면 사라진다.

복시의 원인에 따라 눈의 통증, 돌출 눈, 근쇠약 등 다른 증상도 발생할 수 있다.

(6) 완전 요실금

완전 요실금이란 방광질루, 요관질루 등으로 방광이나 요관과 질 사이에 작은 구멍이 생겨서 지속으로 소변이 새는 경우를 말한다. 과도한 수분섭취를 제한하며 야간 빈뇨가 있을 경우 경우에는 오후 6시 이후에 수분섭취를 삼간다. 다소 소변보는 시간이 걸리더라도 규칙적으로 완전하게 배뇨하는 것이 중요하며, 하루에 3잔 이상의 커피를 마시지 않는 것이 좋으며 탄산음료나 알코올 섭취를 기피하는 것이 좋다. 그러나 적절한 수분 및 섬유식으로 건강한 소화기능을 유지하며 변비를 예방해야 한다.

(7) 뚜렛증후군

뚜렛증후군은 불수의적 움직임과 소리를 반복적으로 보이는 신경 질환을 의미한다. 눈 깜박임, 눈동자 굴리기, 얼굴 · 코의 씰룩임, 어깨 들썩임, 고개를 갑자기 젖힘, 배 근육에 갑자기 힘주기, 다리 차기 등의 운동 틱과 더불어, 기침 소리, 코를 킁킁거리는 소리, 동물의 울음소리, 상스러운 말 하기(욕, 외설증) 등의 음성 틱이 1년 이상 나타나는 것을 의미한다. 운동 틱과 음성 틱이 동시에 나타나거나, 따로따로 나타나기도 한다. 틱은 학령기 아동에게 흔하게 나타나는데, 전체 아동의 10~20% 정도 일시적인 틱 증상을 보인다. 틱 증상이 1년 이상 지속되는 만성 틱 장애는 1% 정도의 아동에게 나타난다. 운동 틱과 음성 틱을 모두 경험하는 경우를 뚜렛증후군이라고 한다.

(8) 기면증

기면증은 수면 발작(야간에 충분한 수면을 취해도 낮에 심하게 졸음), 탈력 발작(감정적으로 흥분할 때 힘이 빠지는 증상), 입수면기의 환각, 수면 마비(가위눌림)

등 네 가지의 특징적인 증상을 보이는 수면 장애의 일종이다. 기면증의 증상은 청소년기에 처음 나타나는 경우가 많다. 심한 졸음으로 학업에 장애를 초래하며, 운전자의 사고 위험을 증가시킨다. 가장 흔한 증상은 수면 발작으로, 자신도 모르게 잠에 빠져들며, 15분 정도 수면 후 맑은 정신으로 깨어난다.

(9) 강박장애

강박장애는 불안 장애의 일종으로, 자신의 의지와는 상관없이 어떤 특정한 사고나 행동을 떨쳐버리고 싶은데도 시도 때도 없이 반복적으로 하게 되는 상태를 말한다. 강박 장애는 강박적 행동과 강박적 사고로 구분되며, 강박적 사고가 불안이나 고통을 일으키는 것이라면, 강박적 행동은 그것을 중화시키는 기능을 한다.

강박적인 생각과 행동을 할 때는 본인의 의사와 관계없이 나타나기 때문에 불편함을 느끼고 고통스럽다. 강박 사고나 강박 행동 중 한 가지 증상만 나타나는 경우도 있으며, 두 가지 모두 나타나는 경우도 있다. 그러나 강박적인 행동은 일시적인 편안함을 제공할 뿐이며, 결과적으로 불안을 증가시킨다.

(10) 기질성 정신질환

뇌조직의 기질성 또는 기능적 이상으로 초래된 정신기능의 질환을 말한다. 영구적 손상이나 일시적 뇌기능장애에 의해 야기되는 정신기능장애나 행농장애이다. 현재 기질성 질환은 노인환자의 증가, 약물 남용의 증가, 각종 사고 및 이로 인한 후유증으로 인해 급증하는 추세이다. 관련 질환으로 섬망, 치매, 기억상실 장애가 있다.

2001년 추가된 장애 인정 질환을 포함하여 우리나라의 장애 유형을 15가지로 구분하면 아래 표와 같다.

참고로, 장애 유형은 크게 '신체적 장애'와 '정신적 장애'로 구별되고, 신체적 장애는 다시 '외부신체기능의장애'와 '내부기관의장애'로 구분된다.

〈표 6-1〉 장애인복지법에 따른 장애유형 분류

대분류	중분류	소분류	세분류
신체적 장애	외부 신체 기능의 장애	지체장애	절단장애, 관절장애, 지체기능장애, 척추장애, 변형 등의 장애
		뇌병변장애	뇌의 손상으로 인한 복합적인 장애
		시각장애	시력장애, 시야결손장애, 겹보임(복시)
		청각장애	청력장애, 평형기능장애
		언어장애	언어장애, 음성장애, 구어장애
		안면장애	안면부의 추상, 함몰, 비후 등 변형으로 인한 장애
	내부 기관의 장애	신장장애	투석치료 중이거나 신장을 이식 받은 경우
		심장장애	일상생활이 현저히 제한되는 심장기능 이상
		간장애	일상생활이 현저히 제한되는 만성 · 중증의 간기능 이상
		호흡기장애	일상생활이 현저히 제한되는 만성 · 중증의 호흡기기능 이상
		장루 · 요루장애	일상생활이 현저히 제한되는 장루 · 요루
		뇌전증장애	일상생활이 현저히 제한되는 만성 · 중증의 뇌전증
정신적 장애	발달 장애	지적장애	지능지수가 70 이하인 경우
		자폐성장애	소아청소년 자폐 등 자폐성 장애
	정신 장애	정신장애	조현병, 조현정동장애, 양극성정동장애, 재발성우울장애, 뇌의 신경학적 손 상으로 의한 기질성 정신장애, 지속적 치료에도 호전되지 않는 강박장애, 투렛장애(Tourette's disorder), 기면증

출처: 이민경 외(2023). 2023년 장애인 실태조사에서 재구성.

2절 신체적 장애

1 외부 신체기능의 장애

1) 지체장애

(1) 지체장애의 개념

지체장애란 지체부자유의 상태로 신체의 골격, 근육, 신경증 등 어느 부분에 질병이나 외상으로 인한 기능장애가 영구적으로 남아 있는 경우를 말하며, 절단장애, 관절장애, 지체기능장애, 변형 등의 장애로 질병이나 외상 등으로 몸통과 사지의 영구적인 운동기능 및 감각장애를 갖게 되는 것을 말한다.

(2) 지체장애의 원인

지체장애의 원인은 크게 선천적 원인과 후천적 원인으로 구분할 수 있다. 선천적 원인은 출생 이전의 유전적 결함이나 출생 전후의 바이러스 감염 등으로 인해 태아의 발달에 지장이 나타나는 것으로 유전, 염색체 이상, 대사장애, 임신 중 흡연 및 음주, 약물복용, 방사선 조사, 매독, 풍진, 난산, 조산, 혈액형 부조화(산모가 Rh-혈액인자 보유), 고령임신 등 수없이 많다. 그러나 지체장애의 종류에 따라 정확한 선천적 원인을 찾지 못하는 경우가 더 많이 있으며, 후천적 원인은 출생 이후 예기치 않은 질병이나 사고로 신체적 결함을 갖게 되는 경우로 각종 질환에 의한 신경계 손상, 교통사고로 인한 재해, 산업재해 등 외상에 의한 경우이거나 당뇨병, 관절염, 혈액순환장애 등 만성질환으로 인한 것이다.

(3) 지체장애의 형태

① 신체의 일부를 잃은 사람

1. 상지절단장애

〈장애 정도 기준〉

장애 정도	장애 상태
장애의 정도가 심한 장애인	1. 두 팔을 손목관절 이상 부위에서 잃은 사람 2. 두 손의 엄지손가락을 지관절 이상 부위에서 잃고 다른 모든 손가락을 근위지관절 이상 부위에서 잃은 사람 3. 한 팔을 팔꿈치관절 이상 부위에서 잃은 사람 4. 두 손의 엄지손가락을 지관절 이상 부위에서 잃고 둘째손가락을 근위지관절 이상 부위에서 잃은 사람 5. 한 손의 엄지손가락을 지관절 이상 부위에서 잃고 다른 모든 손가락을 근위지관절 이상 부위에서 잃은 사람
장애의 정도가 심하지 않은 장애인	1. 두 손의 엄지손가락을 지관절 이상 부위에서 잃은 사람 2. 한 손의 엄지손가락을 지관절 이상 부위에서 잃고 둘째손가락을 근위지관절 이상 부위에서 잃은 사람 3. 한 손의 엄지손가락을 지관절 이상 부위에서 잃고 2개의 손가락을 근위지관절 이상 부위에서 잃은 사람 4. 한 손의 엄지손가락을 지관절 이상 부위에서 잃고 1개의 손가락을 근위지관절 이상 부위에서 잃은 사람 5. 한 손의 엄지손가락을 중수수지관절 이상 부위에서 잃은 사람 6. 한 손의 둘째손가락을 포함하여 3개의 손가락을 근위지관절 이상 부위에서 잃은 사람 7. 한 손의 엄지손가락을 지관절 이상 부위에서 잃은 사람 8. 한 손의 둘째손가락을 포함하여 2개의 손가락을 근위지관절 이상 부위에서 잃은 사람 9. 한 손의 셋째, 넷째 그리고 다섯째 손가락 모두를 각각 근위지관절 이상 부위에서 잃은 사람
※두 손의 수부절단(절단부위가 중수수지관절 이상 손목관절 이하 부위)은 두 팔을 손목관절 이상 부위에서 잃은 사람(장애의 정도가 심한 장애인)에 적용한다.	

출처: 보건복지부(2019). 장애정도 판정기준.

2. 하지절단장애

〈장애 정도 기준〉

장애 정도	장애 상태
장애의 정도가 심한 장애인	1. 두 다리를 무릎관절 이상 부위에서 잃은 사람 2. 두 다리를 발목관절 이상 부위에서 잃은 사람 3. 두 다리를 가로발목뼈관절(Chopart's joint) 이상 부위에서 잃은 사람 4. 한 다리를 무릎관절 이상 부위에서 잃은 사람
장애의 정도가 심하지 않은 장애인	1. 두 다리를 발목발허리관절(lisfranc joint) 이상 부위에서 잃은 사람 2. 한 다리를 발목관절 이상 부위에서 잃은 사람 3. 두 발의 엄지발가락을 지관절 이상 부위에서 잃고 다른 모든 발가락을 근위지관절(제1관절) 이상 부위에서 잃은 사람 4. 한 다리를 가로발목뼈관절(Chopart's joint) 이상 부위에서 잃은 사람 5. 한 다리를 발목발허리관절(lisfranc joint) 이상 부위에서 잃은 사람

출처: 보건복지부(2019). 장애정도 판정기준.

② 관절장애가 있는 사람

1. 상지관절장애

〈장애 정도 기준〉

장애 정도	장애 상태
장애의 정도가 심한 장애인	1. 두 팔의 모든 3대 관절의 운동범위가 각각 75% 이상 감소된 사람 2. 한 팔의 모든 3대 관절의 운동범위가 각각 75% 이상 감소된 사람 3. 두 팔 각각의 3대 관절 중 2개의 운동범위가 각각 75% 이상 감소된 사람 4. 두 팔의 모든 3대 관절의 운동범위가 각각 50% 이상 75% 미만 감소된 사람 5. 두 손의 모든 손가락의 관절총운동범위가 각각 75% 이상 감소된 사람 6. 두 팔 각각의 3대 관절 중 2개의 운동범위가 각각 50% 이상 75% 미만 감소된 사람 7. 두 팔의 모든 3대 관절의 운동범위가 각각 25% 이상 50% 미만 감소된 사람 8. 두 손의 엄지손가락과 둘째손가락의 관절총운동범위가 각각 75% 이상 감소된 사람 9. 한 손의 모든 손가락의 관절총운동범위가 각각 75% 이상 감소된 사람 10. 한 팔의 3대 관절 중 2개의 운동범위가 각각 75% 이상 감소된 사람 11. 한 팔의 모든 3대 관절의 운동범위가 각각 50% 이상 75% 미만 감소된 사람

장애 정도	장애 상태
장애의 정도가 심하지 않은 장애인	1. 한 팔의 3대 관절 중 한 관절의 운동범위가 75% 이상 감소한 사람 2. 두 손의 엄지손가락의 관절총운동범위가 각각 75% 이상 감소된 사람 3. 한 손의 엄지손가락과 둘째손가락의 관절총운동범위가 각각 75% 이상 감소된 사람 4. 한 손의 엄지손가락 또는 둘째손가락을 포함하여 3개 손가락의 관절총운동범위가 각각 75% 이상 감소된 사람 5. 한 손의 엄지손가락 또는 둘째손가락을 포함하여 4개 손가락의 관절총운동범위가 각각 50% 이상 75% 미만 감소된 사람 6. 한 팔의 3대 관절 중 2개의 운동범위가 50% 이상 75% 미만 감소된 사람 7. 한 팔의 모든 3대 관절의 운동범위가 각각 25% 이상 50% 미만 감소된 사람 8. 두 손의 엄지손가락의 관절총운동범위가 각각 50% 이상 75% 미만 감소된 사람 9. 한 손의 엄지손가락의 관절총운동범위가 75% 이상 감소된 사람 10. 한 손의 엄지손가락과 둘째손가락의 관절총운동범위가 각각 50% 이상 75% 미만 감소된 사람 11. 한 손의 엄지손가락 또는 둘째손가락을 포함하여 3개 손가락의 관절총운동범위가 각각 50% 이상 75% 미만 감소된 사람 12. 한 팔의 3대 관절 중 한 관절의 운동범위가 50% 이상 감소한 사람 13. 한 손의 엄지손가락의 관절총운동범위가 50% 이상 75% 미만 감소된 사람 14. 한 손의 둘째손가락을 포함하여 2개 손가락의 관절총운동범위가 각각 75% 이상 감소된 사람 15. 한 손의 셋째손가락, 넷째손가락 그리고 다섯째손가락 모두의 관절총운동범위가 각각 75% 이상 감소된 사람
※ 팔의 3대 관절은 어깨관절, 팔꿈치관절, 손목관절을 말한다. ※ 손가락의 세 개의 관절은 중수수지관절, 근위지관절, 원위지관절을 말한다.	

출처: 보건복지부(2019). 장애정도 판정기준.

2. 하지관절장애

〈장애 정도 기준〉

장애 정도	장애 상태
장애의 정도가 심한 장애인	1. 두 다리의 모든 3대 관절의 운동범위가 각각 75% 이상 감소된 사람 2. 두 다리 각각의 3대 관절 중 2개의 운동범위가 각각 75% 이상 감소된 사람 3. 두 다리의 모든 3대 관절의 운동범위가 각각 50% 이상 75% 미만 감소된 사람 4. 한 다리의 모든 3대 관절의 운동범위가 각각 75% 이상 감소된 사람

장애 정도	장애 상태
장애의 정도가 심하지 않은 장애인	1. 두 다리 각각의 3대 관절 중 2개의 운동범위가 각각 50% 이상 75% 미만 감소된 사람 2. 두 다리의 모든 3대 관절의 운동범위가 각각 25% 이상 50% 미만 감소된 사람 3. 한 다리의 엉덩관절 또는 무릎관절이 완전강직되었거나 운동범위가 90% 이상 감소된 사람 4. 한 다리의 3대 관절 중 2개의 운동범위가 각각 75% 이상 감소된 사람 5. 한 다리의 모든 3대 관절의 운동범위가 각각 50% 이상 75% 미만 감소된 사람 6. 한 다리의 엉덩관절 또는 무릎관절의 운동범위가 75% 이상 감소된 사람 7. 한 다리의 발목관절이 완전강직되었거나 운동범위가 90% 이상 감소된 사람 8. 한 다리의 3대 관절 중 2개의 운동범위가 각각 50% 이상 75% 미만 감소된 사람 9. 한 다리의 모든 3대 관절의 운동범위가 각각 25% 이상 50% 미만 감소된 사람 10. 두 발의 모든 발가락의 관절총운동범위가 각각 75% 이상 감소된 사람 11. 한 다리의 엉덩관절 또는 무릎관절의 운동범위가 50% 이상 감소된 사람 12. 한 다리의 발목관절의 운동범위가 75% 이상 감소된 사람
※ 다리의 3대 관절은 엉덩관절, 무릎관절, 발목관절을 말한다. ※ 엉덩관절, 무릎관절, 발목관절에 인공관절치환술을 시행하여 예후가 불량한 경우(뚜렷한 골융해, 삽입물의 이완, 중등도 이상의 불안정 또는 강직, 염증소견이 뼈스캔 사진 등 영상자료로 확인되는 경우)에 '한 다리의 3대 관절 중 2개의 운동범위가 각각 50%이상 75% 미만 감소된 사람(2관절 이상)이나 '한 다리의 엉덩관절 또는 무릎관절의 운동범위가 50% 이상 감소된 사람(1관절)', 즉 '장애의 정도가 심하지 않은 장애인'에 준용한다. 다만, 관절기능의 기여도가 적은 슬개골 치환술 등과 같은 부분치환술을 시행한 경우는 장애 정도를 인정하지 않는다.	

출처: 보건복지부(2019). 장애정도 판정기준.

③ 지체기능장애가 있는 사람

1. 상지기능장애

〈장애 정도 기준〉

장애 정도	장애 상태
장애의 정도가 심한 장애인	1. 두 팔을 완전마비로 전혀 움직일 수 없는 사람(근력등급 0, 1) 2. 한 팔을 완전마비로 전혀 움직일 수 없는 사람(근력등급 0, 1) 3. 두 팔을 마비로 겨우 움직일 수 있는 사람(근력등급 2) 4. 두 손의 모든 손가락을 완전마비로 전혀 움직이지 못하는 사람(근력등급 0, 1) 5. 두 팔을 마비로 기능적이지는 않지만 어느 정도 움직일 수 있는 사람(근력등급 3) 6. 두 손의 엄지손가락과 둘째손가락을 각각 완전마비로 전혀 움직일 수 없는 사람(근력등급 0, 1) 7. 한 손의 모든 손가락을 완전마비로 각각 전혀 움직일 수 없는 사람(근력등급 0, 1) 8. 한 팔을 마비로 겨우 움직일 수 있는 사람(근력등급 2)

장애 정도	장애 상태
장애의 정도가 심하지 않은 장애인	1. 두 손의 엄지손가락을 완전마비로 각각 전혀 움직이지 못하는 사람(근력등급 0, 1) 2. 한 손의 엄지손가락과 둘째손가락을 완전마비로 각각 전혀 움직일 수 없는 사람 (근력등급 0, 1) 3. 한 손의 엄지손가락 또는 둘째손가락을 포함하여 3개의 손가락을 완전마비로 각각 전혀 움직일 수 없는 사람(근력등급 0, 1) 4. 한 손의 엄지손가락이나 둘째손가락을 포함하여 4개의 손가락을 마비로 각각 기능적이지는 않지만 어느 정도 움직일 수 있는 사람(근력등급 3) 5. 한 팔을 마비로 기능적이지는 않지만 어느 정도 움직일 수 있는 사람(근력등급 3) 6. 두 손의 엄지손가락을 마비로 각각 기능적이지는 않지만 어느 정도 움직일 수 있는 사람(근력등급 3) 7. 한 손의 엄지손가락을 완전마비로 전혀 움직일 수 없는 사람 (근력등급 0, 1) 8. 한 손의 엄지손가락과 둘째손가락을 마비로 각각 기능적이지는 않지만 어느 정도 움직일 수 있는 사람(근력등급 3) 9. 한 손의 엄지손가락 또는 둘째손가락을 포함하여 3개의 손가락을 마비로 각각 기능적이지는 않지만 어느 정도 움직일 수 있는 사람(근력등급 3) 10. 한 손의 엄지손가락을 마비로 기능적이지는 않지만 어느 정도 움직일 수 있는 사람(근력등급 3) 11. 한 손의 둘째손가락을 포함하여 2개 손가락을 완전마비로 각각 전혀 움직이지 못하는 사람 (근력등급 0, 1) 12. 한 손의 셋째손가락, 넷째손가락 그리고 다섯째손가락 모두를 완전마비로 각각 전혀 움직이지 못하는 사람(근력등급 0, 1)

출처: 보건복지부(2019). 장애정도 판정기준.

2. 하지기능장애

〈장애 정도 기준〉

장애 정도	장애 상태
장애의 정도가 심한 장애인	1. 두 다리를 완전마비로 각각 전혀 움직일 수 없는 사람(근력등급 0, 1) 2. 두 다리를 마비로 각각 겨우 움직일 수 있는 사람(근력등급 2) 3. 한 다리를 완전마비로 전혀 움직일 수 없는 사람(근력등급 0, 1)
장애의 정도가 심하지 않은 장애인	1. 두 다리를 마비로 기능적이지는 않지만 어느 정도 움직일 수 있는 사람(근력등급 3) 2. 한 다리를 마비로 겨우 움직일 수 있는 사람(근력등급 2) 3. 한 다리를 마비로 기능적이지는 않지만 어느 정도 움직일 수 있는 사람(근력등급 3) 4. 두 발의 모든 발가락을 완전마비로 각각 전혀 움직일 수 없는 사람(근력등급 0, 1)

출처: 보건복지부(2019). 장애정도 판정기준.

3. 척추장애

〈장애 정도 기준〉

구분	장애 정도
장애의 정도가 심한 장애인	1. 목뼈와 등·허리뼈의 운동범위가 정상의 4/5 이상 감소된 사람 2. 강직성 척추질환으로 목뼈와 등뼈 및 허리뼈가 완전강직된 사람 3. 목뼈 또는 등·허리뼈의 운동범위가 정상의 4/5 이상 감소된 사람
장애의 정도가 심하지 않은 장애인	1. 목뼈 또는 등·허리뼈의 운동범위가 정상의 3/5 이상 감소된 사람 2. 목뼈 또는 등·허리뼈의 운동범위가 정상의 2/5 이상 감소된 사람 3. 강직성 척추질환으로 목뼈와 등뼈 또는 등뼈와 허리뼈가 완전강직된 사람 4. 목뼈 또는 등·허리뼈의 운동범위가 정상의 1/5 이상 감소된 사람 5. 강직성 척추질환으로 목뼈 또는 허리뼈가 완전강직된 사람
※ 강직성 척추질환으로 방사선사진 상 목뼈2번 이하와 등뼈 및 허리뼈의 완전 유합이 확인되는 경우에는 목뼈 또는 등·허리뼈의 운동범위가 정상의 4/5 이상 감소된 사람(장애의 정도가 심한 장애인)에게 준용한다.	

출처: 보건복지부(2019). 장애정도 판정기준.

④ 변형 등에 장애가 있는 사람

〈장애 정도 기준〉

장애 정도	장애 상태
장애의 정도가 심하지 않은 장애인	1. 한 다리가 건강한 다리보다 10cm 이상 또는 건강한 다리의 길이의 10분의 1 이상 짧은 사람 2. 한 다리가 건강한 다리보다 5cm 이상 또는 건강한 다리의 길이의 15분의 1 이상 짧은 사람 3. 척추옆굽음증(척추측만증)이 있으며, 굽은 각도가 40도 이상인 사람 4. 척추뒤굽음증(척추후만증)이 있으며, 굽은 각도가 60도 이상인 사람 5. 성장이 멈춘 만 18세 이상의 남성으로서 신장이 145cm 이하인 사람 6. 성장이 멈춘 만 16세 이상의 여성으로서 신장이 140cm 이하인 사람 7. 연골무형성증으로 왜소증에 대한 증상이 뚜렷한 사람. 다만 이 경우는 만 2세 이상에서 적용 가능

출처: 보건복지부(2019). 장애정도 판정기준.

(4) 특성

지체기능에 장애가 있는 사람 중에는 운동기능에 문제를 보이는 사람이 가장 많다. 근육이나 관절을 오래 사용하지 않거나 마비가 장기간 지속되면 대부분 근력이 약해지거나 위축, 경직이 일어나기 때문에 정상적으로 움직일 수가 없다. 이러한 운동기능장애는 주로 이동이나 손동작의 곤란을 야기하며, 이러한 곤란은 유아기에 탐색활동을 제한시키고 학령기에는 경험부족을 유발시켜 학업부진이나 학습장애를 일으키는 경우도 있다. 사춘기를 포함한 청년기에는 자신의 신체나 운동에 대한 열등감을 일으키기도 하며, 자신의 장애로 인해 위축되어 자존감이 낮아지거나 열등감을 느끼고 사회를 부정적으로 바라볼 수도 있다. 특히 후천적으로 지체장애를 가지게 되는 사람은 과거에 가졌던 신체능력과 생활방식에 대한 상실감이 크기 때문에 장애를 수용하고 극복하는 의지와 적응하는 기술이 요구된다.

2) 뇌병변장애

(1) 개념 및 원인

뇌병변장애는 중추신경의 손상으로 인한 복합적인 장애로 뇌성마비와 질병, 사고 또는 뇌졸중 등 뇌의 기질적 이상으로 일상생활을 영위하는 데 신체적, 정신적으로 겪는 어려움을 말한다. 질병이나 외상으로 인해 뇌에 기질적 이상을 보이는 뇌병변장애는 뇌경색, 뇌출혈 등의 신경계 장애가 가장 큰 원인으로 알려져 있다.

(2) 형태

뇌병변장애는 뇌졸중과 뇌성마비 두 가지로 구분하고 있다. 뇌졸중은 심장병, 고혈압, 동맥경화가 있는 사람에게 발생하기 쉬우며, 지나치게 긴장된 생활을 하거나 불안감, 욕구불만, 스트레스가 있는 경우에 발생할 가능성이 높다. 뇌성마비의 원인은 다양하고, 여러 가지 원인이 중복되어 나타나기 때문에 원인을 전혀 추정할 수 없는 경우가 많다.

뇌병변장애 중 뇌성마비는 주로 아동기 이전에 발생되므로 연령이 증가함에 따라 출현율이 높아진다는 것은 그만큼 뇌졸중의 비중이 크다고 볼 수 있다.

〈장애 정도 기준〉

장애 정도	장애 상태
장애의 정도가 심한 장애인	1. 독립적인 보행이 불가능하여 보행에 전적으로 타인의 도움이 필요한 사람 2. 양쪽 팔의 마비로 이를 이용한 일상생활동작을 거의 할 수 없어, 전적으로 타인의 도움이 필요한 사람 3. 한쪽 팔과 한쪽 다리의 마비로 일상생활동작을 거의 할 수 없어, 전적으로 타인의 도움이 필요한 사람 4. 보행과 모든 일상생활동작의 수행에 전적으로 타인의 도움이 필요하며, 수정바델지수가 32점 이하인 사람 5. 한쪽 팔의 마비로 이를 이용한 일상생활동작의 수행이 불가능하여, 전적으로 타인의 도움이 필요한 사람 6. 마비와 관절구축으로 양쪽 팔의 모든 손가락 사용이 불가능하여, 이를 이용한 일상생활동작의 수행에 전적으로 타인의 도움이 필요한 사람 7. 보행과 모든 일상생활동작의 수행에 대부분 타인의 도움이 필요하며, 수정바델지수가 33~53점인 사람 8. 마비와 관절구축으로 한쪽 팔의 모든 손가락 사용이 불가능하여, 이를 이용한 일상생활동작의 수행에 전적으로 타인의 도움이 필요한 사람 9. 한쪽 다리의 마비로 이를 이용한 보행이 불가능하여, 보행에 대부분 타인의 도움이 필요한 사람 10. 보행과 모든 일상생활동작의 독립적 수행이 어려워, 부분적으로 타인의 도움이 필요하며, 수정바델지수가 54~69점인 사람
장애의 정도가 심하지 않은 장애인	1. 보행과 대부분의 일상생활동작은 자신이 수행하나 간헐적으로 타인의 도움이 필요하며, 수정바델지수가 70~80점인 사람 2. 보행과 대부분의 일상생활동작을 타인의 도움 없이 자신이 수행하나 완벽하게 수행하지 못하는 때가 있으며 수정바델지수가 81~89점인 사람 3. 보행과 대부분의 일상생활동작을 자신이 완벽하게 수행하나 간혹 수행 시간이 느리거나 양상이 비정상적인 때가 있으며 수정바델지수가 90~96점인 사람

출처: 보건복지부(2019). 장애정도 판정기준.

(3) 특성

뇌졸중은 편마비, 기억력장애, 언어장애, 시각장애, 감각장애 등 다양한 증상이 나타나며 뇌성마비는 마비의 특성에 따라 경련형, 불수의 운동형, 경직형, 운동실조형, 진전형 등으로 분류한다. 뇌병변장애는 운동마비 또는 감각마비 등으로 인한 배뇨, 배변, 경련 등의 문제로 무기력한 의존성을 나타내며, 그로 인해 자기불신, 불안증세 등의 패배적인 입장을 나타내기도 한다. 또한, 심리적 문제를 경험하면서 외부인과의 접촉을 기피하는 경향도 있으며, 이는 열등감, 현실도피, 자기 중심적이 되어 인간관계에 있어서도 융통성이 없게 되고 심각한 경우 성격장애까지 동반할 수도 있다.

3) 시각장애

(1) 개념 및 원인

시각장애는 시력장애, 시야결손장애로 물체를 식별하는 눈의 기능 결함과 다른 신체적 결함으로 인해 시력에 제한을 받게 되는 경우를 말한다. 시각장애의 원인은 외상 및 중독, 질환, 유전적 요인 등이며, 백내장, 녹내장, 포도막염, 망막박리, 베체트병 등의 질환이 있다. 특히 최근에는 중도실명이 증가하고 있는 추세이다. 시각장애는 선천적인지, 후천적인지 그 원인을 추적할 수 없는 경우나 분명하게 구별할 수 없는 경우도 있는데 의학적으로는 출생 전후로 선천성 여부를 구분하나 교육적으로는 약 5세 미만에서 실명된 경우까지 선천적 시각장애로 간주한다.

(2) 형태

시각장애는 시력장애와 시야결손장애로 구분되는데, 전체 시각장애인 중에서 시야결손장애는 0.9%로 대부분 시력장애(전체의 99.1%)로 인한 시각장애인 것으로 조사되었으며, 시각장애의 형태는 성별에 관계없이 시력장애로 인한 장애인이 월등히 많은 것을 알 수 있다.

〈장애 정도 기준〉

장애 정도	장애 상태
장애의 정도가 심한 장애인	1. 좋은 눈의 시력이 0.02 이하인 사람 2. 좋은 눈의 시력이 0.04 이하인 사람 3. 좋은 눈의 시력이 0.06 이하인 사람 4. 두 눈의 시야가 각각 모든 방향에서 5도 이하로 남은 사람
장애의 정도가 심하지 않은 장애인	1. 좋은 눈의 시력이 0.1 이하인 사람 2. 두 눈의 시야가 각각 모든 방향에서 10도 이하로 남은 사람 3. 좋은 눈의 시력이 0.2 이하인 사람 4. 두 눈의 시야가 각각 정상시야의 50% 이상 감소한 사람 5. 나쁜 눈의 시력이 0.02 이하인 사람

출처: 보건복지부(2019). 장애정도 판정기준.

(3) 특성

시각장애인의 상당수는 명암을 구분할 수 있는 광각이 있거나 희미하게나마 색깔을 구분할 수 있거나 또는 여러 가지 정도의 잔존 시각기능을 이용하여 그것을 일상생활에 중요하게 활용하고 있다. 시각장애 아동의 특성으로는 충분한 정보를 접하는 데 제약을 받기 때문에 학습상 문제가 있을 수 있으며 지적 기능에 있어서도 시각적 경험의 범위가 제한됨으로써 다소간에 영향을 받을 수 있다. 이들의 경우에는 시각을 제외한 청각이나 촉각과 같은 다른 감각을 통해서만 환경과 상호작용할 수 있는데, 지능에 있어서는 일반아동과 의미 있는 차이가 없는 것으로 알려지고 있다. 시각장애인의 주요 특성으로는 장애로 인한 잔존감각에 대한 자신감의 상실, 환경과의 현실적 접촉 능력의 상실, 시각적 배경의 상실, 이동 능력의 상실, 개인적 독립성의 상실 등을 보인다.

4) 청각장애

(1) 개념 및 원인

청각장애는 청력장애, 평형기능장애로 청각기관의 결함이나 청력이 손실되면서 의사소통에 장애가 오는 경우를 말한다. 청각장애는 90%가 후천적 원인에 의한 것으로 선천적 원인에 의해 청각기관이나 청력손실을 입는 경우는 적다. 선천적으로는 임신 중 산모가 풍진, 바이러스성 질환, 영양실조, 알코올 및 약물중독 상태이거나, 산모 복부에 구타가 있었을 경우 산모의 정신적 쇼크가 원인이 될 수도 있다. 후천적으로는 분만하는 과정에서 신생아가 외상을 입거나, 출생 후 각종 질병과 사고가 대표적인 원인으로 나타난다.

(2) 형태

청각장애의 장애형태를 청력장애, 평형기능장애로 구분하여 알아보면, 청력장애를 갖고 있는 경우는 약 99.6%이며, 청령장애와 평형기능장애를 함께 가진 비율은 0.4%인 것으로 나타났다. 성별로는 여자가 남자보다 평형기능장애를 가진 비율이 약간 높은 것으로 나타났다.

① 청력을 잃은 사람

〈장애 정도 기준〉

장애 정도	장애 상태
장애의 정도가 심한 장애인	1. 두 귀의 청력 손실이 각각 90데시벨(dB) 이상인 사람 2. 두 귀의 청력 손실이 각각 80데시벨(dB) 이상인 사람
장애의 정도가 심하지 않은 장애인	1. 두 귀의 청력손실이 각각 70데시벨(dB) 이상인 사람 2. 두 귀에 들리는 보통 말소리의 최대의 명료도가 50퍼센트 이하인 사람 3. 두 귀의 청력손실이 각각 60데시벨(dB) 이상인 사람 4. 한 귀의 청력손실이 80데시벨(dB) 이상, 다른 귀의 청력 손실이 40데시벨(dB) 이상인 사람

출처: 보건복지부(2019). 장애정도 판정기준.

② 평형기능에 장애가 있는 사람

〈장애 정도 기준〉

장애 정도	장애 상태
장애의 정도가 심한 장애인	1. 양측 평형기능의 소실이 있으며 두 눈을 감고 일어서기가 곤란하거나 두 눈을 뜨고 10미터 거리를 직선으로 걷다가 쓰러지고(임상적으로 불가피한 경우 6미터를 걷게 하여 진단할 수 있다) 일상에서 자신을 돌보는 일 외에는 타인의 도움이 필요한 사람
장애의 정도가 심하지 않은 장애인	1. 양측 평형기능의 소실이나 감소가 있으며 두 눈을 뜨고 10미터 거리를 직선으로 걷다가 중간에 균형을 잡으려 멈추어야 하고 (임상적으로 불가피한 경우 6미터를 걷게 하여 진단할 수 있다) 일상에서 자신을 돌보는 일과 간단한 보행이나 활동만 가능한 사람 2. 평형기능의 감소가 있으며 두 눈을 뜨고 10미터 거리를 직선으로 걸을 때 중앙에서 60센티미터 이상 벗어나고 (임상적으로 불가피한 경우 6미터를 걷게 하여 진단할 수 있다) 일상에서 복합적인 신체운동이 필요한 활동이 불가능한 사람

출처: 보건복지부(2019). 장애정도 판정기준.

(3) 특성

청각장애는 다른 신체발달에는 특별한 영향을 미치지는 않지만 듣지 못하기 때문에 언어장애라는 또 다른 장애가 발생할 가능성이 있다. 따라서 청각기관의 손상을 입게 되면 음성언어의 자극을 받지 못하게 되고, 음성을 통한 의사소통에는 어려움을 가지게 되어 지능검사에서 낮은 점수를 받는 것으로 나타나고 있다. 그리고 평형기능을 터득하는 반고리관에 손상이 있는 경우에는 신체의 균형을 잡기가 어려우며, 폐활량이 점차 적어져 운동능력이 다른 사람들에 비해 다소 지체되어 있다. 청각장애인은 사회, 행동적 문제는 없으나 의사소통의 제약을 받으므로 자신을 타인이 정확하게 이해했는지 등의 심리적 불안을 갖는 경우가 많다. 반면 청각장애인은 듣지 못하기 때문에 소리의 자극 없이도 자신들의 의사를 전달할 수 있는 수화, 구화, 필담 등을 의사소통 수단으로 사용한다.

5) 언어장애

(1) 개념 및 원인

언어장애는 언어장애, 음성장애로서 구음기관과 조음기관 같은 소리전달 과정에 문제가 생겨 정상적인 언어에서 이탈되어 음의 고저가 적당하지 않거나, 발성에 어려움이 있어 상대방이 이해하기 곤란한 경우 등을 말한다. 언어장애는 보통 기질적인 원인과 기능적인 원인으로 구분한다. 기질적 원인은 뇌에 있는 언어중추 신경조직과 신경기관에 손상을 입어 구음기관의 선천성 기형이나 손상 및 신경마비로 인해 언어조절에 장애가 있는 것을 말한다. 기능적 원인은 구음장애와 음성장애가 가장 대표적이다. 자신의 목소리와 발음을 적절하게 사용하는 방법을 학습하지 못해서 발음과 발성에 지장이 있는 경우로 언어습득 과정을 정상적으로 경험하지 못한 경우라 할 수 있다.

(2) 형태

언어발달지체는 정상적 언어발달 단계에서 기대된 시기에 언어발달이 이루어지지 않고 언어의 이해와 표현에 어려움을 갖는 경우이다. 조음장애는 말할 때 말소리를 생략, 대치, 왜곡 또는 첨가하는 것을 말하며 음성장애는 후두, 구강, 비강 등에 장애가 있으면 나타나게 된다. 유창성장애는 리듬장애라고도 하며 말더듬과 성급하게 말하기(속화증)가 있다. 실어증은 의사소통의 과정인 언어이해, 언어표현, 언어구성 과정에 이상이 생긴 경우이다.

〈장애 정도 기준〉

장애 정도	장애 상태
장애의 정도가 심한 장애인	1. 발성이 불가능하거나 특수한 방법(식도발성, 인공후두기)으로 간단한 대화가 가능한 음성장애 2. 말의 흐름에 심한 방해를 받는 말더듬(SSI 97%ile 이상, P-FA 91%ile 이상) 3. 자음정확도가 30% 미만인 조음장애 4. 의미 있는 말을 거의 못하는 표현언어지수가 25 미만인 경우로서 지적장애 또는 자폐성장애로 판정되지 아니하는 경우 5. 간단한 말이나 질문도 거의 이해하지 못하는 수용언어지수가 25 미만인 경우로서 지적장애 또는 자폐성장애로 판정되지 아니하는 경우
장애의 정도가 심하지 않은 장애인	1. 발성(음도, 강도, 음질)이 부분적으로 가능한 음성장애 2. 말의 흐름이 방해받는 말더듬(SSI: 아동 41~96%ile, 성인 24~96%ile, P-FA 41~90%ile) 3. 자음정확도 30~75% 정도의 부정확한 말을 사용하는 조음장애 4. 매우 제한된 표현만을 할 수 있는 표현언어지수가 25~65인 경우로서 지적장애 또는 자폐성장애로 판정되지 아니하는 경우 5. 매우 제한된 이해만을 할 수 있는 수용언어지수가 25~65인 경우로서 지적장애 또는 자폐성장애로 판정되지 아니하는 경우

출처: 보건복지부(2019). 장애정도 판정기준.

(3) 특성

언어장애를 가지고 있는 사람의 공통점은 의사소통이 부자유스럽기 때문에 사회생활을 영위하는 데 있어 많은 어려움을 가지게 된다. 따라서 이들은 대인관계나 사회적응력에 문제를 보이는 경우가 있다. 또한, 언어자극의 결핍으로 인해 사고나 추리력 발달에 지체가 보이거나 적절한 학습과정을 방해하기 때문에 지능발달의 지체를 가져올 수 있다. 따라서 사회생활에 적응력이 떨어지는 언어장애인은 열등의식을 가질 수 있고 정서발달에도 지체를 보일 가능성이 높다.

6) 안면장애

(1) 개념 및 원인

안면부의 변형으로 인한 장애가 지속되며, 이로 인하여 사회생활활동이 현저하게 제한된 사람을 말한다. 원인은 알 수 없는 선천적 기형과 교통사고, 질환, 화상 등 후천적 원인을 들 수 있다.

(2) 형태

노출된 안면 부위의 변형에 의해 사회활동에 제약을 받는 정도에 따라 분류하는데 큰 점, 선천성기형, 화상, 피부질환, 피부암 등으로 얼굴 등 노출 부위에 기형이나 색의 변화 등을 포함한다.

〈장애 정도 기준〉

장애 정도	장애 상태
장애의 정도가 심한 장애인	1. 노출된 안면부의 90% 이상의 변형이 있는 사람 2. 노출된 안면부의 60% 이상의 변형이 있고 코 형태의 2/3 이상이 없어진 사람 3. 노출된 안면부의 75% 이상의 변형이 있는 사람 4. 노출된 안면부의 50% 이상의 변형이 있고 코 형태의 2/3 이상이 없어진 사람
장애의 정도가 심하지 않은 장애인	1. 노출된 안면부의 60% 이상의 변형이 있는 사람 2. 코 형태의 2/3 이상이 없어진 사람 3. 노출된 안면부의 45% 이상 변형이 있고 코 형태의 1/3 이상이 없어진 사람 4. 노출된 안면부의 45% 이상이 변형된 사람 5. 코 형태의 1/3 이상이 없어진 사람

출처: 보건복지부(2019). 장애정도 판정기준.

(3) 특성

계속되는 성형수술 등으로 인한 의료비 지출로 경제적인 어려움을 경험하게 되며, 의료비 지출이 없는 고정된 경우라 하더라도 타인에게 혐오스러운 인상을 줄 수 있기 때문에 직장생활이나 기본적인 사회생활에서 배척되는 어려움을 겪을 수 있다.

2 내부 신체기관의 장애

1) 신장장애

(1) 개념 및 원인

신장장애는 투석치료 중이거나 신장을 이식받은 경우로서 신장기능이 90% 이상 소실되어 혈액투석이나 복막투석을 지속적으로 받아야 하거나 신장기능의 영속적인 장애로 일상생활활동에 어려움이 있는 것을 말한다. 신장장애의 원인은 신장질환에 의한 것으로 만성사구체신염, 당뇨병 성신증, 고혈압성 사구체경화증, 통풍신 등이 있다. 현재 우리나라에서는 당뇨병 성신증으로 인한 장애가 가장 많은 비중을 차지하는 것으로 나타나고 있다.

(2) 형태

〈장애 정도 기준〉

장애 정도	장애 상태
장애의 정도가 심한 장애인	1. 만성신부전증으로 인하여 3개월 이상의 기간 동안 지속적으로 혈액투석 또는 복막투석을 받고 있는 사람
장애의 정도가 심하지 않은 장애인	1. 신장을 이식받은 사람

출처: 보건복지부(2019). 장애정도 판정기준.

(3) 특성

신장장애가 있는 사람의 경우 진료일수가 길고 병원에서 보내는 시간이 많아 직업생활을 유지하기가 힘들다. 또한, 치료비 부담이 상당히 크기 때문에 대부분의 신장장애가 있는 사람은 경제적인 고통도 함께 경험하고 있다.

2) 심장장애

(1) 개념 및 원인

심장장애는 일상생활이 현저히 제한되는 심장기능 이상으로 심장기능의 장애가 지속적으로 나타나고, 호흡곤란 등의 장애로 인해 일상생활에서 겪는 어려움을 말한다. 심장장애는 기질적인 심질환에 기인하여 발생하는 것으로 심장판막결손, 심장근육질환 등 심장의 손상이나 혈관의 손상, 고혈압 같은 혈압장애가 대표적인 원인이 되어 나타난다.

(2) 형태

진단 및 치료기간, 심장기능의 장애 정도, 그리고 가능한 사회활동을 관찰하여 구분하고 있다.

〈장애 정도 기준〉

장애 정도	장애 상태
장애의 정도가 심한 장애인	1. 심장기능의 장애가 지속되며, 안정 시에도 심부전증상 또는 협심증 증상 등이 일어나서 라-(3)항의 (가)~(사)항의 임상소견과 검사결과 등에 의한 점수가 30점 이상인 사람 (심장질환을 진단받은 지 1년 이상 경과한 사람에 한한다. 이하 같다.) 2. 심장기능의 장애가 지속되며, 신체주위의 일은 어느 정도 할 수 있지만 그 이상의 활동으로는 심부전증상 또는 협심증 증상 등이 일어나서 라-(3)항의 (가)~(사)항의 임상소견과 검사결과 등에 의한 점수가 25~29점에 해당하는 사람 3. 심장기능의 장애가 지속되며, 가정 내에서의 가벼운 활동은 상관없지만 그 이상의 활동에는 심부전증상 또는 협심증 증상 등이 일어나서 라-(3)항의 (가)~(사)항의 임상소견과 검사결과 등에 의한 점수가 20~24점에 해당하는 사람
장애의 정도가 심하지 않은 장애인	1. 심장을 이식받은 사람

출처: 보건복지부(2019). 장애정도 판정기준.

(3) 특성

심장장애는 호흡곤란 때문에 일상생활은 물론 사회생활 및 직업생활이 거의 불가능하다고 할 수 있다. 그에 따라 대인관계 형성이 축소되고, 경제적 능력 또한 상실되어 생활 곤란까지 경험하는 경우가 많다.

3) 간장애

(1) 개념 및 원인

2003년 「장애인복지법」 개정에 의해 내부기관의 장애로 장애범주에 추가된 간장애는 최근 「장애인복지법 시행령」에서 "간의 만성적 기능부전과 그에 따른 합병증 등으로 인한 간기능의 장애로 일상생활에 상당한 제약을 받는 사람"으로 규정하고 있다.

(2) 형태

〈장애 정도 기준〉

장애 정도	장애 상태
장애의 정도가 심한 장애인	1. 만성 간질환(간경변증, 간세포암종 등)으로 진단받은 환자중 잔여 간 기능이 만성 간질환 평가척도(Child- Pugh score) 상 등급 C이면서 다음의 합병증 중 하나 이상을 보이는 사람 1) 간성뇌증 2) 내과적 치료로 조절되지 않는 난치성 복수 2. 만성 간질환(간경변증, 간세포암종 등)으로 진단받은 환자 중 잔여 간 기능이 만성 간질환 평가척도(Child- Pugh score) 상 등급 C이면서 다음의 병력(2년 이내의 과거병력) 중 하나 이상을 보이는 사람 1) 간성뇌증의 병력 2) 자발성 세균성 복막염의 병력 3. 만성 간질환(간경변증, 간세포암종 등)으로 진단받은 환자 중 잔여 간 기능이 만성 간질환 평가척도(Child- Pugh score) 상 등급 C인 사람 4. 만성 간질환(간경변증, 간세포암종 등)으로 진단받은 환자 중 잔여 간 기능이 만성 간질환 평가척도(Child- Pugh score) 상 등급 B이면서 다음의 합병증 중 하나 이상을 보이는 사람 1) 난치성 복수 2) 간성뇌증
장애의 정도가 심하지 않은 장애인	1. 간을 이식받은 사람

출처: 보건복지부(2019). 장애정도 판정기준.

(3) 특성

피로, 구토, 식욕부진, 헛배부름, 소화불량, 체중감소 등이 나타나며 소변이 진해지고 황달이 나타나며 잇몸과 코에서 피가 나고 성욕이 감퇴되고 여성인 경우 생리가 없어지기도 한다. 남자인 경우 고환이 수축되기도 한다. 말기증상은 간세포 기능장애와 합병증이다. 간암으로 발전할 가능성이 많다.

4) 호흡기장애

(1) 개념 및 원인

「장애인복지법 시행령」에 의하면 호흡기장애란 "폐나 기관지 등 호흡기관의 만성적 기능부전으로 인한 호흡기능의 장애로 일상생활에 상당한 제약을 받는 사람"

으로 규정되어 있다. 즉, 충분한 내과적 치료에도 불구하고 장애가 지속적으로 유지되는 만성호흡기 질환임을 확인해야 하며, 호흡곤란 정도, 폐기능 검사에 의한 폐 환기기능, 동맥혈 가스 검사에 의한 동맥혈산소분압 등에 의해 장애 정도를 판정한다.

(2) 형태

주로 만성적인 기침, 객혈, 호흡곤란, 가슴통증 등의 증상을 보이고, 구체적 질환으로는 천식, 만성기관지염, 기관지확장증, 늑막염, 결핵, 폐암 등이 있다.

〈장애 정도 기준〉

장애 정도	장애 상태
장애의 정도가 심한 장애인	1. 만성호흡기 질환으로 인하여 기관절개관을 유지하고 24시간 인공호흡기로 생활하는 사람 2. 폐나 기관지 등 호흡기관의 만성적인 기능부전으로 안정시에도 산소요법을 받아야 할 정도의 호흡곤란이 있고, 평상시의 폐환기 기능(1초시 강제날숨량) 또는 폐확산능이 정상예측치의 25% 이하이거나, 산소를 흡입하지 않으면서 평상시 대기중에서 안정시에 동맥혈 산소분압이 55mmHg 이하인 사람 3. 폐나 기관지 등 호흡기관의 만성적인 기능부전으로 집안에서의 이동시에도 호흡곤란이 있고, 평상시의 폐환기 기능(1초시 강제날숨량) 또는 폐확산능이 정상예측치의 30% 이하이거나, 산소를 흡입하지 않으면서 평상시 대기중에서 안정시에 동맥혈 산소분압이 60mmHg 이하인 사람 4. 폐나 기관지 등 호흡기관의 만성적인 기능부전으로 평지에서의 보행 시에도 호흡곤란이 있고, 평상시의 폐환기 기능(1초시 강제날숨량) 또는 폐확산능이 정상예측치의 40% 이하이거나, 산소를 흡입하지 않으면서 평상시 대기중에서 안정시에 동맥혈 산소분압이 65mmHg 이하인 사람
장애의 정도가 심하지 않은 장애인	1. 폐를 이식받은 사람 2. 늑막루가 있는 사람

출처: 보건복지부(2019). 장애정도 판정기준.

(3) 특성

호흡기관에 장애가 있는 경우 일상적인 거동이나 기본적인 사회생활에 필요한 이동이 어렵기 때문에 경제활동을 유지하기가 힘들다. 그에 따라 사회생활은 축소될 수밖에 없고, 대부분 경제적인 곤란을 함께 경험하게 된다.

5) 장루 · 요루장애

(1) 개념 및 원인

장루·요루기능에 장애가 지속되며, 이로 인하여 일상생활 및 사회생활활동이 제한된 사람을 말한다. 원인으로는 대부분 대장암, 자궁암 등 중증의 질병으로 인한 것이 많다. 배변이나 배뇨를 위하여 복부에 인위적으로 조성된 구멍(장루 또는 요루)을 가지고 있는 경우에 장루·요루장애로 진단한다. 요루는 회장도관, 요관피부루, 경피적 신루를 포함한다. 장애의 정도가 심한 장애에 해당하는 말단 공장루는 소장의 2/3 이상 절제한 경우에 판정한다.

(2) 형태

장루·요루기능에 장애가 지속되어 일상생활과 사회생활의 제한 정도와 보호가 필요한 정도에 따라 구분된다.

〈장애 정도 기준〉

장애 정도	장애 상태
장애의 정도가 심한 장애인	1. 장루와 함께 요루 또는 방광루를 가지고 있으며, 그중 하나 이상의 루에 합병증으로 장피누공 또는 배뇨기능장애가 있는 사람 2. 장루 또는 요루를 가지고 있으며, 합병증으로 장피누공과 배뇨기능장애가 모두 있는 사람 3. 배변을 위한 말단 공장루를 가지고 있는 사람 4. 장루와 함께 요루 또는 방광루를 가지고 있는 사람 5. 장루 또는 요루를 가지고 있으며, 합병증으로 장피누공 또는 배뇨기능장애가 있는 사람
장애의 정도가 심하지 않은 장애인	1. 장루 또는 요루를 가진 사람 2. 방광루를 가지고 있으며, 합병증으로 장피누공이 있는 사람 3. 방광루를 가진 사람

출처: 보건복지부(2019). 장애정도 판정기준.

(3) 특성

장루 또는 요루장애인은 암의 치료를 위해 큰 수술을 받고 항상 재발을 걱정하면서 살아가는 상황에 있다. 일정한 치료비용을 지속적으로 지출하는 부담을 안게 되며 장루의 변형으로 인해 사회생활에 많은 지장을 받게 되면서 대인관계를 기피하게 되기도 한다.

6) 뇌전증장애

(1) 개념 및 원인

뇌전증장애는 2014년 6월 「장애인복지법 시행령」의 개정에 의해 간질장애에서 뇌전증장애로 장애명칭이 변경되었다. 개정된 「장애인복지법 시행령」에 의하면 "뇌전증에 의한 뇌신경세포의 장애로 인하여 일상생활이나 사회생활에 상당한 제약을 받아 다른 사람의 도움이 필요한 사람"으로 규정하고 있다.

뇌전증의 원인은 매우 다양하여 뇌손상을 가져올 수 있는 뇌출혈, 뇌경색, 뇌종양 등의 뇌손상에 의해 일어날 수 있고, 이러한 원인에 의해 손상된 부위에서 비정상적인 전기가 방출되어 재발성 경련이 일어나는 것으로 볼 수 있다.

(2) 형태

중증발작이란 전신강직간대경련, 전신강직경련 혹은 전신간대경련을 동반하는 발작, 신체의 균형을 유지하지 못하고 쓰러지는 발작, 의식장애가 3분 이상 지속되는 발작 또는 사고나 외상을 동반하는 발작을 말한다. 경증발작이란 중증발작과 장애 정도 판정대상에서 제외되는 발작에 해당되지 아니하는 발작을 말한다.

① 성인 뇌전증

〈장애 정도 기준〉

장애 정도	장애 상태
장애의 정도가 심한 장애인	1. 만성적인 뇌전증에 대한 적극적인 치료에도 불구하고 월 8회 이상의 중증발작이 연 6회 이상 있고, 발작을 할 때에 유발된 호흡장애, 흡인성 폐렴, 심한 탈진, 두통, 구역, 인지기능의 장애 등으로 심각한 요양관리가 필요하며, 일상생활 및 사회생활에 항상 타인의 지속적인 보호와 관리가 필요한 사람 2. 만성적인 뇌전증에 대한 적극적인 치료에도 불구하고 월 5회 이상의 중증발작 또는 월 10회 이상의 경증발작이 연 6회 이상 있고, 발작을 할 때에 유발된 호흡장애, 흡인성 폐렴, 심한 탈진, 두통, 구역, 인지기능 장애 등으로 요양관리가 필요하며 일상생활 및 사회생활에 수시로 보호와 관리가 필요한 사람

장애 정도	장애 상태
장애의 정도가 심하지 않은 장애인	1. 만성적인 뇌전증에 대한 적극적인 치료에도 불구하고 월 1회 이상의 중증발작 또는 월 2회 이상의 경증발작이 연 6회 이상 있고, 이로 인하여 협조적인 대인관계가 곤란한 사람 2. 만성적인 뇌전증에 대한 적극적인 치료에도 불구하고 월 1회 이상의 중증발작 또는 월 2회 이상의 경증발작이 연 3회 이상 있고, 이로 인하여 협조적인 대인관계가 곤란한 사람

출처: 보건복지부(2019). 장애정도 판정기준.

② 소아청소년 뇌전증

〈장애 정도 기준〉

장애 정도	장애 상태
장애의 정도가 심한 장애인	1. 전신발작은 1개월에 8회 이상의 발작이 있는 사람 (다만, 결신발작과 근간대성발작의 경우는 아래 참고와 같이 평가) 2. 신체의 손상을 초래할 수 있는 경우로 넘어지면서 머리가 먼저 바닥에 떨어지는 발작(head drop, falling attack)은 1개월에 4회 이상의 발작이 있는 사람 3. 영아연축(Infantile spasm), 레녹스-가스토 증후군 (Lennox- Gastaut syndrome) 등과 같은 뇌전증성 뇌병증(epileptic encephalopathy)은 1개월에 4회 이상의 발작이 있는 사람 4. 근간대성발작(myoclonic seizure)이 중하여(severe) 자주 넘어져 다칠 수 있는 경우(falling attack을 초래하는 경우)는 1개월에 4회 이상의 발작이 있는 사람 5. 전신발작은 1개월에 4~7회의 발작이 있는 사람 6. 신체의 손상을 초래할 수 있는 경우로 넘어지면서 머리가 먼저 바닥에 떨어지는 발작(head drop, falling attack)은 1개월에 1~3회의 발작이 있는 사람 7. 영아연축(Infantile spasm), 레녹스-가스토 증후군 (Lennox- Gastaut syndrome) 등과 같은 뇌전증성 뇌병증(epileptic encephalopathy)은 1개월에 1~3회의 발작이 있는 사람 8. 근간대성발작(myoclonic seizure)이 중하여(severe) 자주 넘어져 다칠 수 있는 경우(falling attack을 초래하는 경우)는 1개월에 1~3회의 발작이 있는 사람 9. 부분발작은 1개월에 10회 이상의 발작이 있는 사람
장애의 정도가 심하지 않은 장애인	1. 전신발작은 1개월에 1~3회의 발작이 있는 사람 2. 신체의 손상을 초래할 수 있는 경우로 넘어지면서 머리가 먼저 바닥에 떨어지는 발작(head drop, falling attack)은 6개월에 1~5회의 발작이 있는 사람 3. 영아연축(Infantile spasm), 레녹스-가스토 증후군 (Lennox- Gastaut syndrome) 등과 같은 뇌전증성 뇌병증(epileptic encephalopathy)은 6개월에 1~5회의 발작이 있는 사람 4. 근간대성발작(myoclonic seizure)이 중하여(severe) 자주 넘어져 다칠 수 있는 경우(falling attack을 초래하는 경우)는 6개월에 1~5회의 발작이 있는 사람 5. 부분발작은 1개월에 1~9회의 발작이 있는 사람

출처: 보건복지부(2019). 장애정도 판정기준.

(3) 특성

뇌전증 장애인은 정신장애와 유사한 편견으로 인해 사회생활에 고통을 받는 경우가 많다. 지속적인 치료비 지출 때문에 대부분이 경제적 부담을 안고 있으며 간질발작으로 인해 운전을 하지 못하므로 직업을 선택하는 데 있어 제한을 받게 되며 취업이 어려운 경우가 많다. 행동, 능력, 정서적인 면에서는 비장애인과 차이를 보이지 않으나 주변의 상황에 따라 성격장애를 유발할 가능성이 있다.

3절 정신적 장애

1 지적장애

1) 개념 및 원인

「장애인복지법 시행령」에서는 지적장애인이란 "정신 발육이 항구적으로 지체되어 지적 능력의 발달이 불충분하거나 불완전하고 자신의 일을 처리하는 것과 사회생활에 적응하는 것이 상당히 곤란한 사람"으로 정의 내리고 있다. 즉, 18세 이전에 정신발달이 불완전하여 지능이 평균 이하로 저하되고 또 이로 인하여 자기의 신변관리와 사회생활에의 적응이 곤란한 상태에 있는 경우를 말한다. 그리고 「장애인 등에 대한 특수교육법」에서는 지적장애인(정신지체를 지닌 특수교육대상자)을 "지적기능과 적응행동상의 어려움이 함께 존재하며 교육적 성취에 어려움이 있는 사람"으로 정의하고 있다.

지적장애의 원인은 선천적 원인에 의한 지적장애도 90%가 원인불명이기 때문에 직접적 원인을 찾아내기는 쉽지가 않다. 다만 지금까지의 결과에 의하면 생물학적 요인과 사회심리학적 요인이 상호작용하면서 복합적으로 이루어져 나타나는 경우가 대부분이다.

2) 형태

〈장애 정도 기준〉

장애 정도	장애 상태
장애의 정도가 심한 장애인	1. 지능지수가 35 미만인 사람으로 일상생활과 사회생활의 적응이 현저하게 곤란하여 일생동안 타인의 보호가 필요한 사람 2. 지능지수가 35 이상 50 미만인 사람으로 일상생활의 단순한 행동을 훈련시킬 수 있고, 어느 정도의 감독과 도움을 받으면 복잡하지 아니하고 특수기술을 요하지 아니하는 직업을 가질 수 있는 사람 3. 지능지수가 50 이상 70 이하인 사람으로 교육을 통한 사회적·직업적 재활이 가능한 사람

출처: 보건복지부(2019). 장애정도 판정기준.

3) 특성

지적장애는 지적발달의 장애로 정신발육이 항구적으로 지체되어 지적능력이 열등하고 자신의 일을 처리하는 능력이 열악하며, 사회생활 적응에 현저한 지체를 보인다. 또한, 낮은 언어능력을 동반하여 의사소통에 어려움이 있기 때문에 대인관계 형성에 문제점을 나타내거나 학습에 지장을 주는 경우가 많다. 뿐만 아니라 대체로 스스로 통제할 수 있는 능력이 떨어지고, 판단 능력이 떨어져 그들의 행동을 일반 사회에서 수용하기에는 어려운 경우가 많다. 분석력이 미흡하거나 주위가 산만하여 주의 집중하는 시간이 짧아 학습능력도 떨어질 수밖에 없다.

2 자폐성장애

1) 개념 및 원인

「장애인복지법 시행령」에서 규정하고 있는 자폐성장애는 “소아기 자폐증, 비전형적 자폐증에 따른 언어·신체표현·자기조절·사회적응 기능 및 능력의 장애로 인하여 일상생활이나 사회생활에 상당한 제약을 받아 다른 사람의 도움이 필요한 사람”으로 진단받은 후 최소한 6개월이 경과되어야 판정을 받게 된다.

자폐성장애는 소아자폐 등으로 명확하게 정의를 내리기 어려우나 일반적으로는 본인 자신의 의견과 감정을 다른 사람과 교류하기에는 한계를 지니고 있다. 주로 반사회적 행동을 주도하는 것으로 이해되고 있으며, 자폐성장애의 원인에 대해서는 분명히 밝혀져 있지 않으나 심리적 원인과 생물학적 원인으로 구분할 때 생물학적 원인일 가능성이 높다.

2) 형태

자폐성장애는 유아자폐증과 유사자폐로 구분해 볼 수 있다. 유아자폐는 출생 이후 30개월 이전에 사람에 대한 반응이 없으며, 변화에 대한 저항이 심하고, 특정한 사물이나 생물에 관심과 애착을 보이며, 언어발달에 지체를 보이는 경우가 많은 것이 특징이다. 유사자폐는 이러한 발달 이상이 세 살 이후에 나타나거나 자폐증의 진단기준을 만족시키지는 않지만 독립적인 일상생활을 유지하기가 어려워 남의 도움이 필요한 경우이다.

장애 정도	장애 상태
장애의 정도가 심한 장애인	1. ICD-10의 진단기준에 이한 전반성발닫장애(자폐증)루 정상발달의 단계가 나타나지 아니하고 지능지수가 70 이하이며, 기능 및 능력장애로 인하여 GAS 척도 점수가 20 이하인 사람 2. ICD-10의 진단기준에 의한 전반성발달장애(자폐증)로 정상발달의 단계가 나타나지 아니하고 지능지수가 70 이하이며, 기능 및 능력장애로 인하여 GAS척도 점수가 21~40인 사람 3. 1호 내지 2호와 동일한 특징을 가지고 있으나 지능지수가 71 이상이며, 기능 및 능력 장애로 인하여 GAS척도 점수가 41~50인 사람

출처: 보건복지부(2019). 장애정도 판정기준.

3) 특성

자폐성장애의 가장 대표적인 특성은 자폐증, 과잉행동, 공격성을 들 수 있다. 자폐증은 자기 고립적이고 단조로움을 고집하고 비정상적인 일을 반복하거나 변화를 거부하면서 환경의 동일성에 대한 요구를 강하게 나타낸다. 또한, 심리적으로 열등감, 불안증세, 자기도취, 과민반응, 우울증 등의 증상이 나타나기도 한다. 과잉

행동의 경우는 침착하지 못하고, 주의집중 기간이 짧아 학습능력이 떨어지는 것은 물론, 위험한 상황에서 충동적인 행동을 하는 경우를 자주 보게 된다. 또한, 감정 조절 능력이 부족하여 자신의 욕구가 충족되지 않을 때 심한 좌절을 경험하고 그에 대한 반응으로 공격적인 행동을 한다.

3 정신장애

1) 개념 및 원인

정신장애는 조현병(정신분열), 분열형 정동장애, 양극성 정동장애, 반복성 우울장애로서 정신분열로 인한 망상, 환청, 사고장애, 기괴한 행동 등으로 일상생활 및 사회생활을 유지하는 데 어려움이 있어 남의 도움이 반드시 필요한 경우를 말한다. 정신장애의 원인은 유전적, 기질적 원인과 사회환경 요인에 의한 것으로 스트레스 등이 심한 경우 발생할 수 있다. 발생 시기는 사춘기 이후부터 20대 전후에 가장 많이 나타난다고 알려져 있으며, 이들은 주로 자아존중감이 낮을 때, 타인으로부터 무관심의 대상이 되었을 때 심한 우울증에 시달리면서 정신분열 증세까지 보인다.

2) 형태

1999년 「장애인복지법」 개정으로 새로이 장애범주에 포함되기 시작한 정신장애는 「장애인복지법 시행령」에 의하면, "지속적인 정신분열병, 분열형 정동장애(情動障碍: 여러 현실 상황에서 부적절한 정서 반응을 보이는 장애), 양극성 정동장애 및 반복성 우울장애에 따른 감정조절·행동·사고 기능 및 능력의 장애로 인하여 일상생활이나 사회생활에 상당한 제약을 받아 다른 사람의 도움이 필요한 사람"으로 정의하고 있다.

◈ 조현병

- 조현병은 만성중증장애상태를 가져오는 정신질환 중에서 빈도가 가장 높다. 많은 경우 사춘기 전후부터 20대 초반에 발생하는 신질환이다. 환각 등의 지각장애, 망상이나 사고전파 등의 사고장애, 감정의 둔마 등의 감정장애, 무관심 등의 의지의 장애, 흥분이나 혼미 등의 정신운동성장애 등이 보인다. 의식의 장애, 지능의 장애는 통상 보이지 않는다. 급격히 발생하는 것부터, 서서히 발병하기 때문에 발병의 시기가 불명확한 것까지 다양하며, 대체로 만성화되어 일상생활 및 사회생활에 장애를 갖게 된다.
- 양성증상
  - '정신질환의 상태(정신기능장애)'의 기술(記述) 중에 사용되는 '양성증상'이라는 용어는 환각 등의 지각장애, 망상이나 사고전파, 사고탈취 등의 사고의 장애, 흥분이나 혼미, 긴장 등의 정신운동성의 장애 등과 같이 눈에 두드러지는 증상이다.
- 음성증상
  - 음성증상은 급성기를 경과한 후에 정신운동의 완만, 활동성의 저하, 감정둔마, 수동성과 자발성의 결여, 대화의 양과 내용의 빈곤, 비언어적 의사소통의 결핍, 자기관리와 사회적 역할수행능력의 저하 등 눈에 두드러지지 않는 증상을 말한다.
- 인격변화
  - 양성증상이나 음성증상이 만성적으로 지속되면, 연상이완과 같은 지속적인 사고과정의 장애나 언어적 의사소통의 장애가 생기고, 사람다움을 잃어버리거나 변화하는 경우가 있는데 이것을 인격변화라고 한다.
- 사고장애
  - 사고의 장애는 사고형태의 장애, 사고과정의 장애, 사고내용의 장애 등으로 나눌 수 있다. 사고형태의 장애는 자폐적 사고 등이 있고, 사고과정의 장애는 사고의 우원증(circumstantiality), 사고이탈(tangentiality), 보속증(perseveration), 사고두절(blocking), 비논리적이고 지리멸렬한 사고, 연상이완 등이 있다. 사고내용의 장애는 피해망상 등의 망상을 포함한다.

◈ 정동장애(양극정 정동장애 및 재발성 우울장애)

- 기분 및 감정의 변동으로 특징지어지는 질환이다. 주된 증상기가 조증상태만인 경우를 조증, 우울상태만인 경우를 우울증(병), 조증상태와 우울상태가 모두 있는 경우를 조울증(병)이라 한다. 증상기 이외의 기간에는 정신증상이 없는 경우가 많으나, 여러 번 증상기를 반복하는 경우에는 잔여증상이 있거나 인격변화가 오는 경우도 있다. 증상기는 수개월인 경우가 많다. 증상기를 반복하는 빈도는 다양하여 일생에 1회뿐인 경우도 있고, 일 년에 십수 회 반복하는 경우도 있다. 병상기가 단기간이더라도 빈번하게 반복되면, 장애상태가 더 중하게 된다. 일 년간에 1회 이상의 병상기가 있으면, 병상기가 자주 반복하여, 통상의 사회생활을 하기 어렵다.
- 기분의 장애
  - 기분의 장애에는 조증에서 보이는 비정상적으로 지나치게 고양된 기분과 우울증에서 보이는 슬픔의 정도가 비정상적으로 심하고 기간도 오래 끄는 우울한 기분이 있다.
- 의욕 · 행동의 장애
  - 조증상태에서는 자아감정의 항진 때문에 행동의 억제가 불가능한 상태, 우울상태에서는 귀찮아서 아무것도 손에 잡히지 않고 아무것도 할 수 없는 상태이다.

- 사고의 장애
  - 사고의 장애에 대해서는 조현병의 사고장애 증상과 유사하나, 조울증의 경우에는 사고비약 등의 사고과정의 장애와 과대망상을 주로 하는 사고내용의 장애가 출현하기 쉽다. 또 조증 혹은 우울증의 증상이 있는 기간에는, 장기간에 걸치는 경우도 있고, 단기간에 회복되어 안정화되는 경우도 있다.

◈ **조현정동장애(調絃情動障碍)**

- 조현정동장애는 조현병의 증상과 정동장애 증상의 양자가 동일한 정도로 동시에 존재하는 질환군을 가리킨다. 발병은 급격하고, 대부분 주기성(周期性)의 경과를 보이고, 예후가 조현병과 정동장애의 중간 정도이다. 증상은 의식장애(착란상태), 정동장애, 정신운동성장애를 주로 하고, 망상은 부동적이고 비체계적인 것이 많다. 경과가 주기적이고 후유증을 잘 남기지 않는 점에서는 조현병보다 조울병에 가깝다.

장애 정도	장애 상태
장애의 정도가 심한 장애인	1. 조현병으로서 망상, 환청, 사고장애, 기괴한 행동 등의 양성증상 또는 사회적 위축과 같은 음성증상이 심하고 현저한 인격변화가 있으며, 기능 및 능력장애로 인하여 능력장애 판정기준의 6항목 중 3항목 이상에서 전적인 도움이 필요하며, GAF척도 점수가 40이하인 사람(정신병을 진단받은 지 1년 이상 경과한 사람에 한한다. 이하 같다) 2. 양극성 정동장애(조울병)로 기분, 의욕, 행동 및 사고장애 증상이 심한 증상기가 지속되거나 자주 반복되며, 기능 및 능력장애로 인하여 능력장애 판정기준의 6항목 중 3항목 이상에서 전적인 도움이 필요하며, GAF척도 점수가 40이하인 사람 3. 재발성 우울장애로 정신병적 증상이 동반되고 기분, 의욕, 행동 등에 대한 우울증상이 심한 증상기가 지속되거나 자주 반복되며, 기능 및 능력장애로 인하여 능력장애 판정기준의 6항목 중 3항목 이상에서 전적인 도움이 필요하며, GAF척도 점수가 40 이하인 사람 4. 조현정동장애로 1호 내지 3호에 준하는 증상이 있는 사람 5. 조현병으로 망상, 환청, 사고장애, 기괴한 행동 등의 양성증상 및 사회적 위축 등의 음성증상이 있고 중등도의 인격변화가 있으며, 기능 및 능력장애로 인하여 능력장애 판정기준의 6항목 중 3항목 이상에서 많은 도움이 필요하며, GAF척도 점수가 41점 이상 50점 이하인 사람 6. 양극성 정동장애(조울병)로 기분, 의욕, 행동 및 사고장애 증상이 있는 증상기가 지속되거나 자주 반복되며, 기능 및 능력장애로 인하여 능력장애 판정기준의 6항목 중 3항목 이상에서 많은 도움이 필요하며, GAF척도 점수가 41점 이상 50점 이하인 사람 7. 재발성 우울장애로 망상 등 정신병적 증상이 동반되고 기분, 의욕, 행동 등에 대한 우울증상이 있는 증상기가 지속되거나 자주 반복되며, 기능 및 능력장애로 인하여 능력장애 판정기준의 6항목 중 3항목 이상에서 많은 도움이 필요하며, GAF척도 점수가 41점 이상 50점 이하인 사람 8. 조현정동장애로 5호 내지 7호에 준하는 증상이 있는 사람

장애 정도	장애 상태
장애의 정도가 심한 장애인	9. 조현병으로 망상, 환청, 사고장애, 기괴한 행동 등의 양성증상이 있으나 인격변화나 퇴행은 심하지 아니한 경우로서, 기능 및 능력장애로 인하여 능력장애 판정기준의 6항목 중 3항목 이상에서 간헐적인 도움이 필요하며, GAF척도 점수가 51점 이상 60점 이하인 사람 10. 양극성 정동장애(조울병)로 기분, 의욕, 행동 및 사고장애 증상이 현저하지는 아니하지만 증상기가 지속되거나 자주 반복되는 경우로서, 기능 및 능력 장애로 인하여 능력장애 판정기준의 6항목 중 3항목 이상에서 간헐적인 도움이 필요하며, GAF척도 점수가 51점 이상 60점 이하인 사람 11. 재발성 우울장애로 기분, 의욕, 행동 등에 대한 우울증상이 있는 증상기가 지속되거나 자주 반복되는 경우로서, 기능 및 능력장애로 인하여 능력장애 판정기준의 6항목 중 3항목 이상에서 간헐적인 도움이 필요하며, GAF척도 점수가 51점 이상 60점 이하인 사람 12. 조현정동장애로 9호 내지 11호에 준하는 증상이 있는 사람

3) 특성

다른 사람들과의 정서적 관계를 맺거나 의사소통을 하는 데 있어 자기 방어적이다. 이들은 의도적으로 자신의 감정을 숨기는 반면 자기 통제력을 상실하여 눈에 띄는 행동을 할 때도 있다. 다른 종류의 장애보다 일상생활이나 직업활동을 하는 데 있어 더 많은 어려움을 겪는다. 더욱이 사회적 편견으로 인해 가족으로부터 외면당하는 경우가 많아 고립된 생활을 할 수밖에 없다. 이에 따라 정신장애인의 완전치료와 사회적응 및 사회복귀 가능성은 매우 희박한 상황이나 정서적 안정을 통해 가능한 경우가 있으므로 주변 사람들의 절대적인 지지가 요구된다.

CHAPTER 07 장애인과 재활

1절 재활의 개념과 분야

1 재활의 개념

재활(rehabilitation)이란 장애인에게 의료적, 교육적·사회적·직업적인 재훈련을 통합적·협동적으로 실시함으로써 장애인 스스로가 가능한 최대한의 기능회복과 잠재능력을 개발시켜 자활의 삶을 살아갈 수 있도록 도와주는 것이라 할 수 있다(정무성 외, 2007; 최운영, 2012).

재활에 관한 개념은 학자에 따라 다소 차이는 있지만, 재활은 잠재능력을 발휘하는 방법을 제공한다는 측면에서 다음과 같이 몇 가지를 들 수 있다. 첫째, 단편적인 것이 아니고 전인적인 개념이다. 둘째, 장애인의 잠재능력에 대한 신뢰이다. 셋째, 인간의 효용성과 적응력을 길러 주는 것이다. 넷째, 인도주의에 그 바탕을 두고 있다. 다섯째, 자기실현을 위한 동기조성을 전제로 한다. 여섯째, 인간을 만족하고 생산적인 활동에 이르게 하는 것이다.

이와 같이 재활의 기본개념은 '사람답게 살 권리와 자격과 존엄 등을 회복하는 것'을 의미한다고 할 수 있다. 미국재활협회는 장애인재활이란, '장애인의 신체적·정신적·사회적·직업적·경제적 가용능력을 최대한으로 회복시켜 주는 것'이라고 정의하고 있다. 즉, 장애인의 자립자급과 상부상조, 독립과 의존, 전문화와 통합,

발병 후 처치와 예방, 사회적 기준과 개인적 필요 등과 같이 양면을 다 함께 충족해야 하는 다양한 측면이 산재해 있다. 따라서 어느 한 쪽만을 강조하면 안 되고, 양면을 고려한 접근이 필요하다고 볼 수 있다.

재활의 이념적 바탕 원리는 다음과 같다(정무성 외, 2007).

첫째, 기회의 균등이 모든 사람에게 보장되어야 한다. 이 원리는 모든 사람으로 하여금 장애인에게 특별한 서비스를 제공하게 하여 그들이 취업과 함께 비장애인으로서 시민의 권리와 의무에로의 참여를 준비하게끔 한다.

둘째, 인간은 전인격적인 존재이다. 인간은 신체적, 정신적, 사회적, 직업적 또는 경제적 부문으로 나누어질 수 없다는 것이다. 인간은 하나의 완전한 개인이며, 개개의 각 부분이 전체를 형성하는 다른 부분과 상호작용한다.

셋째, 모든 인간은 독특한 존재이다. 장애에 대한 심리적, 개인적 반응은 개인에 따라 제각기 다르며, 어느 누구도 완전히 똑같은 욕구나 잠재능력을 가지지 않는 각 개인마다 독특한 요구와 소질, 대처방법 및 목표가 있다.

2 재활의 분야[1)]

1) 의료재활

(1) 의료재활의 정의

질병이나 사고에 의한 후유증, 만성질환, 노인질환 등 치료기간이 장기화되기 쉬운 환자의 잠재능력을 활동시켜 자연치료를 적극적으로 촉진시키는 기술이며, 내과적·외과적 치료의 응용과 함께 물리적·심리적 수단을 보완하고 보충하는 의료적 조치라고 할 수 있다.

(2) 의료재활의 목표

의료재활은 종합적 재활사업의 첫 단계로서, 의료적 측면을 다룬다는 입장에서 부분적이지만 대부분의 경우 재활의 출발점인 동시에 전체이기도 하다. 이는 단순

1) 재활의 분야는 정무성 외(2007), 정일교 외(2007)의 내용을 재정리함.

히 외상이나 질병에 대한 병소(病巢)를 치유하는 것으로 끝나는 것이 아니라 장기간 존속하는 장애인의 취약한 기능을 최대한 회복시켜 일상생활에 적응하도록 하여 자연스러운 사회로의 진입을 추구한다. 의료재활은 같은 종류와 같은 정도의 신체적 결손 또는 기능저하(impairment)를 보유한 사람의 경우에도 의료재활 치료의 제공 여부에 따라서 일을 수행할 수 있는 능력결여(disability) 정도가 달라질 수 있으므로 더욱 중요하다. 즉, 같은 수준의 장애를 가졌더라도 의료재활을 통하여 장애로 인한 문제를 극소화시킴으로써 기능적, 사회적으로 활동을 극대화할 수 있는 반면 장애에 대한 적절한 재활치료를 실시하지 않을 경우에는 장애가 심화되어 의학적, 기능적으로 중증의 장애인이 될 수 있다.

(3) 의료재활의 대상 및 영역

의료재활은 장애인들이 필요로 하는 기본적인 재활서비스로서 이러한 장애인들은 심신에 만성질환이나 장애를 지니고 있다. 주요 대상자들은 호흡기계, 순환기계의 질병을 가진 자들이며, 신체구조적인 면에서는 신경계, 골절, 관절, 근육 등에 발생하는 만성질환이나 외상후유증을 가진 경우이다. 연령적인 측면에서 보면 만성질환을 경험하기 쉬운 노인층이 대상이 되기 쉬우며, 의학의 발달로 인해 죽음에서는 벗어났으나 장애를 지니고 살 수밖에 없는 경우도 포함된다. 영국의 복지제도 중 세계의 가장 부러움을 받는 제도가 국가보건 서비스제도인데, 이러한 영국의 국가보건서비스의 특징은 국가에서 의료서비스가 필요한 모든 국민에게 언제나 제공하도록 하는 공적 의료서비스라는 점에 있다. 또한, 의료보험도 국가에서 관리하는 공보험 형태이며, 국민들에게 세금의 형태로 보험료를 거두어들여 대부분을 무료로 의료서비스를 제공한다. 그리고 장애인에 대한 총체적인 의료재활 또한 국가가 보장하고 있다. 영국은 이렇게 의료공영제도를 채택하여 전 국민의 건강을 보장하고 있는데, 이에는 전 국민이 의료서비스로의 접근이 용이하다는 장점이 있는가 하면, 의료서비스의 질이 떨어지고 대기시간이 상당히 길어진다는 단점이 있다. 일례로 사보험체계인 미국과 비교해 볼 때, 미국의 보험은 의료서비스의 질이 높은 반면, 의료비가 지나치게 높아 의료서비스를 제대로 받지 못하는 사람들이 생겨나기도 한다. 장애인 의료재활의 주 영역은 신경계 질환, 근·골격계 질환, 사지절단 환자의 재활, 통증, 호흡기재활, 심장재활, 정신건강 분야 등으로 구성된다. 따라서, 이에 참여하는 전문의도 재활의학전문의, 재활간호사, 물리치료사, 작업치료사, 언어치료사, 보장구 제작기사, 임상심리사, 직업상담사, 사회복지사, 호흡치료사 등으로 구성된다.

(4) 의료재활의 방법

의료재활은 접근방법에 따라 다음과 같이 세 가지 방법으로 나누어진다.

첫째, 장애인의 기본적인 기능장애의 향상을 도모하는 것으로서, 수술, 변형과정, 마비의 회복에 초점을 둔다.

둘째, 기본적인 기능장애의 회복에 한계가 있는 경우, 다른 기능을 훈련함으로써 전체적인 능력의 향상을 도모하는 것으로 보장구의 활용 등이 그 예이다.

셋째, 기능장애의 향상 후에도 장애인 자립생활을 영위할 수 있도록 의료적인 자문서비스를 제공하는 것으로서 계속적인 사후관리 서비스가 그 예이다.

위와 같은 세 가지를 중심으로 제공하는 장애인 의료재활은 기본적으로 물리치료, 작업치료, 언어치료 등을 실시한다.

(5) 의료재활의 치료

① 작업치료

작업치료는 신체적, 정신적, 사회적으로 장애를 입은 사람들의 기능을 평가하여 개개인의 흥미와 기능에 맞는, 의미 있고 목적 있는 활동을 선택하여 제공해 준다. 그리고 적절한 보조도구를 선정·제작해 주거나 환경(집, 건물, 가구 배치 등)을 변화시켜 줌으로써 손상된 기능을 회복·교정하고 장애를 예방하며 남아 있는 기능을 유지·향상시켜 최대한 자기 스스로 독립적인 생활을 할 수 있도록 치료한다.

☑ 아동작업치료

- 이용대상: 지체장애, 지적장애, 자폐성장애 등의 아동
- 특징: 뇌병변장애와 같은 지체장애 아동들에게 보바스 치료방법을 기본으로 여러 가지 목적 있는 활동과 감각활동을 제공하여, 정상적인 움직임과 감각의 발달을 경험시켜 감각·운동기능, 지각·인지기능, 일상생활활동(식사, 옷 입고 벗기, 그리기 및 쓰기활동, 개인위생 등), 놀이기술 등을 향상시킨다. 또한, 적절한 보조도구 및 기구를 제공하여 줌으로써 변형을 예방하고, 독립적인 생활과 치료의 효과를 높이며, 보호자 교육을 통하여 아동이 가정이나 유치원, 학교에서 올바로 양육되고, 치료가 연결될 수 있게 한다.

☑ 성인작업치료

- 이용대상: 뇌졸중, 척추손상, 외상성 뇌손상 등의 지체장애 성인
- 특징: 갑작스러운 발병 이후 잔여기능을 최대한 회복시키기 위한 치료로, 신체적 기능 향상뿐만 아니라 사회로의 재통합이라는 기본 아래, 일상생활에서의 독립성 증진, 새로운 직업으로의 복귀 등을 위해 정신적·심리적 보조를 개별 및 집단으로 서비스를 제공한다. 또한, 보조도구를 제작해 주거나 5명 내외의 그룹활동을 통해 여가활동에서의 흥미증진 및 잠재력의 발견, 대인관계의 향상을 도모한다.

☑ 심리안정 및 감각반응 촉진치료(snoezelen)

- 이용대상: 중증 중복장애 아동
- 특징: 중증 및 중복장애인들이 행복감과 안정감을 느낄 수 있는 최적의 환경을 조성함으로써 주위의 사물과 사람들 사이에서 생겨날 수 있는 감각 운동적인 상호작용을 방해받지 않고 경험할 수 있도록 한다. 지적장애, 자폐성장애나 그 이외의 장애로 인하여 외부로부터의 자극, 다시 말해 우리의 오감으로 느낄 수 있을 때, 감지하는 것에 문제가 생겨 일상생활을 영위하는 데 어려움을 느끼게 되는데 심리안정 및 감각반응 촉진치료는 이런 이들을 위해 어떤

자극에 대하여 반응이 전혀 없거나 현저히 떨어지는 경우 혹은 너무 과도한 경우에 적용하는 것이다.

☑ 감각통합치료

- 이용대상: 자폐성장애, 학습장애, 감각방어 등 감각통합에 문제가 있는 아동
- 특징: 주변 환경으로부터 받아들이는 다양한 감각(촉각, 전정감각, 고유수용감각, 청각, 시각, 미각 등)의 정보들을 신체나 주변 세계에 대한 지각이나 적응반응, 학습과정 혹은 신경기능의 발달에 사용하도록 조직화하고 해석하는 감각통합에 장애가 있는 아동들을 대상으로 한다. 이는 운동발달이 지연되고 신경, 근육계통에 문제가 없어도 움직임이 둔하고 언어지체, 흥미부족, 과잉행동, 학습지체, 촉각, 청각, 미각 등에 지나친 예민함을 보이는 감각반응 증상을 보인다. 이러한 반응을 보이는 아동들이 신체나 세상에 대한 개념을 익히고, 신경기능의 발달을 이루어 환경에 효과적으로 적응하며 살아갈 수 있으며, 적절한 성취감을 경험할 수 있고, 후에 아동이 좀 더 복잡한 학습과 행동을 배우는 기초가 되게 한다.

② 언어치료

☑ 언어치료·교육

- 이용대상: 단순 언어장애, 지적장애, 자폐성장애, 정서장애, 뇌병변장애, 구개파열, 말더듬, 청각장애, 뇌손상 등을 가진 사람 등
- 특징: 각 대상자의 언어장애 유형과 수준에 맞는 개별 교육 및 치료를 하며, 또래들과 함께 시청각 자료를 활용하거나 다양한 활동을 통해 실제적인 상호의사소통의 경험을 하게 하는 집단치료도 이루어진다.

③ 재활공학서비스

재활공학(rehabilitation engineering)은 생체의료공학(biomedical engineering)에 포함된 기술 중 하나로서 임상의학이 연계된 공학적 방법을 이용해 손상 내지는 상실된

인체기능을 원래의 상태에 가깝도록 복원시키거나 보조할 수 있는 기술을 말한다. 재활공학은 약 10년 전부터 비약적으로 발전했으며 최근 들어 기존 재래식 보조기기를 대체하고 발전시키는 새로운 개념의 연구개발이 진행되고 있다. 특히 세계적으로 유례를 찾아볼 수 없는 급격한 고령인구의 증가를 보이고 있는 우리나라 현실에 있어서 재활공학산업은 무한한 시장 잠재력을 갖고 있고 노동력 복원, 독립생활 보장 등 사회적인 측면에서도 큰 중요성을 갖는다고 하겠다. 현재 미국, 유럽, 일본 등과 같은 복지선진국에서 수행 중인 재활공학연구에 대한 내용은 그 종류가 실로 다양한 것으로 파악되고 있다.

2) 교육재활

교육재활은 대상에 따라 크게 세 가지 영역으로 구분해서 설명할 수 있다. 첫째, 학교 및 보육 전문시설 중심으로 이루어지는 특수교육과, 둘째, 장애인 직업교육, 셋째, 장애인 평생교육으로 나누어 볼 수 있다. 세 가지 영역 중에서 가장 보편적이면서도 크게 비중을 차지하고 있는 부분은 특수교육을 통한 교육재활이라 볼 수 있다. 교육재활의 개념을 특수교육이라는 측면에서 이해하려는 경향이 전 세계적인 현상으로 자리 잡아가고 있으며 직업교육은 직업재활의 영역에서, 평생교육은 재활의 전 영역에서 골고루 다루어지고 있는 것으로 볼 수 있다. 따라서 교육재활이란 장애인이 갖고 있는 능력을 최대한 향상시키고 발휘하게 하며 그의 잠재능력을 개발하여 사회생활에 적응해 가도록 도움을 주는 교육제도와 교육방법 및 기술을 통한 교육적 서비스라 말할 수 있다. 최근에는 기존의 조기아동을 대상으로 제공되던 교육재활서비스가 성인의 전환교육 필요성과 사회적응을 위한 성인의 교육재활도 급증하고 있다.

(1) 교육재활의 정의

인간의 지적·정신적 능력은 성장단계에 맞는 교육을 통하여 발달된다. 장애아동도 비장애아동과 동등한 교육의 의무와 권리를 갖는다. 장애아동의 능력 향상을 위하여 교육재활은 반드시 필요한 재활분야이다. 교육재활이란 장애인이 갖고 있는 능력을 최대한 향상시키고, 잠재능력을 개발하여 사회생활에 적응해 가도록 도움을 주는 교육제도와 교육방법 및 기술을 통한 교육적 서비스를 말한다. 교육재활의 주요 대상은 장애아동이다. 그러나 성인장애인에 대한 교육도 전인적 발달을 위하여 필요하므로 교육재활은 비단 아동기뿐 아니라 장애인의 전 생애에 걸쳐 이루어질 필요가 있다. 장애인을 대상으로 한 교육은 장애인이 갖고 있는 특성에 맞추어 교육내용이나 교육방법이 특수한 성격을 띠므로 이를 특수교육이라고 한다. 특수교육은 장애로 인해 일반학교 과정을 일반학급에서 교육받기 곤란한 아동이나 교육상 특별한 배려가 필요한 아동에게 특성에 맞는 교육환경을 마련하여 아동의 가능성을 최대한 발휘하도록 하기 위한 교육의 한 분야이다. 이것은 장애인의 독특한 교육적 요구에 맞도록 설계된 교육으로서 특수교육 대상자에게 점자나 구화, 보장구 등을 사용하여 교육, 교정, 요육 및 직업보도를 하는 것이다. 특수교육에서는 실생활에 필요한 지식을 위한 교과교육과 장래의 직업생활에 적응하기 위한 직업보도, 언어치료나 물리치료, 작업치료와 같이 장애를 교정해 주는 교육 등을 실시한다. 특수교육의 목적은 장애인이 갖고 있는 잠재능력을 개발하여 최대한 활용하게 하는 것이며, 모든 장애아동이 특수교육을 필요로 하는 것은 아니다. 특히 장애 정도가 상대적으로 높아서 비장애아동과 특성상 큰 차이가 없는 경우에는 일반교육이 가능하다.

(2) 교육재활의 목표

장애인 문제는 대부분 우리 사회의 잘못된 인간관계에서 생긴 것이며, 사회의 불평등한 관행 때문에 부당한 조치를 받아온 것이다. 이제 장애인의 문제는 그 근본에서부터 바로 세워야 하며, 바른 가치관에 의해 교육대책과 복지대책이 논의되어야 한다. 교육의 기회균등은 자유와 평등을 표방하는 민주국가의 기본명제이다. 이것은 모든 아동에게 교육을 받을 수 있는 기회를 평등하게 부여함으로써 어떠한 한계가 있더라도 그 능력과 한계의 범위 내에서 보상받을 수 있음을 의미한다. 교육에서 평등한 대우가 각별히 요구되는 아동은 장애아동으로 「대한민국헌법」 제31조 제1항에서 모든 국민은 능력에 따라 평등하게 교육받을 권리가 있다고 명시되어 있는 것으로 보아 그들에게도 평등한 대우를 부여하기 위한 것이 교육재활의 목표이다.

(3) 교육재활의 대상 및 영역

교육재활의 대상을 한마디로 정의한다는 것은 대상이 가지는 특수성의 종류나 정도가 분화되어 있는 데다가 국가와 시대, 학자에 따라서 관점이 다르기 때문에 대단히 어렵다. 이에 대해 Dunn은 특수교육의 대상을 "신체적·심리적 특성의 정도가 평균으로부터 차이가 있는 아동으로 장애아의 각자 능력에 맞는 수준에까지 성취시키기 위하여 특수교사나 특수한 보조적 지도가 필요한 아동"이라고 하였으며 미국의 공법 PL94-142에서는 "특수교육과 관련 서비스를 필요로 하는 자"로 정의하고 "지적장애, 청각장애, 신체장애, 건강장애, 언어장애, 시각장애, 정서장애, 특정 학습장애를 포함한 자"로 정의하고 있으며, 그 구체적인 대상은 다음과 같다.

① 영유아반

- 이용대상: 뇌병변장애, 지적장애, 자폐성장애, 근육질환 등 운동능력이 저하된 아동
- 특징: 근육의 긴장도를 활성화시키고 정상적인 형태의 움직임을 경험하게 하는 신경발달 치료방법을 활용한다. 평가를 통하여 아동발달 수준에 맞는 단기목표를 재수정하고, 장기 목표를 세우면서 치료방법을 개선해 나간다.

② 통합반

- 이용대상: 만 5~7세의 경도 장애 아동
- 특징: 일반 유치원 교육과정에 따른 주제 중심의 교육과정을 기본으로 하여 의사소통기술, 인지학습, 일상생활기술과 집단 적응이 강조된 활동 위주의 프로그램을 실시한다.

③ 학령기반

- 이용대상: 4~6학년
- 특징: 사회적응기술, 기능적인 학업기술을 포함하는 지역사회 중심의 교육과정을 중심으로 현장학습을 실시한다.

④ 부모교육

- 이용대상: 장애영유아부모
- 특징: 각 영역 전문가들(특수교사, 언어치료사, 물리치료사, 작업치료사, 사회복지사)의 강의와 실습을 통해 아동발달 영역에 대한 이해를 돕고, 양육 및 가정지도방법을 알려 준다.

⑤ 수화교실

- 이용대상: 청각장애인
- 특징: 수화교육을 통해 청각장애인들의 의사소통을 돕기 위한 수화교육을 실시한다.

⑥ 정보화교육

- 이용대상: 전체 장애인 및 가족
- 특징: 컴퓨터에 대한 교육과 방문교육, 홈페이지 구축을 실시한다.

3) 직업재활

직업재활이란 장애인이 적절한 직업을 확보하여 그것을 유지할 수 있도록 직업상의 모든 원조를 지원하는 연속적이며 총체적인 과정으로, 장애인의 직업능력을 평가하고 직종을 개발하며 거기에 따른 직업훈련의 실시와 취업알선 그리고 사후지도로 이어진다. 이러한 직업재활은 개인의 욕구와 능력에 따른 개별성, 장애로 인한 한계를 인식하는 현실성, 각 분야의 전문가에 의해 서비스가 제공되는 전문성, 각 분야의 전문적인 서비스가 종합적으로 조정되어 제공되어야 하는 포괄성,

그리고 장애인의 욕구에 따라 프로그램이 조정되어야 하는 신축성, 장애인에게 서비스가 필요할 때까지 제공되어야 하는 계속성의 원칙을 특징으로 한다.

(1) 직업재활의 정의

직업은 사람이 사회생활을 영위함에 있어 기본적인 요건이 된다. 즉, 생계유지 수단이나 생활방편을 마련하고 사회의 일원으로서 역할 분담과 사회봉사를 위해 활동하는 것이며 자아실현수단으로서 삶의 보람과 긍지, 성취감을 얻으면서 행복감을 찾는 것이다. 그러나 발달장애인들은 지적 및 행동적 장애로 인해 기초학습의 부족, 부정적인 자아의식, 비현실적인 동기 형성, 행동 및 성격상의 고집, 일반화능력의 부족 및 직업의식의 결여 때문에 행동에 제한성을 갖고 대인관계에서 많은 불이익을 당한다. 이러한 직업의 중요성을 위해 직업재활의 중요성이 대두되기 시작하였으며, 다음과 같은 기본원칙에서 그 중요성이 대두된다.

① 인도주의적 입장에서의 필요성

인간다운 생활의 보장은 현대 복지국가의 궁극적 목적이다. 이 인간다운 생활의 보장이란 의식주의 기본적 보장에서 각자의 인격적 존엄성을 보장하는 것으로 확대되어 가고 있다. 이 인격적 존엄성은 사회적, 경제적으로 독립할 수 있는 능력 없이는 보장하기 어려운 것이다. 직업재활은 장애인으로 하여금 사회적, 경제적으로 자립할 수 있도록 하는 것이다.

② 사회적 입장에서의 필요성

장애인이 할 일 없이 가정에서 비생산적 입장에 놓일 때 심리적, 경제적으로 가족들에게 긴장감을 주게 되므로 이러한 비생산적이고 소비적 입장에만 있던 장애인을 소득이 있는 생산적 경제활동에 복귀시킬 수 있다면 그만큼 우리 사회도 따라서 보다 밝고 의욕에 찬 모습이 될 수 있게 된다.

③ 경제적 입장에서의 필요성

신체적·정신적 결함으로 국가·사회에 의존적 생활이 불가피한 장애인들을 직업인으로서 사회에 복귀시켜 국가·사회의 부담을 경감시키고, 그뿐만 아니라 납세를 통해 기여하도록 하는 것이 직업재활이므로 국가·경제적 측면에서도 상당한 이점이 있으며, 유휴 노동력의 활용이란 점에서도 경제적 가치를 찾을 수 있다.

④ 장애인 직업교육에서의 필요성

중증장애인들은 직업적응기술상의 제한으로 인해 스스로 취업하기가 어려울 뿐만 아니라 취업을 했다 하더라도 직업적응능력의 부족으로 고용유지에 실패하게 되는 경우가 많기 때문에 직업평가, 취업알선 및 직장적응, 사후지도 등의 체계적이고 지속적인 재활서비스 체계가 반드시 필요하다.

(2) 직업재활의 목표

직업재활은 심신의 결함을 지닌 장애인들의 신체적, 정신적, 사회적, 직업적, 경제적 능력을 최대한 찾고 길러 줌으로써 일할 권리와 의무를 비장애인과 똑같이 갖게 하는 것이라 할 수 있다. 장애인이 직업을 갖고 자립생활을 영위하는 것이 사회통합을 위한 최대 과제라고 한다면, 직업재활은 재활과정에서 매우 중요한 목표이다. 이러한 직업재활은 장애인들을 의존적인 생활로부터 독립적인 생활로 변화시킴으로써 가족과 사회로부터 자존과 존엄을 찾게 하는 인도적인 일뿐만 아니라 비경제적인 인간을 가용인간으로 변화시킴으로써 사회적 부담을 줄이고 사회적 생산에 기여케 하는 가장 경제적이고 생산적인 재활영역이다.

(3) 직업재활의 영역

직업재활은 접수 및 상담, 직업 및 직능평가, 직업훈련, 직업배치, 사후지도의 재활과정으로 진행된다.

① 직업상담

직업상담은 초기면접, 직업재활사업 과정, 직업배치 후에 실시되며, 직업에 대한 계획, 진로지도, 적응대책 등을 마련하여 장애인이 직업에 대한 동기를 갖고 장차 직업생활을 계획함은 물론, 직업을 선택하고 준비하여 직업을 유지할 수 있도록 원조한다. 이때 쓰이는 방법으로는 지시적 방법, 비지시적 방법, 경험적 방법 등이 있다.

② 직업적응훈련

직업적응훈련은 시설 내에서만 이루어지는 것이 아니며, 가능한 한 지역사회나 사업체 등 현장에서 실시될 수 있어야 한다. 또한, 각 개인의 능력과 필요에 따라 현장에서 적응할 수 있는 방법을 익히고, 그들이 장차 지역사회에서 지원고용이나 일반고용을 하게 될 때 발생할 수 있는 많은 직업적인 문제점을 사전에 예방할 수 있는 기능을 수행하는 데 중점을 두어야 한다. 이와 같이 현장에서의 훈련이 강조되는 직업적응훈련은 대상자에 대한 사정, 프로그램 개발, 개발된 프로그램의 실시, 실시과정 및 결과에 대한 평가 등으로 그 과정을 구분하여 시행할 수 있으며, 교육, 상담 및 조작적 조건화 등을 보완적인 측면으로 구화, 언어훈련, 보행훈련, 이동훈련 등의 훈련기법들이 사용될 수 있다.

③ 직업훈련

취업이 가능한 정도의 장애인에게 직업에 필요한 직무수행 능력을 습득·향상시키기 위하여 실시하는 훈련을 말한다. 직업훈련의 의의는 장애인을 소비의 객체가 아닌 생산의 주체로 기여할 수 있게 하며, 개인의 능력을 개발하고 발전시키고, 또한 직업훈련 자체가 치료과정이 될 수 있다는 점이다. 장애인 직업훈련의 원칙은 첫째, 통합성의 원칙으로 지역사회 내의 기업체, 학교, 훈련기관 등 통합된 형태로 시행한다. 둘째, 기회균등의 원칙은 직업훈련에 있어서 다른 시민과 동등한 기회가 제공되도록 한다. 셋째, 동등조건의 원칙은 비장애인과 장애인이 동등한 조건에서 훈련받을 수 있도록 한다. 넷째, 특수성의 원칙은 장애유형과 장애 정도에 따른 개별적 특성을 고려하여 훈련도구, 보조기기, 시설 등을 조성한다. 다섯째, 평생훈련의 원칙은 직업여건 변화에 따라 지속적 직업능력을 개발·유지하도록 한다. 여섯째, 고용주 지원의 원칙으로 장애인 고용여건 조성을 위해 고용주에 대한 지원이 이루어져야 한다.

④ 보호고용

보호고용은 '지원 또는 일반고용이 될 수 없는 장애인을 위하여 보호적 조건하에서 행하여지는 훈련 및 고용'으로 정의할 수 있다. 보호고용시설은 통제된 작업환경과 개별적 취업목표를 가진 작업 지향적 직업재활시설이다. 장애인이 정상적인 생활과 생산적인 취업상태로 발전해 나갈 수 있도록 작업환경에 적응하게 하고, 약간의 기술과 생산성을 개발해 주고, 노동시장으로 진출할 수 없는 장애인에게는 생산성에 따라 정규적인 보수도 제공하는 직업재활시설이다. 이러한 보호고용시설이 표방하는 목적은 장애의 정도가 중증이기 때문에 경쟁고용이 적합하지 않거나 또는 일정 기간 적합하지 않다고 판단받은 장애인에게 특별한 조건하에서 유상적인 작업을 제공하는 데에 있다. 그러나 진보된 보호고용시설은 단순히 일을 제공할 뿐만 아니라 그 작업을 통하여 일하는 습관을 익히고, 적당하다고 생각되는 직업분야의 탐색, 직업훈련, 직업상담을 하며, 필요한 경우에는 의료적인 치료를 행하면서 최종적으로는 자원 및 일반 고용되어 직업을 유지할 수 있도록 이끄는 견인차의 역할을 하는 것을 목적으로 하고 있다.

⑤ 지원고용

지원고용이란 '중증장애로 인하여 경쟁고용이 어려운 사람에게 비장애인과 통합된 직장에서 직업재활전문가에 의하여 계속적인 지원 서비스를 받으며 직업생활을 유지하도록 하는 것'이라고 정의할 수 있다. 이러한 고용형태는 보호고용과는 구별되며, 경쟁고용에 가깝다고 할 수 있다. 지원고용은 궁극적으로는 정상화를 통한 지역사회의 한 시민으로 복귀시킴을 목적으로 한다. 지원고용에는 개별배치모델, 소집단작업모델, 이동작업모델, 소기업모델이 있다. 우리나라의 경우는 장애인 직업훈련시설에서 직업훈련을 받고자 하는 장애인에게 주기능으로 직업평가·사회적응훈련 및 직업훈련 등을 일정 기간 실시하여 직업능력을 향상시키고, 부기능으로 취업알선 및 사후지도 등을 실시하고 있다.

⑥ 사후지도

장애인이 취업알선 과정을 거쳐 취업이 되었더라도 장애인이나 고용주가 모두 새로운 상황을 맞게 되므로 예기치 못했던 문제가 발생할 수 있다. 따라서 일정 기간 동안 장애인과 고용주를 지원해야 할 필요성이 있는데 이러한 과정을 사후지도라고 한다.

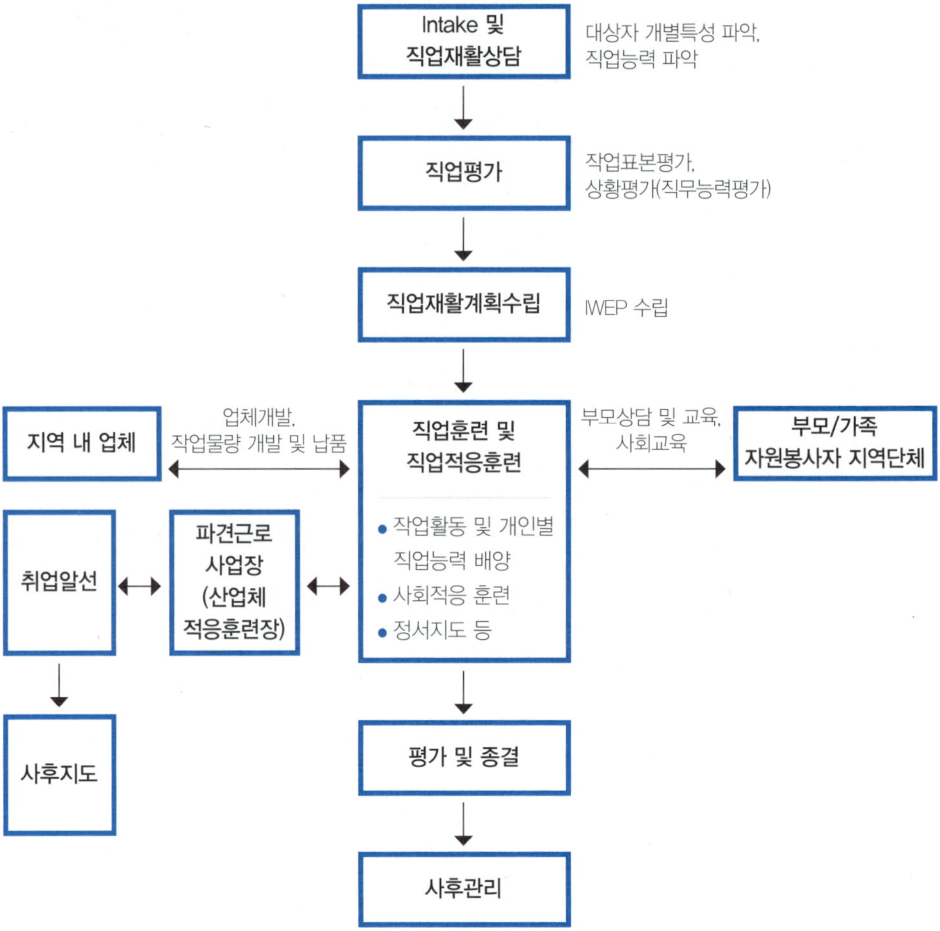

[그림 7-1] 장애인 직업재활서비스 체계도

출처: 한국장애인공단 내부자료(2016).

4) 사회·심리재활

(1) 사회·심리재활의 정의

사회·심리적 재활은 장애인이 그 장애를 극복하고 사회에 복귀하여 사회의 일원으로 원만히 적응해 나갈 수 있는 정신적 재활을 의미한다. 의료적 기능개발이나 직업훈련을 통한 기술습득만으로 완전한 의미의 사회통합이 어려우므로 사회복지사는 장애로 인한 장애인의 심리적 열등감, 소외감, 사회적 장애를 해소시켜 자신감을 심어 주고 강화하여 환경에 대한 적응력을 배양해 주는 역할을 담당한다.

(2) 사회·심리재활의 목표

사회·심리재활의 목표는 장애인의 재활욕구를 향상시켜 적응을 저해하는 개인 내·외적인 요인들을 극복하고 새로운 가능성을 찾도록 도와줌으로써, 궁극적으로 장애인의 완전참여와 평등의 이념에 입각하여 아무런 차별과 불편을 느끼지 않고 그가 속한 사회의 주류문화를 교육하면서 가정, 학교, 직장 등 사회생활을 충분히 영위하도록 지원하는 데 그 초점을 맞출 수 있다. 이러한 사회·심리적 재활은 의료, 교육, 직업 등 각 전문 재활 분야의 공통분모로 볼 수 있으며, 핵심적인 요소로 각 영역이 추구하고 지향하고 있는 궁극적인 가치나 목표가 되는 중요한 영역이다.

(3) 사회·심리재활의 영역

사회재활은 주로 사회과학의 지식과 기술체계를 이용해서 장애를 가지면서도 사회에 참가하는 인간이 어떻게 해야 인간으로서의 존엄과 삶의 보람을 가지고 살아갈 수 있는가에 중요한 관점을 두고 있으며, 그 인간을 둘러싸고 있는 사회 스스로는 어떻게 해야 장애를 가진 사람들에게 적절한 물심양면의 생활조건을 확보하고 향상시킬 수 있는가 등을 생각하는 것으로 전인재활이라는 차원에서 사회적인 측면으로 장애인이 사회생활이나 가정생활에 잘 적응할 수 있도록 서비스하는 과정, 즉, 장애인을 둘러싼 법적·행정적·물리적·심리적·경제적·문화적 환경조건을 정비하여 장애인이 인간다운 생활을 하고 궁극적으로 사회통합될 수 있도록 지원하는 재활 영역이다. 또한, 심리재활은 장애인의 심리적인 안정을 도와주는 과정으로 장애인의 재활의욕을 저해하는 의욕(행동제한의 자각, 신체미의 손상, 인간관계의 긴장, 불안감, 열등감 등)을 제거하고 장애인으로 하여금 새로운 가능성을 찾도록 도와주는 재활영역이다. 이러한 심리재활은 재활과정 중에서 빼놓을 수 없는 영역이며 각 영역의 재활과정에 중요한 공통적 분야로 재활영역의 토대가 재활서비스 향상의 기초가 된다. 이것이 최근 들어 심리재활을 강조하는 이유이다.

① 개별사회사업

장애 예방보다는 치료나 재활에 중점을 두고, 개별적인 면접을 통해 장애인의 인격을 성장·발달시키고 사회적 기능을 향상시키는 데 목표를 두며, 개별화, 의도적 감정표현, 통제된 정서적 관여, 수용, 비심판적 태도, 자기결정, 비밀보장의 기본원칙을 두고 있다.

② 집단사회사업

집단사회사업은 집단 상호작용으로 문제를 해결하고 잠재된 능력을 개발함으로써 바람직한 사회적 목표를 성취하도록 원조하는 데 목적을 두며, 여기에는 사회적 목표모델, 치료모델, 상호작용모델을 들 수 있다.

③ 지역사회복지사업

지역사회복지사업은 장애인이 거주하는 지역사회에서 자신의 욕구를 충족하고, 삶의 질을 향상시킬 수 있도록 조직화하는 사업으로, ① 지역사회조직은 지역사회를 단위로 하여 발생하는 사회적 제 문제를 지역사회가 조직적으로 해결하도록 지역사회조직사업가가 측면에서 원조하는 기술과정이다. ② 지역사회개발은 지역사회의 경제적·사회적·문화적 상태의 진보나 개선을 위하여 전 지역자문이 정부당국과 협력은 물론 지역사회의 주도권을 최대한 활용하여 능동적으로 참여하는 과정이다. ③ 지역사회관계 및 사회행동으로 지역사회에서 각종 기능적 공동체가 그 활동을 위해 지역사회 주민의 관심과 지지를 얻도록 홍보활동을 벌이는 과정이다.

2절 장애인복지기관의 유형

우리나라의 장애인서비스를 제공하는 기관은 유형별로 보다 세분화할 수 있지만 한 공간에 거주하는 것을 전제로 만들어지는 장애인 거주시설, 지역사회에서 삶을 살아가면서 서비스를 이용하는 장애인 지역사회 재활시설, 지역사회의 삶 중에서 특별히 장애인의 자립생활을 강조하는 중증장애인 자립생활센터를 중심으로 이루어져 있다(이승기 외, 2016).

1 장애인거주시설

「장애인복지법」 제53조에 의하면 장애인거주시설이란 '거주공간을 활용하여 일반가정에서 생활하기 어려운 장애인에게 일정 기간 동안 거주, 요양, 지원 등의 서비스를 제공하는 동시에 지역사회 생활을 지원하는 시설'로 규정하고 있다.

장애인 거주시설은 다음의 네 가지 유형으로 구분하고 있다.

(1) 장애유형별 거주시설

장애유형별 거주시설은 장애유형을 기준으로 장애유형에 맞는 서비스 제공이 가능하도록 하는 장점을 지닌다. 지체, 뇌병변, 시각, 청각, 언어, 안면 장애 등 여섯 가지 유형에 대해 장애유형별 거주시설 설치가 가능하다.

(2) 중증장애인 거주시설

중증장애인 거주시설은 장애 정도를 기준으로 하여 설치되는 시설로 장애의 정도가 심하여 항상 도움이 필요한 장애인에게 주거지원, 일상생활지원, 지역사회생활지원, 요양서비스를 제공하는 시설이다. 이 시설에 입소하는 장애인의 등급은 주로 1, 2급 장애인이며, 보호적 성격의 서비스가 더 많이 필요하기에 시설에는 인적 및 물적 자원이 더 필요하며 시설 유형을 따로 구분하여 설치하도록 한다.

(3) 장애인 단기거주시설

장애인 단기거주시설은 입소기간을 기준으로 구분하는 시설이며 주로 이 시설을 이용하는 목적은 보호자의 일시적인 부재 즉 출장, 질병 및 치료 등으로 인해 장애인에게 단기간의 주거서비스, 일상생활지원 서비스, 지역사회생활서비스 등을 제공하는 시설이다.

(4) 장애인 공동생활가정

장애인 공동생활가정은 시설을 이용하는 장애인의 수를 기준으로 구분하는 것으로 10명 미만으로 운영되고 있어 최대 9명까지 공동생활가정에서 거주할 수 있다. 장애인 스스로 사회에 적응하기 위해 전문 인력의 지도를 받으며 공동으로 생활하는 지역사회 내의 소규모 거주시설의 특징을 지닌다.

2 지역사회재활시설

장애인복지법 제58조에 의한 장애인 지역사회재활시설이란 '장애인을 전문적으로 상담·치료·훈련하거나 장애인의 일상생활, 여가활동 및 사회참여활동 등을 지원하는 시설'로 규정하고 있다. 장애인이 지역사회에서 자립적인 삶을 영위할 수 있도록 전반적인 서비스를 제공하는 시설로 거주기능을 제공하지 않는다는 점에서 장애인 거주시설과는 차별성을 지닌다.

1) 장애인복지관

장애인복지관은 지역사회에서 장애인의 자립생활을 지원하기 위해 종합적인 사업을 수행한다. 장애인복지관의 주요사업은 상담·사례관리, 기능강화 지원, 장애인 가족지원, 역량강화 및 권익옹호지원, 직업지원, 지역사회 네트워크, 문화여가지원, 사회서비스지원, 운영지원 및 기획·홍보 등 9개 사업이며 복지관의 지역사회 특성에 따라 특화된 사업을 추가로 진행하기도 한다. 장애인복지관의 수행사업은 정치활동, 영리활동 등 특정 종교활동 등에 이용될 수 없으며, 인도주의적 원칙하에 장애인의 인간적 존엄성과 기본적 권리가 유지될 수 있도록 해야 한다.

2) 장애인 자립생활지원센터

「장애인복지법」 제54조에 따르면 장애인복지의 이념 중 하나인 장애인 자립생활 실현을 직접적인 목표로 하고 있는 곳으로 장애인 거주시설이나 장애인 지역사회재활시설과는 달리 장애인들의 직접적인 참여와 운영을 강조하는 특성을 지니고 있다.

CHAPTER 08

보조공학에 대한 이해

현재 최첨단 과학기술은 인간의 삶을 편리하게 하기 위해 계속적으로 발전하고 있으며, 이 과정에서 장애인을 위한 환경이 함께 급격히 변화하고 있는 중이다. 사실 이러한 과학기술이 발달하는 이유는 인간이 적은 시간과 노력을 들이고도 더 높은 효과와 편리성을 얻고자 하기 때문이다. 다시 말해 불편을 최소화시키려는 인간의 욕구가 기술의 발달을 가져오고 모든 사람에게 긍정적 효과를 가져다주는 것을 기대하지만 특히, 장애인에게는 그 의미가 남다르다 할 것이다. 장애인은 비장애인과 똑같은 환경에서 일상생활을 영위해 나가기 위해서 사실상 많은 불편을 감수할 수밖에 없다. 장애인이 우리 사회에서 사회구성원으로서 완전한 참여와 평등을 이루기 위해서는 교육기회의 확대는 물론이거니와 일상생활 속에서 장애로 인해 겪는 불편함을 줄일 수 있으면 최대한 줄여야 한다. 그러기 위해서는 보조공학(assistive technology)이 필요하며, 이것은 또한 장애인이 자립적으로 생활할 수 있도록 지원해 주며 이동과 일상생활에서의 자유로운 삶을 지원하고, 의사소통능력을 획득하게 함으로써 다른 이에게 의존하지 않고 스스로 자립적으로 생활하는 데 실질적인 도움이 될 수 있는 중요한 보조수단이 될 수 있다(Hadman, 1990).

1절 보조공학을 통한 우리 사회의 변화

1 장애인 패러다임의 전환

최근 국내·외의 장애인정책의 동향은 기존의 '의료패러다임(medical paradigm)'과 '재활패러다임(rehabilitation paradigm)'에서 '자립생활패러다임(independent living paradigm)'으로 장애인 패러다임의 전환(paradigmshift)을 일으키고 있다. 장애인 문제의 해결을 위한 새로운 패러다임으로 제시되고 있는 자립생활패러다임은 장애의 문제를 개인의 책임이 아닌 사회의 문제로 인식하고, 장애인의 신체적 변화가 아닌 사회환경의 개선을 통해 문제를 해결하며, 장애인 스스로의 판단에 의해 인생을 살아갈 수 있도록 하기 위한 역량강화와 권익옹호를 주된 이슈로 하는 새로운 접근방법을 택하고 있다. 이러한 자립생활패러다임의 확산과 함께 선진국의 장애인 서비스 분야에서도 일대 혁신이 일어나고 있는데, 그 가장 중요한 두 축은 '활동지원서비스(personal assistance service)'와 '보조공학서비스(assistive technology service)'로 크게 나누어 볼 수 있다. 이 두 서비스는 모두 장애당사자의 선택을 극대화하고, 신체적·심리적 의존을 최소화시킴으로 자립적 생활을 실현하기 위한 역량강화(empowerment)의 최상의 수단으로 강조되고 있다(Bradley, 1994). 이러한 사회적 흐름에 따라 장애인 패러다임도 개별적 모델 및 재활패러다임에서 사회적 모델 및 인권 그리고 자립생활패러다임으로 변화·발전되어 가고 있으며, 이러한 장애인 패러다임의 변화로 인해 보조공학의 필요성은 더욱 증대되고 있다.

그러나 현재 우리 사회에 존재하는 여러 가지 환경적 또는 물리적 장벽들로 인하여 장애인의 완전한 사회참여는 실질적으로 보장되지 못하고 있다. 과학기술의 발전은 많은 사람들의 삶의 질 향상에 긍정적인 영향을 미치지만 사실상 그로부터 가장 많은 도움을 받을 수 있는 계층은 바로 장애인이다. 그러나 그러한 과학기술을 장애인의 삶에 적용시키려는 구체적이고 체계적인 노력이 있어야만 장애인의 삶이 달라질 수 있다. 장애인들이 정상적으로 이웃과 교류하고 교육과 직업훈련을 받으며 지역사회에서 일할 수 있는 기회를 확대하는 데 보조공학의 역할은 실로 중요하다. 보조공학의 발달에 의해 개발되는 각종 장애인 보조기기들은 장애인들로 하여금 보다 원활한 이동능력이나 자조능력, 그리고 의사소통능력을 획득하게 함으로써 다른 사람에게 의존하지 않고, 환경적인 장벽들을 극복하고 스스로 자립하여 생활하는 데 실질적으로 도움이 되고 있다(Hedman, 1990).

2 접근성(accessibility)의 강조

불편한 사회적 환경은 흔히, 도로의 단차를 제거하는 것, 이동에 대한 접근성(대중교통, 건물접근)을 높이는 것부터 장애인의 정보접근성 개선, 일상생활에서 환경장벽을 맞추어 주는 것 등을 통해 이뤄지게 되는데, 이러한 문제를 해결하는 것이 보조공학의 시작이다.

산업디자인부터 사용자 인터페이스 디자인, 건축, 시스템 공학, 인간공학 등의 분야에서 쓰였던 용어가 바로 접근성이다. 이는 사용하는 사람의 신체적 특성이나 지역, 성별, 나이, 지식수준, 기술, 체험과 같은 제한 사항을 고려해 가능한 한 많은 사용자가 불편 없이 이용할 수 있도록 제품을 만들고 서비스를 제공하며, 이를 평가할 때 쓰이는 말이다. 특히, 장애인에게 많이 사용하고 있는 접근성의 의미는 '이동접근성'과 '웹접근성' 그리고 '정보접근성'으로 구별할 수 있다. 이동접근성은 모든 건물, 대중교통, 관공서, 주택 등의 모든 물리적 장벽을 극복하여 쉽게 이동하는 것을 의미한다. 접근성을 높이기 위해서는 우선 건물의 경사로 설치, 자동문, 현관문의 조정, 대중교통의 승·하차, 고지대로의 수직이동(엘리베이터) 등의 다양한 해결방안으로 접근성을 높일 수 있는데, 이러한 해결은 또한 보조공학으로 귀결된다. 한국장애인개발원은 Barrier Free 인증이라는 체계를 운영해 물질적 환경의 접근성을 개선하기 위해 노력하고 있다. 또한, 웹디자인 분야에서 월드 와이드 웹의 창시자인 팀 버너스 리(Tim Berners Lee)는 "웹의 힘은 그 광범위함에 있다. 장애에 관계없이 모든 사람이 접근할 수 있다는 것이 절대적인 장점이다."라고 말했다. 일부 사용자는 시각, 지각, 청각 등에 장애가 있어도 다른 사람과 동등하게 웹 탐색을 하고 컴퓨터를 사용하여 여기서 얻을 수 있는 혜택을 고루 누릴 수 있도록 해야 한다. 그러기 위해서는 특수 마우스·키보드·스위치·조이스틱, 음성인식, 눈동자 인식 등의 장치 및 기술을 사용하기도 하며, 글자 크기를 크게 하거나 명암대비를 크게 하는 등의 소프트웨어적 방법도 함께 사용할 수 있게 해야 한다. 마이크로소프트 윈도우 XP 이상의 운영체제에서는 접근성을 '내게 필요한 옵션'으로 옮기기도 했다. 또한 보조프로그램이나 제어판에서 이러한 항목을 사용할 수 있게 되어 있다. 그리고 한국정보화진흥원에서는 웹접근성 품질인증 제도를 운영하여 웹 접근성의 표준지침을 미련하여 지식정보 사회의 정보접근권 제고를 위해 노력하고 있다.

이렇듯 다양한 사회환경과의 소통은 접근성을 통해 이를 해결할 수 있는 방안이 있는데, 이것도 바로 보조공학의 영향 때문이라고 할 수 있다.

2절 보조공학의 개념과 보조공학서비스센터의 역할

1 보조공학의 개념

보조공학이란 용어는 1980년대 후반부터 미국에서 사용되기 시작했으며, 그 정의는 '주(州)정부 보조공학법(Technical Assistance to the States Act)'에 제시되어 있다. 이 법에 따르면 상업적으로 시판되어 언제든지 쉽게 구입할 수 있거나, 개조·변형하거나 주문 제작할 수 있는, 장애인 개개인의 기능적 역량을 증진·유지 또는 향상시키기 위해 사용될 수 있는 물품이나 장비 또는 생산시스템이 바로 보조공학이라고 말하고 있다. 과거에는 보조공학을 주로 보장구나 휠체어와 관련된 의미로만 생각하는 경향이 있었으나 최근에 와서는 보조공학이 장애인을 둘러싸고 있는 물리적 환경, 생활도구, 자조도구, 보장구, 주택편의시설 등의 개선을 위하여 목공, 기계, 전자, 컴퓨터, 건축공학 등의 지식과 기술을 활용하여 장애인의 능력을 충분히 발휘할 수 있도록 지원하는 광범위한 분야를 포함하는 것으로 보고 있다(이준우, 2001).

보조공학(assistive technology)은 다양한 기구, 서비스, 장애보상 방법에 대한 탐구를 통해 창조적 공학개발과 기존 공학지식의 응용 등을 토대로 장애인이 직면한 문제들을 개선시키는 기술을 말한다(전용호, 2000). 따라서 보조공학이란 장애를 가진 개인을 위해 그의 삶에 필요한 것을 제공하는 기술이나 공학적 접근이다. 이러한 보조공학에는 다양한 구조적 장치의 제조와 사용, 그리고 운동이나 감각의 기능을 회복하기 위한 기구의 설계가 포함된다(이준우, 2001).

2 보조공학서비스센터의 역할

장애인의 자립 증진이라는 궁극적 목적달성을 위해 중요한 것은 보조공학서비스센터가 전국에 지역단위로 인프라가 구축되어 one-stop 서비스와 장애유형·장애 정도에 따라 맞춤형서비스가 현시점에서 필요하다고 본다. 또한, '보조공학서비스센터'가 앞으로 지향해야 할 최종목표는 외형적 확장이 아니라 소비자인 장애인의 자립과 인권증진이라는 점에 입각하여 더 많은 장애인들이 보다 양질의 서비스를 제공받아 필요한 보조기기를 손쉽게 사용함으로써 크게는 사회참여와 능력발휘를 통해 자립을 성취하고, 작게는 생활 속의 불편이 해소되어 장애인들과 함께 그 가족들의 삶의 질이 향상될 수 있도록 해야 한다. 이런 맥락에서 보조공학서비스센터가 발전하기 위해서는 보조기기가 공급자 중심의 관점에서 바라보는 시각을 보조기기 소비자 중심의 관점으로 변화시킬 필요가 있다. 이를 기존의 '재활패러다임'에서 장애인 문제의 해결대안으로 인식되는 '자립생활패러다임'의 관점으로 다시 살펴보는 것처럼, 보다 효과적이고 성공적인 서비스로 인정받기 위해서는 장애인을 이전 관점에서의 '수혜자(client)'로서 시혜와 동정 차원의 서비스를 제공하는 것이 아니라 권리를 가진 소비자의 지위를 인정하여 소비자 중심(consumer centered)의 서비스를 제공해야 한다(강석동 외, 2005). 그리고 보조공학서비스센터의 사업수행 방향의 핵심적 이슈는 근거리에 살고 있는 소비자를 중심에 두고 보조기기의 사용촉진을 통해 장애인의 자립을 성취하고 삶의 질을 향상시키는 것을 궁극적인 목적으로 삼아 실현되도록 하는 것이다.

지역사회 내 장애소비자에 대한 개별화된 조언·상담을 제공하는 미시적 접근과 함께 지역사회 기관과 비공식적 원조망을 통해 제공될 수 있는 자원과 필요한 서비스를 소비자에게 연결시키는 거시적 기능이 통합적으로 실천되어야 한다(남세현, 2012). 이러한 이념적 토대를 바탕으로 다시 보조기기서비스 실천현장에 접목시키기 위해 유동철(2009)이 제시한 인권모델서비스의 실천과제들을 분석의 틀로 활용해 보조공학서비스센터 역할의 각 영역을 〈표 8-1〉과 같은 내용으로 정리해 보았다.

〈표 8-1〉 인권모델에서의 보조공학서비스센터의 실천과제와 역할

인권모델 서비스의 실천과제	보조공학서비스센터의 역할
· 사정 · 계획 · 평가과정에 장애인이 실질적이고 구체적으로 참여 · 소비자 개인파일 작성과 공유 · 장애인에 의한 서비스 평가체계 구축 · 자조집단 접근의 강화(모니터링, 평가)	· 보조기기서비스(보조기기 상담 · 평가 · 서비스지원 계획, 장 · 단기 대여 지원, 사후관리 및 개별자립 사례지원)
· 장애인에 의한 서비스 평가체계 구축 · 자조집단 접근의 강화(모니터링, 평가)	· 지역 프로그램 운영(지역 프로그램의 사례분석 및 각종 정보 · 안내서 지원과 타 센터와의 연계교류)
· 배치모델에서 지원모델로 전환	· 보조기기 개조, 제작, 보급(사용자의 보조기기 수리 · 개조 및 보조기기 맞춤제작)
· 당사자의 자기결정을 지원하는 정보제공 및 안내 기능의 강화	· 체험실 운영(수요 보조기기 발굴 · 분석 / 서비스 · 지원제도 안내 및 단기대여)
· 자조집단 접근의 강화(모니터링, 평가)	· 지역 차원의 홍보와 보조기기 관련 소집단 교육 및 보조기기 작동방법 등 실무적인 내용의 워크숍)
	· 기타 장애인 보조기기 소독 · 세척사업

출처: 유동철(2009)에서 재구성.

위의 〈표 8-1〉의 소비자 중심 인권모델로서의 보조공학서비스센터 실천과제와 역할을 보다 세부적으로 현장에 접목해 본다면, 첫 번째로 보조공학서비스센터에서 수행되는 '보조기기 상담, 평가, 서비스지원계획, 장 · 단기 대여지원, 사후관리' 등의 보조기기 직접 서비스 과정에는 소비자인 장애인이 주체적으로 서비스의 내용을 선택하고 결정하도록 하는 것과 평가와 계획의 수립과정에서 생성된 개인정보가 당사자의 직접참여에 의해 통제될 수 있도록 하는 것, 서비스와 기관운영에

소비자인 장애인들로 구성된 자조집단이 참여할 수 있도록 개방하는 것을 생각할 수 있다. 두 번째로 지역 프로그램의 운영을 위해서도 기관의 운영평가 과정에 장애당사자들이 참여할 수 있도록 하고, 지역 내 소비자들 간의 커뮤니티 형성 등을 통한 자조집단 활동을 강화시키는 사업의 기획과 운영이 필요하다. 세 번째로 보조기기의 보급을 포함하는 개조·제작 등의 서비스에서는 해당기관이 사전에 구축한 인력과 프로그램을 중심으로 서비스 대상자를 선별하고 배치하던 기존의 장애인기관의 관행에서 벗어나 장애인 개개인이 필요로 하는 보조기기를 광범위하고 종합적으로 지원해 주는 형태로 개선되도록 해야 한다. 또한, 보조기기 체험실의 운영과 정보제공에 있어서 장애당사자들에게 합리적인 자기결정에 입각하여 선택할 수 있도록 쉽고 정확한 정보가 전달될 수 있도록 체계를 지금부터 만들어갈 필요가 있고 교육과 홍보, 그 외 특화사업의 수행에도 지역 내 장애인 당사자 자조집단과의 협력과 참여를 통해 장애인의 참여가 서비스의 품질을 향상시키는 동시에 서비스의 기획과 제공, 평가과정에 참여하는 장애당사자 자조집단의 역량강화 효과가 함께 이루어질 수 있도록 지속적인 발전을 도모해야 할 것으로 본다(남세현, 2012).

보조공학서비스센터는 중요한 역할이 있는데, 그것은 신체기능이 손상되거나 약화된 장애인 및 노인 등을 대상으로 지역사회 근거리에서 직접 서비스를 제공하는 한편, 보조기기 및 서비스에 대한 정보를 체계적으로 수집하여, 장애인 및 노인, 그 외 가족들 등을 대상으로 제공하는 것이다. 또한, 보조공학서비스센터는 서비스 이용자의 초기상담과 평가를 실시하고, 보조기기 이용에 관한 지원계획수립, 보조기기 교부·대여, 개조·수리, 사용훈련, 사후관리에 관한 서비스를 제공한다. 그리고 지금 여기에 서비스가 없을 경우 다른 보조공학서비스센터로 서비스를 연계하는 역할도 중요한 기능으로 한다. 따라서 보조공학서비스센터는 이용자에 대한 사례관리에 집중하여 보조기기 활용의 효과성과 효율성을 높이는 역할을 담당한다.

3절 장애유형별 보조공학 기기들

장애인과 관련된 현장에서는 보조기기, 보조기구, 보조공학, 복지용구, 보장구 등 비슷한 것 같으면서도 각기 다른 용어들이 사용되고 있어 가끔씩은 각기 다른 뜻을 가진 용어인지, 혹은 어떤 용어가 맞는 용어인지에 대한 혼란이 일어나곤 한다.

많은 경우 언급된 용어들은 비슷한 의미를 가지고 있다. 관련된 몇몇 법률에서 완벽하게 통일된 용어를 제시하지 않아 왔기 때문에 '장애인(혹은 노인을 포함)의 불편을 덜어주기 위해 사용되는 다양한 기구나 제품들'을 지칭하는 용도로 다양한 용어들이 활용되어 왔다.

〈표 8-2〉 유관 법률의 보조기기 지칭 용어

용어	법률
장애인보조기기	장애인 · 노인 등을 위한 보조기기 지원 및 활용촉진에 관한 법률
장애인보조기기	장애인복지법
작업보조공학기기 또는 장비	장애인고용촉진 및 직업재활에 관한 법률
성보통신제품	국가정보화기본법
각종 학습보조기기 및 보조공학기기	장앵인 등에 대한 특수교육법
복지용구	노인장기요양보험법
보조기기	국민건강보험법
	의료급여법
의지 그 밖의 보조기	장애인복지법(품목고시)
	산업재해보상보험법
보철구	국가유공자 예우 및 지원에 관한 법률

출처: 보건복지부(2021).

〈표 8-3〉 국내 주요 보조기구 관련 법률 현황

구분	법률명	소관부처	대상	보조기구 관련 내용	제정 연도
주요법률	장애인복지법	보건복지부	등록 장애인 (수급자, 차상위)	장애인복지관련 보조기구 지원(총 20종)	1981. 6.
	국민건강보험법		등록 장애인	의지·보조기, 일상생활 보조기기지원(79종)	1999. 2.
	산업재해보상보험법		산재장애인	산재관련 의료용 보조기구 지원(총 98종)	1963. 11.
	장애인차별금지 및 권리구제 등에 관한 법률		국민	장애인 교육 및 생활 등에 필요한 보조기구의 제공 지원	2007. 4.
	발달장애인 권리보장 및 지원에 관한 법률		지적 및 자폐성 장애인	발달장애인의 특성에 따른 보조기구 지원 (놀이, 치료 등)	2014. 5.
주요법률	노인장기요양보험법	보건복지부	장기요양인정을 받은 65세 이상 노인	복지용구 대여 및 구입 지원(총 17종)	2007. 4.
	고령친화산업 진흥법		65세 이상 노인	복지용구 및 의료기기 지원	2006. 12.
	장애인고용촉진 및 직업재활법	고용노동부	등록장애인 중 근로자	직업 생활에 필요한 보조기구 지원	1990. 1.
	국가정보화 기본법	과학기술정보통신부	등록장애인	정보통신보조기기 보급	2009. 5.
	국가유공자 등 예우 및 지원에 관한 법률	국가보훈처	국가유공자	의지보조기 지원 (보철구 등)	1984. 8.
	장애인 등에 대한 특수교육법	교육부	교육적 욕구가 있는 등록장애인	학습보조기기 지원	2007. 5.
관련법률	관세법	기획재정부	보조기구를 판매·유통하는 업체	보조기기 관세 면제	1949. 11.
	산업표준화법	산업통상자원부		품질관리	1961. 9.
	품질경영 및 공산품안전관리법			품질관리	2008. 2.
	의료기기법	식품의약품안전처		의료기기 제작, 판매 등	2003. 5.
	장애인·노인·임산부 등의 편의증진 보장에 관한 법률	보건복지부	등록장애인	휠체어, 점자안내책자, 보청기기 등	2008. 3.

출처: 남세현 외(2015).

1 지체장애인용 기기

지체장애인은 그 원인이 여러 종류가 되고 같은 원인이라도 장애의 정도는 천차만별이다. 따라서 필요로 하는 기기도 장애 원인에 따라 다르고 장애의 정도에 따라서도 다르다.

1) 의수족

의수족은 사용하는 사람의 외부의 힘을 부담하고 지탱하는 동시에 본래 외관을 복원하는 것으로서 알루미늄, 셀룰로이드 등으로 만들어지고 외부에는 플라스틱, 고무 등의 부드러운 재료의 성형품을 씌워 만든다. 선진국에서는 '치텐'이라는 최신 개발한 알루미늄으로 의수족을 제작하여 무게를 재래식의 것보다 1/5 정도로 가볍도록 개발하였으며, 전자 기술까지도 도입하여 기능의 다양화에 노력하고 있다. 첨단 의수의 경우 배터리가 내장되어 팔의 절단부위와 의수 접합 부분에 초고성능의 센서(sensor)를 부착해서 근접신호를 검출하고 처리하도록 하여 의수 손가락이 저절로 움직인다. 의족의 경우에도 '브레이크'식 관절을 개발, 어떤 각도에서 무릎이 구부러지더라도 힘을 가하는 즉시 제동이 걸리도록 되어 있어 지체장애인의 보행 안전도를 높여 주고 있다.

최근에는 착용자의 신장이 커짐에 따라 조절할 수 있는 의수족도 개발되어 있다. 이러한 의수족은 장식용 의수족, 작업용 의수족, 자력 의수족, 임시 의수족, 영구 의수족 등으로 나누고 있는데, 특히 의수족을 선택할 때에는 신체적 특성과 정신적 특성을 고려하여야 한다. 의수를 공학적으로 고려한다면 기기, 제어, 외관 등의 3측면에서 고려할 수 있는데 이들 모두 인간의 상지를 모델로 연구·분석하여 가능한 한 이에 접근시키는 것이 최대의 목적이다.

2) 보조기

장애인의 재활에 있어서 '잔존 기능의 증대'를 위하여 보조기는 중요한 역할을 한다. 이러한 보조기능의 증대는 구체적으로 네 가지 원칙, 즉 첫째, 체중의 지지,

둘째, 변형의 예방, 셋째, 변형의 교정, 넷째, 불수의 운동을 고정시키는 것들을 들고 있는데, 그 재료로는 섬유, 가죽, 강철, 알루미늄, 플라스틱, 셀룰로이드, 고무, 부착제, 목재, 캐스트(cast) 등이 있다. 이러한 보조기의 종류는 장애부위에 따라 상지보조기, 하지보조기, 척추용보조기, 그리고 구두 등으로 구분될 수 있다.

3) 휠체어

휠체어는 이용자의 개인적인 요구를 만족시켜 주기 위해 여러 가지 형태가 개발되고 있다. 실내용 휠체어, 수압식 휠체어, 화장실용 휠체어 등이 있는데 특별한 경우를 제외하고 대개의 휠체어는 접을 수 있도록 만들어져 보관할 때 장소를 크게 차지하지 않는다. 또한, 받침이나 합성피혁으로 만들어진 부드러운 시트를 위로 당기면 의자는 간단하게 접힌다. 형식상으로 구분하면 큰 바퀴가 앞에 있는 그립 림 작동의 휠체어, 큰 바퀴가 뒤에 있는 그립 림 작동 휠체어, 타이어도 전부 고무로 된 것과 공기타이어로 된 것이 있다. 이용자의 체중이 90kg를 넘는 경우나 작업, 스포츠 등 특히 하중이 크게 가해질 경우에는 보강형이 이용된다. 또 한쪽 팔밖에 사용할 수 없는 사람을 위해 외팔 작동의 휠체어도 있다. 자동휠체어의 개발과 보급은 어느 기기보다 많이 보급되어 실용화되고 있다. 전동휠체어는 수동휠체어를 구동할 수 없는 사지마비 환자가 사용하기 위한 것으로 축전지에 의한 DC 모터의 구동으로 동력화되고 조종은 조이스틱(joy-stick)에 의해 제어하는 방식이 보급되어 있다.

4) 이승기기

이승기기는 장애인이 휠체어로부터 목욕을 한다든가, 화장실에 들어갈 때 등의 중증신체장애인의 일상생활에 있어서 여러 장면의 이승(移乘)에 필요한 기기이다. 단순히 기구적인 것도 있으나 장애인의 자립을 위해 지원하는 활동지원사의 노력 경감을 위한 기기들이 현재 개발되고 있다. 실내에서 사용하기 위한 전동식의 리프트나 장애인의 이송을 위한 로봇의 연구가 일본에서는 국가 주도로 대기업에서 연구되어 실용화 단계에 있다. 휠체어에서 자동차로 이송하는 기기의 고안도 많이 연구되고 있으며 전동휠체어를 탄 채로 자동차에 들어가 운전할 수 있는 장애인용의 자동차도 많은 진전을 보이고 있다.

5) 의사소통 보조기기

의사소통 보조기기는 발성이 불가능한 장애인의 신체적 잔존기능을 이용하여 표시·장치상에 문장을 구성하는 장치가 개발되어 실용되고 있다. 최근에는 일본어 워드프로세서의 기능을 가진 시스템에 대해 연구되고 있으며, 특히, PC의 진보에 의해 MSX-PC[1)]를 이용한 저가격의 시스템이 연구·개발되어 시판되고 있다. 이 경우에 혀나 머리의 움직임, 눈의 움직임을 이용하여 키보드 대신 컴퓨터의 입력장치로 사용하고 있다. 그리고 발달장애인(뇌성마비인 포함)을 위한 AAC도 현재 한창 개발 중이다.

2 감각장애인용 기기

시청각장애인용 기기는 많은 연구가 진전되어 오래전부터 실용화되고 있다. 특수학교의 어린이 교육을 위한 각종의 기기나 시스템의 개발·개량의 연구가 수행되어져 왔다.

1) 시각장애인용 문자해독 장치

시각장애인의 독서보조 장치로서 미국의 스탠포드 대학에서 개발된 Optacon이라고 하는 장치가 시판되고 있다. 이 장치는 문자패턴을 피부자극으로 전달하는 방식인데 문자를 실리콘 다이오드를 이용한 카메라 수광부에 입력하여 이를 6x24

1) 미국의 소프트웨어 개발회사인 마이크로소프트사가 1983년 6월에 개발한 개인용 컴퓨터의 하드웨어 및 소프트웨어에 관한 통일규격. 동회사명의 두 문자와 전략상품이라는 뜻으로 MSX(Machines with Software eXchange-ability)라 칭하게 되었다. MSX방식은 하드웨어의 규격을 일정하게 통일했기 때문에 소프트웨어의 호환성이 높다는 장점이 있는 반면 CPU(중앙연산처리장치) 성능에 한계가 있는 8비트 Z80A를 사용해야 하며 마이크로소프트사에 일정액의 사용료를 지불해야 하는 문제점이 있다(http://terms.naver.com/entry.nhn?docId=719&cid=209&categoryId=209).

개의 매트릭스 형태의 2차원 배열진동의 패턴으로 변환하여 손가락의 피부 진동 자극으로 전달한다. 진동자에는 압전소자를 사용한다. 이 장치는 영문자나 일본어 가타카나 등은 100% 인식이 가능하나, 한자는 인식률이 좋지 못한 결점이 있고 한글의 경우에도 어느 정도 좋은 인식률을 나타낸다. 카메라에 의해 문자를 입력하고 컴퓨터로 처리하여 소리의 합성을 시도하는 연구 혹은 간단한 장치로 문자에 대한 소리의 주파수 변화 등 방식들이 연구·개발되고 있는데 이들은 최근의 전자공학과 정보처리기술을 응용한 제품들이다.

2) 시각장애인 유도장치

시각장애인 안내견의 대안으로 최근의 로봇기술을 이용한 안내로봇이 연구되고 있으나 아직까지는 안내견과 같은 기능을 갖고 있지는 않다. 이 로봇은 계속적인 연구를 수행하고 있으므로 각종 센서(sensor)의 개발에 의해 안내견의 기능을 가질 수 있는 시스템의 출현이 멀지 않다. 시각장애인용 지팡이를 대신하여 박쥐의 초음파 원리를 이용한 안경과 지팡이 등이 개발·실용화되고 있다. 초음파 대신에 레이저를 발사하여 장애물에 되돌아오는 원리를 이용하여 장애물과의 거리를 측정하여 소리정보를 얻는 지팡이도 이용되고 있다.

3) 청각장애인 유도장치

초소형 전자기술을 이용한 가장 보편적인 보조장치가 보청기이다. 보청기의 종류도 다양하며 가장 대량으로 판매되고 있는 복지기기일 것이다. 또한, 청력장애의 정도에 따른 고성능의 시스템이 개발되고 있다. 인공내이의 개발에 의한 보조장치가 사용되고 있으며 난청자를 위한 골도전화기도 국내에서 개발되고 있다. 감각장애인을 위한 시스템으로서 전자신문시스템을 가공하여 청각장애인에게 점자로 일반용 신문의 내용을 그대로 제공하는 전자신문 점자번역기의 연구도 활발히 하고 있다. 국내에서도 시각장애인용 문자읽기장치, 시각장애인용 유도장치, 인공내이, 인공청각장치, 컴퓨터를 이용한 점자번역장치, 시각장애인용 초음파 안경 등이 현재 연구되고 있다.

3 장애유형별 주요 보조기기 소개

장애특성에 따라 활용 가능한 보조기기는 매우 다양하기 때문에, 여기에서는 정부가 실시하는 지원제도를 중심으로 대표적인 보조기기들을 장애유형별로 소개하고자 한다(보건복지부, 2021).

장애 유형	품목	지원 기준액	기능	사진 및 예시	
지체·뇌병변	경사로(휴대용경사로)	30만 원	단차의 극복이 어려운 경우 설치하여 이동보조기기 진입의 접근성 향상		
	목욕의자	60만 원	신체 균형능력 저하및 자세유지 제한으로 목욕이 어려운 경우		
	이동변기		신체 균형능력 저하로 독립적인 이뇨 및 배뇨활동, 일반변기 사용이 어려울 때		
	보행차	20만 원	체간 균형능력이 저하된 경우 보행 훈련용 혹은 일상생활 보행 시 편의도모 양팔로 체중지지 시 보행이 가능한 자		
	좌석형 보행차				
	탁자형 보행차				
	독립형 변기 팔지지대 및 등지지대(변기 탈부착)	25만 원	장애인 및 노인 등의 변기 옮겨 앉기를 도움		

장애 유형	품목	지원 기준액	기능	사진 및 예시	
지체 · 뇌병변	지지대 및 손잡이(안전손잡이)	10만 원	이동 · 자세 유지를 위해 몸을 올바르게 지지하도록 도와주는 장치(핸드레일, 지지레일 제외)	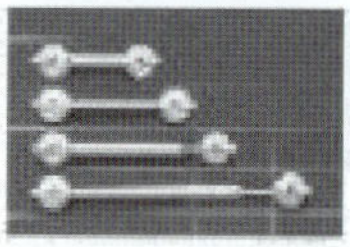	
	기립틀 및 기립을 위한 지지대(기립훈련기)	150만 원	기립 자세 유지를 도와 기립근 근력 강화 및 자세 변형 완화		
	환경제어장치	40만 원	실내에 있는 사물이나 기기를 컨트롤 장치를 이용하여 제어	현관도어락 리모컨	전등 스위치
	음식섭취보조기기	5만 원	쥐기 어려운 경우 팔의 움직임으로 독립적인 식사		
	식사도구(칼-포크) 젓가락 및 빨대	5만 원	팔의 굽힘이나 손의 움직임이 어려운 경우 사용		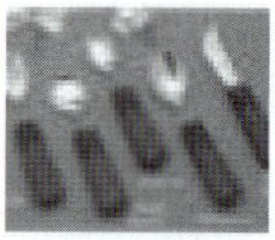
	머그컵, 유리컵, 컵 및 받침접시	5만 원	손 사용에 불편함이 있는 자		
	접시 및 그릇	5만 원	홈이 있어 한 손으로 음식을 담기에 편리		
	음식 보호대	5만 원	음식을 수저에 담는 데 도움	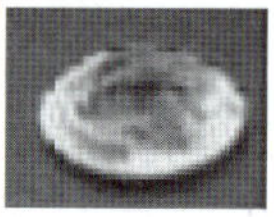	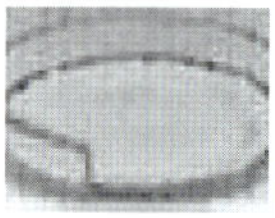
	장애인용 유모차	150만 원	보조인이 추진 및 조종하는 이동보조기기, 눕거나 앉은 자세로 탑승 가능하며, 벨트류 등으로 신체를 지지		
	피더시트	80만 원	특수 착석 요구에 맞춘 자세 유지용 기기, 받침대, 체간 및 골반 고정용 벨트로 구성된 착석 보조기기		

장애 유형	품목	지원 기준액	기능	사진 및 예시
지체 · 뇌병변	목욕용 미끄럼 방지용품	5만 원	욕실 및 화장실 등의 미끄러운 바닥에서 사용하여 낙상 예방	 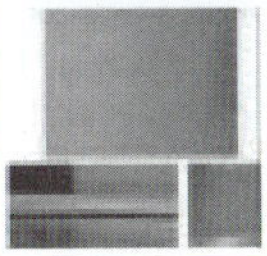
지체 · 뇌병변 · 심장 · 호흡	침대 및 탈착식 침대/핀 전동 조절식 매트리스 지지단 (전동침대)	120만 원	높이 및 각도 조절이 가능한 침대 체위 변환을 돕고 보호자의 이동 부담 감소 등 일상생활 지원	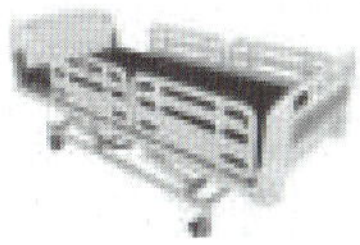
	휠체어 액세서리	10만 원	낙상 예방을 위한 탑승자 고정장치, 벨트류, 덮개류, 거치대류 등 해당	 
	미끄럼 및 회전을 위한 보조기기	35만 원	이동보조기기를 활용하며 옮겨 앉기가 어려운 사람을 슬라이딩 기술을 활용하여 위치 및 방향을 변환	 
	의류 및 신발 (장애인용 의복)	15만 원	휠체어 사용자가 입고 벗기에 용이하도록 제작된 신발 및 옷 이동기기용 우의, 방한담요 등 해당	 
	소변수집장치	120만 원	자동소변흡수장치를 통해 자가 배뇨 처리 가능(소모성 소변수집장치 불가)	 
뇌병변 · 지적 · 자폐성 · 청각 · 언어	대화용 장치	60만 원	직접적인 의사소통을 위한 전자 또는 비전자기기	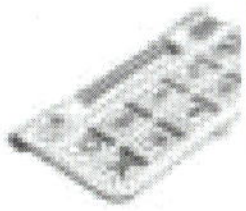 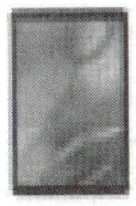
심장	욕창예방 방석	35만 원	압력을 고르게 분산시키고 피부를 보호하여 욕창 예방	 
	욕창예방 매트리스			 

장애 유형	품목	지원 기준액	기능	사진 및 예시	
청각	신호장치 (시각신호표시기)	15만 원	청각적 외부 신호를 빛 또는 진동으로 변환		
	헤드폰 (청취증폭기)	12만 원	소리를 증폭시켜 청취 가능한 경증 청각장애 보유자가 사용		
	진동시계	5만 원	청각신호를 대신하여 진동으로 알람 표시	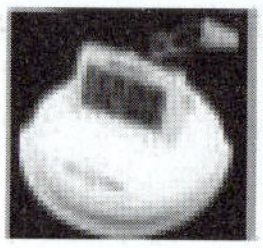	
	녹음 및 재생장치	50만 원	MP3, DAISY와 같은 파일로 저장된 책, 신문, 홍보물 등을 음성으로 출력	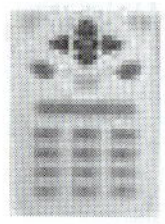	
시각	영상 확대 비디오 시스템(독서확대기)	80만 원	사물 또는 인쇄물의 배율, 색상, 밝기 등을 조절하여 물체의 확대 영상 출력		
	문자판독기 (광학문자판독기)		문자인식기능으로 인쇄물의 문자를 음성으로 출력	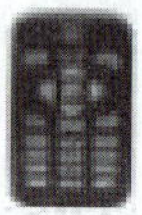	
	음성유도장치	3만 원	시각장애인용 음성 유도기 및 음향신호기를 무선 작동	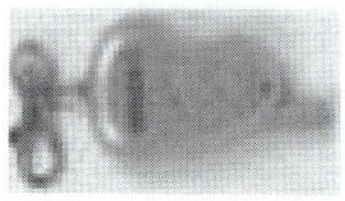	
	음성시계		버튼을 눌러 시간을 음성으로 알림		

장애유형	품목	세부유형	주요기능 및 사양	재보급 제한(년)
지체 · 뇌병변 (지적 · 자폐성)	화면낭독 SW	화면낭독 SW	키 입력 또는 화면의 내용 등을 음성으로 변환하여 출력해 주는 프로그램(SW)	3
	화면확대 SW	화면확대 SW	컴퓨터 화면의 내용을 확대, 색상 조절하여 정보를 전달하는 프로그램(SW)	3
	독서확대기	탁상형	카메라를 이용해 화상을 입력받고, 전자적 디스플레이에 확대하여 보여 주는 기기	5
		휴대용	탁상형 독서확대기와 동일 기능으로 휴대가 가능한 기기	3
	바코드리더기	휴대용 바코드 스캐너	인쇄된 바코드, 디지털 파일을 음성으로 변환하여 출력해 주는 기기	5
		컴퓨터용 바코드 스캐너	컴퓨터 연결용으로 인쇄된 바코드, 디지털 파일을 음성으로 변환하여 출력해 주는 기기	5
	데이지 플레이어	데이지 플레이어	데이지(DAISY): Digital Accessible Information System, 국제 독서장애인 디지털 문서 포맷) 콘텐츠 재생기능	4
	점자정보 단말기	점자판 일체형	점자시스템을 통해 정보입력, 처리, 출력(음성, 점자판)이 가능한 단말기	4
		점자판 제외형	점자시스템을 통해 정보입력, 처리, 출력(음성)이 가능한 단말기	4
	점자출력기	점자출력기	점자시스템을 통해 점자핀이 전자적 장치에 의해 상/하로 움직여 점형을 통해 정보를 전달	4
	광학문자 판독기	광학문자 판독기	인쇄물의 문사 등을 광학기기를 동해 인식 후 음성으로 변환하여 출력해 주는 기기 및 프로그램(SW)	3
			노트북 등 일반컴퓨터와 결합된 판독기	6
	기타	기타	위의 기능에 포함되지 않는 제품	
	특수키보드	한손 사용자용	한손으로 사용 가능한 특수형태 키보드	5
		마우스 스틱용	마우스스틱 등으로 사용 가능한 특수형태 키보드	5
		자판분리형	팔 동작 각도에 따라 분리된 특수형태 키보드	5
		자판임의 배열형	사용자에 따라 자판 임의 배열 가능한 키보드	5
		입력버튼 확대형	일반키보드보다 입력버튼 크기가 확대된 키보드	5

장애유형	품목	세부유형	주요기능 및 사양	재보급 제한(년)
지체뇌병변(*지적·자폐성)	특수키보드	입력버튼 축소형	일반키보드보다 입력버튼 크기가 축소된 키보드	5
		키가드부착형	입력오류 감소를 위한 입력버튼 보호판 부착	5
		복합기능형	위의 기능이 복합적으로 적용된 키보드	5
	특수마우스	들숨/날숨 센서형	입(들숨/날숨), 턱 등으로 사용하는 특수형태 마우스	4
		반사체 센서형	특정 반사체를 통해 센서에서 정보를 인식하여 마우스 기능 대체	4
		트랙볼형	원형 트랙 위에 공을 굴려 사용하는 특수형태 마우스	4
		조이스틱형	조이스틱을 움직여서 사용하는 특수형태 마우스	4
		버튼형	버튼을 눌러서 사용하는 특수형태 마우스	4
		손목보조형	손목, 팔의 동작을 고려하여 설계된 특수 형태 마우스	4
	인터페이스	인터페이스	스위치 사용을 연결할 수 있는 인터페이스	4
	키가드	키가드	입력오류 감소를 위한 입력 버튼 보호판	5
	터치모니터	터치모니터	화면을 터치, 드래그하여 마우스기능을 대체할 수 있는 19인치 이상 무결점 터치모니터	5
	막대형 입력보조기	손가락지지대	입력을 보조하기 위한 손가락 지지대	5
		마우스스틱	입력을 보조하기 위한 지지대	5
	팔받침대	팔받침대	키보드, 마우스 사용 보조를 위한 팔받침대	5
	모니터 이동보조기	모니터 이동보조기	모니터와 결합하여 사용자 환경에 맞게 모니터의 각도와 위치를 조정할 수 있는 보조기기	5
	스위치	스위치	On/Off 및 선택 기능을 통해 컴퓨터 등 정보통신제품 사용을 보조하는 스위치	3
	입력S/W	화상키보드	컴퓨터 화면을 보면서 마우스를 사용하여 글자 등의 입력을 대신하는 프로그램(SW)	3
	독서보조기	독서보조기	도서, 잡지 등을 읽을 수 있도록 고정, 페이지 넘김기능 등을 제공하는 보조기기	6
	기타	기타	위의 기능에 포함되지 않는 제품	

장애 유형	품목	세부유형	주요기능 및 사양	재보급 제한(년)
청각 언어	영상전화기	영상전화기	수어 등을 사용하여 영상통화가 가능한 기기	6
			태블릿 기기 등에 탑재된 휴대용 영상전화기	4
	의사소통 보조기	의사소통 보조기	그림, 기호 등의 상징물을 통해 자신의 의사를 상대방에게 음성 등으로 전달하는 기기	3
	음성증폭기	음성증폭기	음성 증폭 등을 통해 청각기능을 지원	3
	골도음향기기	골도음향기기	골(骨) 진동방식으로 소리를 전달하는 보조기기	3
	보청전화기	골도전화기	골(骨) 진동방식으로 소리를 전달하는 전화기	3
		음성증폭 전화기	음성 증폭 등을 통해 청각기능을 지원	3
	무선신호기	무선신호기	소리신호를 빛 또는 진동 등의 신호로 대체하여 정보를 전달해 주는 보조기기	3
	언어훈련 SW	언어훈련 SW	언어훈련을 통해 의사소통을 지원할 수 있는 프로그램(SW) 또는 제품	3
			태블릿 기기 등에 탑재된 휴대용 언어훈련 제품	4
	기타	기타	위의 기능에 포함되지 않는 제품	
	영상전화기	영상전화기	수어 등을 사용하여 영상통화가 가능한 기기	6
			태블릿 기기 등에 탑재된 휴대용 영상전화기	4
	의사소통 보조기	의사소통 보조기	그림, 기호 등의 상징물을 통해 자신의 의사를 상대방에게 음성 등으로 전달하는 기기	3
	음성증폭기	음성증폭기	음성 증폭 등을 통해 청각기능을 지원	3
	골도음향기기	골도음향기기	골(骨) 진동방식으로 소리를 전달하는 보조기기	3
	보청전화기	골도전화기	골(骨) 진동방식으로 소리를 전달하는 전화기	3
		음성증폭 전화기	음성 증폭 등을 통해 청각기능을 지원	3
	무선신호기	무선신호기	소리신호를 빛 또는 진동 등의 신호로 대체하여 정보를 전달해 주는 보조기기	3
	언어훈련 SW	언어훈련 SW	언어훈련을 통해 의사소통을 지원할 수 있는 프로그램(SW) 또는 제품	3
			태블릿 기기 등에 탑재된 휴대용 언어훈련 제품	4
	기타	기타	위의 기능에 포함되지 않는 제품	

종류	품목	품목 설명
정보 접근용	점자정보단말기	점자와 음성을 통해 문서입력 · 출력을 수행할 수 있는 휴대용 점자 정보통신 보조공학기기
	점자프린트	점자로 변환된 문자 정보 또는 점자 정보를 출력해 주는 프린터
	컴퓨터화면확대 S/W 및 H/W	컴퓨터 화면을 고배율로 확대 가능한 S/W 및 H/W
	음성출력 S/W 및 H/W	텍스트 또는 웹페이지 등을 음성으로 변환하여 읽어 주는 S/W 및 H/W
	확대독서기	텍스트 또는 이미지를 고배율로 확대하거나 글자 또는 배경색을 변환해 주는 장치
	문서인식 S/W 및 H/W	문자 또는 이미지를 텍스트로 변환하여 주는 S/W 및 H/W
	대형 모니터	19인치 이상의 대형 컴퓨터모니터
	특수 키보드	표준화된 일반 키보드 활용이 어려운 장애인을 위하여 키(Key)의 크기, 모양, 클릭방법 및 형태 등을 변환한 마우스
	입력 보조장치	표준화된 일반 입력장치의 활용이 어려운 장애인을 위하여 키보드 입력 등을 보조해 줄 수 있는 스틱, 키가드 등의 다양한 장치
	선택장치	일반 컴퓨터 및 정보통신 관련 보조공학기기에 대한 접근이 어려운 장애인을 위하여 특별히 고안된 입출력 장치
	자세보조장치	오랫동안 앉아 있어야 하는 장애인을 위하여 근육긴장을 완화하고, 원시반사를 감소시키며 관절가동범위를 유지할 수 있도록 보조해 주는 장치
	특수 S/W	장애로 인한 제한적 기능을 보완하거나 잔존 기능을 개선할 수 있도록 보조해 줄 수 있는 S/W
작업 가구용	높낮이 조절 작업테이블	높이를 조절할 수 있는 책상면을 가진 테이블
	경사각작업테이블	경사각 조절이 가능한 책상면을 가진 테이블
	휠체어용 작업테이블	휠체어 이용 장애인을 위해 책상면이 둥글게 제작된 작업테이블
	특수작업가구 및 장비	장애인이 수행할 수 있는 직무 영역이 확대됨에 따라 그러한 직무를 수행함에 있어 필요한 보완을 위하여 특별히 고안된 보조공학 장치
	특수작업의자	오랫동안 앉아 있어야 하는 장애인을 위하여 근육긴장 완화
	작업물 운송/운반 장치	무거운 작업물을 적재하고 운송/운반하기 쉽게 보조해 주는 전자동 장치
의사 소통용	신호장치	소리를 불 및 진동 등으로 변환하여 주는 장치
	골도전화기	골도청력으로 음성을 전달하고 통화가 가능한 전화기
	문자전화기	음성을 문자로 대체하여 송수신할 수 있는 전화기

종류	품목	품목 설명
의사 소통용	화상전화기	영상을 통해 수어통화를 지원하는 전화기
	소리증폭장치	소리 입력정보를 확대 증폭하여 주는 장치
	보완대체 의사소통장치	중증의 의사소통 및 표현에 어려움이 있는 장애인이 그림, 기호를 통해 자신의 의사를 상대방에게 전달하는 장치
사무 보조용	시각장애인용 계산기	입력정보가 소리나 진동으로 변환되는 계산기
	음성메모기	외부의 소리, 음성 등을 녹음 · 녹취할 수 있는 장치
	책장 넘기는 도구	책 페이지를 쉽게 넘기지 못하는 장애인을 위해 머리, 입, 손목 등에 부착하여 책장을 넘길 수 있도록 고안된 보조 장치
	수화기홀더	수화기를 잡거나 들기가 어려운 장애인이 손쉽게 수화기를 잡거나 들 수 있도록 고안된 장치
	팔지지대	협응장애, 근력이 약화된 장애인을 위해 상지를 지지해 줄 수 있는 장치
	물건집게	운동기능에 장애를 가진 사람이 멀리 있는 물체를 집을 수 있도록 보완해 주는 손잡이 보조구
	필기보조도구	손힘이 약해 필기도구를 쥘 수 없는 장애인을 위해 손, 손목 등에 부착하여 활용할 수 있는 필기보조장치
	원고홀더	책, 서류 등을 고정하여 편안하고 안정된 자세로 볼 수 있도록 보조해 주는 장치
운전 보조	핸들봉	손의 근력이 약한 장애인들이 핸들을 쉽고 편하게 회전시킬 수 있는 장치
	확장 스티어링	상지가 짧거나 회전 반경이 작은 경우 핸들 조작을 보조해 주는 장치
	세컨더리 컨트롤	방향지시등, 비상등, 크락션, 와이퍼 등을 전자식 버튼으로 조작하는 장치
	조작력 저감 장치	저속이나 정차 시에는 조작을 가볍게, 고속 주행 시에는 무겁게 조작하여 운전 편의를 돕기 위한 장치
	핸드컨트롤러	양발 이용이 불편한 장애인들을 위한 장치 (손으로 브레이크와 악셀페달 조작)
	좌측엑셀페달	오른쪽 다리가 불편하신 분들을 위한 장치 (기존 페달에 축을 달아 왼쪽으로 연결하여 왼발로 조작)
	페달 확장	다리 길이가 짧은 분들을 위해 페달 길이를 연장하여 이용하는 장치
	우측 턴 시그널	좌측 손 대신 우측 손을 이용하여 좌우의 방향지시등을 제어하는 장치
	경련방지플레이트	하체의 경련이 있을 경우 발이 페달 등에 닿거나 끼이지 않도록 방지하기 위한 장치

종류	품목	품목 설명
운전 보조	주차브레이크 개조	발을 이용하는 주차 브레이크에 레버를 장착하여 손으로 조작하도록 하는 장치
	자동변속기	버튼을 이용하여 자동변속기 조작을 지원하는 장치
	족동장치	양팔을 모두 이용할 수 없는 장애인을 위한 장치(브레이크, 페달, 기어변속, 방향지시등 조작 모두 가능)
	벨트류	전방 및 좌우 쏠림을 방지하는 장치
	자세유지	척추가 휘어졌거나 오래 앉아 있기가 힘든 체형일 때 자세를 유지하여 주는 장치
탑재	크레인	차량에 휠체어를 탑재할 수 있도록 도와주는 장치
	도넛형 연로통	도넛형 연료통 개조로 휠체어 등 이동수단의 적재 공간을 확보하는 장치
승,하차 보조	리프트	휠체어에 탄 상태에서 후방 리프트를 활용하여 차량 내외로 승·하차를 도와주는 장치
	이동(회전)시트	휠체어에 운전석이나 조수석으로 옮겨 탈 때 이용되는 장치
	사이드서포트	휠체어에서 운전석 이동 시 빈 공간을 채워서 낙상 방지 장치
	멀티 리프트	휠체어에서 자동차 시트로의 이동을 지원하는 장치
	자동문	버튼조작으로 문 자동 여닫기를 지원하는 장치
	고정장치	수동 및 전동 휠체어를 차량 바닥에 고정하는 장치
	경사로(램프)	휠체어에 탄 상태에서 차량 후방 또는 측면 내외로 승·하차를 지원하는 장치
	보조발판	차량에 탑승 시 보조발판을 이용하여 원활하게 탑승하도록 지원하는 장치
	하이루프	차량의 지붕을 높여 탑승공간을 확보하는 장치

종류	품목설명
개조 또는 주문 제작	시중에서 구할 수 있는 기성품으로 지원이 불가하여 개조 또는 주문 제작하는 장치

이 외에도 다양한 보조기기에 대한 정보를 경기도재활공학서비스연구지원센터(www.atrac.or.kr)나 국립재활원 중앙보조기기센터(www.knat.go.kr)의 보조기기 정보 데이터베이스에서 검색할 수 있다.

4절 보조기기서비스 절차과정

보조기기서비스의 궁극적인 목표는 장애인에게 보조기기가 필요한 사람들에게 가장 적절한 보조기기를 선전하고, 선정된 기구를 잘 활용하여 손상된 기능의 향상은 물론 교육·직업·사회참여의 가능성을 높여 자립을 성취하는 데 있다. 보조기기서비스는 크게 3단계의 과정으로 구분되는데 첫째, 개인의 욕구와 신체기능 및 주변환경에 대한 정보수집을 위한 상담·평가과정과 둘째, 개인에게 적합한 보조기기를 선정하기 위하여 기기를 적용하는 과정, 마지막으로 선정된 보조기기를 지원(교부 또는 대여)하여 잘 활용할 수 있도록 하는 훈련 및 관리하는 과정이다. 이러한 과정에서 개인에게 적합한 보조기기를 찾기 위해서는 상업적으로 구입가능한 기구들을 그대로 적용하거나 개조, 또는 개인 맞춤형태의 제작까지 고려되어야 하며 이러한 모든 과정을 포함한 보조기기서비스 과정을 세부적으로 제안하면 다음과 같다.

1 보조기기서비스 과정

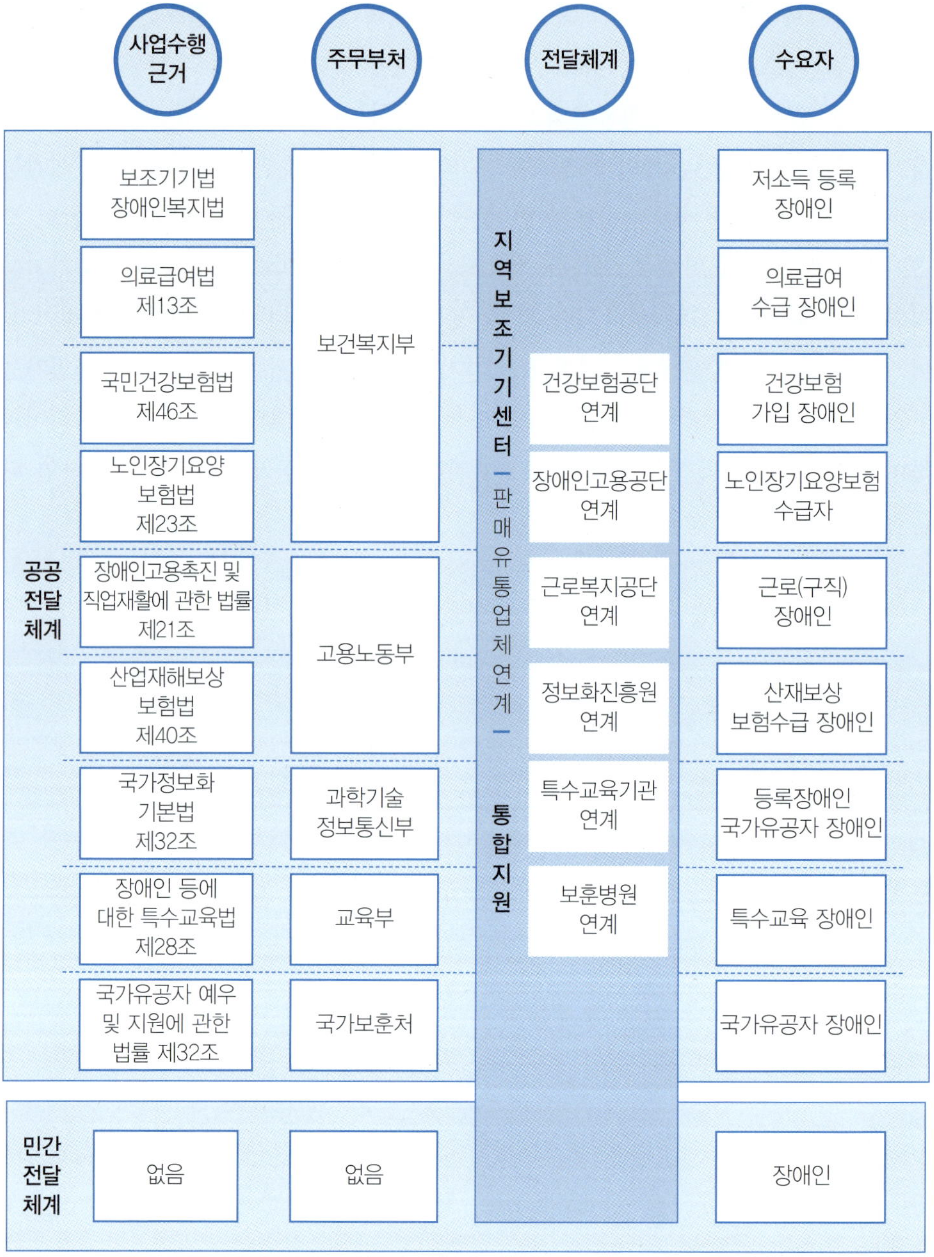

[그림 8-1] 지역보조기기센터를 통한 통합서비스 전달체계 예상

〈표 8-4〉 보건복지부 보조기기센터 현황(2020. 3. 1. 기준)

센터명	연락처	홈페이지	주소
중앙 보조기기센터	1670-5529	www.knat.go.kr	(우) 01022 서울특별시 강북구 삼각산로58 국립재활원 교육행정동 1층 중앙보조기기센터
부산광역시 보조기기센터	1670-5529	www.bratc.or.kr	(우) 47519 부산광역시 연제구 중앙대로1150번길 15 부산광역시장애인종합복지관
대구광역시 보조기기센터	1670-5529	datc.daegu.ac.kr	(우) 42400 대구광역시 남구 성당로50길 33 대구대학교 대명동캠퍼스 평생교육원 1호관 1201호
인천광역시 보조기기센터	1670-5529	www.icatc.or.kr	(우) 21042 인천광역시 계양구 계양산로35번길 12-37 인천광역시 보조기기센터
광주광역시 보조기기센터	1670-5529	www.gjat.or.kr	(우) 61027 광주광역시 북구 하서로 590 호남권역재활병원 1층
대전광역시 보조기기센터	1670-5529	www.yeswecan.or.kr	(우) 35015 대전광역시 중구 문화로 266 대전충청권역의료재활센터 지하 1층
울산광역시 보조기기센터	1670-5529	www.usat.or.kr	(우) 44689 울산광역시 남구 신정동 돋질로 131 1층 울산광역시보조기기센터
세종특별자치시 보조기기센터	1670-5529	www.sjatc.or.kr	(우) 30100 세종특별자치시 한누리대로 589, 301호
경기도 보조기기센터	1670-5529	atrac.or.kr/	(우) 11786 경기도 의정부시 충의로 73 밀레니엄프라자 302호
충청북도 보조기기센터	1670-5529	www.cbat.or.kr	(우) 28459 충청북도 청주시 흥덕구 1순환로438번길 39-17 충북재활의원 3층
충청남도 보조기기센터	1670-5529	www.cnat.or.kr	(우) 31172 충청남도 천안시 서북구 월봉로 48 믿음관 1층
전라북도 보조기기센터	1670-5529	www.jbat.or.kr	(우) 55069 전라북도 전주시 완산구 천잠로 303 전주대학교 예술관 B1
전라남도 보조기기센터	1670-5529	www.jnat.or.kr	(우) 57997 전라남도 순천시 제일대학길 17(덕월동)

센터명	연락처	홈페이지	주소
경상북도 보조기기센터	1670-5529	gbatc.daegu.ac.kr	(우) 38453 경상북도 경산시 진량읍 대구대로 201 점자도서관 1층 1103호
경상남도 보조기기센터	1670-5529	www.gnatc.or.kr	(우) 51144 경상남도 경상남도 창원시 의창구 봉곡로97번길 85
제주특별자치도 보조기기센터	1670-5529	www.jejuat.or.kr	(우) 63311 제주특별자치도 제주시 아봉로 433, 제주시각장애인복지관 2층
강원도 보조기기센터	1670-5529	www.gatc.or.kr	(우) 24227 강원도 춘천시 충열로 142번길 24-16
서울시동남 보조기기센터	1670-5529	www.seoulats.or.kr	(우) 05235 서울특별시 강동구 고덕로 201
서울시동북 보조기기센터	1670-5529	http://www.seoulats.or.kr	(우) 01772 서울특별시 노원구 덕릉로 70 가길 96
서울시서북 보조기기센터	1670-5529	http://www.seoulats.or.kr	(우) 03918 서울특별시 마포구 월드컵북로 494
경기도재활공학 서비스연구지원센터	1670-5529	http://atrac.or.kr/	(우) 16639 경기도 수원시 권선구 서수원로 130 누림센터 1, 2층
굿잡장애인 자립생활센터	1670-5529	www.goodil.or.kr	(우) 06240 서울특별시 강남구 테헤란로8길 36 2층
과천시 장애인복지관	1670-5529	http://www.happyseed.or.kr/	(우) 13828 경기도 과천시 문원로 40
성남시보조기기 서비스센터	1670-5529	http://www.rehab21.or.kr/	(우) 13203 경기도 성남시 중원구 사기막골로150번길 20
용인시 처인장애인복지관	1670-5529	http://www.heart4u.or.kr/	(우) 17038 경기도 용인시 처인구 경안천로 318
양평군 장애인복지관	1670-5529	http://www.yprehab.or.kr/	(우) 12550 경기도 양평군 양평읍 중앙로111번길 36-1
노틀담복지관 자세유지기구센터	1670-5529	http://www.pmac.or.kr/	(우) 21042 인천광역시 계양구 계양산로35번길 12-37
충북장애인 자립생활센터	1670-5529	http://www.ccil.or.kr/	(우) 28697 충청북도 청주시 흥덕구 수곡동 1010번지
목포시장애인 종합복지관	1670-5529	http://www.mokporehab.or.kr/	(우) 58660 전라남도 목포시 하당로 205번길 12
오치 종합사회복지관	1670-5529	http://www.ochibok.or.kr/	(우) 61119 광주광역시 북구 서하로 194번길 6

센터명	연락처	홈페이지	주소
우리이웃 장애인자립생활센터	1670-5529	http://www.necil.kr/	(우) 61122 광주광역시 북구 오치동 953-5 1층
제주장애인 자립생활센터	1670-5529	http://jcil.or.kr/	(우) 63256 제주특별자치도 제주시 천수동로 30

출처: 보건복지부(2021). 활동지원사 양성 교육과정 자료집.

5절 유니버셜디자인(universal design)의 의미

유니버셜리즘(universalism)은 21세기 초에 발현한 "장애인의 유무나 연령, 사회환경에 상관없이 모든 사람이 제품, 건축, 환경, 서비스 등을 손쉽고 안전하게 사용할 수 있도록 설계된 것"을 의미한다. 그러나 특히, 장애인이나 노인 등 이동과 접근 등이 불편한 사람의 편의 · 복지에 있어서 유니버셜리즘을 한마디로 정의하기는 힘든 부분도 없지 않다. 때로는 좋은 편의시설(good design)이나 알맞은 공공시설(public accommodation)로 정의하는 사람도 있다. 원래 유니버셜리즘은 디자인 분야에서 20세기 종반부터 사용된 말로 '모든 사람을 위한 디자인(life span design)'을 가리키는 것이었다. 한마디로 편의·복지의 유니버셜리즘은 이동장애뿐만 아니라 의사소통장애를 가지고 있든, 가지지 않든 상관없이 어린이에서부터 청·장년층, 노인층에 이르기까지 누구나, 언제든지, 어디서든지 이용할 수 있는 제품이나 시설 등을 완벽히 갖춘다는 것을 의미한다고 하겠다. 유니버셜리즘은 사람은 누구나 똑같이 자연인이며 동등한 권리와 의무를 가지고 있기에 사회의 모든 면에서 동등한 기회를 보장받을 자격을 지니고 있는 깊은 뜻을 내포하고 있다는 것이다. 유니버셜리즘은 우리말로는 보편주의 혹은 보편적 이념으로 해석할 수 있는데 이 말속에는 장애인을 호칭하고 부를 때도 장애라는 단어를 강조하기보다는 사람, 인간에 더 관심을 둔다는 철학적 기저가 깔려 있다(김종인 외, 2004).

유니버셜디자인의 특징들은 거의 모든 사람들에게 유익하며, 그리고 이러한 특징들이 일상생활과 결합되면 제품들과 환경에 대한 사람들의 유사한 욕구와 마찬가지로 사람들 간의 유사성이 보다 명확해 질 것이다. 유니버셜디자인의 목표는 사람들의 신체장애 유무에 상관없이 약간의 경비나, 혹은 추가 경비의 부담이 없이 모든 사람들이 사용할 수 있는 환경이나 제품을 만드는 것이다. 하지만 현실적으로는 모든 사람들의 욕구를 100% 만족시키는 것은 불가능하며, 하나의 해결책이나 혹은 사이즈가 누구에게나 맞기는 어렵다. 따라서 유니버셜디자인은 각기 다른 욕구를 가지고 있는 최대한 많은 사람들을 만족시킬 수 있도록 노력한다.

지금까지의 디자인은 사람들의 '상실된' 능력을 보충하기 위해서 예를 들면 보철디자인 제품이나 환경을 만들거나, 혹은 접근을 하기 위한 장벽을 없앰으로써 다양한 능력을 가진 사람들의 욕구에 부응해 왔었다. 유니버셜디자인은 이러한 양쪽 스타일의 특징을 통합하지만 한 걸음 더 나아가 보다 포용성 있는 눈으로 사람들을 바라보는 것이다. 이것은 개개인의 신체능력, 인체치수 혹은 연령에 상관없이 가능하면 많은 사람들에게 유효한 제품에 대해 생각하고 디자인하는 방법을 정의한다. 가장 쉬운 예는 문에 달려 있는 둥근 손잡이 대신 레버식 손잡이를 사용하는 것이다. 레버식 손잡이는 관절염을 앓고 있는 사람들, 어린이, 그리고 비가 갑자기 내리는 가운데 양팔에 식료품 봉지를 든 채 문을 열려고 하는 사람 등 모두에게 유용하게 사용될 수 있다.

유니버셜디자인(universal design, 보편적 설계)이란 장애의 유무나 연령 등에 관계없이 모든 사람들이 제품, 건축, 환경, 서비스 등을 보다 편하고 안전하게 이용할 수 있도록 설계하는 것으로, 미국의 Ronald Mason에 의해 처음 주창되었으며 '모두를 위한 설계'를 추구한다. 이는 1960년대 미국의 건축분야에서 처음 대두되었으며 건축분야뿐 아니라 배리어 프리(Barrier free)와 접근성 디자인, 보조공학기술의 발전으로 대두되었다.

최근에는 장애인에게 특별한 필요를 배려한 디자인을 뜻하는 'adaptable design'을 거쳐 유니버셜디자인의 개념으로, 개개인의 주택은 물론 주거지역, 공공교통시설 및 공공건축물, 직장, 여가시설 등 어느 곳이든지 장애의 여부를 떠나 이용이 가능해야 한다.

1 유니버셜리즘의 실제

유니버셜디자인이 처음 소개되었을 때는 단순하게 '모든 사람들을 위한 디자인' 그리고 '굿 디자인'이라고 정의되었다. 하지만 유니버셜디자인의 혁신적인 개념을 설명하기에는 그러한 정의만으로는 불충분하다. 이와 관련하여 유니버셜디자인을 나타내는 다양한 디자인 원리가 제시되었다. 즉, 미국의 노스 캐롤라이너 주립대에 있는 유니버셜디자인센터(Center for Universal Design)에 의해 유니버셜디자인의 네 가지 원리가 만들어졌다.

〈표 8-5〉 유니버셜디자인의 네 가지 원리

네 가지 원리	내용	사례
기능적 지원성이 있는 디자인 (supportive design)	기능상 필요한 도움을 제공, 도움을 제공해 주는 데 있어서 어떠한 부담도 초래해서는 안 됨	· 노인 등 환경에 의존적인 사람을 위해 조명의 밝기와 방향을 달리 조절할 수 있게 함 · 섬광이 없고 청소가 용이하도록 주방 작업면을 설계
수용성이 있는 디자인 (adaptable design)	상품이나 환경이 다양하게 변하는 대부분의 사람들의 요구를 충족시켜 주어야 함. 시간적 요인, 요구의 다양성을 만족시키기 위한 선택 가능성, 능력의 다양성을 수용하기 위한 조절 가능성 등을 포함	· 조절 가능한 워크스테이션 높이 조절이 가능한 세면대 조절이 가능한 키보드와 모니터 · 다양한 글자 폰트와 글자 크기 조절이 가능한 컴퓨터 프로그램
접근성이 있는 디자인 (accessible design)	장애물이 제거된 상태. 일반적으로 많은 사람들에게 방해가 되거나 위협적인 물리적 환경을 변화시키는 것을 의미	· 휠체어 사용자, 자전거 타는 사람들 등을 위해 길가에 단차를 없애는 것 · 휠체어 사용자가 쉽게 손에 닿을 수 있도록 바닥면에서 46cm 높이에 콘센트를 설치하는 것 · 휠체어나 보행보조기의 통과를 위해 폭이 넓은 문을 설치하는 것
안전지향적인 디자인 (safety-oriented design)	안전사고 등의 문제를 제거하기 위해 개선할 수도 있으며, 안전사고가 발생하지 않더라도 이를 미연에 방지하기 위해 고려해야 하는 측면이기도 함	· 대조적인 색채와 패턴을 사용하여 단차를 표시함으로써 상해를 예방하는 것 · 부딪혀도 부상을 입지 않도록 책상, 싱크대의 모서리를 둥글게 처리하는 것

출처: 이준우 외(2004)에서 재구성.

그 이후 1998년 개최된 제1회 국제 유니버셜디자인대회를 통해 유니버셜디자인의 일곱 가지 원리가 제시되었다.

〈표 8-6〉 유니버셜디자인의 일곱 가지 원리

일곱 가지 원리	내용	사례
공평한 사용 (equitable use)	능력이 각기 다른 사람들에게 유용하고 판매가 가능한 것	· 매장의 입구를 모든 사람들이 마음에 들도록 디자인하는 것
사용상의 융통성 (flexibility in use)	개인의 다양한 기호와 능력을 폭넓게 수용, 선택의 가능성, 변경 가능성, 조절가능성 등의 특성, 시간의 경과에 따른 사용자의 능력 변화에 대한 수용이 가능한가?	· 사용 방법상 선택의 가능성을 제공하는 것 · 오른손잡이와 왼손잡이 모두가 쉽게 접근하고 사용할 수 있게 하는 것
간단하고 직관적인 사용 (simple and intuitive)	결과물이 사용자의 경험, 지식, 언어능력, 현재의 전념 정도와 상관없이 이해하기 쉬워야 함. 디자인 결과물이 지니고 있는 지원성이 모든 사람들에게 쉽게 인지될 수 있는가?	· 안내문을 중요성에 따라 일관되게 배열하는 것
쉽게 인지할 수 있는 정보 (perceptive information)	결과물이 주위의 상태나 사용자의 지각능력에 상관없이 필요한 정보를 효과적으로 전달, 정보(위험, 사용방법, 지시, 방향 등) 전달을 쉽게 인지시키기 위한 측면	· 중요한 정보는 다양한 방법(그림, 음성, 촉각 등) 사용하여 다양하게 표시하는 것
오류에 대한 포용력 (tolerance for error)	의도하지 않았던 행동으로 인한 불리한 결과와 장애를 최소화. 오류와 장애의 결과적 측면의 예방에 초점을 두었는가?	· 가장 많이 사용되는 요소는 가장 접근하기 쉽게, 장애를 일으키는 요소들은 제거, 분리하거나 막아 놓는 것
적은 물리적 노력 (low physical effort)	사용 시 최소한의 피로감을 느끼면서 효율적으로 사용	· 사용자가 자연스러운 신체 자세를 유지하는 것 · 반복적인 조절행위와 물리적인 힘을 지속적으로 사용하는 것을 최소화하는 것
접근과 사용을 위한 크기와 공간 (size and space for approach and use)	사용자의 신체 크기, 자세, 이동과 상관없이 접근하고 손이 닿고 조작하기 적합한 크기와 공간을 제공	· 중요한 요소들은 앉거나 설 경우 확실히 볼 수 있는 시야에 제공하는 것 · 무엇을 잡을 때 쥐는 손의 크기가 다양한 사실을 수용하는 것

출처: 김종인 외(2014)에서 재구성.

social welfare for people with disabilities

PART 3

장애인복지 정책서비스에 대한 이해

CHAPTER 09

장애인과 소득보장

1절 장애인의 생활 및 소득 현황

인간에게 있어서 직업은 필수적인 요소라 할 수 있으며, 생계수단 그 이상의 의미를 가지고 있기 때문에 매우 중요하나 장애로 인해 비교적 직업선택의 폭이 좁고 직업기회가 적은 장애인의 생활수준은 비장애인과 비교해 볼 때 더욱 낮은 상태임을 예측해 볼 수 있다.

우리나라의 경우 공공부조제도인 「국민기초생활 보장법」에 의거하여 국가가 최저생활을 보장하고 자활을 조성하는 보완적인 사회보장정책을 채택하여 실시하고 있다. 그러나 국민기초생활보장 대상자 선정기준은 장애인이라 할지라도 비장애인과 동일하게 적용하여 자산조사 및 장애인 가구원이나 장애인 자신의 소득이 선정기준을 상회할 경우 서비스를 받을 수 없게 된다. 또한, 비장애인과는 달리 의료 및 재활에 관련된 추가비용을 부담해야 하는 장애인의 특성을 고려하지 않은 채 비장애인과 동일한 비용을 지급받음에 따라 장애인의 생활은 불안정할 수밖에 없는 상황이다.

〈표 9-1〉에서 장애인의 국민기초생활보장 수급 여부 및 형태를 보면, 장애인가구의 17.4%가 국민기초생활보장 생계급여 수급자인 것으로 나타났는데, 2020년의 19.1%에 비해서는 1.7% 포인트 낮아졌다. 장애유형별로 보면, 생계급여 수급가구의 비율이 가장 높은 장애인은 정신장애인(61.0%)이었으며, 뇌전증장애인(46.6%),

지적장애인(34.7%) 가구도 생계급여 수급가구의 비율이 매우 높게 나타났다. 반면에 자폐성장애는 생계급여 수급가구의 비율(8.7%)이 가장 낮게 나타났으며, 간장애(9.4%), 시각장애 (11.5%), 지체장애(11.9%), 청각장애(12.8%)도 생계급여 수급가구 비율이 낮았다.

〈표 9-1〉 국민기초생활보장 수급 여부(생계급여)

(단위: %, 명)

구분	예	아니오	계	전국추정수
지체장애	11.9	88.1	100.0	1,162,531
뇌병변장애	24.6	75.4	100.0	256,042
시각장애	11.5	88.5	100.0	252,490
청각장애	12.8	87.2	100.0	424,652
언어장애	18.2	81.8	100.0	23,254
지적장애	34.7	65.3	100.0	202,112
자폐성장애	8.7	91.3	100.0	38,072
정신장애	61.0	39.0	100.0	103,819
신장장애	19.3	80.7	100.0	107,516
심장장애	17.7	82.3	100.0	4,944
호흡기장애	21.0	79.0	100.0	11,400
간장애	9.4	90.6	100.0	15,239
안면장애	16.1	83.9	100.0	2,629
장루·요루장애	13.5	86.5	100.0	18,439
뇌전증장애	46.6	53.4	100.0	7,235
전체	17.4	82.6	100.0	2,630,374

출처: 이민경 외(2023). 2023년 장애인 실태조사에서 재구성.

〈표 9-2〉에서와 같이 국민기초생활보장 의료급여를 수급하는 장애인가구의 비율은 17.3%로 2020년의 25.0%에 비해서 7.7% 포인트나 낮아졌다. 장애유형별로 보면, 정신장애인가구(61.0%)의 의료급여 수급비율이 가장 높았는데, 이는 정신장애의 특성상 병원을 이용해야만 할 뿐 아니라 소득이 낮은 실태를 보여 준다고 할 수 있다. 이어서 뇌전증장애(46.2%), 지적장애(35.4%), 뇌병변장애(23.9%), 호흡기장애(20.6%) 등이 20%를 넘는 의료급여 수급률을 보였다. 신장장애와 심장장애의

의료수급 비율이 뇌병변장애보다 더 높게 나타나는 것은 이들 장애유형이 의료적 치료를 많이 필요로 하는 장애특성이 있기 때문으로 판단된다.

〈표 9-2〉 국민기초생활보장 수급 여부(의료급여)

(단위: %, 명)

구분	예	아니오	계	전국추정수
지체장애	12.0	88.0	100.0	1,162,531
뇌병변장애	23.9	76.1	100.0	256,042
시각장애	11.5	88.5	100.0	252,490
청각장애	12.2	87.8	100.0	424,652
언어장애	17.9	82.1	100.0	23,254
지적장애	35.4	64.6	100.0	202,112
자폐성장애	7.3	92.7	100.0	38,072
정신장애	61.0	39.0	100.0	103,819
신장장애	19.5	80.5	100.0	107,516
심장장애	18.5	81.5	100.0	4,944
호흡기장애	20.6	79.4	100.0	11,400
간장애	8.9	91.1	100.0	15,239
안면장애	16.1	83.9	100.0	2,629
장루·요루장애	13.7	86.3	100.0	18,439
뇌전증장애	46.2	53.8	100.0	7,235
전체	17.3	82.7	100.0	2,630,374

출처: 이민경 외(2023). 2023년 장애인 실태조사에서 재구성.

장애인의 국민기초생활보장 주거급여의 수급률은 20.7%로, 2020년의 14.7%에 비해 6% 포인트 증가했다. 장애유형별로 비교해 보면, 주거급여 수급률이 가장 높은 장애유형은 정신장애(64.1%)였으며, 이어서 뇌전증장애(50.6%), 지적장애(38.5%), 뇌병변장애(28.1%), 호흡기장애(26.7%), 신장장애(22.3%) 등의 순으로 나타났다.

〈표 9-3〉 국민기초생활보장 수급 여부(주거급여)

(단위: %, 명)

구분	예	아니오	계	전국추정수
지체장애	15.4	84.6	100.0	1,162,531
뇌병변장애	28.1	71.9	100.0	256,042
시각장애	14.9	85.1	100.0	252,490
청각장애	15.7	84.3	100.0	424,652
언어장애	21.3	78.7	100.0	23,254
지적장애	38.5	61.5	100.0	202,112
자폐성장애	12.7	87.3	100.0	38,072
정신장애	64.1	35.9	100.0	103,819
신장장애	22.3	77.7	100.0	107,516
심장장애	18.5	81.5	100.0	4,944
호흡기장애	26.7	73.3	100.0	11,400
간장애	9.6	90.4	100.0	15,239
안면장애	17.3	82.7	100.0	2,629
장루·요루장애	16.3	83.7	100.0	18,439
뇌전증장애	50.6	49.4	100.0	7,235
전체	20.7	79.3	100.0	2,630,374

출처: 이민경 외(2023). 2023년 장애인 실태조사에서 재구성.

마지막으로 장애인의 국민기초생활보장 교육급여의 수급률은 1.2%로 2020년과 동일하게 나타났다. 장애유형별로 비교해 보면, 교육급여 수급률이 가장 높은 장애유형은 뇌전증장애(5.6%)였으며, 이어서 지적장애(5.4%), 언어장애(4.3%), 자폐성장애 (3.6%) 등의 순으로 나타났다.

〈표 9-4〉 국민기초생활보장 수급 여부(교육급여)

(단위: %, 명)

구분	수급	비수급	계	전국추정수
지체장애	0.8	99.2	100.0	1,162,531
뇌병변장애	0.9	99.1	100.0	256,042
시각장애	0.6	99.4	100.0	252,490
청각장애	0.6	99.4	100.0	424,652
언어장애	4.3	95.7	100.0	23,254
지적장애	5.4	94.6	100.0	202,112
자폐성장애	3.6	96.4	100.0	38,072
정신장애	0.8	99.2	100.0	103,819
신장장애	0.9	99.1	100.0	107,516
심장장애	1.8	98.2	100.0	4,944
호흡기장애	0.7	99.3	100.0	11,400
간장애	0.0	100.0	100.0	15,239
안면장애	0.0	100.0	100.0	2,629
장루·요루장애	0.7	99.3	100.0	18,439
뇌전증장애	5.6	94.4	100.0	7,235
전체	1.2	98.8	100.0	2,630,374

출처: 이민경 외(2023). 2023년 장애인 실태조사에서 재구성.

〈표 9-5〉에서와 같이 지난 1개월 평균 장애인가구 수입액의 분포를 보면, 500만 원 이상이 17.8%로 가장 많았으며, 이어서 100~149만 원 16.4%, 50~99만 원 15.4%, 150~199만 원 11.3%, 400~499만 원 9.3%, 200~249만 원 8.5%, 250~299만 원 7.6%, 300~349만 원 7.2%의 순으로 나타났다. 따라서 1개월 평균 가구 수입액이 200만 원 미만인 장애인의 비율은 43.9%로 2020년의 58.4%에 비해 14.5% 포인트나 감소했다. 장애유형별로는 청각장애(23.2%), 정신장애(23.0%) 중에서 100만 원 미만의 비율이 높게 나타났다. 한편 1개월 평균 가구 수입액이 500만 원 이상인 비율을 비교해 보면, 자폐성장애 중에서는 46.6%로 다른 장애유형에 비해서 훨씬 높았다. 또한 간장애(37.1%), 지적장애(25.9%), 심장장애(25.2%), 안면장애(24.6%)도 다른 장애유형에 비해서 높았다.

지난 1개월 장애인 가구의 월평균 수입액은 309.5만 원이었으며, 장애유형별로는 자폐성장애가 528.3만 원으로 가장 많았으며, 간장애(486.2만 원)도 전체 평균보다 상당히 높았다. 반면에 정신장애인 가구의 월평균 수입액은 227.9만 원으로 가장 낮았으며, 청각장애(249.4만 원), 호흡기장애(257.8만 원), 장루 · 요루장애(261.9만 원), 뇌전증장애(268.4만 원) 등도 전체 평균보다 상당히 낮았다.

〈표 9-5〉 지난 1개월 가구의 월 수입액

(단위: %, 만 원, 명)

구분	50 만 원 미만	50~ 99 만 원	100~ 149 만 원	150~ 199 만 원	200~ 249 만 원	250~ 299 만 원	300~ 349 만 원	350~ 399 만 원	400~ 499 만 원	500 만 원 이상	계	평균	전국 추정수
지체	0.6	15.6	15.2	10.3	8.3	8.3	7.1	5.9	10.4	18.2	100.0	317.6	1,162,531
뇌병변	0.9	15.0	16.9	14.8	8.7	5.8	5.8	4.7	10.7	16.6	100.0	311.9	256,042
시각	0.5	16.3	16.7	9.6	7.8	6.5	9.1	5.8	9.6	18.0	100.0	311.1	252,490
청각	1.3	21.9	20.9	11.4	8.9	7.0	6.5	4.1	5.6	12.3	100.0	249.4	424,652
언어	1.6	8.9	14.8	6.3	14.0	6.8	9.9	7.9	11.2	18.6	100.0	326.5	23,254
지적	0.6	6.1	11.5	11.7	9.4	8.1	8.3	8.1	10.3	25.9	100.0	365.3	202,112
자폐성	1.0	2.3	1.8	2.9	3.5	9.0	9.8	8.1	14.9	46.6	100.0	528.3	38,072
정신	0.0	23.0	21.3	17.6	7.4	6.2	5.9	5.3	4.8	8.6	100.0	227.9	103,819
신장	1.2	5.4	21.0	13.1	7.9	9.3	7.0	6.3	9.0	19.8	100.0	330.0	107,516
심장	0.0	9.2	11.3	6.3	8.0	10.4	5.9	12.1	11.6	25.2	100.0	368.2	4,944
호흡기	0.9	14.8	16.5	17.5	13.9	9.2	5.4	2.7	6.6	12.6	100.0	257.8	11,400
간	0.0	5.7	6.9	5.8	8.1	7.8	9.7	6.3	12.6	37.1	100.0	486.2	15,239
안면	0.0	8.3	13.5	17.1	3.7	9.5	8.7	5.7	8.9	24.6	100.0	348.3	2,629
장루 · 요루	0.9	17.6	23.0	13.0	11.7	5.0	5.5	5.1	4.9	13.4	100.0	261.9	18,439
뇌전증	0.0	17.7	20.5	11.2	11.3	6.4	6.8	4.3	10.6	11.2	100.0	268.4	7,235
전체	0.8	15.4	16.4	11.3	8.5	7.6	7.2	5.7	9.3	17.8	100.0	309.5	2,630,374

출처: 이민경 외(2023). 2023년 장애인 실태조사에서 재구성.

다음으로 〈표 9-6〉에서와 같이 지난 1개월 평균 장애인 개인의 수입액 분포를 보면, 50~99만 원이 전체의 32.1%로, 1/3에 약간 미치지 못하는 것으로 조사되었다. 또한 50만 원 미만도 21.5%로, 수입액이 100만 원 미만인 장애인이 절반을 넘는 것으로 나타났다. 한편 개인 수입액이 300만 원 이상인 장애인은 13.4%로, 2020년의 8.0%에 비해 5.4% 포인트 증가하였다. 장애유형별로 보면, 개인 수입액이 50

만 원 미만인 비율이 가장 높은 장애유형은 자폐성장애로 75.9%였으며, 이어서 지적장애가 42.3%, 뇌전증장애 38.0%, 언어장애 34.3%, 심장장애 29.6%, 뇌병변장애 28.2%의 순으로 높았다. 반면에 개인 수입액이 300만 원 이상인 비율이 가장 높은 장애유형은 간장애(28.8%)였으며, 안면장애 (25.2%), 시각장애(19.9%), 지체장애(19.3%) 중에서도 상대적으로 비율이 높았다.

지난 1개월 장애인 개인의 월 수입액 평균은 146.0만 원이었으며, 장애 유형별로는 간장애가 247.0만 원으로 가장 높았으며, 이어서 안면장애(206.7만 원), 시각장애(181.0만 원), 지체장애(178.0만 원) 등이 높았다. 반면에 자폐성장애의 월 수입액 평균이 36.0만 원으로 가장 낮았으며, 뇌전증장애(70.9만 원), 지적장애(73.1만 원), 정신장애(80.0만 원)가 100만 원 미만으로 상당히 낮았다.

〈표 9-6〉 지난 1개월 평균 장애인 개인의 월 수입액

(단위: %, 만 원, 명)

구분	50만 원 미만	50~99만 원	100~149만 원	150~199만 원	200~249만 원	250~299만 원	300~349만 원	350~399만 원	400~499만 원	500만 원 이상	계	평균	전국 추정수
지체	15.7	30.5	12.5	7.9	7.5	6.5	5.9	3.9	4.1	5.5	100.0	178.0	1,162,531
뇌병변	28.2	35.4	17.7	6.1	3.4	2.1	2.3	1.5	1.4	2.0	100.0	111.2	256,042
시각	15.9	28.2	14.1	7.9	7.9	6.1	7.3	3.6	4.3	4.7	100.0	181.0	252,490
청각	20.1	39.1	18.0	6.7	5.5	3.4	2.9	1.5	1.8	1.0	100.0	117.5	424,652
언어	34.3	25.1	13.5	5.9	8.4	2.0	5.5	2.7	1.1	1.3	100.0	112.0	23,254
지적	42.3	27.7	19.0	6.3	3.2	0.8	0.3	0.1	0.2	0.2	100.0	73.1	202,112
자폐성	75.9	9.8	9.5	4.0	0.8	0.0	0.0	0.0	0.0	0.0	100.0	36.0	38,072
정신	23.9	51.4	17.9	2.6	2.6	0.9	0.4	0.0	0.3	0.0	100.0	80.0	103,819
신장	22.7	24.0	24.2	6.8	4.3	4.1	3.0	2.4	3.1	5.5	100.0	155.3	107,516
심장	29.6	24.1	12.1	8.7	4.4	5.1	7.2	2.0	4.3	2.6	100.0	141.3	4,944
호흡기	20.1	31.2	22.0	6.8	5.5	3.3	3.9	2.2	3.4	1.5	100.0	129.6	11,400
간	19.7	16.1	9.0	8.1	8.1	10.1	7.9	6.0	3.4	11.5	100.0	247.0	15,239
안면	14.2	18.6	13.6	11.9	8.3	8.2	4.9	8.8	5.9	5.6	100.0	206.7	2,629
장루·요루	17.4	36.4	18.9	7.5	5.6	3.2	3.1	2.6	2.3	2.9	100.0	130.6	18,439
뇌전증	38.0	43.9	11.6	1.1	1.0	0.9	1.7	1.4	0.0	0.4	100.0	70.9	7,235
전체	21.5	32.1	15.3	7.1	6.1	4.6	4.3	2.7	2.9	3.6	100.0	146.0	2,630,374

출처: 이민경 외(2023). 2023년 장애인 실태조사에서 재구성.

<표 9-7>과 같이 장애인이 가입 중인 연금 종류를 살펴보면, 먼저 국민연금 가입자는 33.4%(2020년 33.3%)였으며, 장애유형별로는 안면장애의 국민연금 가입자 비율이 53.2%로 가장 높았으며, 이어서 시각장애(46.4%), 간장애(38.9%), 지체장애(38.2%) 등이었다. 두 번째로 공무원연금에 가입한 장애인은 0.9%(2020년 1.7%)였으며, 장애유형별로는 심장장애(4.9%)가 가장 높았으며, 이어서 안면장애(3.7%), 신장장애 (1.7%), 호흡기장애(1.6%) 등이 높게 나타났다. 다음으로 사립학교 교원연금 가입 장애인은 0.2%(2020년 0.3%), 군인연금 가입 장애인은 0.1%(2020년 0.4%)였다. 마지막으로 개인연금(사적) 가입 장애인은 1.9%(2020년 2.4%)였으며, 장애유형별로는 간장애가 4.6%로 가장 높았으며, 이어서 시각장애(3.1%), 호흡기장애(2.5%), 지체장애 (2.3%), 언어장애(2.3%), 신장장애(2.3%) 등의 순으로 높았다.

<표 9-7> 가입 중인 연금 종류

(단위: %, 명)

구분	국민 연금	공무원 연금	사립학교 교원연금	군인 연금	별정우체국 연금	개인연금 (사적)	전국 추정수
지체	38.2	1.1	0.1	0.3	-	2.3	1,162,531
뇌병변	20.5	1.2	0.3	-	-	1.2	256,042
시각	46.4	1.4	0.5	-	-	3.1	252,490
청각	33.5	0.6	0.3	-	-	0.8	424,652
언어	31.8	-	-	0.5	-	2.3	23,254
지적	27.0	-	-	-	-	0.8	202,112
자폐성	28.4	-	-	1.2	-	2.1	38,072
정신	15.0	0.03	-	-	-	1.0	103,819
신장	28.6	1.7	0.2	-	-	2.3	107,516
심장	25.6	4.9	2.2	-	-	1.3	4,944
호흡기	20.9	1.6	-	-	-	2.5	11,400
간	38.9	0.6	-	-	-	4.6	15,239
안면	53.2	3.7	-	-	-	1.7	2,629
장루·요루	26.6	0.8	-	-	-	0.9	18,439
뇌전증	18.4	-	-	-	-	0.9	7,235
전체	33.4	0.9	0.2	0.1	0.0	1.9	2,630,374

출처: 이민경 외(2023). 2023년 장애인 실태조사에서 재구성.

〈표 9-8〉에서와 같이 장애인가구가 한 달 동안 최소한의 생활비에 대해서 가장 응답 비율이 높았던 구간은 100~149만 원(17.9%)이었으며, 이어서 150~199만 원(16.3%), 200~249만 원(15.3%), 50~99만 원(15.1%), 300~349만 원(9.5%), 250~299만 원(9.1%) 등의 비율이 높았다. 장애유형별로 한 달 최소한 생활비 100만 미만의 비율이 높았던 장애유형은 청각장애(22.0%), 장루 · 요루장애(20.2%), 정신장애(19.1%), 뇌전증장애(17.3%) 등이었으며, 한 달 최소한 생활비가 400만 원 이상인 비율이 높았던 장애유형은 자폐성 장애(45.1%), 지적장애(18.8%), 간장애(18.8%), 심장장애(17.1%), 뇌병변장애 (15.3%) 등으로 나타났다.

전체 장애인가구의 한 달 최소한 생활비 평균은 215.4만 원이었으며, 장애유형별로 자폐성장애(382.0만 원)가 한 달 최소한 생활비 평균이 가장 높았고, 이어서 간장애 (275.0만 원), 심장장애(258.1만 원), 지적장애(254.5만 원) 등이 높았다. 반면 한 달 최소한 생활비 평균이 가장 낮았던 장애는 정신장애(171.4만 원)이었으며, 이어서 청각장애(179.6만 원), 장루 · 요루장애(193.3만 원) 등이 낮게 나타났다.

〈표 9-8〉 한 달 동안의 최소한 생활비

(단위: %, 만 원, 명)

구분	50 만 원 미만	50~99 만 원	100~149 만 원	150~199 만 원	200~249 만 원	250~299 만 원	300~349 만 원	350~399 만 원	400~499 만 원	500 만 원 이 상	계	평균	전국 추정수
지체	0.3	14.7	16.4	16.7	16.1	9.7	9.8	4.7	6.8	4.8	100.0	217.3	1,162,531
뇌병변	0.1	14.7	18.8	15.2	13.8	9.1	8.5	4.4	8.9	6.4	100.0	224.2	256,042
시각	0.1	16.5	19.4	16.4	14.2	9.0	9.9	4.1	5.6	4.8	100.0	206.7	252,490
청각	0.1	21.9	23.4	16.8	14.5	6.8	6.2	3.1	4.1	3.1	100.0	179.6	424,652
언어	0.3	10.0	13.2	15.9	18.2	10.1	14.7	4.8	8.7	4.2	100.0	234.4	23,254
지적	0.4	9.3	11.6	14.1	14.6	10.5	13.5	7.2	11.6	7.2	100.0	254.5	202,112
자폐성	0.0	1.2	0.9	6.2	11.9	8.3	17.9	8.6	18.5	26.6	100.0	382.0	38,072
정신	1.5	17.6	24.7	20.6	15.1	6.9	5.1	2.8	4.5	1.3	100.0	171.4	103,819
신장	0.2	5.8	18.5	16.4	17.3	11.2	12.0	6.8	5.9	5.8	100.0	237.2	107,516
심장	-	7.0	14.6	10.5	10.1	11.9	16.5	12.4	12.2	4.8	100.0	258.1	4,944
호흡기	-	12.1	22.0	19.2	22.4	4.7	6.5	4.0	4.4	4.7	100.0	201.2	11,400
간	0.5	6.8	9.0	8.1	14.3	15.0	19.3	8.1	9.9	8.9	100.0	275.0	15,239

구분	50 만 원 미만	50~99 만 원	100~149 만 원	150~199 만 원	200~249 만 원	250~299 만 원	300~349 만 원	350~399 만 원	400~499 만 원	500 만 원 이상	계	평균	전국 추정수
안면	-	8.3	14.7	19.4	15.5	7.8	18.6	4.3	7.1	4.4	100.0	227.4	2,629
장루·요루	-	20.2	20.7	18.1	11.6	10.5	5.8	4.3	3.7	5.3	100.0	193.3	18,439
뇌전증	0.3	17.1	17.7	21.7	10.9	8.3	10.4	3.3	6.0	4.4	100.0	202.6	7,235
전체	0.3	15.1	17.9	16.3	15.3	9.1	9.5	4.7	6.9	5.1	100.0	215.4	2,630,374

출처: 이민경 외(2023). 2023년 장애인 실태조사에서 재구성.

앞의 〈표 9-5〉부터 〈표 9-8〉까지 살펴볼 때, 장애인의 경우 생활 및 소득수준이 비장애인에 비해 대체적으로 낮은 것으로 나타났으며, 더욱이 〈표 9-9〉의 장애로 인한 추가소요 비용을 살펴보면 추가비용의 월평균 금액은 17.0만 원으로 2020년의 15만 2.6천 원보다 높아졌고, 2023년 추가비용 항목으로 '장애 관련 식비'를 추가하고 '기타'에 '장애 관련 냉·난방비 등 비용'을 포함하는 등 포함 범위가 넓어진 점을 고려해야 한다.

추가비용은 의료비가 57.8천 원으로 가장 높았고, 보호간병비 28.2천 원, 교통비가 24.1천 원, 부모사후 및 노후대비비 18.5천 원, 장애 관련 식비 10.7 천 원, 보육·교육비 10.4천 원 등으로 조사되었다.

장애유형별로 보면, 모든 장애(청각장애 제외)에서 의료비가 높게 나타나고 자폐성장애 및 지적장애는 보육·교육비가 높으며, 뇌병변장애는 의료비, 보호·간병비가 높고, 청각장애의 경우 장애인 보조기기 구입·유지비, 신장장애는 의료비, 교통비가 높게 나타났다.

〈표 9-9〉 장애로 인한 추가소요 비용

(단위: 천 원)

구분	월평균 총 추가비용	교통비	의료비	보육·교육비	보호·간병비	재활기관 이용료	통신비	보조 기구 구입·유지비	부모사후 대비비	장애 관련 식비	기타
지체	128.4	24.5	51.3	0.0	21.0	0.5	0.1	3.8	12.3	10.3	4.6
뇌병변	323.7	32.3	128.3	7.9	80.1	8.1	0.5	6.3	9.4	27.7	23.1
시각	97.8	16.8	21.7	0.0	21.4	1.2	0.1	7.9	13.7	10.0	5.1
청각	72.6	8.4	12.8	1.5	15.3	0.4	0.3	25.6	5.6	2.1	0.8
언어	281.6	28.7	82.7	81.3	34.0	6.9	0.9	5.3	17.5	15.9	8.3
지적	284.8	33.2	30.0	58.1	26.0	25.9	0.2	1.4	95.0	7.0	8.0
자폐성	603.2	63.3	51.3	230.9	65.0	69.5	0.3	0.3	97.3	22.0	3.3
정신	100.4	13.9	32.9	0.0	14.9	5.2	0.0	0.6	24.1	5.2	3.6
신장	294.5	53.3	190.9	0.0	22.6	0.1	0.0	2.7	9.4	10.9	4.6
심장	171.5	28.4	99.8	0.3	13.7	0.3	0.2	3.1	14.1	7.7	4.1
호흡기	184.3	26.3	84.7	0.0	26.5	1.3	0.0	17.0	7.9	14.4	6.1
간	251.1	24.7	188.0	0.7	5.8	0.0	0.6	1.0	9.5	20.0	0.9
안면	184.6	26.6	124.6	0.0	1.9	0.0	0.0	1.2	16.8	2.6	11.0
장루·요루	164.6	17.2	39.4	0.0	31.5	0.0	0.0	59.7	1.1	10.3	5.3
뇌전증	130.7	28.8	59.7	13.5	2.9	2.1	0.5	0.0	11.7	5.4	6.2
전체	170.0	24.1	57.8	10.4	28.2	4.8	0.2	8.8	18.5	10.7	6.4

출처: 이민경 외(2023). 2023년 장애인 실태조사에서 재구성.

〈표 9-10〉에서 장애인의 사회 및 국가에 대한 요구사항, 즉 복지욕구를 살펴보면 1순위는 소득보장(43.9%), 의료보장(26.9%), 고용보장(7.9%), 주거보장(6.5%), 장애 건강관리(4.2%) 등의 순서로 나타났으며, 2020년과 비교할 때 소득보장이 다소 낮아지고 고용보장이 필요하다는 경우는 다소 높아졌다. 의료보장은 유사한 수준이며 장애 건강관리를 요구하는 경우는 증가하였다. 특히, 소득과 의료보장에 대한 욕구가 다른 복지욕구를 압도하고 있음을 재차 확인할 수 있었다. 의료보장에 대한 욕구의 주 내용이 장애의 지속적 관리 및 유지를 위해 수준 높은 의료 서비스를 저렴한 비용으로 이용하고 싶어 하는 욕구라는 점에서 사실 의료보장의 욕구는 소득보장 욕구의 한 범주 혹은 또 다른 표현으로 간주해도 무방하다고 판단된

다. 결과적으로 장애인의 근로능력 손상으로 인한 소득결핍에 대응하여 장애인의 최저생활을 보장하는 현물급여에 대한 장애인의 욕구를 충족시키기 위한 제도 확대가 절실히 요구된다고 하겠다. 또한, 장애인의 낮은 수입에 비하여 장애로 인해 요구되는 추가비용에 따른 높은 지출은 생활안정을 위협하는 걸림돌로 작용하기 때문에 장애인의 특성에 맞는 소득보장은 필히 이루어져야 한다. 그러나 우리나라의 경우 장애인소득보장은 그 대상 자체를 저소득계층(국민기초생활 수급권자, 차상위계층)으로 한정하여 지원하고 있어 실질적인 소득보장정책은 매우 필요하고도 절실하다고 할 수 있겠다.

〈표 9-10〉 장애인의 사회 및 국가에 대한 요구사항

(단위: %, 명)

구분	소득 보장	의료 보장	고용 보장	주거 보장	이동권 보장	보육·교육 보장	문화 여가·체육 보장	장애인 인권 보장	장애인 인식 개선	장애 예방	정보 접근 참여 보장	재난 안전 관리	기타	없음	계	전국 추정수
지체	44.2	28.3	7.8	6.2	3.5	0.8	1.5	2.3	1.1	3.5	0.3	0.4	0.1	-	100.0	1,162,531
뇌병변	44.3	28.3	4.2	6.3	4.6	1.9	1.4	1.1	1.1	5.6	0.9	0.4	0.1	-	100.0	256,042
시각	44.0	22.9	10.0	7.3	2.9	0.8	2.2	2.2	1.9	4.8	0.4	0.5	0.1	-	100.0	252,490
청각	42.9	33.0	7.0	5.1	1.6	0.6	1.4	1.9	1.3	3.5	1.1	0.6	0.1	-	100.0	424,652
언어	39.6	20.0	8.3	7.2	0.4	9.0	4.3	2.8	3.7	4.0	0.2	0.5	-	-	100.0	23,254
지적	45.3	12.3	13.3	9.9	1.8	6.0	0.8	2.9	2.1	4.9	0.8	-	-	-	100.0	202,112
자폐성	33.5	8.4	11.0	8.0	1.6	17.4	2.6	5.6	5.2	4.7	1.1	0.5	0.5	-	100.0	38,072
정신	50.4	14.8	8.3	9.6	0.5	1.0	1.7	5.0	2.0	5.5	1.0	-	0.3	-	100.0	103,819
신장	39.0	37.0	5.7	4.8	2.2	0.4	1.4	1.5	1.1	6.7	0.3	-	-	-	100.0	107,516
심장	43.9	25.3	7.3	6.2	0.7	1.7	2.7	1.2	7.4	2.8	-	0.8	-	-	100.0	4,944
호흡기	44.2	32.4	5.6	7.7	1.0	-	0.2	0.3	3.4	3.9	0.6	0.8	-	-	100.0	11,400
간	32.9	35.3	9.3	4.2	2.6	-	2.5	5.4	0.6	7.1	-	-	-	-	100.0	15,239
안면	42.1	19.5	7.8	10.2	0.9	1.7	1.5	7.5	5.9	2.5	0.5	-	-	-	100.0	2,629
장루·요루	42.6	38.4	2.0	2.8	1.1	0.1	1.7	4.0	1.5	5.4	-	0.4	-	-	100.0	18,439
뇌전증	52.3	22.1	10.4	5.0	2.1	1.4	-	1.3	3.6	1.8	-	-	-	-	100.0	7,235
전체	43.9	26.9	7.9	6.5	2.9	1.6	1.5	2.3	1.4	4.2	0.5	0.4	0.1	-	100.0	2,630,374

출처: 이민경 외(2023). 2023년 장애인 실태조사에서 재구성.

2절 소득보장정책 유형

소득보장정책은 사회보장정책의 하위 개념으로서 장애인의 소득을 일정수준 이상으로 유지시켜 주는 제도를 의미한다. 따라서 소득은 노동을 통하여 보장되는 임금소득과 미래의 사회적 위험에 대비하기 위하여 채택된 사회보험에 의한 소득보장, 그리고 임금소득 상실 등의 이유로 자력으로 소득을 확보하기 어려운 국민에게 보완적으로 지급되는 공공부조에 의한 소득보장 등이 있다. 그러나 장애인은 현실적으로 임금소득을 확보하기 위한 자조적 방법이 원활하지 않으므로 국가의 사회정책을 통하여 보장받을 수밖에 없다. 소득보장정책에는 직접적 소득보장정책과 간접적 소득보장정책으로 대별할 수 있다.

1 직접적 소득보장

직접적 소득보장정책은 적극적인 의미에서 장애인의 생존권을 보장하고 기본적 생활을 영위하는 데 필요한 비용을 현금의 형태로 직접 제공하는 것을 말한다. 적극적 의미에서는 장애로 인해 발생하는 추가비용을 금전으로 보장하는 성격으로 ① 사회보험인 국민연금보험, 산업재해 보상보험, ② 공공부조인 국민기초생활보장제도, ③ 사회수당인 장애수당, 장애아동부양수당 등을 들 수 있다.

1) 사회보험

(1) 국민연금보험

우리나라의 공적연금은 공무원연금(1960), 군인연금(1963), 사립학교교직원연금(1973), 국민연금(1988)의 네 가지가 있다. 이 중에서 국민연금은 노령, 장애, 폐질, 사망 등과 같은 위험으로 인해 소득능력의 상실 또는 감소된 국민들에게 연금을 지급함으로써 개인의 생활안정 유지와 복지증진에 기여할 수 있도록 하는 소득보장제도이다. 즉, 미래에 닥쳐올 사회적 위험에 대비하기 위하여 소득의 일부분을 정기적으로 납부하여 경제적 어려움에 대비하기 위한 대표적인 사회보장제도이다.

국민연금의 급여 종류로는 ① 만 60세부터 사망 시까지 지급되는 노령연금, ② 10년 이상 가입자나 연금수급권자가 사망했을 경우 유족에게 지급되는 유족연금, ③ 국민연금 가입자가 수급요건을 충족하지 못하고 탈퇴했을 경우 지급되는 반환일시금, ④ 가입자가 가입 중에 질병이나 부상으로 완치 후에도 신체 또는 정신상의 장애로 인해 노동능력을 상실하여 그 장애 정도에 따라 지급되는 장애연금으로 구분된다.

장애연금은 가입 중에 발생한 질병 또는 부상이 완치(진행 중일 때는 초진일로부터 1년 6개월 경과 시)되었으나, 신체적 또는 정신적 장애가 남아있을 때 이에 따른 소득 감소부분을 보전함으로써 자신과 가족의 안정된 생활을 보장하기 위한 급여로서 장애 정도에 따라 일정한 급여를 지급한다. 단, 장애연금을 받고 있는 사람이라도 국민연금 적용사업장에서 근로하는 18~60세 미만인 근로자는 사업장 가입자로 가입하여야 하며, 자영자 및 농어촌 거주자 등은 지역가입자로 가입하여야 한다.

장애등급은 질병이나 부상의 완치일을 기준으로 노동력 손실 또는 감소 정도에 따라 1~4급으로 결정하며, 완치되지 않은 경우에는 초진일로부터 1년 6개월이 경과된 날을 기준으로 장애등급을 결정한다. 만약, 1년 6개월 경과 시점에서 장애가 경미하여 장애등급에 해당되지 않았으나, 그 장애가 악화되어 60세가 되기 전에 장애등급에 해당되면 청구한 날을 기준으로 장애등급을 결정한다. 〈표 9-11〉과 같이 장애연금은 등급에 따라 기본 연금액의 100%, 80%, 60%에 가급 연금액을 더한 금액이 지급된다. 또한, '장애일시보상금'은 장애등급 4급에 해당하는 경미한 장애를 입은 경우에 지급되는데 기본 연금액의 225%가 한 번에 지급된다.

〈표 9-11〉 2023년 장애연금의 수급요건 및 급여수준

(단위: %)

수급요건	장애등급	급여수준	급여방법
가입 중에 발생한 질병 또는 부상으로 완치 후에도 장애가 있는 자	1급	기본연금액 100% + 부양가족연금액	장애연금 또는 장애일시보상금 중 본인이 선택
	2급	기본연금액 80% + 부양가족연금액	
	3급	기본연금액 60% + 부양가족연금액	
	4급	기본연금액 225%(일시보상금)	장애일시보상금 수령

출처: 국민연금공단(2023)의 "연금 정보(장애연금)"를 참고로 작성.

앞에서와 같이 장애연금을 살펴본바, 우리나라 장애연금이 가지고 있는 해결되어야 할 문제점을 세 가지로 지적할 수 있다.

첫째, 장애연금의 수급시기가 장애원인 발생일로부터 1년 6개월이 경과하여 장애가 잔존하고 있다고 판단되는 경우에만 지급하므로 1년 6개월 동안은 장애연금을 지급받을 수 없는 어려움이 있다.

둘째, 장애연금은 소득의 재분배라는 차원에서 국민연금과 함께 중복적인 지급은 인정하지 않고 있다는 것이 문제점으로 제기된다.

셋째, 국민연금(장애연금)은 보험료를 기여한 사람들을 대상으로 급여를 제공하므로 20세 이전에 장애를 입거나 선천적 장애를 가지고 있는 사람은 국민연금(장애연금)의 사각지대에 놓이게 될 우려가 크다고 할 수 있다. 그러므로 장애연금에 대한 향후 개선책으로서는 「무기여 장애연금」 도입의 필요성이 제기되고 있으며, 이는 「기여제 연금제도」의 한계점을 보완하고 연금형식으로서 최저생활 보장이라는 기능을 할 수 있다고 사료되므로 시급히 시행되어야 할 제도라고 판단된다.

(2) 산업재해보상보험

일반적으로 많은 국가들에서 산재보험은 가장 먼저 도입되어 다른 사회보험제도의 도입에 관해서도 상당히 영향을 미쳤다고 볼 수 있으며, 우리나라에서는 1963년에 제정되어 1964년부터 시행되었다. 우리나라의 경우 현대에 이르러 장애의 90%가 산업재해, 교통사고 등의 후천적 장애가 발생되면서 산재보험의 중요성은

매우 크다고 할 수 있다.

산재보험은 산재근로자와 그 가족의 생활을 보장하기 위하여 국가가 책임을 지는 의무(강제)보험으로서 사용자의 재해보상책임을 보장하기 위하여 사용자로부터 보험료를 징수하여 그 재원으로 사업주를 대신하여 장애를 입은 산재근로자에게 보상을 해 주는 제도[1]이다.

산업재해를 당한 근로자가 지급받을 수 있는 급여는 〈표 9-12〉에서와 같이 요양급여, 휴업급여, 상병보상급여, 장해급여, 간병급여(치유), 유족급여, 장의비가 있으며, 장애인과 관련된 급여는 장해급여에 해당된다.

〈표 9-12〉 2023년 산재보험의 급여 요건 및 급여 수준

(단위: 급, 원, %)

급여 종류		수급 요건	급여 수준
미취업기간급여	요양급여	근로복지공단 병원 또는 산재지정 의료기관에서 치료를 받는 현물급여가 원칙이며, 부득이하게 본인이 먼저 부담한 경우 산재환자에게 현금으로 지급 가능 진료비는 공단이 의료기관에 직접 지급	· 요양급여 범위 · 치과보철료 · 재활보조기구 · 보험급여청구서 확인 및 진단서 발급수수료 · 이송비
	휴업급여	업무상 사유에 의한 부상 또는 질병으로 취업하지 못한 기간(입원/통원)에 대하여 1일당 평균임금의 100분의 70에 해당하는 금액을 지급하는 제도	· 휴업급여액 선정 - 평균임금의 70%를 1일당 휴업급여로 지급 - 다만 평균임금의 70%가 최저보상 기준 금액의 80%보다 적거나 같은 경우에는 평균임금의 90%, 평균임금의 90%가 최저보상 기준 금액의 80%를 초과하면 최저보상 기준 금액의 80%, 평균임금의 90%가 최저임금액에 미달하면 최저임금액을 1일당 휴업급여로 지급
	상병보상연금	요양급여를 받는 근로자가 요양 개시 후 2년이 경과되어도 치유가 되지 아니하고 중증요양상태(1~3급)에 해당되는 경우 휴업급여 대신 지급하는 제도	· 상병보상연금액 산정 - 평균 임금X중증요양상태 등급일수/365를 1일당 상병보상연금으로 지급 · 고령자 상병보상연금 감액지급 - 61세에 도달한 시점부터 감액지급

1) 또한, 소정의 보험료를 징수하여 국가가 재원을 마련하여 산재사고 시 산재근로자에게 보상을 해 줌으로써 사업주에게도 과도한 운영상의 위험을 분산해 주는 역할을 해 준다.

급여 종류		수급 요건	급여 수준
장해 및 간병 급여	장해급여	근로자가 업무상의 사유로 부상을 당하거나 질병에 걸려 치유되었으나 신체에 정신적 또는 육체적 장해가 남아 장해급여 지급대상에 해당될 경우 장해등급에 해당되는 지급일수에 평균임금을 곱하여 지급	· 1급: 329일분, 2급: 291일분, 3급: 257일분, 4급: 224일분, 5급: 193일분, 6급: 164일분, 7급: 138일분 · 1~3급: 연금으로만 지급되며, 1~4년분의 1/2까지 선급으로 지급가능 · 4~7급: 일시금과 연금 중에 선택가능, 연금으로 선택할 시 2년분의 1/2 선급가능 · 8~14급[1)]: 일시금으로만 지급
	간병급여(치유)	치료가 끝난 후에도 간병인이 필요하여 간병이 실제 행하여지면 그 장해 정도에 따라 간병비용을 지급	· 상시 간병급여(1일 41,170원) · 수시 간병급여(1일 27,450원)
유족급여 및 장의비	유족급여	근로자가 업무상 사유로 사망한 경우 그 당시 부양하고 있던 유족에게 급여를 지급	· 유족보상연금 지급: 평균임금의 52~67% 지급 · 수권권자 요구 시 유족일시금의 50%를 일시금으로 지급, 유족보상연금은 50% 감액하여 지급 · 유족보상일시금 지급: 연금수급자격자가 없는 경우와 수급권자가 외국에 거주하는 경우
	장의비	근로자가 업무상 사유로 사망한 경우 장제 실행자에게 그 장제에 소요되는 비용을 지급	· 장제를 실행한 유족에게 평균임금의 120일분 지급 - 최고금액: 15,554,290원 - 최저금액: 11,097,760원

1) 보상일시금의 경우 8급: 495일분, 9급: 385일분, 10급: 297일분, 11급: 220일분, 12급: 154일분, 13급: 99일분, 14급: 55일분이 지급됨.

출처: 근로복지공단(2023)의 "산재보상서비스"를 참고로 재구성.

우리나라 산재보험의 해결되어야 할 문제점 두 가지를 제시하면 다음과 같다.

첫째, 우리나라 산재보험의 특징은 개별 재해의 피해규모와 상관없이 정률보상을 하여 피해규모에 기반을 둔 액수에 비해 너무도 적을 수 있어 재해근로자는 별도로 손해배상청구소송이 제기되는 경우가 허다한 상황이다. 이러한 경우를 보완하기 위하여 특별급여를 두고 있으나, 특별급여가 성립되기 위해서는 사용자가 스스로 고의·과실을 인정해야 하며, 노동부가 사용자로부터 추후 특별급여액을 징수하도록 되어 있기 때문에 사용자가 자발적으로 특별급여를 활용하는 사례는 거의 없을 것이다. 따라서 사업주의 과실에 의한 많은 산재사고의 경우 피재노동자[2)]의

2) 피재(被災)노동자에서 '피재'란 명사로서 재난이나 재앙을 입음. 즉, 재난이나 재앙을 입은 노동자를 말한다.

많은 수가 민사소송을 제기하며, 1~2년간의 시간을 허비하여 노동복귀율을 떨어뜨리는 반면, 사업주는 산재보험료와 손해배상이라는 이중부담을 갖게 된다. 그러므로 산재보험급여액과 민사상 손해배상액의 격차를 줄이거나 특별급여를 현실화하는 것이 과제로 제기된다.

둘째, 장애급여의 장애등급에 따라 차별적으로 주어지고 있으며, 신체의 손상 정도에 따라 장애의 정도를 획일적으로 판정하고 있으나, 이러한 방식은 비장애인의 일상생활상에서의 손실을 기준으로 한 것으로서 노동자들의 노동능력상 손실과는 일치되지 않을 수 있다. 결과적으로 향후 산재보험은 일상생활상의 기능상실을 대상으로 할 것이 아니라 산업재해에 의한 노동능력상의 상실을 대상으로 하여야 하며, 이를 위한 장애등급 판정은 개인별 노동자의 노동능력에 적합하게 조정될 수 있는 보완방안이 마련되어야 한다.

2) 공공부조(국민기초생활보장제도)

우리나라에서는 1961년 이후 「헌법」에 규정된 생존권 보호이념에 의거, 1961년 12월 30일 「생활보호법」이 제정·공포되었는데, 주요 내용은 65세 이상의 고령자, 18세 미만의 아동, 임산부·심신장애자 및 기타 요보호자로서 근로능력이 없고 부양의무자가 없는 자에게 생계보호, 의료보호, 해산보호(解産保護), 상장보호(喪葬保護)를 행하는 것이었다. 그러나 국민기초생활보장제도가 2000년 10월 1일부터 종전의 생활보호제도를 대신하여 시행되고 있으며, 생활이 어려운 사람을 소득, 재산, 부양의무자 등 일정한 기준에 따라 수급자로 선정하여 생계, 의료, 교육, 주거 등의 각종 급여를 지원하는 우리나라의 대표적인 공공부조제도라 할 수 있으며, 소득이 없는 장애인의 생활안정에 기여하고 있다.

국민기초생활보장제도의 수급자가 되기 위해서는 부양해 줄 수 있는 사람이 없다는 것이 입증되거나, 부양의무자가 있다고 하더라도 부양을 받을 수 없는 경우에도 인정되며, 수급자로서 인정되기 위해서는 자산조사(means test) 등을 통하여 장애와 관련 없이 일정한 소득과 자산수준 이하인 사람들만 수급권자가 될 수 있다. 또한, 급여에는 생계급여, 주거급여, 의료급여, 자활급여, 교육급여, 해산급여, 장제급여가 있으며, 구체적으로 살펴보면 다음과 같다.

첫째, 생계급여의 대상자로는 의료·교육·자활급여의 특례자, 에이즈쉼터 거주자, 노숙자 쉼터 또는 한국갱생보호공단시설 거주자 등 정부로부터 생계를 제공받는 자를 제외한 모든 수급자이다. 또한, 급여액은 주거급여 제외 대상자를 제외한 모든 수급자에 대하여 최저생계비 중 최저주거비를 분리하여 주거급여로 지급하며, 주거급여는 가구별 0원~최저 주거비까지 정률급여로 지급하고, '자가가구 등'에 해당하는 수급자에게 가구별 현금급여액에 해당하는 금액을 차감한 나머지를 주거 현금급여로 지급한다. 단, 현금급여기준은 최저생계비에서 현물로 지급되는 의료비·교육비 및 타법지원액(주민세, TV수신료 등)을 차감한 금액으로 소득이 없는 수급자가 받을 수 있는 최고액의 현금급여 수준이다.

가구별 생계급여액 = 현금급여기준액 − 가구의 소득인정액 − 주거급여액

출처: 보건복지부(2023). "기초생활보장"을 참고로 재구성.

〈표 9-13〉 2023년 기준중위소득 및 최저생계비

(단위: 원)

	1인	2인	3인	4인	5인	6인
기준중위소득	2,077,892	3456,155	4,434,816	5,400,964	6,330,688	7,227,981
최저생계비	1,166,887	1,956,051	2,516,821	3,072,648	3,614,709	4,144,202
교육급여 (중위 50%)	1,038,946	1,728,077	2,217,408	2,700,482	3,165,344	3,613,991
주거급여 (중위 44%)	976,609	1,624,393	2,084,364	2,538,453	2,975,423	3,397,151
의료급여 (중위 40%)	831,157	1,382,462	1,773,927	2,160,386	2,532,275	2,891,193
생계급여 (중위 30%)	623,368	1,036,846	1,330,445	1,620,289	1,889,206	2,168,394

출처: 보건복지부(2023). "기초생활보장"을 참고로 재구성.

앞에서와 같이 국민기초생활보장제도를 살펴본바, 우리나라 국민기초생활보장제도의 해결되어야 할 문제점으로서 두 가지를 지적할 수 있다.

첫째, 국민기초생활보장 수급권자로 선정되는 데 있어서 장애인이기 때문에 추가로 유리한 점 및 장애인이기 때문에 추가로 지급해 주는 것이 전혀 없는 상태이다. 따라서 장애인이 각종의 추가비용을 개인적으로 부담하고 있음에도 불구하고 전혀 고려되지 않고 있다는 점이 문제점이라 할 수 있다.

둘째, 장애로 인한 추가 소요 비용에 대한 최저생계비 산정에 있어서의 배려 부분이다. 장애인, 노인가구, 한부모가정 등과 같이 가구유형에 따른 생계비의 차이는 매우 중요하며, 추가로 소요되는 비용은 꽤 존재할 것이다. 특히, 〈표 9-9〉에서와 같이 재가 장애인의 장애로 인한 추가소요 비용은 월평균 16만 원 정도에 이르며, 실제소득은 명목상 소득보다도 16만 원 정도 낮은 것으로 해석해야 하지만 현재는 표준가구와 동일시하고 있다. 그러므로 장애인의 경우 집단 간에 형평성을 유지하기 위해서는 최저생계비에 장애로 인한 추가비용 등을 고려하여 최저생계를 보장하는 방향으로 개선되어야 할 것이다.

3) 사회수당

우리나라의 법정 장애 관련 수당으로는 '장애인연금', '경증 장애수당', '장애아동부양수당', '보호수당'의 네 가지가 있으며, 이 중에서 '보호수당'은 예산이 확보되지 않아 현재 시행되지 못하고 있는 실정이고, 사회수당 성격의 장애인연금이 포함된다. [그림 9-1]은 사회수당의 개정 전·후 비교이다.

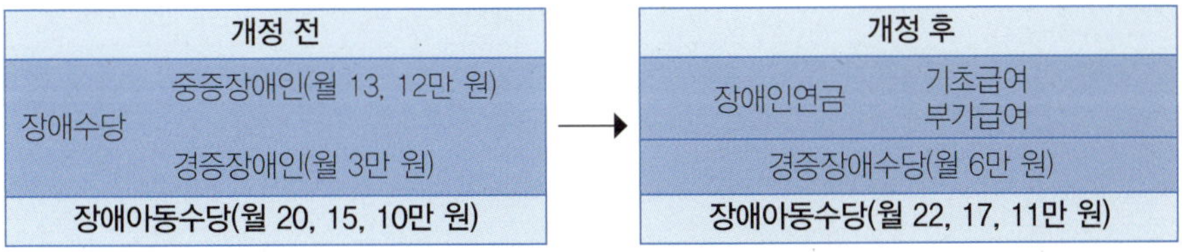

[그림 9-1] 사회수당의 개정 전·후 비교

출처: 보건복지부(2023). "정책마당: 장애인정책(장애인연금)"을 참고로 작성.

(1) 경증 장애수당

경증 장애수당은 생계보조수당의 성격을 띠고 있으며 장애인의 불완전한 생활상태를 지원하기 위한 직접적인 소득보장정책으로 1990년에 처음으로 도입되었다. 2013년도의 장애수당 지급대상은 다른 사람의 도움 없이는 일상생활을 영위하기 어려운 「국민기초생활 보장법」상 수급자 및 차상위계층의 경증 등록장애인을 대상으로 하고 있다. 또한, 보장시설 입소장애인은 연령에 관계없이 장애수당만 지급하며, 특례수급[3]장애인이 차상위계층에 해당 시 장애수당을 지급하게 된다. 그리고 장애인 재활수당 대상은 중증장애인인 「국민기초생활 보장법」상 수급자 및 다른 장애가 중복된 지적·자폐성·정신 장애인에게만 해당이 되므로 경증장애인을 대상으로 하는 장애수당에서는 해당이 되지 않으며, 보장시설 입소장애인은 연령에 관계없이 장애수당만 지급이 되고, 특례수급 장애인이 차상위계층에 해당 시에는 장애수당을 지급하게 된다.

〈표 9-14〉에서와 같이 2023년을 기준으로 경증 장애수당의 지급대상과 금액을 자세히 살펴보면, 「국민기초생활 보장법」상의 수급자 및 차상위 경증장애인은 월 6만 원을 지급하고 있다. 또한, 보장시설에 거주하는 수급자 및 차상위 경증장애인은 월 3만 원의 수당을 지급하고 있다. 그리고 경증 장애수당의 경우 지방자치단체의 역량에 따라 추가로 지급할 수 있으며, 장애인 본인을 기준으로 지급하므로 1가구에 지급대상 장애인이 2인인 경우 각각에게 지급된다.

〈표 9-14〉 2023년도 경증 장애수당 지원기준

(단위: 원)

구분	생계·의료급여 수급자	주거·교육급여 수급자 및 차상위 장애수당 대상자	보장시설입소 (생계·의료급여 수급)
지급금액	60,000	60,000	30,000

출처: 보건복지부(2023). "2023년 장애인복지시책"을 참고로 재구성.

3) 국민기초생활보장 대상자으로는 ① 일반 수급가구, ② 조건부 수급가구, ③ 특례가구로 구분이 되며, 수급자의 특례유형을 세부적으로 살펴보면, 의료특례, 수급권자 재산기준 특례, 자활특례, 교육특례, 타법률수급자특례, 부양의무자 재산기준 특례, 의료·교육·자활 중복특례가 있다.

(2) 장애인(중증) 연금제도

고용개발원의 조사에 의하면 중증장애인의 경우 경제활동 참가율이 51.1%(국민평균 70.7%), 고용률은 48.7%(국민평균 68.9%)에 불과하고, 월평균 소득수준도 199만 원으로 경증장애인의 소득수준 204만 원보다도 낮게 나타났다. 또한, 각종 의료비, 교통비, 재활치료비와 같은 생활비용이 월평균 100~149만 원이 추가로 드는 등 생활여건이 매우 열악한 편이다.

그러므로 중증장애인의 근로능력 상실 또는 현저한 감소로 인하여 줄어드는 소득과 장애로 인한 추가비용을 보전하기 위해 매월 일정액의 연금을 지급하는 사회보장제도이다. 장애수당과 달리 「장애인연금법」에 의해 보장되며, 임금상승률 등을 반영하여 매년 인상된 연금을 받을 수 있다.

장애인연금의 지원기준은 18세 이상의 등록 중증장애인 중 본인과 배우자의 소득인정액이 선정기준액 이하인 자를 대상으로 하며, 이를 연령 및 장애등급, 소득기준으로 자세히 살펴보면 다음과 같다.

첫째, 장애등급 기준으로는 신청일 현재 「장애인복지법」 제32조에 따라 등록한 장애인 중 중증장애인 및 중복장애에 해당하는 장애인을 그 대상자로 한다.

둘째, 장애인연금의 수급권자가 되는 대상자 가구는 소득인정액이 선정기준 이하여야 한다. 소득인정액(월 소득평가액+재산의 월 소득환산)은 본인과 배우자의 소득평가액과 재산의 소득환산액을 합산한 금액으로 대상자로 선정되기 위해서는 소득인정액이 단독가구의 경우 122만 원, 부부가구는 88만 195.2만 원 이하여야 한다.

셋째, 종전의 장애수당 수급자 중 중증장애인은 당연 포함되고 국민기초생활보장 수급자는 장애인연금제도의 선정기준액을 당연 충족하는 것으로 본다.

〈표 9-15〉에서와 같이 2023년 장애인연금의 지급금액은 기초급여액의 경우 2023년 1월부터 2023년 12월까지는 323,180원(감액이 없는 최고지급액 기준)을 지급하고, A값은 전년도 물가변동분 및 소득상승분 등을 반영하여 변경한다. 장애인연금의 부가급여액의 경우, 기초생활수급자의 경우 18~64세까지는 8만 원, 차상위계층은 7만 원이며, 기초급여에 추가적으로 지급된다.

〈표 9-15〉 2023년도 장애인(중증) 연금 지원기준

(단위: 원)

구분		계	기초급여	부가급여
기초	18~64세	403,180	323,180	80,000
	65세 이상	403,180		403,180
차상위	18~64세	393,180	323,180	70,000
	65세 이상	70,000		70,000
차상위 초과	18~64세	343,180	323,180	20,000
	65세 이상	40,000		40,000

출처: 보건복지부(2023). "정책마당: 장애인정책(장애인연금)"을 참고로 재구성.

(3) 장애아동수당

2023년도의 장애아동(부양)수당 지급대상은 다른 사람의 도움 없이는 일상생활을 영위하기 어려운 중증장애아동 보호자에게 장애아동수당을 지급하여 저소득 장애인 가구의 생활안정을 도모하는 것이다. 장애아동수당은 부양과 보호로 인해 소득활동을 하지 못하는 부양보호자의 기회비용을 보상해 주는 의미와 수당을 통해 보호가 필요한 장애인이 실질적인 보호를 받을 수 있도록 하는 이중적인 의미가 있다.

지급대상은 「국민기초생활 보장법」상 수급자 및 차상위계층(120% 이하)의 18세 미만의 장애아동 보호자이며, 당해 장애인이 초·중등교육법에 의한 고등학교와 이에 준하는 특수학교 또는 각종 학교에 재학 중인 경우 20세 이하의 경우를 포함하며, 특례수급 장애인에게는 수당지급이 불가하다.

〈표 9-16〉에서와 같이 장애아동수당의 지급대상과 금액을 자세히 살펴보면, 「국민기초생활 보장법」상의 수급자인 중증아동의 보호자에게는 월 22만 원, 차상위 중증아동의 보호자에게는 월 17만 원, 그리고 수급자 및 차상위 경증아동의 보호자에게는 월 11만 원, 보장시설의 중증장애아동에게는 월 9만 원, 보장시설의 경증장애아동에게는 월 3만 원이 각각 지급되고 있다.

〈표 9-16〉 2023년도 장애아동수당 지원기준

(단위: 원)

장애 정도	대상자 구분	지급금액(1인/월)	
		계	장애아동수당(국·시비)
중증 (1, 2급, 3급 중복)	국민기초생활보장수급자	220,000	220,000
	차상위계층	170,000	170,000
	보장시설수급자	90,000	90,000
경증	국민기초생활보장수급자	110,000	110,000
	차상위계층	110,000	110,000
	보장시설수급자	30,000	30,000

출처: 보건복지부(2023)의 "2023년 장애인복지시책"을 참고로 작성.

앞에서와 같이 장애수당을 살펴본 결과, 우리나라 장애수당제도가 해결해야 할 문제점으로서 두 가지를 제시하면 다음과 같다.

첫째, 장애수당 정책에서의 소득기준에 대한 문제이다. 현행 장애수당의 대상자는 국민기초생활 수급권자 및 차상위계층인 장애인만 해당이 되고, 국민기초생활 수급권자 및 차상위계층보다는 높은 소득이 있다 하더라도 장애로 인한 추가지출이 발생하게 되어 실제생활은 최저생계조차도 꾸려가지 못하는 극빈한 생활을 하게 되는 상황이 발생된다. 이러한 상황의 발생 원인은 우리나라의 현행 국민기초생활보장세도에서는 장애인의 추기지출비용을 고려하고 있지 않고 있기 때문이며, 이를 해결하기 위해서는 장애수당의 소득기준을 없애거나 점증적으로라도 소득재분배를 고려한 소득상한선을 설정해야 할 것이다.

둘째, 예산 미확보에 따라 실시되지 못하는 보호수당이 시급히 시행되어야 한다. 보호수당이 적절한 수준에서 지급이 되면 아동 개호(介護)[4]자를 고용함으로써 항시적인 부양·보호의 부담에서 벗어날 수 있으며, 소득활동을 할 수 있어 가족 간의 갈등완화 및 경제적인 측면에서 매우 효율적이라 할 수 있다. 또한, 장애인 자신도 스스로에게 필요한 서비스를 개호자에게 요구할 수 있어 의존감에서 탈

4) 명사로서 곁에서 돌보아 준다는 의미이다. 예를 들면, 개호자는 병실에서 같이 숙식을 하며, 음식을 먹여 주고, 목욕을 도와주는 등 장애인, 노인 등 환자를 개호하는 활동을 수행하게 된다.

피할 수가 있는바 보호수당은 장애인의 자립생활에 주요한 기반이 되므로 보호수당의 목적을 달성할 수 있도록 시급히 시행되어야 함이 요청된다.

2 간접적 소득보장

간접적 소득보장정책은 간접적 의미에서 서비스를 제공받는 데 소요되는 경비를 감면하는 성격의 현물급여와 각종 세제혜택과 요금감면 간접 제공하는 것을 말한다. 이렇듯 경제적 부담감을 경감시키는 조치의 성격으로 ① 장애인자녀교육비 지원제도, ② 장애인자립자금 대여제도, ③ 각종 경제적 부담 경감시책 등을 들 수 있다.

1) 장애인 자녀의 교육급여 지원

장애인 자녀의 교육급여 지원제도의 목적은 비장애인에 비하여 소득활동에는 제한을 받으면서 의료비, 교통비, 재활보조기기 구입비 등 교육 간접비용이 상대적으로 높은 저소득 장애인가구의 자녀에 대한 교육비를 지원하여 최소한의 교육기회 보장과 장애인 가구의 생활안정을 도모하는 것이다.

교육비 지원대상으로는 ① 중 · 고등학교 중증장애재학생, ② 중증 장애인의 중 · 고등학생 자녀이며, 단, 가구당 월소득 인정액은 〈표 9-17〉에 해당되는 기초생계비의 차상위계층 가구여야 한다. 지원내용으로 고등학생의 경우에는 입학금 및 수업료가 전액지원되며, 2023년부터는 교육급여 바우처가 도입되어 교육활동 지원비가 카드포인트 방식으로 지급된다. 중학생의 경우에는 연 58만 9천 원, 고등학생의 경우에는 연 64만 4천 원이 지급되며 금액은 지역마다 상이하다. 단, 교육비 지원 제외대상으로는 ① 「국민기초생활 보장법」 제2조의 수급자(교육특례수급자 포함)인 장애인가구의 중·고등학생, ② 「모부자복지법」 제4조의 모부자가정의 중·고등학생, ③ 특수교육진흥법 제2조의 특수학교 중·고등학생, ④ 국가유공자 등의 예우 및 지원에 의한 교육비 면제 중·고등학생, ⑤ 경지소유 규모 1ha 미만

영농인 자녀 중 실업계 고등학생과 기타 타법에 의한 국비지원(교육비)의 경우 이중지원이 불가능하다(보건복지부, 2023).

〈표 9-17〉 2023년도 장애인 자녀의 교육급여 소득인정액 기준

(단위: 원)

구분	1인 가구	2인 가구	3인 가구	4인 가구	5인 가구	6인 가구
소득인정액[1]	1,038,946	1,728,077	2,217,408	2,700,482	3,165,344	3,613,990

1) 주거급여 한도액은 가구별 최저주거비(최저생계비의 15.840%)이며, 8인 이상 가구는 1인 증가 시마다 1만 3,000원 추가됨.

출처: 충남도청(2023)의 "생활안정지원"을 참고로 재구성.

2) 장애인 자립자금 대여제도

장애인 자립자금 대여제도의 목적은 「국민기초생활 보장법」에 의해 생업자금융자를 받는 수급자 및 차상위계층을 제외한 저소득층(최저생계비 250%)의 생업활동 등에 필요한 자금을 장기저리로 대여하여 자립을 지원하고자 하는 사업으로서 「장애인복지법」 제41조 규정에 의거 자활·자립이 가능한 저소득장애인 가구주 또는 가구주의 배우자에게 자립자금을 대여하여 이들의 자활·자립 및 생활안정을 도모하는 것이다.

자금자립의 대상으로는 가구별 월소득 〈표 9-18〉과 같이 저소득 장애인으로 생업을 위하여 자금이 필요한 자가 해당된다. 단, 「국민기초생활 보장법」상의 저소득층 생업자금융자대상인 장애인과 「한부모가족지원법」 등 타 법령에 의거 유사한 창업자금을 대여받고 융자금을 완납하지 않은 자는 제외된다.

〈표 9-18〉 2023년 장애인 자립자금 융자 대상

(단위: 원)

구분	내용							
가구별 월소득 인정액 기준	1인 가구	2인 가구	3인 가구	4인 가구	5인 가구	6인 가구	7인 가구	8인 이상
	1,038,946 원 초과 2,077,892 원 이하	1,728,077 원 초과 3,456,155 원 이하	2,217,408 원 초과 4,434,816 원 이하	2,700,482 원 초과 5,400,964 원 이하	3,165,344 원 초과 6,330,688 원 이하	3,613,991 원 초과 7,227,981 원 이하	4,053,758 원 초과 8,107,515 원 이하	1인 증가 시마다 263,861원씩 증가 : 7인가구 기준+ (7인기준-6인기준)

출처: 서울시관악구청(2023)의 "복지정보: 장애인복지시책(장애인자립자금 대여제도)"를 참고로 재구성.

자립자금대여의 종류로는 생업자금 및 생업을 위한 자동차 구입비, 취업에 필요한 지도 및 기술훈련비, 기능회복 훈련에 필요한 장애인 보조기기 구입비, 사무보조기기 구입비, 자기계발 훈련비, 의료비 등이다. 단, 생활가계자금, 주택전세자금, 학자금, 출퇴근을 위한 자동차 구입 등의 용도로는 융자가 불가능하다. 융자대상자는 〈표 9-19〉와 같이 가구별 월소득인정액이 최저생계비의 250% 이하의 성년 등록장애인이 대상이 된다. 2023년 현재 장애인 자립자금의 융자조건으로 ① 무보증대출의 요건으로는 한도액이 2만 원 또는 소득이 600만 원 이상일 때 대출 한도액은 1,200만 원이 무보증 대출되며, ② 보증대출 시 보증인의 요건으로는 연간 재산세 2만 원 또는 소득이 800만 원 이상일 때 2,000만 원 보증대출이 되고, ③ 담보대출의 경우 가구당 담보 범위 내 5,000만 원 이하가 가능하다. 또한, 융자금리는 고정금리 3.0%이며, 융자기간은 5년 거치 5년 분할상환을 조건으로 대여를 하고 있다.

〈표 9-19〉 2023년 장애인 자립자금 융자 조건

(단위: 만 원)

융자조건		
한도액	이율	융자기간
무보증 대출: 가구당 1,200만 원 이하	고정금리 연 3.0%	5년 거치, 5년 상환
보증 대출: 가구당 2,000만 원 이하		
담보 대출: 담보 범위 내(5,000만 원 이하)		

출처: 서울시관악구청(2023)의 "복지정보: 장애인복지시책(장애인자립자금 대여제도)"를 참고로 재구성.

장애인자립자금의 대여절차로는 ① 신청단계이다. 거주지 관할 동 주민센터에서 제출서류를 갖추어 신청(연중신청)을 해야 하며, 제출 서류로는 복지대상자 자금대여 신청서,자금대여 사업계획서, 소득·재산신고서, 개인정보수집 및 이용동의서가 필요하다. ② 접수 및 기초조사단계이다. 동 주민센터에서 조사서를 작성, 신청서류와 함께 구·군으로 송부한다. ③ 요건심사 및 추천단계이다. 구·군에서는 시청인의 자금대여 사업계획서 검토 및 소득·재산조사를 거쳐 금융기관에 대여 추천을 한다. ④ 마지막으로 대출요건 심사 및 융자결정이다. 금융기관의 여신심사 및 최종 대출을 결정하게 된다.

3) 각종 경제적 부담 경감시책

간접적인 소득보장시책으로는 경제적 부담을 경감시키는 조치로서, 장애인자녀 교육비 지원과 장애인자립자금 대여제도 외에도 장애로 인한 소득경감과 추가비용 부담을 완화하기 위하여 정부에서는 각종 공공요금을 감면해 주고 각종 세금을 감면하거나 감면대상 범위를 매년 확대해 왔다. 이들 시책은 1980년대 후반부터 도입되어 1990년대 중반기에 집중적으로 확대되었다. 이러한 경제적 부담 경감시책에는 승용자동차 개별소비세 면제, 승용자동차 LPG 연료 사용 허용, 소득세 공제, 장애인 의료비 공제, 상속세 인적공제, 증여세 면제, 장애인용 차량에 대한 등록세·취득세·자동차세 면제, 철도·도시철도 요금감면, 유선전화요금 할인, 시·청각 장애인 TV 수신료 면제, 항공요금 할인, 연안여객선 여객운임 할인, 전기요금 할인 등이 있다. 2023년도 장애인복지시책이며, 이 중에서 대표적인 각종 경제적 부담 경감시책은 음영처리를 한 시책들로서 참고하면 된다.

이상에서와 같이 정부의 장애인에 대한 간접적 소득보장시책들은 직접적인 소득보장시책들에 비해 눈에 띌 정도로 1990년도를 시점으로 상당히 다양한 형태로 확대되었다. 그러나 감면, 할인 등의 각종 경제적 부담 경감시책들은 특히, 지원이 매우 절실한 저소득 장애인에게는 큰 도움이 되지 않고 있다. 그 이유는 저소득 장애인의 경우 재산이 많지 않고, 비장애인에 비해 자동차도 보유할 수 없고, 항공편 등의 이용기회가 거의 없으므로 실질적인 도움이 되지 않는 것이다. 더욱이 각종 할인제도를 활용할 때에는 반드시 장애인 등록증을 검열받아야 하므로, 이때 느끼게 되는 낙인감(stigma)의 문제가 발생할 소지가 크다고 하겠다.

3 2023년 장애인복지시책

1) 보건복지부에서 시행하는 사업

(1) 연금·수당

<table>
<tr><th>주요사업명</th><th>지원대상</th><th>지원내용</th><th>비고</th></tr>
<tr>
<td>1-1.
장애인
연금
1급, 2급 및
3급
중복장애</td>
<td>• 2023년도 선정기준액
단독가구: 122만 원
부부가구: 195.2만 원</td>
<td>
<table>
<tr><th colspan="2">구분</th><th>계</th><th>기초</th><th>부가</th></tr>
<tr><td rowspan="2">기초</td><td>18~64세</td><td>403,180</td><td>323,180</td><td>80,000</td></tr>
<tr><td>65세 이상</td><td>403,180</td><td></td><td>403,180</td></tr>
<tr><td rowspan="2">차상위</td><td>18~64세</td><td>393,180</td><td>323,180</td><td>70,000</td></tr>
<tr><td>65세 이상</td><td>70,000</td><td></td><td>70,000</td></tr>
<tr><td rowspan="2">차상위
초과</td><td>18~64세</td><td>343,180</td><td>323,180</td><td>20,000</td></tr>
<tr><td>65세 이상</td><td>40,000</td><td></td><td>40,000</td></tr>
</table>
</td>
<td>읍·면·동에
신청</td>
</tr>
</table>

주요사업명	지원대상	지원내용	비고
1-2. 경증장애수당 및 장애아동수당	• 장애수당 - 국민기초생활보장법에 의한 수급자 및 차상위 계층(기준 중위소득 50% 이하)의 만 18세 이상 등록 장애인 중 장애등급이 3~6급인 자 • 장애아동수당 - 국민기초생활보장법에 의한 수급자 및 차상위 계층(기준 중위소득 50% 이하)의 만 18세 미만 장애아동 *중증장애인 : 1급, 2급 및 3급 중복장애 *경증장애인 : 장애등급이 3~6급인 자	• 장애수당 - 기초(생계, 의료, 주거, 교육) 및 차상위:1인당 월 4만 원 - 보장시설 수급자(생계, 의료):1인당 월 2만 원 • 장애아동수당 - 기초(생계, 의료) 중증:1인당 월 20만 원 - 기초(주거, 교육), 차상위 중증:1인당 월 15만 원 - 기초(생계, 의료, 주거, 교육) 및 차상위 경증:1인당 월 10만 원 - 보장시설(생계, 의료) 중증:1인당 월 7만 원 - 보장시설(생계, 의료) 경증:1인당 월 2만 원	읍·면·동에 신청

(2) 보육·교육

주요사업명	지원대상	지원내용	비고
2-1. 장애아 보육료 지원	• 만 0세~만 12세 장애아동 - 장애인복지카드(등록증) 소지자 - 장애소견이 있는 의사진단서(만 5세 이하만 해당) 제출자 - 특수교육대상자 진단·평가 결과 통지서 제출자(만 3세~만 8세까지만 해당)	• 지원단가 - 종일반: 46만 2천 원/월 - 방과 후: 23만 2천 원/월 - 만 3~5세 누리장애아보육: 46만 2천 원/월 ※ 가구소득수준과 무관	읍·면·동에 신청
2-2. 여성장애인 교육 지원	•「장애인복지법」 제32조(장애인 등록)에 의한 등록 여성장애인	• 여성장애인 사회참여 교육지원 - 상담사례관리, 역량강화교육 등 다양한 프로그램 운영 및 지역사회 연계	제공기관에 신청

(3) 의료 및 재활지원

<table>
<tr><th>주요사업명</th><th colspan="2">지원대상</th><th>지원내용</th><th>비고</th></tr>
<tr><td>3-1. 장애인 의료비 지원</td><td colspan="2">• 「의료급여법」에 의한 의료급여 2종 수급권자인 등록장애인
• 건강보험의 차상위 본인부담 경감 대상자인 등록장애인(만성질환 및 18세 미만 장애인)</td><td>• 의료기관 이용 시 발생하는 급여 항목 본인부담금의 일부 또는 전액 지원(비급여 제외)
- 1차 의료기관 외래진료 본인부담금 750원 일괄지원
• 2차, 3차 의료기관 진료
- 의료(요양)급여수가적용 본인부담 진료비 15%(차상위 14%, 암환자 5%, 입원 10% 등) 전액을 지원하되 본인 부담금 식대20%는 지원하지 않음</td><td>의료급여증과 장애인 등록증을 제시</td></tr>
<tr><td rowspan="4">3-2. 건강보험 지역 가입자의 보험료 경감</td><td>자동차분 건강보험료 전액면제</td><td>• 「장애인복지법」 규정에 의해 등록한 장애인 소유 자동차</td><td>• 해당 자동차는 건강보험료 산정 시 제외</td><td>국민건강보험 공단지사에 신청</td></tr>
<tr><td>생활수준 및 경제 활동 참가율 등급별 점수 산정시 특례 적용</td><td>• 등록장애인</td><td>• 건강보험료 책정 시 지역가입자인 등록장애인에 한해 연령·성별에 상관없이 기본구간(1구간)을 적용</td><td>국민건강보험 공단지사에 신청</td></tr>
<tr><td>산출 보험료 경감</td><td>• 지역가입자 중 등록장애인이 있는 세대로 소득이 360만 원 이하인 동시에 과표 재산이 1억 3천5백만 원 이하</td><td>• 장애등급 1~2급인 경우: 30% 감면
• 장애등급 3~4급인 경우: 20% 감면
• 장애등급 5~6급인 경우: 10% 감면</td><td>국민건강보험 공단지사에 신청</td></tr>
<tr><td>장기요양보험료 경감</td><td>• 등록장애인 1~2급</td><td>• 장기요양보험료의 30% 감면</td><td>국민건강보험 공단지사에 신청</td></tr>
<tr><td>3-3. 장애진단서 발급비 지원</td><td colspan="2">• 국민기초생활 보장법상의 생계급여 또는 의료급여 수급자로서 신규 등록 장애인 및 재판정 시기가 도래한 장애인</td><td>• 진단서 발급 비용 지원
- 지적, 자폐성, 정신장애: 4만 원
- 기타 일반장애: 1만 5천 원
※ 장애판정을 위한 검사비용은 본인 부담</td><td>시·도 및 시·군·구에서 의료기관에 직접 지급 또는 읍면동에 신청</td></tr>
</table>

주요사업명	지원대상	지원내용	비고
3-4. 장애검사비 지원	• 기존 등록장애인 중 장애인연금, 장애수당, 활동지원, 중증장애 아동수당 신청으로 인한 서비스 재판정 및 의무 재판정 등으로 재진단을 받아야 하는 수급자 및 차상위 계층인 자 • 행정청 직권으로 재진단을 받는 자	• 최대 10만 원 범위 내에서 지원	읍·면·동에 신청
3-5. 발달재활 서비스	• 연령기준: 만 18세 미만 장애아동 • 장애유형: 뇌병변, 지적, 자폐성, 언어, 청각, 시각 장애아동 • 소득기준: 기준 중위소득 180% 이하 • 기타요건 - 장애인복지법상 등록장애아동 - 다만, 등록이 안 된 만 6세 미만 아동은 의사진단서(검사자료 포함)로 대체 가능	• 매월 14~22만 원의 발달재활서비스 바우처 지원 • 언어·청능, 미술·음악, 행동·놀이·심리, 감각·운동 등 발달재활서비스 선택하여 이용	읍·면·동에 신청
3-6. 언어발달 지원	• 연령기준: 만 12세 미만 비장애아동(한쪽부모 및 조손가정의 한쪽 조부모가 시각·청각·언어·지적·뇌병변·자폐성 등록 장애인) • 소득기준: 기준 중위소득 120% 이하	• 매월 16~22만 원의 언어재활 등 바우처 지원 • 언어발달진단서비스, 언어·청능 등 언어재활서비스, 독서지도, 수화지도	읍·면·동에 신청

주요사업명	지원대상	지원내용	비고
3-7. 장애인 보조기기 교부	• 등록장애인 중 「국민기초생활 보장법」상의 수급자 및 차상위계층	• 품목 및 교부대상 - 욕창방지용 방석 및 커버: 1~3급 뇌병변·심장장애인 - 와상용 욕창예방 보조기기: 1~3급 심장장애인 - 보행차, 좌석형 보행차, 탁자형 보행차: 지체·뇌병변장애인 - 음식 및 음료섭취용 보조기기, 식사도구, 젓가락 및 빨대, 머그컵, 유리컵, 컵 및 받침대, 접시 및 그릇, 음식보호대, 기립훈련기: 1~3급 지체·뇌병변 장애인 - 목욕의자: 지체·뇌병변 장애인 - 휴대용경사로: 지체·뇌병변 장애인 - 이동변기: 1~3급 지체·뇌병변 장애인 - 장애인용의복(09 03 05): 지체·뇌병변·심장·호흡장애인 - 휠체어용 탑승자 고정장치 및 기타 액세서리: 1~3급 지체·뇌병변·심장·호흡장애인 - 독립형 변기 팔 지지대 및 등 지지대: 지체·뇌병변 장애인 - 환경조정장치: 1~3급 지체·뇌병변 장애인 - 대화용장치: 뇌병변·발달·청각·언어장애인	읍·면·동에 신청
3-8. 보장구 건강보험 급여 (의료급여) 적용	• 건강보험: 등록장애인 중 건강보험 가입자 및 피부양자 • 의료급여: 등록장애인 중 의료급여 수급권자 *세부 대상 기준은 「국민건강보험법 시행규칙」[별표 7] 및 「장애인보장구 보험급여 기준 등 세부사항(보건복지부 고시)」[별표 2] 참조	• 건강보험 대상자: 전동휠체어, 의지·보조기, 자세보조용구 등 88개 품목에 대해 지급기준 금액의 90%까지 국민건강보험공단에서 지원(차상위는 100%) • 의료급여 수급권자 : 전동휠체어, 의지·보조기, 자세보조용구 등 88개 품목에 대해 지급기준 금액의 100%까지 의료급여 기금에서 지원 *보험급여 대상 보장구 유형 및 기준액, 내구연한 등은 「국민건강보험법 시행규칙」[별표7] 참조	• 신청기관 - 건강보험: 공단 - 의료급여: 시·군·구청 *국민건강보험공단에 등록된 업소 및 품목에 대해 구입한 경우 급여지원(공단 홈페이지 사이버민원센터 참조)

주요사업명	지원대상	지원내용	비고
3-9. 장애인 의료재활 시설 운영	• 등록장애인	• 지원내용 - 장애의 진단 및 치료 - 보장구 제작 및 수리 - 장애인 의료재활상담 등 • 의료급여수급권자 및 시·군·구청장의 무료진료 추천자는 무료, 그 외의 자는 실비 부담	의료급여증과 장애인 등록증(복지카드)제시
3-10. 여성장애인 출산비용 지원	• 「장애인복지법」 제32조에 의한 등록 여성 장애인 중 출산 및 유산·사산 한자 *임신기간 4개월 이상 태아를 유·사산한 경우로 인공임신중절 수술에 따른 유산은 제외	• 출산(유산, 사산 포함) 태아 1인 기준 1백만 원 지급	읍·면·동에 신청

(4) 서비스

주요사업명	지원대상	지원내용	비고
4-1. 장애인 활동 지원	• 만 6세~만 64세의 「장애인복지법」상 등록 1~3급 장애인 중 활동지원 인정조사표에 의한 방문조사 결과 220점 이상인 자	• 월 한도액 - 기본급여:등급별 월 61.0~153.0 만 원 - 추가급여: 독거여부, 출산여부, 취업 및 취학여부 등의 생활환경에 따라 월 130~3,539천 원 추가급여 제공 • 본인부담금 - 생계·의료급여 수급자: 면제 - 차상위계층(생계·의료급여수급자 제외): 2만 원 - 가구별 소득수준에 따라 기본급여의 6~15% + 추가급여의 2~5% 차등 부담 • 기본급(1~4등급): 36.6~113.5천 원(국민연금 기초급여액으로 상한 설정) • 추가급여(독거, 출산, 학교·직장 생활 등): 2.6~176.9천 원	읍·면·동, 국민연금공단 각 지사에 신청

주요사업명	지원대상	지원내용	비고
4-2. 장애아 가족 양육 지원 (1~3급)	• 연령기준: 만 18세 미만 중증장애아동 • 장애유형: 「장애인복지법」에 근거한 1급, 2급, 3급 장애아동	• 1 아동당 연 600시간 범위 내 지원 • 아동의 가정 또는 돌보미 가정에서 돌봄서비스 제공(장애아동보호 및 휴식 지원)	읍·면·동에 신청
4-3. 발달장애인 공공후견인 심판청구 비용지원	• 연령기준: 만 19세 이상 발달장애인 • 장애유형: 「장애인복지법」에 근거한 지적·자폐성 장애인 ※ 차상위계층은 기준 중위소득 50% 기준	• 공공후견인 선임을 위해 가정법원 심판 청구 시 소요되는 인지대 등 행정비용 지원(청구 건당 최대 50만 원)	공공후견법인에서 활동비 지급
4-4. 발달장애인 공공후견인 활동비용 지원	• 가정법원에서 발달장애인의 공공후견인으로 선임 결정을 받은 자	• 공공후견인 선임(월 150천 원) - 월 지금 상한(월 400천 원): 1인: 150천 원, 2인: 300천 원 3인 이상: 400천 원	시·군·구에서 해당 시설에 지원
4-5. 발달장애인 부모상담 지원	• 발달장애인 자녀를 가진 부모 및 보호자 장애인 유형: 장애인복지법에 근거한 지적·자폐성 장애인	• 상담(개별/단체) 서비스 지원 - 1인당 월 160천 원 바우처 지원(초과금액은 본인부담) - 월 3~4회, 회당 50분~100분, 12개월간 제공(특별한 경우 연장 최대 12개월 가능)	읍·면·동에 신청
4-6. 발달장애인 가족휴식 지원	• 발달장애인 및 그 가족 • 장애인 유형 : 장애인복지법에 근거한 지적·자폐성 장애인	• 힐링캠프(가족캠프, 인식개선캠프, 동료상담캠프), 테마여행(역사, 문화 기관방문 등) - 1인당 최대지원 금액: 240,000원 - 돌보미 및 캠프(여행도우미) (발달장애인 2인당 1명까지 지원)	사업수행 선정 기관에 신청
4-7. 장애인 거주시설 운영	• 등록장애인 1) 무료이용 대상자 - 등록장애인으로서 「국민기초생활보장법」에 따른 수급권자 - 수급권자가 아닌 경우라도 등록장애인으로 부양의무자(국민기초생활보장법에 의한 부양의무자를 말한다. 이하 같다.)가 없거나 부양의무자가 있어도 부양능력이 없거나 부양을 받을 수 없는 자 - 입양기관 보호 장애아동 2) 실비이용 대상자 - 소득조건에 관계없이 등록장애인	• 일반가정에서 생활하기 어려운 장애인에게 일정 기간 거주·요양·지원 등의 서비스를 제공	시·군·구에 상담

주요사업명	지원대상	지원내용	비고
4-8. 방송수신기 무료보급 (자막방송 수신기, 화면해설 방송수신기, 난청노인용 수신기)	• 시청각장애인,난청노인 - 저소득층 및 중증장애인 우선보급	• 청각장애인을 위한 자막방송 수신기 보급 • 시각장애인을 위한 화면해설방송 수신기 보급 • 난청노인을 위한 난청노인용 수신기 보급	방송통신 위원회 산하 한국방송통신전파진흥원수행 (☎ 1688-4596)
4-9. 실비 장애인 거주시설 입소 이용료 지원	• 아래의 소득조건을 만족하여 실비 장애인거주 시설에 입소한 장애인 • 소득조건(지원대상) - 기준 중위소득 이하인 자	• 실비장애인거주시설 입소 시 입소비용 중 매월 290천 원 지원	시 · 군 · 구에서 해당시설에 지원
4-10. 장애인 방송 시청 지원	• 시청각장애인(자막방송, 화면해설방송, 수화방송) • 발달장애인(발달장애인용 방송프로그램)	• 시 · 청각장애인을 위한 장애인방송(자막, 수화, 화면 해설방송) 지원 - 국내 방송사업자(지상파, SO, PP, 종편, 위성 등) 장애인방송 제작지원 • EBS 장애인교육방송물 보급 - 시 · 청각쟁 학생을 위해 EBS교육방송물을 자막 · 화면해설방송으로 재제작하여 웹을 통해 지원(http://free.ebs.co.kr) • 발달장애인이 쉽게 이해할 수 있도록 기 제작된 영상물을 '알기 쉬운 자막 · 음성해설방송'으로 재제작하여 보급	방송통신위원회 산하 시청자 미디어 재단 (☎ 02-6900-8322)
4-11. 장애인 자동차 표지 발급	• 장애인 또는 장애인과 주민등록표상의 주소를 같이 하면서 함께 거주하는 배우자, 직계 존 · 비속, 직계 비속의 배우자, 형제 · 자매, 형제 · 자매의 배우자 또는 자녀의 명의로 등록하여 장애인이 주로 사용하는 자동차 1대	• 주차가능 표지 부착 차량에 대해 장애인전용주차구역에 주차 가능 ※장애인의 보행상 장애 여부에 따라 장애인전용주차구역을 이용할 수 있는 표지가 발급되며, 장애인이 탑승한 경우에만 표지의 효력을 인정	

주요사업명	지원대상	지원내용	비고
4-11. 장애인 자동차 표지 발급	• 「재외동포의 출입국과 법적 지위에 관한 법률」 제6조에 의하여 국내거소신고를 한 재외동포와 「출입국관리법」에 의한 외국인 등록을 한 외국인으로서 보행장애가 있는 사람 명의로 등록한 자동차 1대 • 「장애인복지법」 제58조에 따른 장애인복지시설 및 동법 제63조에 따른 단체 명의로 등록하여 장애인복지사업에 사용하는 자동차 ※지방자치단체의 명의로 등록하여 장애인복지시설이나 장애인복지단체가 장애인복지사업에 사용하는 자동차 포함 • 「노인복지법」 제34조에 따른 노인의료복지시설 명의의 자동차 • 「장애인 등에 대한 특수교육법」 제28조 제5항에 따라 각급학교의 명의로 등록하여 장애인의 통학을 위하여 사용 되는 자동차 • 「영유아보육법」 제26조에 따라 장애아를 전담하는 어린이집의 명의로 등록하여 장애아 보육 사업에 사용되는 자동차 • 「교통약자의 이동편의 증진법」 제16조에 따른 특별교통수단으로서 장애인의 이동 편의를 위해 사용되는 자동차	• 주차가능 표지 부착 차량에 대해 장애인전용주차구역에 주차 가능 ※장애인의 보행상 장애 여부에 따라 장애인전용주차구역을 이용할 수 있는 표지가 발급되며, 장애인이 탑승한 경우에만 표지의 효력을 인정	읍·면·동에 신청
4-12. 공동주택 특별 분양 알선	• 무주택세대구성원인 장애인(지적장애 또는 정신 및 제3급 이상의 뇌병변 장애인의 경우 그 배우자 포함)	• 청약저축에 상관없이 전용면적 85제곱미터 이하의 공공분양 및 공공임대주택 분양 알선	시·도에 문의 및 읍·면·동에 신청

주요사업명	지원대상	지원내용	비고
4-13. 무료 법률 구조제도 실시	• 기준 중위소득 125% 이하인 등록장애인(외국인 포함) - 법률구조공단에서 심의 하여 무료 법률 구조를 결정한 사건에 한함	• 중증장애인(1급~3급) 소송 시 법원에 소요되는 일체의 비용(인지대, 송달료, 변호사 비용 등)을 무료로 법률구조 서비스 제공 - 무료 법률 상담 - 무료 민사·가사사건 등 소송대리(승소가액이 2억 원 초과 시 소송 비용 상환) - 무료 형사변호(단, 보석보증금 또는 보석보증 보험 수수료 본인 부담) ※ 4급 이하 등록장애인은 변호사 비용만 지원하며 인지대 등 소송비용은 본인부담	대한법률구조공단 관할 지부에 유선 또는 방문상담 (☎ 132 www.klac.or.kr)
4-14. 장애인 운전 교육 사업 안내	• 장애유형별 지원 - 지체장애인, 뇌병변장애인, 청각장애인 장애등급별 지원 - 1~4급 - 5~6급: 국민기초생활수급자(※국민기초생활수급자 증명서 제출) - 5~6급: 면허증(면허시험 응시표)에 면허조건이 부과된 경우	• 제1종 보통 및 제 2종 보통면허(수동, 자동) 면허취득 및 소지자 교육교육과정별 1회만 실시 • 장애상태에 맞는 차량과 전문 강사가 찾아가는 교육 실시 - 운전면허취득자 과정: 장내기능교육, 도로주행교육 - 운전면허소지자: 중도장애인 운전적응교육, 도로연수교육 - 운전체험 교육 및 장애인 자동차보조기기 상담 • 08:30~17:30, 공휴일 제외(토, 일, 국경일 등)	국립재활원 장애예방운전 지원과 내방 또는 전화상담 후 신청서류 제출 (☎ 02-901-1553)

(5) 일자리 융자지원

<table>
<tr><th>주요사업명</th><th>지원대상</th><th>지원내용</th><th>비고</th></tr>
<tr><td>5-1.
장애인
고용서비스</td><td>• 등록장애인</td><td>• 장애인 취업지원서비스 제공
- 장애인 직업상담과 직업능력 평가를 통한 집중 취업 알선
- 취업지원프로그램 등 구직역량 강화 지원
- 장애인 직업훈련 실시 및 훈련비 지원
- 보조공학기기 및 근로지원인 서비스 지원
• 의무고용사업주(상시 50인 이상)에 대한 장애인 의무고용 이행지원 강화*
*정부, 공공기관: 3.4%, 민간기업: 3.1%
- 의무고용률 미준수 사업주에게 장애인고용 부담금 부과(상시 100인 이상 사업체)
- 장애인 의무고용률을 초과 고용한 사업주에게 장애인고용장려금 지급</td><td>고용노동부(한국장애인고용공단)
☎1588-1519
*자세한 사항은 홈페이지에서 안내
www.kead.or.kr</td></tr>
<tr><td>5-2.
장애인
일자리
지원</td><td>• 만 18세 이상 등록장애인 및 미취업 시각장애인 안마사</td><td>• 급여 및 주요 내용
<table>
<tr><th>구분</th><th>내용</th><th>근로시간</th><th>급여</th></tr>
<tr><td>복지일자리</td><td>공공기관, 복지관 등에 배치되어 공공형(주차단속, 환경도우미, 보육도우미 등) 업무를 수행하는 일자리</td><td>월 56시간</td><td>월 보수 467천 원/월 20천 원</td></tr>
<tr><td>일반형일자리</td><td>자치단체, 행정기관 등 공공기관에 배치되어 행정보조, 복지서비스 업무를 수행하는 일자리</td><td>주 5일 40시간</td><td>월 보수 1,745천 원/월 사업주 보험료 175천 원</td></tr>
<tr><td>시각장애인 안마사 파견</td><td>일정시설 여건을 갖춘 노인복지관, 경로당 등에 배치되어 안마서비스를 제공하는 일자리</td><td>주 5일 25시간</td><td>월 보수 1,114천 원/월 운영비 118천 원</td></tr>
<tr><td>발달장애인 요양보호사 보조</td><td>요양보호사가 배치된 노인 복지시설 및 노인전문병원 등에 배치되어 노인요양 보호사가 수행하는 업무를 보조하는 일자리</td><td>주 5일 25시간</td><td>월 보수 1,094천 원/월 운영비 143천 원</td></tr>
</table></td><td>지자체 또는 위탁기관에서 공개모집</td></tr>
</table>

주요사업명	지원대상	지원내용	비고
5-3. 장애인 생산품 판매시설 운영 지원	• 장애인직업재활시설 등에서 물품을 생산하는 장애인	• 장애인들이 생산한 물품의 판로 확보로 장애인 취업 확대 및 소득 보장 • 설치지역: 시·도당 1개소(17개 지역)	인근 장애인 생산품 판매 시설에 의뢰 문의: 한국장애인직업재활시설협회 ☎ 02-921-5053
5-4. 중증장애인 직업재활 지원사업 수행기관 운영 지원	• 등록장애인	• 장애인이 취업을 통하여 안정된 생활을 할 수 있도록 직업상담, 직업평가, 직업적응훈련, 취업알선, 지원고용, 취업 후 지도 등 취업과 관련된 종합적인 서비스 제공	사업 수행기관(장애인복지관, 단체, 직업재활시설 등) 내방, 전화 등으로 이용 신청
5-5. 장애인 직업 재활 시설 운영	• 등록장애인	• 일반사업장 취업이 어려운 저소득 중증장애인에게 자신의 능력과 적성에 맞는 직업생활을 할 수 있도록 보호 고용 실시	시·군·구에 상담
5-6. 장애인 자립 자금 대여	• 성년(만 19세 이상) 등록 장애인 - 소득기준: 가구의 소득인 정액이 기준 중위소득 50% 초과 100% 이하 - 금융기관의 여신규정상 결격사유가 없는 자 ※「국민기초생활 보장법」상의 수급자 및 차상위계층은 미소금융재단의 자금대여상품을 이용(자영업자관련 대출자금, 장애인 자립자금 대출자금) • 대여목적: 생업자금, 생업용 자동차 구입비, 출퇴근용 자동차 구입비, 취업에 필요한 지도 및 기술 훈련비 등 ※생활가계자금, 주택전세자금, 학자금 등의 용도로 융자 불가	• 대여 한도 - 무보증대출: 가구당 1,200만 원 이내 단, 자동차 구입자금의 경우 특수설비 부착 시 1,500만 원 이내) *요건: 재산세 2만 원 이상 또는 연간 소득 600만 원 이상 - 보증대출: 가구당 2,000만 원 이내 *요건: 재산세 2만 원 이상 또는 연간 소득 800만 원 이상 - 담보대출: 5,000만 원 이하 • 대여이자: 3%(고정금리) • 상환방법: 5년 거치, 5년 분할 상환	읍·면·동에 신청

(6) 공공요금 관련

주요사업명	지원대상	지원내용	비고
6-1. 차량 구입시 도시 철도채권 구입 면제	• 장애인명의 또는 장애인과 주민등록상 같이 거주하는 보호자 1인과 공동명의로 등록한 보철용의 아래 차량 중 1대 - 비사업용 승용자동차 - 15인승 이하 승합차 - 소형화물차(2.5톤 미만)	• 도시철도채권 구입의무 면제(지하철 공사가 진행되고 있는 특별시와 광역시에 해당)	3.50관할 시·군·구청 차량등록 기관에 신청(자동차판매사 영업사원에게 문의)
6-2. 고궁, 능원, 국·공립 박물관 및 미술관, 국·공립공원, 국·공립공연장, 공공체육시설 요금 감면	• 등록장애인 및 1~3급 장애인과 동행하는 보호자 1인 - 국·공립 공연장 중 대관공연은 할인에서 제외	• 입장요금 무료 ※ 국·공립 공연장(대관공연 제외) 및 공공 체육시설 요금은 50% 할인 ※ 공공체육시설: 생활체육관, 수영장, 테니스장, 스키장 등	19.00장애인 등록증 (복지카드) 제시
6-3. 공영주차장 주차요금 감면	• 등록장애인 - 장애인 자가운전 차량 - 장애인이 승차한 차량	• 지방자치단체의 조례에 의거 할인혜택 부여 ※ 대부분 50% 할인혜택이 부여되나 각 자치단체별로 상이	18.67장애인 등록증 (복지카드) 제시
6-4. 철도·도시 철도 요금 감면	• 등록장애인	• 등록장애인 중 중증장애인(1~3급)과 동행하는 보호자 1인 KTX, 새마을호, 무궁화, 통근열차: 50% 할인 • 등록장애인 중 4~6급 - KTX, 새마을호: 30% 할인(토·일, 공휴일을 제외한 주중에 한하여) - 무궁화, 통근열차: 50% 할인 • 도시철도(지하철, 전철): 100%	3.50장애인 등록증 (복지카드) 제시
6-5. 유선통신 요금 감면	• 등록장애인 • 장애인복지시설, 장애인복지단체, 특수학교, 아동 복지시설	• 시내전화: 월 통화료 50% 감면 • 시외전화: 월 통화료 50% 감면(월 3만 원 한도) • 인터넷전화: 월 통화료 50% 감면 *이동전화에 거는 요금: 월 1만 원 사용 한도 이내에서 30% 감면 • 114 안내요금 면제 • 초고속인터넷 월 이용료 30% 감면 *단체의 경우 2회선 감면(청각장애인 단체 등은 FAX용 1회선 추가 제공), 시내전화, 인터넷전화 중복 감면 없음	28.00해당 통신회사에 신청

주요사업명	지원대상	지원내용	비고
6-6. 이동통신 요금 감면	• 등록장애인 • 장애인복지시설, 장애인복지단체, 특수학교, 아동 복지시설 • 「장애인복지법」에 따른 장애수당, 장애 아동수당 수급자, 「장애인연금법」에 따른 장애인연금 수급자 중 「국민기초생활 보장법」에 따라 차상위 계층으로 지정된 자	• 가입비 면제 • 기본료 및 통화료(음성 및 데이터에 한함) 35% 할인 *차상위계층은 가구당 4인 한도 감면 가능, 월 최대 감면액은 10,500원 *단, 이동전화재판매사업자(MVNO, 알뜰폰) 사업자는 감면 미실시	해당 통신회사에 신청
6-7. 시·청각 장애인 TV 수신료 면제	• 시각·청각 장애인이 있는 가정 • 사회복지시설에 입소한 장애인을 위하여 설치한 텔레비전 수상기	• TV수신료 전액 면제 ※ 시·청각장애인 가정의 수신료 면제는 주거 전용의 주택 안에 설치된 수상기에 한함	주소지 관할 한전지사, KBS 수신료 콜센터 ☎ 1588-1801 인터넷 www.oklife.go.kr 또는 읍·면·동 자치센터
6-8. 항공요금 할인	• 등록장애인	• 대한항공(1~4급), 국내선 요금 50% 할인(1~3급 장애인은 동행하는 보호자 1인 포함), (5~6급 장애인) 국내선 30% 할인(1588-2001) • 아시아나 항공(1~6급), 국내선 요금 50% 할인(1~3급 장애인은 동행하는 보호자 1인 포함)(1588-8000) • 에어부산(1~4급), 국내선 요금 30% 할인(1~3급 장애인은 동행하는 보호자 1인 포함)(1666-3060) • 이스타항공(1~4급), 국내선 요금 50% 할인(1~3급 장애인은 동행하는 보호자 1인 포함)(1544-0080) • 제주항공(1~4급), 국내선 요금 40% 할인(1~3급 장애인은 동행하는 보호자 1인 포함)(1599-1500)	장애인 등록증(복지카드) 제시

주요사업명	지원대상	지원내용	비고
6-8. 항공요금 할인	• 등록장애인	• 진에어(1~4급), 국내선 요금 40% 할인(1~3급 장애인은 동행하는 보호자 1인 포함)(1600-6200) • 티웨이항공(1~4급), 국내선 요금 50% 할인(1~3급 장애인은 동행하는 보호자 1인 포함)(1688-8686) ※모든 항공사 할인은 항공사 정상운임 기준 할인이며, 이중 할인은 적용되지 않음 ※이용방법: 할인 항공권 구입 시 또는 할인 적용하여 항공권 구입 후 항공편 수속 시 장애인등록증 또는 장애인복지카드 제시	
6-9. 연안여객선 여객운임 할인	• 등록장애인	• 연안여객선 여객운임 50% 할인(1~3급 장애인 및 1급 장애인 보호자 1인) • 연안여객선 여객운임 20% 할인(4~6급 장애인) *선사별, 개별운송약관에 의해 구체적 할인율이 상이할 수 있음	장애인 등록증(복지카드) 제시 한국해운조합 ☎ 02-6096-2044
6-10. 고속도로 통행료 50% 할인	• 장애인 또는 장애인과 주민등록표상 같이 기재되어 있는 보호자(배우자 · 직계 존속 · 직계 비속 · 직계 비속의 배우자 · 형제 · 자매)의 명의로 등록한 아래 차량 중 1대(장애인자동차표지 부착)에 승차한 등록장애인 - 배기량 2,000cc 이하의 승용자동차 - 승차정원 7~10인승 승용자동차(배기량 제한 없음) - 승차정원 12인승이하 승합차 - 최대적재량 1톤 이하 화물 자동차 ※ 경차와 영업용차량(노란색 번호판의 차량)은 제외	• 고속도로 통행료 50% 할인 - 일반차로: 요금 정산소에서 통행권과 할인카드 또는 장애인통합복지카드를 함께 제시하면 요금 할인 - 하이패스 차로: 출발 전 하이패스 감면 단말기에 연결된 지문인식기에 지문을 인증한 후 고속도로(하이패스 차로) 출구를 통과할 때 통행료 할인 ※ 지문인식기 내 지문인증 시 유효시간은 4시간이며 초과 또는 전원 재부팅 시 재인증 필요 *장애인복지카드와 고속도로 통행료 할인 기능을 통합한 '장애인통합 복지 카드' 신청 개시('14.12月부터)	장애인통합복지카드 발급 신청: 주소지 읍 · 면 · 동사무소 감면단말기 지문정보 입력: 전국 읍 · 면 · 동사무소, 한국도로공사 지역본부

주요사업명	지원대상	지원내용	비고
6-11. 전기요금 할인	중증장애인(1급~3급)	• 전기요금 정액 감액 - 여름철(6~8월): 월 20,000원 한도 - 기타계절: 월 16,000원 한도 - 문의전화 : 국번 없이 123 - 인터넷 : www.kepco.co.kr	한국전력 관할지사 · 지점에 신청 (방문, 전화)
6-12. 도시가스요금 할인	중증장애인(1급~3급)	• 주택용(취사용 및 개별난방용에 한함) 도시가스 할인 ※구비서류 : 장애인복지카드 사본, 실거주 확인서(주민등록등본 등) • 한국도시가스협회(02-554-7721) - 인터넷 : www.citygas.or.kr	지역별 도시가스지사 · 지점에 신청(방문, 전화)
6-13. 장애인 자동차 검사수수료 할인	• '장애인복지법' 제32조에 의한 등록 장애인 본인 또는 세대별 주민등록표상 같이 기재되어 있는 보호자(배우자, 직계 존 · 비속, 직계 비속의 배우자, 형제, 자매)의 명의로 등록된 아래의 비사업용 자동차 1대 - 승용차, 12인승 이하 승합차, 적재량 1톤 이하 화물차	• 정기검사 및 종합검사 수수료의 50~30% - 중증장애인(1급~3급): 50% - 경증장애인(4급~6급): 30% ※일반수수료 - 정기검사(15,000~25,000원) - 종합검사(45,000~61,000원) • 대상자동차 확인 방법 - 장애인차량표지(부착) 확인 후 - 장애인복지카드, 장애인증명서 등 장소: 교통안전공단 자동차검사소 일반검사소가 아님	교통안전공단 (문의) (☎ 1577-0990) www.ts2020.kr

※ 지원내용 중 일부 변경 사항 있을 수 있음
※ 공공요금(전기요금, 통신요금, TV수신료) 감면 · 할인 서비스 신청 시 읍 · 면 · 동에서 행복e음을 통하여 one-stop 처리(정부 3.0과제)

(7) 세제혜택

주요사업명	지원대상	지원내용	비고
7-1. 승용자동차에 대한 개별소비세 면제	• 1~3급 장애인 본인 명의 또는 장애인과 주민등록표상 생계를 같이 하는 배우자 · 직계 존속 · 직계비속 · 직계 비속의 배우자 · 형제 · 자매 중 1인과 공동명의로 등록한 승용자동차 1대 ※ 5년 이내 양도할 경우 잔존년도분 부과	• 개별소비세 500만 원 한도로 면제(교육세는 개별소비세의 30% 한도) ※장애인을 위한 특수장비 설치비용은 과세표준에서 제외	자동차 판매인에게 상담 국세청소관 관할세무서

주요사업명	지원대상	지원내용	비고
7-2. 장애인용 차량에 대한 취득세(종전 등록세 포함) 자동차세 면제	• 차량 명의를 1~3급(시각 4급은 자치 단체 감면조례에 의함)의 장애인 본인 이나 그 배우자 또는 주민등록 표상 장애인과 함께 거주하는 직계 존·비속(재혼 포함), 직계비속의 배우자(외국인 포함), 형제, 자매 중 1인과 공동명의 - 배기량 2,000cc 이하 승용차 - 승차정원 7인승 이상 10인승 이하인 승용자동차, 승차정원 15인승 이하 승합차, 적재정량 1톤 이하인 화물차, 이륜자동차 중 1대	• 취득세(종전 등록세 포함) · 자동차세 면세	시·군·구청 세무과에 신청 (행정자치부 지방세특례 제도과)
7-3. 승용자동차 LPG 연료 사용 허용	• 장애인 또는 장애인과 주민등록표상 거주를 같이 하는 보호자(배우자, 직계 존 · 비속, 직계 존 · 비속의 배우자, 배우자의 직계 존 · 비속, 형제·자매) 1인과 공동명의 또는 보호자 단독명의로 하는 경우의 등록한 승용자동차 1대	• LPG 연료 사용 허용(LPG 연료 사용 차량을 구입하여 등록 또는 휘발유 사용 차량을 구입하여 구조변경) ※LPG승용차를 사용하던 장애인이 사망한 경우는 동 승용차를 상속받은 자에게도 사용 허용	시 · 군 · 구 차량등록기관에 신청(산업통상자원부소관)
7-4. 차량 구입시 지역개발 공채 구입 면제	• 지방자치단체별 조례에서 규정하는 장애인용 차량 ※도지역에 해당	• 지방자치단체별 조례에 의거 장애인 차량에 대한 지역개발공채 구입의무 면제	시 · 군 · 구청 차량등록기관에 신청(자동차판매사 영업사원에 문의)
7-5. 소득세 공제	• 등록장애인	• 부양가족(직계 존 · 비속, 형제 · 자매 등) 공제 시 장애인인 경우 연령제한 미적용 (소득세법 제50조) • 소득금액에서 장애인 1인당 연 200만 원 추가 공제(소득세법 제51조)	연말정산 또는 종합소득 신고 시 공제신청 (국세청 전화세무 상담 126)

주요사업명	지원대상	지원내용	비고
7-6. 장애인 의료비 공제	• 등록장애인	• 당해년도 의료비 - 의료비 지출액 전액의 15% 공제	근로소득자의 연말정산 또는 종합소득 신고 시 공제신청 (국세청 전화세무상담 126)
7-7. 장애인 특수교육비 소득공제	• 등록장애인	• 사회복지시설이나 보건복지부 장관으로부터 장애인재활교육시설로 인정받은 비영리법인에 지급하는 특수교육비 전액의 15% 공제	
7-8. 장애인 보험료 공제	• 등록장애인	• 장애인전용보장성보험의 보험료 공제 - 연 100만 원 한도, 15% 공제율 적용	
7-9. 상속세 상속 공제	• 등록장애인 - 상속인과 피상속인이 사실상 부양하고 있던 직계 존·비속, 형제, 자매	• 상속인 및 동거가족인 등록장애인에게 상속 공제 • 「상속세 과세가액」에서 500만 원에 상속 개시일 현재 통계법 제18조에 따라 통계청장이 승인하여 고시하는 통계표에 따른 성별·연령별 기대여명의 연수(소수점 이하는 버림)를 곱한 금액을 공제 ※상속세과세가액 = 당초의 상속세 과세가액-(500만 원×기대여명의 연수)	관할 세무서에 신청
7-10. 증여세 과세가액 불산입	• 등록장애인 - 친족으로부터 재산(부동산, 금전, 유가 증권)을 증여받고 다음의 요건을 모두 갖춘 경우 ① 증여받은 재산 전부를 신탁업자에게 신탁하였을 것 ② 그 장애인이 신탁의 이익 전부를 받는 수익자일 것 ③ 신탁기간이 그 장애인이 사망할 때까지로 되어 있을 것	• 장애인이 생존기간 동안 증여받은 재산 가액의 합계액에 대하여 최고 5억 원까지 증여세과세가액에 불산입 ※증여세 부과사유가 발생하면 즉시 부과 ① 신탁을 해지하거나, 연장하지 아니한 경우 ② 수익자를 변경하거나 증여재산 가액이 감소한 경우 ③ 신탁의 이익 전부 또는 일부가 그 장애인이 아닌 자에게 귀속되는 것으로 확인되는 경우	관할 세무서에 신청

주요사업명	지원대상	지원내용	비고
7-11. 장애인 보장구 부가가치세 영세율 적용	• 등록장애인	• 부가가치세 감면 - 의수족, 휠체어, 보청기, 점자판과 점필, 시각장애인용점자정보단말기, 시각 장애인용 점자프린터, 청각장애인용 골도전화기, 시각장애인용 특수제작된 화면낭독 소프트웨어, 지체장애인용으로 특수제작된 키보드 및 마우스, 보조기(팔·다리·척추 및 골반 보조기에 한함), 지체장애인용 지팡이, 시각장애인용 흰지팡이, 청각장애인용 인공달팽이관 시스템, 목발, 성인용 보행기, 욕창예방 물품(매트리스·쿠션 및 침대에 한함), 인공후두, 장애인용 기저귀, 텔레비전 자막수신기(국가·지방자치단체 또는 「전파법」 제66조에 따라 설립된 한국방송통신 전파진흥원이 청각장애인에게 무료로 공급하기 위하여 구매하는 것에 한함), 청각장애인용 음향 표시장치, 시각 장애인용 인쇄물 음성변환 출력기, 시각 장애인용 전자독서확대기, 시각장애인 전용 음성 독서기, 화면해설방송수신기(국가·지방자치단체 또는 「민법」 제32조에 따라 설립된 사단법인 한국시각장애인연합회가 시각장애인에게 무료로 공급하기 위하여 구매하는 것에 한함)	별도신청 없음 ※텔레비전 자막수신기 (국가·지방자치단체·한국농아인협회 구매 시)
7-12. 장애인용 수입물품 관세 감면	• 등록장애인	• 장애인용 물품으로 관세법시행규칙 별표2에서 정한 101종의 수입물품에 대하여 관세 면제 • 재활병원 등에서 사용하는 지체·시각 등 장애인 진료용구에 대하여 관세면제	통관지 세관에서 수입신고 시에 관세면제 신청

주요사업명	지원대상	지원내용	비고
7-13. 특허출원료 또는 기술 평가청구료 등의 감면	• 등록장애인	• 특허 출원 시 출원료, 심사청구료, 1~3년 차 등록료, 기술평가 청구료 면제 • 특허·실용신안원 또는 의장권에 대한 적극적인 권리범위 확인심판 시 그 심판 청구료의 70% 할인	출원, 심사청구, 기술평가 청구, 심판청구 시 또는 등록 시 특허청에 감면 신청

(8) 지역사회복지사업(재활시설)및 기타

주요사업명	지원대상	지원내용	비고
8-1. 주간 보호시설 운영	• 등록장애인	• 재가 장애인 낮 동안 보호	해당 지역 주간보호시설 등으로 내방 이용
8-2. 장애인 복지시설 치과유니트 지원	• 치과치료 기본 장비가 필요한 장애인 복지시설	• 통원치료가 곤란한 시설 입소 장애인에 대해 치과치료 기본장비인 유니트 설치 지원	
8-3. 장애인 복지관 운영	• 등록장애인 및 가족	• 장애인에 대한 상담, 의료재활, 직업 재활, 사회생활 적응지도, 사회교육 및 계몽 사업 등	해당 지역 복지관 내방 및 전화 등으로 이용 신청
8-4. 장애인 재가복지 봉사센터 운영	• 등록장애인	• 장애인복지관에 재가복지봉사센터를 부설하여 운영 - 재가 장애인을 방문, 상담, 의료·교육 재활, 직업재활 등의 서비스 제공	해당 복지관에 이용 신청
8-5. 장애인 체육시설 운영	• 등록장애인 등	• 장애인의 체력증진 및 신체기능회복 활동 지원 • 이용료는 재가 장애인, 시설장애인 지역 주민으로 이용자를 구분 시설별 산정 이용료 부담	해당 지역 장애인 체육시설 등으로 이용 신청

주요사업명	지원대상	지원내용	비고
8-6. 장애인특별 운송사업 운영	• 이동에 장애를 가진 자(보호자 포함)	• 리프트가 장착된 특장차 운영 - 셔틀 및 콜 운행 병용	시·도지사 운영(국토교통부 소관 지방 이양 사업)
8-7. 여성장애인 가사도우미 파견	• 저소득 가정의 등록 여성장애인	• 여성장애인의 임신·출산·육아 및 가사 활동 지원을 위한 - 가사도우미 파견 - 산후조리, 자녀양육, 가사활동 지원	해당 지역 시·도립 장애인복지관에 신청
8-8. 장애인 생활이동 지원센터	• 등록장애인	• 사업 내용 - 이동에 제약이 있는 장애인에게 차량운행을 통하여 민원업무 보조, 지장 출·퇴근, 시장보기, 외출보조 및 병원 이용보조 등 각종 이동서비스 및 안내 보조 • 이용요금 : 실비 • 사업 주체 : 한국시각장애인연합회	해당 지역 장애인 생활이동지원센터에 신청 문의:한국시각장애인연합회 서울지부 ☎02-2092-0001 ☎02-2092-0088
8-9. 수화통역 센터 운영	• 청각·언어장애인	• 출장수화통역 - 관공서·법률관련 기관 방문, 의료기관 진료 등의 경우에 수화통역 필요시 출장통역 실시 • 일반인에 대한 수화교육 • 청각·언어장애인에 대한 고충 상담	해당 지역 수화 통역센터에 신청 문의:한국농아인협회 ☎02-461-2261~2
8-10. 장애인 재활지원센터 운영	• 등록장애인 및 가족, 관련 전문가	• 장애인과 가족지원 - 정보격차해소지원사업:정보제공 및 상담, 장애인 IT대회 - 인권·교육지원사업 - 생활·문화지원사업:정서적·사회적·경제적 자원 제공 • 전문가와 지역사회지원 - 전문가와 종사자 교육지원사업:전문인력을 활용한 학술연구활동 지원 - 지역사회통합지원사업:장애 이해와예방, 인식개선 활동	문의: (사)한국장애인재활협회 ☎02-3472-3556 www.freeget.net
8-11. 지적장애인 자립지원 센터 운영	• 등록 지적장애인과 가족	• 지적장애인에 대한 상담지원 • 지적장애인의 자기권리주장활동 및 사회참여활동 지원 • 지적장애인 부모 및 종사자 교육 • 지적장애인 자립지원 프로그램 개발·보급 등	문의: (사)한국지적장애인복지협회 ☎02-592-5023 www.kaidd.or.kr

주요사업명	지원대상	지원내용	비고
8-12. 편의시설 설치시민 촉진단 운영	• 편의시설 적합성 확인업무 위탁단체(한국지체장애인협회, 17개 시·도 협회 및 시·군·구지회 • 시·도(시·군·구), 시·도지사가 선정한 장애인단체	• 주요업무 기능 - 편의시설 설치 홍보 및 안내 - 편의시설 실태조사 지원 - 시설주관기관에 의견 제시 등	시·도지사
8-13. 시각장애인 편의시설 지원센터 운영	• 한국시각장애인연합회	• 주요업무 기능 - 시각장애인 편의시설의 제작과 절차에 관한 기술지원 및 상담 - 시각장애인 편의시설 설치 실태조사 - 시각장애인 편의시설에 대한 인식개선, 설치 및 이용방법 홍보 등	문의: (사)한국시각장애인연합회 (☎02-799-1021)
8-14. 지체장애인 편의시설 지원센터 운영	• 편의시설 적합성 확인 대행기관(한국지체장애인협회, 시·도협회, 시·군·구지회)	• 주요업무 기능 - 편의시설 설치 관련 자문·기술적 지원 - 편의시설 설치 실태조사 참여 - 편의시설에 대한 인식개선, 설치 및 이용방법 홍보 등	문의: (사)한국지체장애인협회 (☎02-2289-4343)
8-15. 청각장애아동 인공달팽이관 수술비 지원	• 인공달팽이관 수술로 청력회복이 가능한 저소득 청각장애인	• 인공달팽이관 수술비 및 재활치료비 지원	읍·면·동에 신청

출처: 보건복지부(2023). "2023년도 장애인복지시책"을 참고로 작성.

CHAPTER 10

장애인과 고용보장

1절 장애인의 고용 현황

1975년 제30차 UN총회에서 "장애인은 경제적, 사회적 보장 및 상당한 수준의 생활을 누릴 권리를 가지며, 또한 능력에 따라 고용을 보장·유지하고, 유익하고 생산적이며, 보수를 받는 직업에 종사하고 노동조합에 참여할 권리를 가진다."라고 장애인 권리선언을 한 바 있듯이 장애인도 생계활동의 예외적인 존재라고 할 수 없다.

우리 삶의 가치를 실현하기 위하여 행해지는 다양한 정신적·육체적 활동을 가리켜 '일'이라고 하며, 인간은 이러한 자아 완성과 삶의 가치 실현에 오는 만족감을 갖기 이전에 가장 근본적으로는 생계유지를 위해 직업을 갖는다(송미연, 2002). 그러므로 장애인들에게 취업의 기회를 제공함으로써 그들에게 소득보장의 기회를 제공하는 것뿐만 아니라 장애인들이 안정된 직장생활을 통해 자립생활을 영위하도록 함으로써 사회통합에도 크게 기여하게 될 것이다(이선우, 1997).

이를 위하여 우리나라 장애인고용의 가장 중추적인 기본 이념을 담고 있는 「장애인고용촉진 및 직업재활법(2000)」은 장애인고용을 통한 장애인의 생존권 및 노동권을 보장하며, 기업, 정부, 기타 단체들의 사회적 책임을 인식시키는 한편, 장애인도 참된 노동을 통해 자아를 실현하며, 정상적인 생활을 할 수 있도록 하기 위하여 실행되고 있다. 그러나 직업은 헌법상 보장된 국민 모두가 향유할 수 있는 하나의 삶의 기회임에도 불구하고 이러한 평등의 원리는 단순히 이상에 지나지 않을 뿐

현실 속에서는 장애인들의 고용차별이 여전히 계속되고 있다.

〈표 10-1〉과 같이 장애인의 연령별 취업률을 살펴보면 2023년 현재 우리나라의 15세 이상 장애인 취업인구는 955.4천 명이다. 2020년 취업인구 754.8천 명에 비해 약 200.6천 명 늘어났다. 연령별로는 50~64세가 363천 명으로 가장 많고 다음이 65세 이상(360.6천 명), 40~49세(127.9천 명) 등의 순으로 나타나 장애인 취업인구의 중 · 고령화 현상을 알 수 있다. 장애인 인구대비 취업자 비율(고용률)은 37.2%로 전체 인구의 취업자 비율인 63.3%보다 낮고 장애인 실업률도 4.2%로 전체 인구 실업률인 2.1%보다 약 2배 높은 수준이다. 장애인 실업률을 연령별로 보면 20~29세가 9.6%로 가장 높고 30~39세(5.3%)와 50~64세 (4.6%)가 뒤를 잇고 있다.

〈표 10-1〉 장애인의 연령별 취업 인구 및 취업률

(단위: 명, %)

구분	15세 이상 인구	경제활동인구			비경제 활동인구	경제 활동 참가율	취업률	실업률	인구 대비 취업자 비율
		계	취업	실업					
15~19세	31,375	2,933	2,933	0	28,442	9.35	100.00	0.00	9.35
20~29세	90,267	47,932	43,320	4,612	42,335	53.10	90.38	9.62	47.99
30~39세	104,368	59,883	56,721	3,162	44,485	57.38	94.72	5.28	54.35
40~49세	209,646	132,714	127,913	4,801	76,932	63.30	96.38	3.62	61.01
50~64세	704,196	381,608	363,939	17,669	322,588	54.19	95.37	4.63	51.68
65세 이상	1,427,691	371,857	360,636	11,221	1,055,834	26.05	96.98	3.02	25.26
계	2,567,543	996,927	955,462	41,465	1,570,616	38.83	95.84	4.16	37.21
전국[1)]	45,452,000	29,390,000	28,764,000	627,000	16,062,000	64.7	97.9	2.1	63.3

1) 통계청. 『경제활동인구조사(2023년 10월)』. 2023.

출처: 이민경 외(2023). 2023년 장애인 실태조사에서 재구성, 통계청(2023).

〈표 10-2〉에서 보면 장애인의 성별 취업 인구는 남성이 1,476천 명 그리고 여성이 1,090천 명으로 여성 장애인의 취업인구 규모가 남성의 비율이 높다. 남성과 여성 장애인의 취업률은 각각 95.6%, 96.2%로 비슷하나 인구대비 취업자 비율은 여성 장애인 (25.7%)이 남성 장애인(45.7%)의 절반에 불과하다.

〈표 10-2〉 장애인의 성별 취업 인구 및 취업률

(단위: 명, %)

장애 구분	15세 이상 인구	경제활동인구			비경제 활동인구	경제활동 참가율	취업률	실업률	인구 대비 취업자 비율
		계	취업	실업					
남자	1,476,989	706,027	675,436	30,591	770,962	47.80	95.67	4.33	45.73
여자	1,090,554	290,900	280,026	10,874	799,654	26.67	96.26	3.74	25.68
계	2,567,543	996,927	955,462	41,465	1,570,616	38.83	95.84	4.16	37.21

출처: 이민경 외(2023). 2023년 장애인 실태조사에서 재구성, 통계청(2023).

〈표 10-3〉에서와 같이 장애인의 취업실태를 장애유형별로 분석해 보면, 지체장애가 533,199명으로 가장 많았다. 그 다음은 청각장애 135,827명, 시각장애 121,894명, 지적장애 54,804명, 뇌병변장애 34,549명, 신장장애 28,463명, 정신장애 15,382명 등의 순서로 나타났다. 장애유형별 인구 대비 취업자 비율은 안면장애가 54.09%로 가장 높고 다음이 간장애 52.13%, 시각장애 48.32%, 지체장애 45.87%, 언어장애 37.04% 등의 순이다. 한편, 실업률은 뇌전증장애가 19.78%로 상당히 높고 호흡기장애도 14.39%로 다른 장애유형에 비해 높은 것으로 조사되어 고용 측면에 있어서 상당히 소외되어 있는 장애유형이라 할 수 있다.

〈표 10-3〉 장애유형별 취업 인구 및 취업률

(단위: 명, %)

장애 구분	15세 이상 인구	경제활동인구			비경제 활동인구	경제활동 참가율	취업률	실업률	인구 대비 취업자 비율
		계	취업	실업					
지체	1,162,530	553,997	533,199	20,798	608,533	47.65	96.25	3.75	45.87
뇌병변	246,554	37,765	34,549	3,216	208,789	15.32	91.48	8.52	14.01
시각	252,238	126,306	121,894	4,412	125,932	50.07	96.51	3.49	48.32
청각	420,553	139,891	135,827	4,064	280,662	33.26	97.09	2.91	32.30
언어	17,985	6,880	6,662	218	11,105	38.25	96.83	3.17	37.04
지적	177,470	58,776	54,804	3,972	118,694	33.12	93.24	6.76	30.88
자폐성	20,174	5,367	5,367	0	14,807	26.60	100.00	0.00	26.60
정신	103,819	17,071	15,382	1,689	86,748	16.44	90.11	9.89	14.82
신장	107,171	30,145	28,463	1,682	77,026	28.13	94.42	5.58	26.56
심장	4,721	1,792	1,631	161	2,929	37.96	91.02	8.98	34.55

장애 구분	15세 이상 인구	경제활동인구			비경제 활동인구	경제활동 참가율	취업률	실업률	인구 대비 취업자 비율
		계	취업	실업					
호흡기	11,399	2,794	2,392	402	8,605	24.51	85.61	14.39	20.98
간	15,184	8,142	7,915	227	7,042	53.62	97.21	2.79	52.13
안면	2,629	1,482	1,422	60	1,147	56.37	95.95	4.05	54.09
장루·요루	18,195	5,159	4,864	295	13,036	28.35	94.28	5.72	26.73
뇌전증	6,921	1,360	1,091	269	5,561	19.65	80.22	19.78	15.76
계	2,567,543	996,927	955,462	41,465	1,570,616	38.83	95.84	4.16	37.21

출처: 이민경 외(2023). 2023년 장애인 실태조사에서 재구성.

〈표 10-4〉에서와 같이 규모별 전체 근로자의 장애인고용 현황을 살펴보면, 부담금 납부 대상인 100인 이상의 기업체에서 고용하고 있는 근로자의 비율(36.6%)로 가장 높으며, 장애인의 경우에도 부담금 납부 대상인 100인 이상 기업체에서 고용하고 있는 비율(64.7%)이 가장 높은 것으로 나타났다. 반대로 50~299인 이상 기업체에서 고용하고 있는 전체 근로자 가운데 장애인 근로자가 차지하고 있는 비율(2.18%)은 규모별 장애인 고용률 중에서 가장 낮은 것으로 나타났으며, 1,000인 이상 기업체에서 고용하고 있는 비율(2.70%)이 가장 높은 것으로 나타났다.

〈표 10-4〉 기업체 규모별 장애인 근로자 고용 현황

(단위: 명, %)

구분	전체		장애인 근로자		고용률[1]
	근로자 수	비율	근로자 수	비율	
50~299인	3,162,787	21.2	68,821	32.9	2.18
300~999인	1,494,710	10.0	35,548	16.5	2.31
1,000인 이상	2,023,585	13.6	54,698	26.1	2.70
부담금 납부 대상 (100인 이상)	5,446,256	36.6	135,369	64.7	2.49
전체	14,896,871	100.0	209,325	100.0	1.41

1) 장애인고용률 = 장애인 근로자 수/상시근로자 수×100

출처: 조신영 외(2023). 「2023년 기업체 장애인고용실태조사」를 참고로 작성.

〈표 10-5〉에서와 같이 비장애인 근로자의 직종분포를 살펴보면, 사무 종사자(25.2%), 단순노무 종사자(18.3%), 전문가 및 관련종사자(15.6%), 기능원 및 관련 기능 종사자(10.1%)의 순으로 나타났으나, 장애인 근로자는 단순노무 종사자(41.2%), 사무 종사자(19.0%), 장치기계조작 및 조립종사자(10.2%)의 순으로 나타났다. 특히, 단순노무직에 종사하고 있는 장애인의 비율이 비장애인 단순노무직에 비하여 22.9%가 더 높다는 것은 많은 시사점을 주고 있다.

〈표 10-5〉 장애인 근로자의 취업직종별 현황

(단위: 명, %)

구분	전체근로자		장애인 근로자	
	근로자 수	비율	근로자 수	비율
관리자	657,416	5.5	2,635	1.4
전문가 및 관련 종사자	1,864,537	15.6	14,786	8.1
사무 종사자	3,003,037	25.2	34,964	19.0
서비스 종사자	1,185,438	9.9	14,771	8.0
판매 종사자	645,028	5.4	4,878	2.7
농림어업 숙련 종사자	5,573	0.0	240	0.1
기능원 및 관련기능 종사자	1,200,902	10.1	17,067	9.3
장치기계조작 및 조립 종사자	1,192,414	10.0	18,672	10.2
단순노무 종사자	2,182,021	18.3	75,564	41.2
전체	11,936,411	100.0	183,577	100.0

출처: 조신영 외(2023). 「2023년 기업체 장애인고용실태조사」를 참고로 작성.

〈표 10-6〉에서와 같이 장애인 근로자의 월평균 임금을 살펴보면, 장애인 고용기업체의 2022년 장애인 근로자의 월평균 임금은 296만 원으로 전체 근로자의 월평균임금인 324만 원보다 약 28만 원 정도가 적은 것으로 나타났다. 기업체 규모에 따른 장애인 근로자의 월평균 임금을 살펴보면 50~299명의 기업은 293.8만 원, 300~999명의 기업은 304.4만 원, 1,000명 이상인 기업은 308.8만 원인 것으로 나타났는데, 이것으로 볼 때, 기업체 규모가 커질수록 장애인 근로자의 임금도 커지는 것을 알 수 있다.

〈표 10-6〉 장애인 근로자의 월평균 임금[1] 수준

(단위: 만 원, 개)

구분	전체 (고용)	고용의무 기업체 여부					부담금 납부 대상 (100명 이상)
		비의무 (5~49명)	의무 (50명 이상)	50~299명	300~999명	1,000명 이상	
전체 근로자 (응답 추정수)	324.3 (42,404)	315.2 (19,867)	332.3 (22,537)	328.6 (19,187)	352.9 (2,806)	358.7 (543)	346.9 (13,775)
장애인 근로자 (응답 추정수)	296.8 (42,311)	298.2 (19,790)	295.5 (22,520)	293.8 (19,196)	304.4 (2,781)	308.8 (543)	299.3 (13,759)
월평균 임금 (전체-장애인)	27.5	17.0	36.8	34.8	48.5	49.9	47.6

1) 근로자의 월평균 임금은 2022년 1명당 월평균 임금총액을 기준으로 산정됨
2) 모름/무응답은 제외 후 분석

출처: 조신영 외(2023). 「2023년 기업체 장애인고용실태조사」를 참고로 작성.

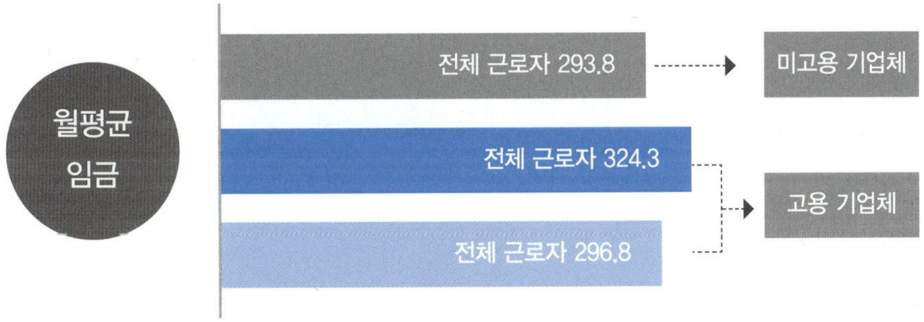

[그림 10-1] 2018년 근로자의 월평균 임금

출처: 조신영 외(2023). 「2023년 기업체 장애인고용실태조사」를 참고로 작성.

〈표 10-7〉에서와 같이 장애인 근로자의 2022년 신규 입사자와 퇴사자 수를 조사한 결과, 2022년 한 해 동안 기업체에 입사한 장애인 근로자는 총 41,659명이고 퇴사한 장애인 근로자는 총 22,692명으로 나타나, 입직 · 이직 비율은 0.84%로 나타났으나 퇴사자가 오히려 3,725명이나 많은 것으로 나타나 전체 근로자와 상반된 문제점이 발생하였다. 이를 상세히 분석해 보면 특히, 전체 근로자의 경우, 자발적 퇴직이 1,125,914명(92.8%), 비자발적 퇴직이 86,827명(7.2%)인데 반해, 장애인 근로자의 경우에는 자발적 퇴직이 19,793명(87.2%), 비자발적 퇴직이 2,900명(12.8%)으로 장애인 근로자의 경우 매우 상반된 사유로 입 · 퇴사를 하는 것으로 나타났다.

〈표 10-7〉 장애인 근로자의 입·퇴사 현황

(단위: 명, %)

구분	입사자	퇴사자	입직·이직 비율[1]
전체 근로자	1,124,830	1,212,741	0.93
장애인 근로자	18,967	22,692	0.84
입직·이직비율=(입직자 수/퇴직자 수)×100−100			

출처: 조신영 외(2023). 「2023년 기업체 장애인고용실태조사」를 참고로 작성.

2절 장애인고용보장제도 유형

본 장에서 다루어야 할 가장 핵심적인 내용이라고 할 수 있는 장애인의 고용보장을 위한 정책으로는 ① 할당고용정책의 형태와, 장애인의 고용안정을 위한 실천적인 방법으로 ② 보호고용, ③ 유보고용의 형태로 구분해 볼 수 있다. 특히, 우리나라에서는 장애인고용에 있어 가장 대표성을 가지며, 중추적인 역할을 수행하고 있는 장애인공단 사업의 일환인 할당고용[1]으로서 '장애인의무고용제도' 및 '장애인고용부담금' 등 장애인고용에 대한 이행강제수단을 가지는 정책을 집중적으로 살펴보고, 그 외의 장애인고용정책인 보호고용, 유보고용을 살펴본 후, 제외국의 장애인고용정책에 대해 살펴보기로 하겠다.

1 할당고용정책(장애인 의무고용제도)

1) 고용의무제도의 정의

일반적으로 비장애인에 비해 고용상 취약계층인 장애인의 고용기회를 넓히기 위하여 일정 수 이상의 근로자를 고용하는 사업주(건설업에서 근로자 수를 확인하기

1) 장애인공단에서 시행하고 있는 할당고용정책 외에, 장애인고용을 간접적으로 유도하기 위해 지원하는 비할당고용정책으로서 사업체 고용주에게 장애인고용 유인책을 제공하여 장애인의 고용기회를 확대하는 방안이다. 대표적으로 ① 사업주지원(고용장려금, 고용지원자금융자, 무상지원, 고용관리비용지원, 재택근무지원) ② 취업지원(보조공학기기지원), ③ 장애인지원(자영업창업자금융자, 영업장소 전대지원), ③ 근로지원인 지원 등이 있다.

곤란한 경우[2])에는 공사 실적액이 고용노동부 장관이 정하여 고시하는 금액 2009년 7,084백만 원 이상인 사업주)에게 의무적으로 장애인을 고용하도록 하는 제도이다. 즉, 근로자를 고용하는 사업주는 50인 이상 그 근로자 총수의 2% 내지 3%에 해당하는 장애인 근로자를 의무적으로 고용하는 것이라고 할 수 있다.

2) 의무고용대상자의 확대 과정

「장애인고용촉진 등에 관한 법률(1990. 1. 13.)」이 제정되어 장애인고용의무제도는 계속 확대되어 왔으며, 2010년에는 상시근로자 50인 이상을 고용하고 있는 사업주에게 그 소속 근로자의 일정 비율(의무고용률: 2016년 이후 2.7%, 2017년 이후 2.9%, 2019년 이후 3.1%)의 장애인을 고용토록 하는 고용의무제도를 실시하고 있으며, 연도별 의무고용률 적용기준은 〈표 10-8〉과 같다.

〈표 10-8〉 연도별 의무고용률 적용기준

(단위: %)

기준(적용)연도		2021년	2022년	2023년	2024년
고용부담금 의무고용률	민간사업주	3.1	3.1	3.1	3.1
	국가·지방자치단체				3.8
	• 국가 및 지자체(공무원) • 공기업 및 준정부기관 • 기타공공기관 및 지방공기업	3.4	3.6	3.6	3.8

출처: 한국장애인고용공단(2023). “장애인고용의무제도”를 참고로 재구성.

다만, 사업주의 장애인고용의무 불이행에 따른 부담금의 납부는 경제적 상황 등을 감안하여 다음과 같이 연차별 적용 또는 면제하고 있다. ① 200~299인의 경우 2010년분까지 부담금납부금액 1/2 감면, ② 100~199인은 2011년분까지 부담금납부금액 1/2 감면, ③ 100인 미만의 경우 장애인고용의무는 있으나, 부담금납부의무 면제를 〈표 10-9〉와 같이 하고 있다.

2) 건설업의 경우, 근로자 수를 확인하기 곤란한 경우란, 화재, 분실, 도난 등으로 근로자 수를 파악하기 어려운 경우를 의미한다.

〈표 10-9〉 연도별 부담금 신고·납부대상 사업주

(단위: 명)

월평균 상시근로자 수	300인 이상	200~299인	100~199인	100인 미만
적용 시기	1991년 이후	2006년 이후	2007년~	부담금 면제

출처: 한국장애인고용공단(2023). "장애인의무고용제도(부담금신고납부안내)"를 참고로 작성.

또한 〈표 10-10〉에서와 같이 부담금 가산제도는 고용의무의 이행 수준에 따라 전체 미달인원에 달리 정한 부담 기초액을 일괄 적용해서 부과한다.

〈표 10-10〉 2019년 고용 수준별 부담기초액 및 가산율

(단위: 인)

고용 의무 이행 수준	부담기초액	가산율
의무고용인원의 3/4 이상 고용한 경우	1,207,000	-
의무고용인원의 1/2~3/4에 미달하는 경우	1,279,420	6% 가산
의무고용인원의 1/4~1/2에 미달하는 경우	1,448,400	20% 가산
의무고용인원의 1/4에 미달하는 경우	1,698,800	40% 가산
장애인을 한 명도 고용하지 않는 경우	2,010,580	해당연도 최저임금

출처: 한국장애인고용공단(2023). "장애인의무고용제도(부담금 신고납부 안내)"를 참고로 작성.

3) 정부부문 고용의무제도

(1) 공무원에 대한 장애인고용의무

「장애인고용촉진 및 직업재활법」 제27조에 따르면 소속 공무원 정원의 100분의 3 이상을 의무적으로 고용하여야 하며, 의무고용률 달성을 위하여 장애인 구분모집 6%(3% 초과 시에는 구분 모집 3% 추진)를 시행하고 있다. 정부부문의 장애인고용률은 1991년 제도 도입 이후 계속적으로 증가하고 있으며, 2018년 314개 국가 및 지방자치단체에 고용된 장애인 공무원은 2만 1,559명, 고용률은 2.86%로 전년 대비 고용 인원은 28명(0.1%) 고용률은 0.02%가 감소하였다.

고용률 추이를 살펴보면, .81(2016)→2.88(2017)→2.88(2018)→2.86(2019)→3.00(2020)→2.97(2021)→2.93(2022)과 같이 2021년도부터 감소추이를 보이고 있다(한국장애인고용공단, 2023). 또한, 공단과 고용노동부는 정부부문 장애인 고용률 향

상을 위하여 제도적인 대책마련 및 행정안전부의 중증장애인 특별채용 추진 등을 지원하고 있다.

(2) 공무원이 아닌 근로자에 대한 장애인고용의무

「장애인고용촉진 및 직업재활법」 제79조에 따르면 중앙인사관장기관의 장과 지방자치단체의 장이 공무원이 아닌 근로자를 고용하는 경우에는 그 근로자에 대하여 고용의무를 적용하는 것으로 되어 있다(2010년 1월 1일부터 시행). 또한, 공단과 고용노동부는 정부부문의 공무원이 아닌 근로자의 고용확대를 위하여 적합 인력 적극 추천, 고용모델 마련, 지원고용 실시, 보조공학기기 지원 등을 실시하고 있다.

이상에서와 같이 우리나라 의무고용제도의 주요 변화과정을 종합적으로 정리한 내용은 〈표 10-11〉과 같다.

〈표 10-11〉 우리나라 의무고용제도의 변화

연도	제도 변화 내용
1991년	• 공무원 정원 2% 고용 노력 의무 부과, 구분모집 2% 의무 부과, 적용제외 직종 인정 • 민간부문 상시 300인 이상 사업주, 고용의무 2% 부과(단, 1991년 1%, 1992년 1.6%)
2000년	• 정부부문 노력규정에서 의무규정으로 전환
2004년	• 민간부분 적용대상 확대(300인 → 50인)
2005년	• 1% 미만 고용부담기초액 1/2 가산, 중증장애인 1/2 감면
2006년	• 정무부문 : 적용제외 범위 축소 • 민간부문 : 업종별 적용제외율 폐지 * 2006년~2010년까지 업종별로 부담금 감면 • 고용부담금 부과대상 200~299인까지 확대
2007년	• 고용부담금 부과대상 100~199인까지 확대
2009년	• 정부부문 의무고용률 2% → 3%로 상향 조정 - 구분모집 : 신규채용 인원 중 장애인 채용비율 3% 부과 (장애인 공무원 수가 해당 정원의 3% 미만이면 6%)

연도	제도 변화 내용
2010년	• 공기업 및 준정부기관 의무고용률 3%로 상향 조정 • 민간기업 기타공공기관 의무고용률 2.7%로 단계적 상향 조정 * '10년 : 2.3%, '12년 : 2.5%, '14년 : 2.7% • 중증장애인 2배수제 도입 • 국가 · 지자체의 공무원 아닌 근로자에 대해 의무고용률 및 부담금 제도 적용(민간기업과 동일) • 부담기초액 상향 조정 : 51만 원 → 53만 원
2011년	• 장애인 미고용사업장 고용부담금 최저임금으로 부과 * '11. 7월 공공기관 및 300인 이상, '12. 1. 1. 200인 이상, '13. 1. 1. 100인 이상 • 교사 구분모집 예외 폐지(15년 시행) * 15년부터 교사도 신규 채용인원의 3%(의무고용률 미달 시 6%) 이상을 장애인으로 구분 모집하도록 함 • 근로지원인 법적 근거 마련, 영세 장애인 사업주에 대한 보조공학기기 지원, 부담금 · 고용 상황 신고를 1월말로 변경 • 부담기초액 상향 조정 : 53만 원 → 56만 원
2012년	• 12.1.1. 부터 민간기업 · 기타공공기관의 의무고용률은 2.3% → 2.5%로 상향 시행 • 부담기초액 상향 조정 : 56만 원 → 59만 원 * 단, 고용의무 인원의 1/2 미만인 경우 50% 가산한 885,000원, 한 명도 고용하지 않은 200인 이상 사업주는 최저임금 월환산액 957,000원
2013년	• 부담기초액 상향 조정 : 59만 원 → 62만 6천 원 * 단, 고용의무 인원의 1/2 미만인 경우 50% 가산한 939,000원, 1/2 이상 3/4 미만인 경우 25%를 가산한 782,500원, 한 명도 고용하지 않은 100인 이상 사업주는 최저임금 월환산액 1,015,740원
2014년	• 부담기초액 상향 조정 : 62만 6천 원 → 67만 원 • 민간기업 의무고용률 2.5% → 2.7%로 상향 시행 • 기타공공기관 및 지방공기업 2.5% → 3%로 상향 시행 * 단, 고용의무 인원의 1/2 미만인 경우 50% 가산한 1,005,000원, 1/2 이상 3/4 미만인 경우 25%를 가산한 837,500원, 한 명도 고용하지 않은 100인 이상 사업주는 최저임금 월환산액 1,088,890원
2015년	• 부담기초액 상향 조정 : 67만 원 → 71만 원 * 가산단계를 4단계 → 5단계, 가산적용을 일부가산 → 전체가산 * 고용의무 인원의 1/4 미만인 경우 923,000원, 1/4 이상 1/2 미만인 경우 852,000원, 1/2 이상 3/4 미만인 경우 781,000원, 한 명도 고용하지 않은 100인 이상 사업주는 최저임금 월환산액 1,166,220원 • 민간기업 의무고용률 3.1%로 단계적 상향 조정 * ('15년~'16년) 2.7% ('17년~'18년) 2.9%, ('19년) 3.1%

연도	제도 변화 내용
2016년	• 부담기초액 상향 조정 : 71만 원 → 75만7천 원 * 고용의무 인원의 1/4 미만인 경우 984,100원, 1/4 이상 1/2 미만인 경우 908,400원, 1/2 이상 3/4 미만인 경우 832,700원, 한 명도 고용하지 않은 100인 이상 사업주는 최저임금 월환산액 1,260,270원
2017년	• 국가지자체, 공공기관 의무고용률 3.4%로 단계적 상향 조정 * ('15년~'16년) 3.0% ('17년~'18년) 3.2%, ('19년) 3.4% - 국가 지자체(근로자)는 ('17년~'18년) 2.9%, ('19년) 3.4% • 부담기초액 상향 조정 : 75만 7천 원 → 81만 2천 원 * 고용의무 인원의 1/4 미만인 경우 1,136,800원, 1/4 이상 1/2 미만인 경우 974,400원, 1/2 이상 3/4 미만인 경우 860,720원, 한 명도 고용하지 않은 100인 이상 사업주는 최저임금 월환산액 1,352,230원
2018년	• 부담기초액 상향 조정 : 81만 2천 원 → 94만 5천 원 * 한 명도 고용하지 않은 100인 이상 사업주는 최저임금 월 환산액 1,573,770원 * 2019년도 부담기초액은 1,048,000원
2019년	• 부담기초액 상향 조정 : 94만 5천 원 → 1백 4만 8천 원 * 한 명도 고용하지 않은 100인 이상 사업주는 최저임금 월 환산액 1,745,150원 * 2019년도 부담기초액은 1,048,000원 • 장애인 의무고용률 상향적용 (공공) 국가지자체 공무원과 근로자, 공공기관 3.4% (민간) 민간기업 3.1%
2020년	• 부담기초액 상향 조정 : 1백 4만 8천 원 → 1백 7만 8천 원 * 한 명도 고용하지 않은 100인 이상 사업주는 최저임금 월 환산액 1,749,310원 * 2019년도 부담기초액은 1,048,000원 • 공무원부문 고용부남금 적용
2021년	• 부담기초액 상향 조정 : ('20년) 1백 7만 8천 원 → ('21년) 1백 9만 4천 원 * 한 명도 고용하지 않은 100인 이상 사업주는 최저임금 월 환산액 1,822,480원 * 2019년도 부담기초액은 1,048,000원 • 장애인 의무고용률 2019~2021년도 동일 (공공) 국가지자체 공무원과 근로자, 공공기관 3.4% (민간) 민간기업 3.1%
2022년	• 부담기초액 상향 조정 : (21년) 1백 9만 4천 원 → (22년) 1백 1십 4만 9천 원 * 한 명도 고용하지 않은 100인 이상 사업주는 최저임금 월 환산액 1,914,440원 • 장애인 의무고용률 2022~2023년도 상향 (공공) 국가지자체 공무원과 근로자, 공공기관 3.6% (민간) 민간기업 3.1% 유지

연도	제도 변화 내용
2023년	ㅇ 부담기초액 상향 조정 : (22년) 1백1십4만9천 원 → (23년) 1백2십만7천 원 ● 한 명도 고용하지 않은 100인 이상 사업주는 최저임금 월 환산액 2,010,580원 ㅇ 장애인 의무고용률 2022~2023년도 동일 (공공) 국가지자체 공무원과 근로자, 공공기관 3.6% (민간) 민간기업 3.1% 유지

출처: 한국장애인고용공단(2023). "장애인고용(업무바인더)"를 참고로 재구성.

4) 의무고용제도 이행 현황

우리나라의 정부부문, 민간부문을 합친 전체 장애인의무고용제도 이행 현황을 살펴보면, 2022년 12월 말 현재 장애인 의무고용 사업체는 3만 1,455개소의 장애인 고용인원은 27만 8,823명, 고용률은 전년 3.10%에서 3.12%로 증가추세를 지속하고 있다. 고용률 추이를 살펴보면, 2.66%(2016)→2.76%(2017)→2.78(2018)→2.92(2019)→3.08(2020)→3.10(2021)→3.12(2022)과 같이 증가추이를 보이고 있다(한국장애인고용공단, 2023).

〈표 10-12〉에서와 같이 정부부문과 민간부문으로 구분하여 살펴보면, 공무원의 경우 2021년 2.97%에서 2.93%로 0.04%가 감소되었으며, 정부부문 근로자의 경우 2021년 5.83%에서 2022년 6.16%로 0.33% 증가하였으며 근로 장애인 수도 증가되었다. 또한, 공공기관의 경우 2021년 3.78%에서 2022년 3.84%로 0.06%가 증가되었고, 민간기업의 경우 2021년 2.89%에서 2022년 2.91%로 0.02%가 증가되어 각 부문별로 증가 추세를 지속하고 있는 실정이다.

〈표 10-12〉 부문별 의무고용제도 이행 현황

(단위: 개소, 명, %)

구분		2021년 12월(A)				2021년 6월(B)				증가(B-A)	
		대상 사업체	상시 근로자	장애인	고용률	대상 사업체	상시 근로자	장애인	고용률	장애인	고용률
총계		30,478	8,674,826	268,663 (207,795)	3.10	31,455	8,936,761	278,823 (213,653)	3.12	10,160	▲0.02
정부부문	공무원	317	931,368	27,618 (23,668)	2.97	317	954,759	27,998 (23,856)	2.93	380	▼0.04
	근로자	305	401,933	23,418 (16,952)	5.83	306	403,286	24,852 (18,256)	6.16	1,434	▲0.33
민간부문	공공기관	764	586,801	22,179 (18,505)	3.78	790	594,568	22,835 (18,994)	3.84	656	▲0.06
	민간기업	29,092	6,754,724	195,448 (148,670)	2.89	30,042	6,984,148	203,138 (152,547)	2.91	7,690	▲0.02

출처: 한국장애인고용공단(2023). "장애인고용(업무바인더)"를 참고로 재구성.

그리고 의무고용제도 대상의 대부분이라고 할 수 있는 민간기업체의 장애인고용률은 2022년 12월 말 3만 42개 사업체의 장애인 고용인원은 20만 3,138명이며, 고용률은 2.91%로 증가추세를 지속하고 있는 것으로 나타났다. 또한, 민간기업의 장애인고용률 추이를 살펴보면, '2.64(2017)→2.74(2018)→2.79(2019)→2.91(2020)→2.89(2021)→2.91(2022)'로서 증가추이를 보이고 있고, 〈표 10-13〉에서와 같이 기업규모가 커질수록 장애인고용률이 낮고, 1,000인 이상 대기업과 30대 기업집단의 고용률이 크게 저조한 것으로 나타났다.

〈표 10-13〉 민간기업 장애인고용 현황

(단위: 개소, 명, %)

구분	사업체 수	상시근로자	장애인 수	고용률
계	30,042	6,984,148	203,138 (152,547)	2.91
50~99인	16,054	1,114,072	25,518 (19,391)	2.29
100~299인	10,223	1,680,980	53,745 (40,739)	3.20
300~499인	1,758	667,817	21,713 (16,468)	3.25
500~999인	1,163	799,322	26,794 (20,228)	3.35
1,000인 이상	844	2,721,957	75,368 (55,721)	2.77
30대 기업집단	954	1,440,404	33,889 (25,651)	2.35

출처: 한국장애인고용공단(2023). "장애인고용(업무바인더)"를 참고로 재구성.

이렇듯 국가·자치단체의 공무원이 아닌 근로자, 공공기관, 민간기업에서 의무고용률 미달 시 부과(상시 100명 이상에 한함)되는 부담금 수준[3]은 2023년 1인당 월 1,207,000원, 1/2 이상~3/4 미만 1,279,420원, 1/4 이상~1/2 미만 1,448,400원, 1/4 미만 1,689,800원, 장애인을 한 명도 고용하지 않은 경우 2,010,580원을 납부해야 하며, 〈표 10-14〉에서와 같이 세부적으로 민간기업의 납부액이 대부분을 차지하는 것으로 나타났다.

3) 부담기초액 산정방식은 장애인을 고용하는 데 드는 특별비용을 기초로 하여, 장애인고용촉진전문위원회의 심의를 거쳐 최저임금액의 100분의 60 이상으로 하며, 사업장을 대상으로 특별비용을 조사(2010년 300개소), 매년 고용노동부 장관이 고시한다. 또한, 장애인을 상시 1명도 고용하지 않은 달이 있는 경우에는 그 달에 대한 사업주의 부담기초액은 「최저임금법」에 따라 월 단위로 환산한 최저임금액으로 부과(2012년 고시액: 95만 7천 원)한다(2011. 7. 1.: 공공기관 및 상시 300명 이상, 2012. 1. 1.: 상시 200명 이상 300명 미만, 2013. 1. 1.: 상시 100명 이상 200명 미만의 근로자를 고용하는 사업주).

〈표 10-14〉 부문별 부담금 납부 현황

(단위: 백만 원, %)

구분		2019년	2020년	2021년	2022년	2023년
총계		619,090	755,756	767,611	763,688	829,580
전년대비 증감률		12.1	22.1	1.57	△0.5	8.63
공공기관	계	22,504	32,427	32,918	25,629	29,607
	공기업	2,202	4,740	4,702	3,463	3,196
	준정부기관	1,932	3,376	3,319	1,452	1,927
	기타공공기관	16,097	21,111	21,393	17,790	19,437
민간기업	계	590,487	713,970	676,484	677,789	720,145
	100~299인	158,729	192,521	191,723	193,944	201,049
	300~999인	162,415	189,625	184,165	184,885	200,815
	1,000인 이상	269,343	331,825	300,597	298,960	318,281
30대 기업집단		130,522	160,894	141,387	150,232	167,149

출처: 한국장애인고용공단(2023). "장애인고용(업무바인더)"를 참고로 재구성.

2 보호고용정책

보호고용(sheltered employment)이란, ILO(1955)의 제99호 권고안에서는 보호고용을 '통상적인 고용이 될 수 없는 장애인을 위하여 보호적 조건하에서 행하여지는 훈련 및 고용'이라고 정의하고 있다. 여기에서 보호고용의 대상이 되는 장애인은 신체, 정신 혹은 다른 장애유형을 가진 취학연령 이상으로 어느 정도 노동능력을 가진 사람으로서 특별한 원조가 주어지지 않는 한 개방노동시장에서의 고용을 확보하기 어려운 사람을 말하며, 주 장애영역으로는 지적장애, 뇌병변장애 등 전반적 발달장애가 주 대상이라고 하겠다.

우리나라에 있어서 보호고용제도는 1986년 장애인복지시설 내의 자립작업장 설치·운영계획에 의하여 22개의 보호작업장이 설치되면서부터 본격화되었다(남상만 외, 2002). 「장애인고용촉진 및 직업재활법」에 의하면 현재 시행하고 있는 보호고용의 일차적인 목적은 정상적인 작업환경에서 일하기 어려운 장애인을 위하여 특정한 환경을 근로환경으로 제공하고 그 근로환경에서 일을 할 수 있도록 하면서 장애인에게 고용의 기회를 제공하기 위한 것이다. 우리나라의 경우 작업활동시설, 작업훈련시설, 보호작업시설, 근로작업시설, 생산품 판매시설로 나누어져 있는 직업재활시설을 2007년 10월 개정된 「장애인복지법」에서 장애인보호작업장과 장애인근로작업장 2개 유형만을 남기고 〈표 10-15〉와 같이 통폐합하였다. 이렇듯 보호고용제도를 통하여 장애인에게 고용의 기회를 제공하기 위해서는 첫째, 장애인의 근로능력과 장애인이 수행해야 할 작업과제와 작업조건이 우선적으로 조사·분석되어야 한다. 둘째, 장애인 개인의 장애상태에 따른 작업습관을 파악하고 작업능률 향상을 위해 계획을 수립해야 한다.

〈표 10-15〉 직업재활시설의 종류, 기능, 프로그램

종류	기능	프로그램 종류	프로그램
장애인 보호작업장	직업능력이 낮은 장애인에게 직업적응능력 및 직무기능 향상훈련 등 직업재활훈련 프로그램을 제공하고, 보호가 가능한 조건에서 근로의 기회를 제공하며, 이에 상응하는 노동의 대가로 임금을 지급하고, 장애인 근로사업장이나 그 밖의 경쟁적인 고용시장으로 옮겨갈 수 있도록 돕는 역할을 하는 시설	보호작업장 프로그램	장애인근로사업장 내의 보호된 환경에서 작업능력을 향상시키기 위한 직업훈련 및 보호작업 등을 통해 장애인근로사업장이나 경쟁고용으로 전이될 수 있도록 실시하는 프로그램
장애인 근로 사업장	직업능력은 있으나 이동 및 접근성이나 사회적 제약 등으로 취업이 어려운 장애인에게 근로의 기회를 제공하고, 최저임금 이상의 임금을 지급하며, 경쟁적인 고용시장으로 옮겨갈 수 있도록 돕는 역할을 하는 시설	작업활동 프로그램	작업능력이 매우 부족한 장애인들이 일정 기간 일상생활 및 가사생활훈련, 사회적응훈련, 직업적응훈련, 여가활동교육 등을 통해 보호작업장이나 근로사업장으로 전이되어 유사적 임금을 받을 수 있도록 장애인보호작업장 내에서 실시하는 프로그램

출처: 보건복지부(2023). "장애인복지법"을 참고로 재구성.

3 유보고용정책

유보고용은 특정한 장애인에게 특정 직종을 유보해 주어야 한다는 뜻이다. 즉, 유보고용제란, 일정한 직종을 지정하여 그 직종에 대해서만큼은 장애인을 우선적으로 고용하도록 하는 제도로서 영국의 「장애인고용법(1944)」에서 최초로 언급되었다. 구체적인 내용으로는 등록된 장애인에게 세 가지 직종(승강기 안내원, 주차장 안내원, 전화교환원 등)의 고용주는 등록장애인 이외의 어느 누구도 유보직종에 고용해서는 안 된다고 규정하고 있다(〈표 10-16〉 참조).

현재 우리나라도 「장애인고용촉진 및 직업재활법」에 특정한 장애인의 능력에 적합하다고 인정되는 직종에 고용비율을 정하고 있다(시행령 25조). 그러나 현재 우리나라는 특정 장애인과 특정 직종을 시각장애인의 안마사 자격에만 그 범위와 기준을 정하고 있는 상태이다. 즉, 안마사자격을 가지고 「장애인복지법」에 의한 장애등급 1급 내지 3급에 해당하는 시각장애인은 100분의 30 이상, 그리고 장애등급 4급 내지 6급에 해당하는 시각장애인은 100분의 30 이하로 유보하는 제도를 마련하고 있다. 유보고용제도는 중증장애인에게도 직업의 기회를 제공하고 확보해 주기 위해 채택된 것이지만 현재 우리나라에서는 장애 범위와 직종선정에 어려움을 보이고 있어 실제적으로 활성화되지 못하는 실정이다(강영실, 2010).

〈표 10-16〉 각국의 유보고용 실태

각국	직종	장애유형	비고
미국	자판기, 카페테리아	시각장애	연방정부 및 주정부, 공공기관
캐나다	자판기	시각장애	주정부, 공공기관
대만	안마업	시각장애	
영국	승강기 안내원, 주차안내원, 전화교환원	장애인	
일본	안마업(병원, 진료소)	시각장애	70% 고용
스웨덴	복권판매업	시각장애	시각장애인연합회가 복권운영권
한국	안마업	시각장애	

출처: 김동복(2004). "시각장애인의 안마직종 고용정책에 관한 연구"를 참고로 재구성.

4 제외국의 고용제도

1) 할당제 국가의 장애인고용정책

할당제(quotas)는 노동시장에 장애인의 통합을 촉진시키는 가장 잘 알려진 적극적 조치이다(ILO, 2004). 제1차 세계대전 이후 유럽에서 처음으로 나타났는데 1920년대 독일, 오스트리아, 이탈리아, 폴란드와 프랑스가 할당시스템을 도입하였으며, 장애를 입은 상이군인 고용의무를 내용으로 하고 있다(ILO, 2003).

Waddington(1996)은 할당시스템을 세 가지 기본모델로 분류하고 있는데, ① 제제를 동반한 법적 의무고용(legislative obigations with sanction), ② 효과적 제재가 없는 법적 의무고용(legislative obligation without effective sanction), ③ 제재조치가 없는 법적 권고수준(legislative recommendation with no sanction) 등으로 이 분류방식을 따라 할당제 국가를 분류하고 고용과 관련한 주요사항을 정리하면 다음과 같다.

(1) 제재조치를 동반한 법적 의무고용

법적 의무고용정책을 수행하는 국가로는 프랑스, 이탈리아, 독일, 오스트리아, 폴란드, 벨기에, 스페인, 포르투갈, 일본, 중국 등이 있으나, 그중 가장 대표적인 할당고용정책을 시행하고 있는 국가라고 할 수 있는 프랑스, 독일, 일본을 살펴보고, 그들 국가와 우리나라를 비교 분석한 것이 〈표 10-17〉이다. 분석결과 첫째, 선진 제외국에 비해 기준 의무고용률은 낮은 것으로 나타났으며, 둘째, 실제적인 부담금 단가 수준에 장애인고용비용 수준을 충분히 반영하도록 상향조정하거나 가중부과방식의 적용도 필요하며, 셋째, 공공부문의 장애인고용 책임강화를 위해 의무고용률 상향조정 및 부담금 납부의무 부과 등이 검토되어야 할 것이다.

〈표 10-17〉 **제외국의 제재조치를 동반한 법적 의무고용 내용**

구분	프랑스	독일	일본	한국
할당률	· 6%(근로자 20명 이상 정부부문 및 민간부문)	· 5% · 근로자 20명 이상 공공 및 민간 고용주	· 국가 및 지자체 (38.5명 이상) 2.6% · 교육위원회 (40명 이상) 2.5% · 민간기업 (43.5명 이상) 2.3% · 특수법인(공공기관) (38.5명 이상) 2.6%	· 정부(공무원): 3.6% · 정부(근로자): 3.6% (상시 50명 이상) · 공공기관: 3.6% (상시 50명 이상) · 민간기업: 3.1% (상시 50명 이상)
이행수준	· 실고용률은 - 공공부문 5.32%('16) [공공부문 4.49%('17)] - 민간부문 3.5%('16) (공공부문은 FIPHFP, 민간부문은 Agefiph에서 발표)	· 실고용률은 - 공공부문 6.6% - 민간부문 4.1% - 전체평균 4.7% · 전체 고용주의 60.3%가 법정의무고용률 미달 특히 25.5%의 고용주는 중증장애인을 한 명도 고용하지 않고 있음(2016년 기준) ※ 더블, 트리플카운트 적용	· 실고용률은 〈정부부문('18년 6월 기준)〉 - 국가기관 1.22% - 지자체 2.39% - 교육위원회 1.90% 〈민간부문('17년 6월 기준)〉 - 민간기업 1.97% - 특수법인 2.40% ※ 더블카운트 적용	· 고용률은 - 정부(공무원) 2.93% - 정부(근로자) 6.16% - 공공기관 3.84% - 민간기업 2.91% · 고용의무일자리 기준 103.0%가 충족됨 · 고용의무 고용주의 43.1%가 의무이행(2022년 12월 기준) ※ 더블카운트 적용
제재조치	· 미고용인원당(연): 기업규모별로 시간당 최저임금('17년 현재 9.67유로)의 400-~600배를 적용하며 3년 연속 미고용 업체는 1,500배 적용 - 20-199명: 3,868유로 - 200-749명: 4,835유로 - 750명이상: 5,802유로 - 3년 연속 미고용 직접고용 0명, 간접고용미이행: 14,505유로	· 미고용인원당(월) - 0~2% 미만: 320유로 - 2~3% 미만: 220유로 - 3~5% 미만: 125유로 부과(2016년 이후)	· 미고용 인원당(월) - 상용근로자 100인 초과하는 기업은 부담금징수 - 200명 이상 (2017년 기준) 5만엔(55만 원) - 100명 이상 200명 미만(2015~2020년) 4만엔(44만원)	· 미고용인원당(월) 812천원 · 1/4미달 미고용인원 40%가증 · 1/4~1/2미달 미고용인원 20%가증 · 3/4이상 미고용인원 6%가증 · 미고용 시 2,010,580원 부과(2023년 적용 기준) · 최저임금의 60% 이상

구분	프랑스	독일	일본	한국
관리기구	· Agefiph(민간) · FIPHFP(정부)	· 조정기금 감독·관리는 연방노동및사회부(BMAS)가 수행 · 부담금 징수 및 분배는 통합사무소(Integrationsamt)	· 일본고령·장애·구직자고용지원기구(JEED)	· 한국장애인고용공단
부담금사용처	· 사업주 지원 및 장애인을 위한 교육훈련, 직업유지 및 고용 후속조치	· 장애인근로자 및 고용주에 대한 각종 지원사업에 사용	· 조정금, 보장금 지급 및 장애인고용지원사업(장애인직업능력개발사업, 조사연구사업 등)	· 고용장려금지급, 장애인고용촉진사업(고용촉진사업, 직업능력개발사업, 기능경기대회운영, 고용환경개선사업, 정보관리사업, 연구개발사업 등)

출처: 한국장애인고용공단(2023). "장애인고용(업무바인더)"를 참고로 재구성.

(2) 제재조치 없는 법적 의무고용

효과적 제재조치가 없는 법적 의무고용(legislative obligation without effective sanction) 시스템하에서 고용주는 할당제 의무를 준수해야 하지만, 이러한 의무는 제재가 존재하지 않거나 강제력이 없는 등 효과적인 제재를 통해 뒷받침되고 있지 못하는 경우로서(ILO, 2004), 대표적인 국가는 벨기에, 포르투갈이 있다.

이는 할당제와 관련한 법이 효과적인 제재를 제공하지 못하거나 정부부처 또는 공공기관이 할당의무가 충족되지 않은 경우, 이를 기소하지 않기 때문이다. 그 대표적인 예가 영국(1944)의 「장애인고용법(Disabled persons Employment Act)」으로서 '장애인 등록제도', '의무고용제도(20인 이상 3%)', '장애인전용 직종제도', '보호고용제도' 등을 주요 내용으로 하였다. 그러나 기준고용률 미달에 따른 일정액의 금액을 납부하는 고용부담금제도는 두지 않았고, 그 대신 사용자의 의무고용 위반에 대한 형사처벌(인신구속)을 규정하였으나 실제 적용된 예는 거의 없었다. 이같이 영국의 할당제 실패의 주요 원인은 면세혜택과 의무고용을 이행하지 않는 기업을 기소하는 정책을 강력하게 추진하는 등의 할당제를 성공시키기 위한 지속적인 노력을 하지 못한 정부의 무능력함과 불충분한 의지력에서 기인되었다고 볼 수 있다(심진예 외, 2006).

(3) 제재조치 없는 법적 권고

제재조치 없는 법적 권고수준(legislative recommendation with no sanction)의 할당 시스템하에서 고용주는 법적으로 장애인 근로자를 고용할 의무를 갖지 않으며, 의무고용을 권고받는 수준이다. 따라서 할당의무의 준수는 자발적이며, 고용주가 권고 할당을 이행하지 않을 경우 어떠한 제재도 발생하지 않는다.

1980년대 중반 네덜란드는 이러한 비강제적 할당시스템을 시행하였는데 네덜란드 정부는 시행 3년 후, 자발적 할당제의 효과성을 평가한 후 장애인의 고용상황에 진전이 없다고 결론짓고 이 제도를 폐지시켰다. 1998년 REA법안을 도입하였으나 의무고용은 지침의 수준에 머무르고 있으며, 정부의 주요 목표를 장애인의 노동시장 이탈을 방지하는 차원으로, 이를 위해 할당제를 통한 강제적 의무고용보다는 고용주가 장애인을 고용할 수 있는 장려책에 더 많은 관심을 갖고 있다(심진예 외, 2006).

2) 비할당제 국가의 장애인고용정책

(1) 장애인 차별금지법

미국의 장애인고용정책 역시 시장 내에서의 동등한 적용을 원칙으로 해왔기 때문에 장애인고용에 있어서도 '임의고용 및 임의해고 원칙'이 적용되었으나, 1660년대 중반부터 이러한 '해고자유의 원칙'을 수정하고, 더 나아가 채용 및 근로조건 등에서의 차별을 절대적으로 금지하는 일련의 고용차별금지법들이 연방법으로서 제정되었다. 「미국장애인법(ADA, 1990)」은 고용 영역뿐만 아니라 공공서비스, 공공편의시설, 전기통신 등에 대한 접근성 보장과 같은 기타 영역에서의 장애로 인한 차별을 금지하고 있으며, '장애인에게 평등한 기회보장, 완전한 사회참여, 독립적인 생활, 경제적인 자립기반을 마련'해 주는 데 그 근본적인 목적을 두고 있다(심진예 외, 2006). 대표적인 국가로 미국, 영국, 호주, 스위스, 네덜란드가 있다.

(2) 포괄적 차별금지법

포괄적 차별금지법을 제정한 대표적인 국가는 캐나다이다. 캐나다 정부의 장애인정책의 시작은 1차 세계대전 이후 상이군인들이 급증하였고, 캐나다의 산업화가 본격화되면서 산재장애인들이 급증하면서 이들을 위한 법안이 마련된 것이다. 1992년에 이르러 「캐나다인권법」은 '적절한 배려' 조항을 포함시켜 수정하였으며, 고용주들에게 과도한 부담이 되지 않는 한 고용된 장애인 근로자에 대한 적절한 배려를 제공할 것을 명시화하였다.

또한, 1986년에 제정된 「고용형평법(Employment Equity Act)」의 입법 목적은 여성, 장애인, 원주민, 가시적 소수자에 대한 고용장벽을 제거하고 이들에게 평등한 고용기회를 제공하는 데 있다. '고용형평'은 동일한 방식으로 사람들을 대우하는 것 이상의 의미를 가지는 것으로서 차이의 조정과 특별한 조치가 필요하다는 의미를 내포한 개념이며, 이를 계기로 '적극적 조치' 대신 '고용형평(employment equity)'이란 용어를 사용하고 있으며, 캐나다에서는 고용서비스 현장에서의 차별금지와 더불어 고용형평은 캐나다의 가장 중요한 국가적 이슈이자 인권정책의 최우선 목표이자 핵심영역이 되었다(심진예 외, 2006).

(3) 노동법 및 기타

노동법 또는 근로환경 법제를 중요한 수단으로 두는 국가는 스웨덴, 노르웨이, 덴마크의 경우에서 특별히 나타나고 있다. 즉, 이러한 법제 속에 사용자는 채용상 차별행위를 할 수 없고 작업장을 장애인 근로자에게 적합하게 변형하거나 혹은 장애인 근로자의 재활을 촉진하도록 하는 의무를 가진다.

일반 노동법을 통해 장애인고용을 규제하는 국가는 대표적으로 노르웨이가 있다. 노르웨이는 장애인정책에 있어 기회, 권리, 의무의 균등이라는 복지국가원칙에 근거를 두고 있으며, 그 최고 목표는 '완전한 참여(full participation)'와 '평등(equality)'이다. 그리고 노르웨이의 기회균등을 촉진하는 「근로환경법(the working environment act)」[4]을 근거로 사업주는 직업상 장애인이 근무를 할 수 있도록 직장의 물리적 접근, 위생설비, 기술장치, 기타 장비를 갖추어야 한다. 또한, 직원이 사고나 질병으로 인해 직무를 수행할 수 없는 경우, 고용주는 가능한 한 해당 직원이 적절한 업무를 획득하거나 유지할 수 있게 필요한 조치를 취해야 한다(심진예 외, 2006).

4) 2006년 노르웨이는 「근로환경법」을 「근로자보호 및 근로환경법(Worker Protection and Working Environment Act: WPA)」으로 개정·발효시켰는데, 정치적 관점, 노동조합 가입, 성적 지향, 장애 또는 연령의 직·간접적 차별의 금지 내용이 포함되었다.

CHAPTER 11

장애인과 의료보장

1절 장애인의 의료보장 현황

장애인에게 의료보장은 가장 기본적이며, 필수적인 사회보장이다. 장애 원인이 어떻든 간에 장애가 발생한 경우에는 장애인이 신체적, 정신적, 사회적, 직업적으로 사회에서 정상에 가까운 생활을 할 수 있도록 기능을 회복시켜 주어야 한다. 이는 의료적 서비스를 통하여 신체적 기능을 회복하여 충분히 사회에 복귀할 수 있는 가능성이 있기 때문에 의료서비스는 매우 중요하면서도 빠르면 빠를수록 효과적이라 할 수 있다. 이러한 측면에서 의료보장과 관련한 서비스는 가장 기초가 되는 출발점이 되며, 다른 부문을 극대화시키기 위한 토대가 된다.

우리나라 장애인의 사회 및 국가에 대한 요구사항을 〈표 9-10〉 장애인의 국가에 대한 요구사항에서 살펴보면 장애 종류와 상관없이 의료의 중요성을 강조하고 있는 가운데 1순위 소득보장 (43.9%), 2순위가 의료보장(26.9%)으로서 의료보장의 확대를 절실히 요구하고 있는 것으로 파악된다. 따라서 장애인에게 가장 절실한 욕구를 충족시키면서 동시에 장애를 최소화하고 기능을 극대화시킬 수 있는 것으로서 장애인의 의료보장은 매우 중요하다고 하겠다.

〈표 11-1〉에서와 같이 2023년도 장애인 실태조사 결과에 의하면 자신의 건강이 '매우 나쁨' 8.4%, '나쁨' 37.8%로, 전체의 46.2%가 건강이 나쁘다고 응답하여 절반 가까운 비중을 차지하고 있는 반면 좋은 편(매우 좋음 + 좋음)이라고 응답한 비

율은 20.3%로 전체 국민에 비해서도 적은 것으로 나타났다. 이러한 결과는 2020년 조사(14.9%)와 비교하여 건강이 좋은 편이라고 응답한 비율은 어느 정도 높아졌으나 보통이나 나쁜 편에서는 큰 차이가 없었다.

또한 장애유형별로 건강상태에 있어서는 뇌병변장애와 신장, 심장, 호흡기장애의 경우 다른 장애에 비해 자신의 '건강이 나쁘다'고 인지하고 있는 비율이 높은 반면, 상대적으로 '건강이 좋다'라고 인지하는 장애인은 지적장애, 자폐성장애, 언어장애 등으로 나타나 장애유형에 따라 주관적 건강 인지율에 차이를 보이고 있다.

〈표 11-1〉 장애인의 평소 건강상태

(단위: %, 명)

구분	매우 좋음	좋음	보통	나쁨	매우 나쁨	계	전국 추정수
지체장애	0.7	16.5	34.6	40.9	7.3	100.0	1,162,531
뇌병변장애	0.5	7.7	23.1	47.0	21.6	100.0	256,042
시각장애	1.2	24.9	35.5	33.0	5.4	100.0	252,490
청각장애	0.3	19.5	38.1	37.6	4.5	100.0	424,652
언어장애	5.0	34.6	25.5	27.4	7.5	100.0	23,254
지적장애	2.9	42.9	33.8	16.6	3.9	100.0	202,112
자폐성장애	6.6	52.3	27.9	11.8	1.4	100.0	38,072
정신장애	0.6	19.8	41.8	31.8	6.0	100.0	103,819
신장장애	-	7.3	22.3	49.8	20.6	100.0	107,516
심장장애	-	12.0	30.4	45.9	11.7	100.0	4,944
호흡기장애	-	2.9	21.8	48.4	26.9	100.0	11,400
간장애	1.3	20.0	44.0	28.7	5.9	100.0	15,239
안면장애	4.0	28.8	34.5	26.2	6.5	100.0	2,629
장루·요루장애	0.6	13.4	29.7	40.7	15.6	100.0	18,439
뇌전증장애	-	10.0	28.6	45.1	16.3	100.0	7,235
전체	1.0	19.3	33.6	37.8	8.4	100.0	2,630,374

출처: 이민경 외(2023). 2023년 장애인 실태조사에서 재구성.

최근 1년간 자신의 장애상태나 건강을 위해 병·의원에 수술이나 치료를 하러 가야 하는데, 가지 못한 경험이 있는 경우는 〈표 11-2〉와 같으며, '의료기관까지 이동이 불편함'이 36.5%로 전체 응답자의 1/3 정도이고 다음으로는 '경제적인 이유'가

27.8%로 많았으며, 그밖에는 '시간이 없어서' 13.0%, '동행할 사람이 없어서' 7.1%, '증상이 가벼워서' 6.0%의 순으로 나타나 본인이 원할 때 병원 진료를 받지 못하는 이유는 대체로 이동의 어려움, 경제적 문제, 동행자의 부재 등임을 알 수 있다.

장애유형별로 살펴보면 호흡기장애인, 뇌병변장애인, 심장장애인의 경우에 '이동의 불편함'이 많은 반면, 자폐성장애, 지적장애, 정신장애, 청각장애의 경우 '의사소통의 어려움'이 상대적으로 많았다. 이와 함께 뇌전증장애와 청각장애, 언어장애, 지적장애 및 자폐성장애, 청각장애, 정신장애의 경우에는 '동행할 사람이 없어서'가 많은 편이었다. 그밖에는 호흡기장애, 시각장애, 청각장애, 언어장애는 '증상이 가벼워서' 의료기관을 이용하지 않는 비율이 다소 높게 나타났다.

〈표 11-2〉 **본인이 원하는 때 병·의원에 가지 못한 이유**

(단위: %, 명)

구분	경제적인 이유로	의료기관까지 이동의 불편함	의료진의 장애에 대한 이해 부족	의사소통의 어려움	시간이 없어서	의료기관의 장애고려 의료시설 및 장비 불편	동행할 사람이 없어서	어떤 의료기관에 가야 할지 몰라서	의료기관에 예약하기 힘들어서	증상이 가벼워서	의료기관에서 오래 기다리기 싫어서	기타	계	전국 추정수
지체	32.6	34.3	0.4	0.4	18.7	1.0	5.0	0.7	0.5	5.4	0.5	0.6	100.0	210,525
뇌병변	21.2	55.9	0.4	0.9	3.5	6.3	6.3	1.0	0.5	2.7	0.8	0.5	100.0	64,608
시각	26.8	31.6	-	0.8	22.1	1.0	9.1	-	0.4	8.2	-	-	100.0	40,917
청각	24.2	37.0	-	10.7	5.8	0.5	11.6	0.8	0.4	9.2	-	-	100.0	71,415
언어	29.1	18.0	-	7.7	13.7	2.3	11.6	2.7	2.4	7.9	4.5	-	100.0	2,759
지적	12.7	32.8	-	14.0	8.9	6.6	11.2	1.9	1.3	6.6	3.9	-	100.0	27,858
자폐성	9.4	6.0	10.7	31.0	-	23.5	10.7	-	-	-	-	8.8	100.0	4,440
정신	35.1	17.9	4.0	11.6	0.2	8.0	6.0	3.4	3.8	7.0	3.0	0.2	100.0	13,753
신장	42.5	27.4	-	-	6.9	3.5	3.8	1.9	5.4	7.0	1.7	-	100.0	10,793
심장	36.2	40.2	-	-	9.7	8.0	5.9	-	-	-	-	-	100.0	950
호흡기	7.4	58.4	1.8	-	8.1	-	3.6	-	-	17.6	-	3.1	100.0	2,186
간	38.2	-	-	-	29.2	2.5	7.5	-	7.1	—	-	15.5	100.0	1,511
안면	51.6	15.3	-	-	16.3	-	5.0	-	-	7.4	-	4.4	100.0	472
장루·요루	20.4	49.6	4.6	-	9.6	3.0	7.6	-	-	4.3	-	1.0	100.0	2,597
뇌전증	29.1	28.6	-	0.8	-	-	22.2	-	12.1	1.9	5.3	-	100.0	1,340
전체	27.8	36.5	0.5	3.6	13.0	2.6	7.1	0.9	0.8	6.0	0.8	0.5	100.0	456,125

출처: 이민경 외(2023). 2023년 장애인 실태조사에서 재구성.

향후 장애인의 건강 및 재활을 위해 필요한 의료기관 또는 서비스에 대해 알아본 결과는 〈표 11-3〉과 같으며, 전체 응답자의 37.1%가 재활전문병원을 지적하였고 다음으로 방문재활치료가 15.0%, 종합병원 재활의학과는 12.7%, 낮병원 또는 외래 재활치료가 10.0%, 장애인 특화 재활 서비스 9.2% 등의 순으로 나타나 3년 전 조사(29.0%)에 비해 재활전문병원의 비율이 높아졌고 방문재활치료의 비율이 두 번째 순위를 차지하고 있어 재활전문병원과 특히 방문재활치료에 대한 욕구가 높아진 것을 알 수 있다.

장애유형별로 살펴보면 재활전문병원의 경우 지체장애, 뇌병변장애, 안면장애의 요구도가 다른 장애에 비해 많은 편이었고, 방문재활치료에 있어서는 뇌병변장애, 호흡 기장애, 장루 · 요루장애가 다소 많았다. 종합병원 재활의학과는 주로 신장장애, 심장장애, 간장애 등 신체 내부기관 장애의 요구도가 높아 차이를 보였다. 소아재활치료 등 장애인 특화재활 서비스에 있어서는 지적장애, 자폐성장애, 정신장애의 요구도가 높았으며, 장애인건강주치의에 대해서는 정신장애, 신장장애, 호흡기장애, 간장애, 뇌전증 장애의 요구도가 높은 편이었다. 한편 발달장애인 거점병원이나 행동발달증진센터는 자폐성장애, 지적장애 순으로 욕구가 큰 것으로 나타나 앞으로 강화되어야 할 보건의료기관에 있어 장애특성에 따라 차이를 보이고 있다.

〈표 11-3〉 향후 건강 및 재활을 위해 필요한 보건의료서비스 혹은 보건의료기관

(단위: %, 명)

구분	종합병원 재활의학과	재활전문 병원	요양병원	보건소	낮병원 또는 외래에서의 재활치료	방문재활 치료	장애인 특화서비스 (여성전문, 치과, 소아 등)	주치의 (단골의사)	발달장애인 거점병원 행동발달 증진센터	기타	계	전구 추정수
지체	11.7	44.9	2.3	4.5	11.5	14.6	6.6	3.4	0.5	-	100.0	1,162,531
뇌병변	12.7	38.3	5.4	2.6	7.9	22.9	6.1	3.4	0.6	-	100.0	256,042
시각	14.4	32.6	4.2	6.2	12.0	14.2	8.2	7.8	0.2	0.2	100.0	252,490
청각	13.2	32.3	5.5	8.5	8.6	17.5	8.1	6.1	0.1	-	100.0	424,652
언어	14.1	35.5	2.8	3.5	7.3	14.9	17.6	2.7	1.7	-	100.0	23,254
지적	10.1	20.7	2.7	3.2	7.9	10.2	22.8	7.0	15.3	0.1	100.0	202,112
자폐성	8.6	17.6	0.3	0.7	3.3	4.7	22.9	3.0	38.9	-	100.0	38,072

구분	종합병원 재활의학과	재활전문 병원	요양병원	보건소	낮병원 또는 외래에서의 재활치료	방문재활 치료	장애인 특화서비스 (여성전문,치과, 소아 등)	주치의 (단골의사)	발달장애인 거점병원 행동발달 증진센터	기타	계	전구 추정수
정신	9.4	26.4	9.3	4.8	10.6	8.1	16.9	11.9	2.4	-	100.0	103,819
신장	19.7	30.7	5.2	2.4	8.5	12.0	10.1	10.3	0.9	0.2	100.0	107,516
심장	23.7	34.2	3.9	3.9	2.6	10.0	12.0	7.3	1.4	1.1	100.0	4,944
호흡기	27.0	22.6	5.5	4.0	1.2	18.1	11.5	9.1	1.0	-	100.0	11,400
간	32.0	30.0	2.0	4.5	6.7	5.9	7.1	10.4	0.6	0.7	100.0	15,239
안면	13.7	40.5	3.0	6.9	10.5	12.0	7.3	5.8	0.4	-	100.0	2,629
장루·요루	17.9	32.3	6.1	2.4	6.6	18.7	8.0	7.3	0.7	-	100.0	18,439
뇌전증	12.1	32.5	1.5	2.7	9.8	13.4	12.0	15.1	0.9	-	100.0	7,235
전체	12.7	37.1	3.7	4.9	10.0	15.0	9.2	5.3	2.2	0.0	100.0	2,630,374

출처: 이민경 외(2023). 2023년 장애인 실태조사에서 재구성.

〈표 11-4〉에서와 같이 현재 재활치료서비스를 받지 않고 있다고 응답한 경우 주된 이유로는 '다닐 필요가 없어서'라고 응답한 경우가 43.9%로 가장 많았고 다음으로는 '효과를 알 수 없거나 효과가 없다고 판단해서' 32.3%, '접근하기 어려워서' 7.7%, '주변에 시설이 없어서' 7.6%의 순으로 나타나 재활치료를 받지 않아도 된다는 점과 치료 효과에 대한 신뢰 부족이 주된 이유임을 알 수 있다. 이는 3년 전 조사에서는 2가지 이유 외에 비용부담의 이유가 높은 비중(11.1%)을 차지했었는데 이번 조사에서는 서비스 접근의 어려움에 대한 이유가 많아져 차이를 보였다. 한편 장애유형별로는 신체 내부기관 장애는 '다닐 필요가 없어서'가 다소 많다는 점 외에 큰 차이를 보이지 않았다.

〈표 11-4〉 현재 재활치료서비스를 이용하지 않는 이유

(단위: %, 명)

구분	몰라서	시설이 없어서	믿지 못해서	다른 방법이 없어서	비용부담 때문에	대기 중 이어서	다닐 필요가 없어서	접근하기 어려워서 (이동의 어려움 등)	기타	계	전국 추정수
지체	1.5	9.1	40.5	1.9	4.5	0.2	34.1	7.4	0.8	100.0	815,269
뇌병변	2.1	9.6	41.1	2.9	6.2	0.0	16.3	21.2	0.6	100.0	187,704
시각	3.0	7.0	18.6	2.2	2.7	0.0	60.8	5.6	0.2	100.0	217,052

구분	몰라서	시설이 없어서	믿지 못해서	다른 방법이 없어서	비용부담 때문에	대기 중 이어서	다닐 필요가 없어서	접근하기 어려워서 (이동의 어려움 등)	기타	계	전국 추정수
청각	1.9	6.1	29.5	2.1	2.5	0.0	50.5	7.1	0.3	100.0	347,958
언어	4.4	4.8	32.5	2.6	3.5	0.0	44.7	6.9	0.6	100.0	15,138
지적	3.4	5.6	29.1	1.9	2.4	0.3	53.2	3.7	0.5	100.0	157,332
자폐성	0.0	5.5	34.2	1.2	8.9	1.1	41.3	4.2	3.5	100.0	16,199
정신	3.3	5.2	16.2	1.1	2.8	0.0	68.5	2.4	0.6	100.0	97,324
신장	1.5	5.7	16.9	1.8	3.4	0.0	66.0	4.3	0.4	100.0	98,127
심장	0.0	6.0	8.5	3.1	2.2	0.0	75.6	4.6	0.0	100.0	4,387
호흡기	0.6	8.8	16.2	5.4	2.2	0.5	55.9	10.3	0.0	100.0	10,203
간	1.4	2.9	15.8	0.8	1.4	0.0	76.4	1.2	0.0	100.0	14,053
안면	3.9	5.9	17.4	0.5	4.8	0.0	62.5	3.6	1.4	100.0	2,330
장루·요루	3.1	5.9	14.0	1.7	1.9	0.0	60.9	12.6	0.0	100.0	17,009
뇌전증	1.2	9.7	17.6	1.3	0.0	0.0	60.4	9.8	0.0	100.0	6,165
전체	2.1	7.6	32.3	2.0	3.8	0.1	43.9	7.7	0.6	100.0	2,226,250

출처: 이민경 외(2023). 2023년 장애인 실태조사에서 재구성.

장애유형별 소지하고 있는 장애인 보조기기의 종류를 살펴보면 〈표 11-5〉와 같다. 지체장애 및 뇌병변장애인의 경우에는 지팡이(25.1%) 소지율이 가장 높았으며, 다음으로는 보행차(9.8%), 수동휠체어(7.6%), 척추보조기(5.0%), 목발(3.4%) 순이었다. 시각장애인용 장애인보조기기 중 가장 높은 소지율을 보이고 있는 보조기기는 안경/콘택트렌즈가 56.4%로 압도적으로 높았으며, 이 외에는 확대경/독서확대기와 의안이 각각 10.7%로 높았다. 또한 청각장애인이 소유하고 있는 보조기기로는 보청기가 16.8%로 가장 높았고, 인공와우 2.9%, 자막수신기 2.3% 순이었다. 언어장애인의 경우에는 체외용 인공후두(1.2%) 소지율이 가장 높았다.

지적 및 자폐성 장애인은 터치모니터 0.5%, 교육과목훈련용 보조기기 0.3%, 의사소통 보조기기 소지율이 0.2%로 타 장애유형에 비해 보조기기 소지율이 낮은 경향을 보였다. 신장장애인이 소유하고 있는 보조기구로는 복막투석기구가 5.7%로 가장 많았고, 호흡기장애인은 산소발생기가 43.0%로 가장 많았다. 장루 · 요루장애인은 장루주머니 소지율이 86.8%, 피부보호판이 84.3%로 타장애유형에 비해 보조기기 소지율이 높았다. 마지막으로 특정 장애유형과 관계없이 전체 장애인의 보조기기 소지율을 살펴보면, 목욕의자 및 이동욕조 7.3%, 이동변기 3.6%, 침대(전동 및 수동) 3.2% 순의 소지율을 보였다.

〈표 11-5〉 장애인 보조기기 소지 여부

(단위: %, 명)

구분	소지 장애인 보조기기	비율	구분	소지 장애인 보조기기		비율
지체장애 및 뇌병변장애	상지의지	1.2	지적 및 자폐성장애	의사소통 보조기기		0.2
	하지의지	1.0		교육과목훈련용보조기기		0.3
	척추보조기	5.0		터치모니터		0.5
	상지보조기	0.5		기타		0.2
	하지보조기	2.6		전국추정수		(253,601)
	맞춤형 교정용 신발 (정형외과용 구두)	2.3	신장장애	복막투석기기		5.7
	지팡이	25.1		기타		0.5
	목발	3.4		전국추정수		(109,486)
	보행자(좌석형, 탁자형)	9.8	호흡기장애	호흡 치료 용구	산소발생기	43.0
	전동휠체어	2.6			인공호흡기	12.4
	수동휠체어	7.6			호흡근육훈련기	13.3
	전동스쿠터	2.4		기타		21.1
	수동휠체어 보조동력장치	0.4		전국추정수		(11,723)
	자세보조용구	1.3	안면장애	압박용 의복		-
	상하지운동기기	0.4		기타		-
	팔받침대	0.6		전국추정수		(3,871)
	자세 지지용 의자(피더시트)	0.5	장루·요루 장애	장루주머니		86.8
	18) 기타	2.9		피부보호판		84.3
	전국추정수	(1,481,011)		기타		22.8
시각장애	안경/콘텍트렌즈	56.4		전국추정수		(21,040)
	확대경,독서확대기	10.7	전체	욕창예방매트리스		2.0
	흰지팡이	7.3		욕창예방방석		1.5
	의안	10.7		침대(전동 및 수동)		3.2
	스크린 리더	0.6		기립보조기기		0.5
	화면 확대기	1.0		기저귀매트		2.3
	점자정보 단말기	1.3		목욕의자 및 이동 욕조		7.3
	시각장애인용 시계	1.6		이동변기		3.6

구분	소지 장애인 보조기기	비율
시각장애	장애인 보조견(시각장애인 안내견)	0.1
	점자프린터	0.1
	화면해설수신기	1.3
	음향 문자 판독기	1.3
	광학 문자 판독기(인쇄물음성변환출력기)	0.2
	점자라벨기	0.4
	휴대용 독서기기(데이지플레이어)	0.5
	기타	0.4
	전국추정수	(277,851)
청각장애	보청기	16.8
	화상전화기	0.6
	골도전화기	0.2
	헤드폰(청취증폭기)	0.3
	인공와우	2.9
	음상자막(텍스트)실시간 변환기기	0.6
	자막수신기	2.3
	신호표시기(시각, 음향)	0.3
	진동시계	0.6
	기타	0.1
	전국추정수	(461,435)
언어장애	체외용 인공후두	1.2
	음성증폭기	0.7
	기타	0.9
	전국추정수	(69,612)

구분	소지 장애인 보조기기		비율
전체	특수 키보드		0.1
	특수마우스		0.1
	각종 스위치		0.1
	음성인식장치		0.1
	터치스크린,스크린키보드		0.1
	환경제어장치(사물인터넷(IOC)시스템)		0.0
	이동식 전동리프트		0.6
	미끄럼 및 회전을 위한 보조기기(트랜스퍼보드, 매트, 회전좌석)		1.6
	주택개조(경사로, 높낮이 조절 싱크대 등)		0.4
	승강용 보조기기		0.0
	장애인용 의복		0.0
	자동차개조/운전보조장치		0.4
	경보 시스템		1.0
	고용/직업훈련용 보조기기(높낮이 조절 책상 등)		0.1
	레크레이션용 보조기기(장애인용 자전거 등)		0.0
	배화감기지		0.1
	안전손잡이		6.2
	음식 섭취 보조기기(젓가락, 빨대, 접시 및 그릇, 음식보호대, 컵, 받침접시 등)		1.0
	약 알림통, 낙상 알림기		0.1
	기타		0.6
	호흡 보조기	산소발생기	0.2
		인공호흡기	0.1
	전국추정수		(2,630,374)

1) 음영은 장애유형에 상관없이 모든 장애인을 대상으로 조사한 항목임

출처: 이민경 외(2023). 2023년 장애인 실태조사에서 재구성.

〈표 11-6〉은 장애인 보조기기를 구입하지 않는 이유를 질문한 결과이다. 주된 이유로는 '구입 비용 때문에'(44.2%)가 가장 높았으며, 그 밖의 이유로는 '적합한 장애인 보조기기가 무엇인지 몰라서' 28.7%, '구입처를 몰라서' 10.5% 순이었다. 특히 보조기기 구입과 관련한 장애인의 경제적 부담이 지속적으로 가장 큰 장벽으로 확인되고 있다. 또한 본인에게 적합한 보조기기 및 구입처에 대한 정보의 부족이 보조기기 구입 시 겪는 주된 어려움으로 나타났다. 이는 적합한 장애인 보조기기의 부재 및 효과성의 결여 등 장애인 보조기기 공급 및 품질관리 등 전달체계와 관련된 불만도 여전히 해결되지 않고 있음을 보여 주고 있다.

〈표 11-6〉 장애인 보조기기를 구입하지 않는 주된 이유

(단위: 명, %)

구분	적합한 장애인 보조기기가 무엇인지 몰라서	별 효과가 없을 것 같아서	사용이 불편할 것 같아서	미관상 흉해서	구입비용 때문에	구입처를 몰라서	구입할 시간이 없어서
지체	22.2	4.5	4.5	5.1	50.5	9.1	0.7
뇌병변	27.6	2.5	2.3	5.2	50.5	7.7	0.9
시각	29.0	9.2	3.6	1.6	41.4	10.6	1.5
청각	34.4	6.8	3.2	2.9	33.7	15.3	2.4
언어	29.1	4.6	2.6	4.0	39.5	12.8	-
지적	57.0	4.1	1.4	-	17.7	16.1	-
자폐성	59.1	7.9	-	-	18.7	7.4	-
정신	47.0	-	-	0.0	33.8	9.6	-
신장	26.9	1.5	0.6	5.1	53.2	6.5	2.2
심장	20.1	-	-	-	44.2	28.8	6.9
호흡기	27.8	4.0	8.4	9.0	33.1	8.5	1.3
간	21.8	4.6	-	7.2	37.5	28.9	-
안면	27.9	8.4	16.7	-	38.3	-	8.7
장루요루	22.8	8.9	-	1.4	44.2	18.3	4.5
뇌전증	34.6	-	-	-	50.2	4.8	10.3
전체	28.7	4.9	3.4	4.0	44.2	10.5	1.1

출처: 이민경 외(2023). 2023년 장애인 실태조사에서 재구성.

〈표 11-7〉은 장애인 보조기기 구입 시 가장 많은 지원을 받는 기관(사업)에 대한 응답 결과이다. 응답한 전체 장애인 중 '국민건강보험 및 의료급여 보장구 급여 사업(79.8%)'이 가장 높게 나타났으며, 이는 2020년도(62.9%)와 비교할 때 3년간 많은 변화가 있음을 알 수 있다. 그리고 노인장기요양 보험 복지용구 지원사업을 통해서(6.9%)와 보건복지부 및 지방자치단체에서 시행하고 있는 보조기구 교부사업을 통해서(6.3%), 산재보험급여 재활보조기구 지급 사업을 통한(1.3%) 지원을 경험한 것으로 나타났다.

〈표 11-7〉 장애인 보조기기 구입 시 가장 많은 지원을 받는 기관(사업)

(단위: %, 명)

구분	국민건강 보험 또는 의료급여 보장구 급여지원	보건복지 가족부 및 지방자치 단체의 보조기구 교부사업	산재보험 급여 재활보조 기구 지급사업	국가 유공자 보철구 지원	한국 장애인 고용공단 보조기기 지원	한국지능 정보사회 지능원 정보통신 보조기기 보급사업	노인장기 요양보험 복지용구 지원사업	교육부 장애학생 지원사업	지역사회 서비스 투자사업 보조기기 렌탈 바우처	공동모금회 또는 민간, 복지재단, 복지관 등의 보급 사업	보조기구 관련 전문 서비스 기관	친지, 친구, 이웃 또는 종교 및 친목단체의 지원	기타	계	전국 추정수
지체	69.0	11.3	3.6	1.3	0.4	-	8.1	-	-	0.8	-	5.5	-	100.0	200,552
뇌병변	62.2	8.5	1.4	0.6	0.6	-	21.1	-	-	1.6	0.7	3.3	-	100.0	114,343
시각	63.8	12.7	0.9	0.8	2.1	0.4	6.4	0.2	-	5.6	-	6.0	1.2	100.0	52,202
청각	95.7	1.9	-	0.3	0.2	-	1.0	-	0.1	0.2	-	0.5	-	100.0	358,409
언어	61.8	11.0	10.7	1.6	2.2	3.0	9.7	-	-	-	-	-	-	100.0	4,038
지적	50.5	13.8	-	-	-	-	-	16.3	-	10.2	-	7.9	1.3	100.0	10,788
자폐성	20.2	40.2	-	-	-	-	-	39.7	-	-	-	-	-	100.0	932
정신	56.6	12.8	-	-	6.6	-	24.0	-	-	-	-	-	-	100.0	2,930
신장	68.8	1.5	-	-	-	-	22.5	-	-	1.9	1.5	1.5	2.2	100.0	17,322
심장	49.1	14.8	-	-	-	-	36.1	-	-	-	-	-	-	100.0	379
호흡기	91.4	4.5	-	-	-	-	2.5	-	-	-	-	1.6	-	100.0	5,831
간	100.0	-	-	-	-	-	-	-		-	-	-	-	100.0	292
안면	24.5	-	10.0	30.0	-	-	-	-	-	-	-	35.5	-	-	112
장루요루	81.7	4.9	0.3	1.3	-	-	11.6	-	-	0.3	-	-	-	100.0	11,106
뇌전증	33.7	13.1	-	-	-	-	29.8	-	-	-	-	23.4	-	100.0	358
전체	78.8	6.3	1.3	0.6	0.5	0.0	6.9	0.3	0.0	1.0	0.1	2.7	0.2	100.0	779,593

출처: 이민경 외(2023). 2023년 장애인 실태조사에서 재구성.

〈표 11-8〉은 장애인 보조기기 지원방식과 관련된 주요 개선사항으로서 '개인별 특성에 맞는 맞춤 개조, 보완, 제작'(31.1%)과 '개인별 특성에 맞는 상담 또는 안내

서비스'(24.7%)에 대한 요구가 높았으며, 이 외에도 '지원 품목의 확대'(11.5%)에 대한 요구도 높았다. 일부 장애유형의 경우, 보조기기는 신체 기능을 보완하는 기능을 수행한다는 점에서 개인별 특성에 따른 맞춤 개조와 보완, 제작이 필요하며 보조기기는 기기가 가지는 특성이 있으므로 기기에 대한 정보제공 등이 매우 중요하기 때문에 장애인도 기기에 대한 안내와 상담을 요구하는 것으로 이해된다. 더불어 제한된 형태의 지원 품목 내에서만 보조기기를 선택해야 하는 현재의 상황에서 지원 품목의 확대 요구도 확인되었다. 이는 장애인 보조기기 상담, 평가, 교육, 구입 지원 및 사후 관리 등의 통합적인 기능을 수행하는 전달체계의 설치와 동시에 건강보험(의료급여) 등 공적급여의 지원 수준을 더욱 확대해야 할 필요성이 있음을 보여 주는 결과라고 할 수 있겠다.

〈표 11-8〉 장애인 보조기기 지원방식에서 개선할 점

(단위: %, 명)

구분	개인별 특성에 맞는 상담 또는 안내 서비스	개인별 특성에 맞는 맞춤 개조, 보완, 제작	보조기기 수리지원	기기사용에 교육 (정보제공)	지원 품목의 확대	신청 및 보급 절차의 간소화	급여 비용의 인상	개선이 필요하지 않음	기타	계	전국 추정수
지체	25.0	34.0	2.7	1.6	11.7	9.1	4.8	11.1	-	100.0	1,162,531
뇌병변	25.8	33.1	3.3	1.8	12.3	9.0	5.3	9.0	0.4	100.0	256,042
시각	25.7	28.2	1.7	2.8	15.0	7.1	9.2	10.2	0.2	100.0	252,490
청각	17.9	34.4	10.7	2.4	7.9	8.7	14.7	3.2	0.2	100.0	424,652
언어	24.6	27.8	1.5	5.1	12.0	9.9	5.7	13.3	-	100.0	23,254
지적	28.1	21.8	1.0	6.3	11.2	5.7	3.4	22.2	0.2	100.0	202,112
자폐성	35.3	24.8	0.9	4.4	14.1	5.8	3.7	11.1	-	100.0	38,072
정신	28.3	18.7	1.8	2.9	11.3	5.9	4.9	25.9	0.3	100.0	103,819
신장	28.5	24.5	2.7	3.6	11.1	8.3	7.2	14.1	-	100.0	107,516
심장	27.4	30.0	2.2	1.2	7.5	8.4	7.5	15.8	-	100.0	4,944
호흡기	30.9	23.8	2.1	4.0	19.0	6.7	5.5	8.0	-	100.0	11,400
간	27.2	23.6	0.9	4.5	12.3	8.3	6.4	16.2	0.7	100.0	15,239
안면	21.7	22.1	2.2	-	11.0	9.1	8.1	25.9	-	100.0	2,629
장루요루	21.2	29.4	-	2.3	16.8	7.5	15.0	7.3	0.6	100.0	18,439
뇌전증	26.7	21.1	0.5	2.7	13.0	9.0	3.5	23.4	-	100.0	7,235
전체	24.7	31.1	3.7	2.5	11.5	8.3	7.0	11.2	0.1	100.0	2,630,374

출처: 김성희 외(2020). 「2020년도 장애인 실태조사」를 참고로 작성.

2절 의료보장제도 유형

우리나라에서는 장애인의 의료보장에 질병과 사회적 요인을 연관시켜 사회가 공동으로 대처해야 한다는 필요성을 강조하면서 사회보장제도로서의 국민건강보험, 공적부조제도로서의 의료보호제도, 저소득 장애인의 의료비지원시책, 재활보조기기 무료교부시책 등을 실시하고 있다. 이에 우리나라에서 시행되고 있는 의료보장제도를 각각으로 구분해 보면, 첫째, 장애인 의료비 지원, 둘째, 장애인 재활보조기기 무료 교부, 셋째, 각종 의료 관련 서비스 지원으로 ① 장애인 등록진단비 지급, ② 건강보험 지역가입자의 보험료 경감, ③ 재활병의원 운영, ④ 희귀·난치병질환 의료비 지원으로 크게 나눌 수 있으며, 이에 대하여 상세히 살펴보기로 하겠다.

1 장애인 의료비 지원(보장구 포함)

장애인의 경제적 어려움은 장애와 관련하여 지속적인 치료를 하기에는 경제적 부담이 클 수밖에 없으며, 현재 우리나라는 의료비 부담이 과중한 장애인에게 국민건강보험과 의료보호제도를 통하여 의료서비스를 받도록 하고 있다. 그러나 현행 국민건강보험은 장애인이라 할지라도 조건을 비장애인과 동일하게 적용하여 의료보호대상자는 국민기초생활보호대상자로 선정된 장애인에 한해서만 혜택을 받을 수 있다. 의료보호 대상자 중 1종은 외래 및 입원 시 전액 무료이나 2종 의료급여 대상자의 경우 진료 및 약품조제 시 본인부담금 등을 고스란히 본인이 부담하게 되어 있다. 그러므로 실제적인 장애인 의료비 지원 대상자인 2종 의료급여 대상자에게 지원되는 의료비 및 보장구에 대하여 세부적으로 살펴보기로 하겠다.

지원대상으로는 「의료급여법」에 의한 의료급여 2종 수급권자인 등록장애인 및 차상위계층 의료급여 2종 수급권자였던 만성질환자와 18세 미만 아동의 경우에는 2009년 4월 1일부터 건강보험의 차상위 본인부담 경감대상자로 전환이 되더라도 계속해서 장애인 의료비 지원 대상이 된다. 단, 장애인 의료비는 장애인에게만 지원이 되므로 당해 장애인과 세대를 같이 하는 비장애인 가족원은 지원대상이 아니다.

장애인 의료비 지원내용으로는 〈표 11-9〉와 같으며, 지원 대상으로는 의료급여법에 의한 의료급여 2종 수급권자인 등록장애인과 건강보험 차상위 본인부담 경감대상자인 등록장애인(만성질환 및 18세 미만 장애인)이며, 지원 내용으로는 의료기관 이용 시 발생하는 급여항목 본인부담금의 일부 또는 전액지원(1차 의료기관 외래진료 본인부담금 750원 일괄지원)이고 2차, 3차 의료기관 진료 −의료(요양)급여수가 적용 본인부담 진료비 15%(차상위14%, 암환자 5%, 입원 10% 등) 전액을 지원하되 본인부담금 식대 20%는 지원하지 않는다.

〈표 11-9〉 **장애인 의료비 지원내용**

지원대상	• 의료급여법에 의한 의료급여 2종 수급권자인 등록장애인 • 건강보험의 차상위 본인부담 경감 대상자인 등록장애인(만성질환 및 18세 미만 장애인)
지원내용	• 의료기관 이용 시 발생하는 급여항목 본인부담금의 일부 또는 전액지원(비급여 제외) - 1차 의료기관 외래진료 본인부담금 750원 일괄지원 • 2차,3차 의료기관 진료 - 의료(요양)급여수가 적용 본인부담 진료비 15%(차상위 14%, 암환자 5%, 입원 10% 등) 전액을 지원하되 본인 부담금 식대 20%는 지원하지 않음
비고	• 의료급여증과 장애인 등록증을 제시

출처: 부산광역시(2023). "복지정보: 장애인복지시책"을 참고로 작성.

〈표 11-10〉 지급 보장구 유형

지원대상	지원내용	비고
등록장애인 • [보장구급여비 지급청구서]제출시 첨부서류 1. 의사발행 보장구 처방전 및 보장구 검수 확인서 각 1부 2. 요양기관 또는 보장구 제작·판매자 발행 세금계산서 1부 ※지팡이·목발·수동휠체어(2회 이상 신청 시) 및 흰지팡이 또는 보장구의 소모품 경우는 위 1호 서류 첨부 생략 *전동휠체어, 전동스쿠터 자세보조용구의 경우, 보장구 검수 확인서 생략 3. 업체계좌로 직접 입금할 경우 관련 법령 등에 따라 제조·수입 또는 판매된 것임을 입증하는 서류 등 • [보장구급여비지급청구서] - 제출기관 1. 건강보험 : 공단 2. 의료급여 : 시·군·구청 의료급여수급권자는 보장구 급여 신청서 제출 후 적격통보 받은 자가 보장구 급여비 지급 청구 대상자임	• 건강보험대상자: 적용대상 품목의 기준액 범위내에서 구입비용의 90%를 공단에서 부담 ※전동휠체어·전동스쿠터·자세보조 용구는 기준액·고시액·실구입가액 중 낮은 금액의 90%를 공단이 부담 • 의료급여수급권자: 적용 대상 품목의 기준액·고시액·실구입가액 중 낮은 금액을 기금에서 부담 〈적용대상 보장구 및 기준액〉(아래 표 참조)	**신청기관** • 건강보험: 공단 • 의료급여: 시·군·구청 ※공단에 등록된 업소 및 품목에 대해 구입한 경우 급여지원(공단 홈페이지 건강iN 참조)

〈적용대상 보장구 및 기준액〉

적용대상		기준액	내구연한
지체·뇌병변 장애인용 지팡이		20,000원	2년
목발		15,000원	2년
수동휠체어		480,000원	5년
의지·보조기		유형별로 상이	유형별로 상이
시각 장애용	저시력 보조안경	100,000원	5년
	돋보기	100,000원	4년
	망원경	100,000원	4년
	콘택트렌즈	80,000원	3년
	의안	620,000원	5년
흰지팡이		14,000원	0.5년
보청기		1,310,000원	5년
체외용 인공후두		500,000원	5년
전동휠체어		2,090,000원	6년
자세보조용구		1,500,000원	2년
맞춤형 교정용 신발		250,000원	2년
소모품(전지)		160,000원	1.5년

출처: 부산광역시(2023). "복지정보: 장애인복지시책"을 참고로 작성.

지원절차 및 방법으로는 [그림 11-1]과 같으며, 세부적으로 살펴보면, ① 의료비 지원대상자인 장애인이 의료보호법에 의한 의료보호지정 진료기관에서 외래, 입원치료 및 장애인용 보장구 보호를 받을 때에는 장애인 등록증과 의료보장증을 제시하여야 한다. ② 보장구의 경우 의사의 처방전을 발부받아 보장구 판매업소에서 직접 보장구를 구입했을 시에는 보장구 구입비 지급신청서, 처방전, 검수확인서, 세금계산서를 구비하여 시·군·구에 급여신청을 한다. 단, 휠체어(1회 이상 휠체어에 대한 보장구급여를 받은 경우에 한함), 지팡이, 목발, 시각장애인용 보장구처방전, 보장구검수확인서를 생략할 수 있다.

[그림 11-1] 장애인 의료비지원 업무처리 절차

출처: 부산광역시(2023). "복지정보: 장애인복지시책"을 참고로 작성.

결과적으로 〈표 11-6〉에서와 같이 필요한 보장구를 구입하지 않는 이유에 대한 응답의 55.0%가 '구입비용 때문에'로 나타났다. 즉, 장애인은 일반적으로 보장구를 필요로 하고는 있지만 대개의 경우 본인부담으로 구입해야 하기 때문에 경제적 요인으로 구입하지 못하는 실정이다. 또한, 장애인 의료비지원을 한다고는 해도 실제적으로 장애인의 경제적 부담을 경감시킬 수 있는 충분한 수준이 되지 못하고 있으며, 그 이유로 장애인은 보장구 구입에 제한을 가질 수밖에 없는 현실이다. 장애인 보장구가 고가인 점과 필수적으로 생활에 필요한 점을 감안할 때, 그 대상을 국민기초생활보호대상자 및 차상위계층으로 한정하지 말고 보다 폭넓은 보장구 지원 방안이 정책적으로 모색되어야 할 것으로 사료된다.

〈표 11-11〉 2023년도 보험급여대상 장애인보장구의 세부적 유형·기준액 및 내구연한

분류	유형	구분	내구연한(년)	기준액(원)
가. 팔 의지	1) 어깨가슴 의지 (Scapulo-thoracic disarticulation prostheses)	미관형	4	930,000
		기능형	4	1,530,000
	2) 어깨관절 의지 (Shoulder disarticulation prostheses)	미관형	4	1,020,000
		기능형	4	1,530,000
	3) 위팔 의지 (Trans-humeral prostheses)	미관형	4	740,000
		기능형	4	1,490,000
	4) 팔꿈치관절 의지 (Elbow disarticuation prostheses)	미관형	3	720,000
		기능형	3	1,640,000
	5) 아래팔 의지 (Trans-radial prostheses)	미관형	3	650,000
		기능형	3	980,000
	6) 손목관절 의지 (Wrist disarticulation prostheses)	미관형	3	520,000
		기능형	3	830,000
	7) 손 의지 (Partial hand prostheses)	미관형	1	330,000
		기능형	2	610,000
	8) 손가락 의지 (Cosmetic thumb or fingers prostheses)	미관형	1	150,000
나. 다리 의지	1) 골반 의지 (Trans-pelvic prostheses)		4	2,260,000
	2) 엉덩이관절 의지 (Hip disarticulation prostheses)		4	2,260,000
	3) 넓적다리 의지 (Trans-femoral prostheses)	일반형	3	1,950,000
		실리콘형	5	2,960,000
	4) 무릎관절 의지 (Knee disarticulation prostheses)	일반형	3	1,930,000
		실리콘형	5	2,610,000
	5) 종아리 의지 (Trans-tibial prostheses)	일반형	3	1,380,000
		실리콘형	3	2,230,000
	6) 발목 의지 (Ankle disarticulation prostheses)	일반형	2	680,000
		실리콘형	3	1,440,000
	7) 발 의지 (Foot prostheses)	일반형	1	280,000
		실리콘형	2	790,000

분류	유형	구분	내구연한(년)	기준액(원)
다. 팔 보조기	1) 어깨 보조기 (Shoulder orthoses)		3	290,000
	2) 팔꿈치-손목-손 보조기 (Elbow-wrist-hand orthoses)	일반형	3	240,000
		각도조절형	3	270,000
	3) 손목-손 보조기 (Wrist-hand orthoses)		3	110,000
	4) 손가락 보조기 (Finger orthoses)		3	60,000
라. 척추 보조기	1) 목 보조기 (Cervical orthoses)	필라델피아 (Philadelphia)	3	90,000
		토머스소프트 칼라 (Thomassoftcollar)	3	70,000
		재킷형 (Cervicaljacket)	3	380,000
	2) 등-허리 보조기 (Thoraco-lumber orthoses)	나이트-테일러식 (Knight-taylortype)	3	190,000
	3) 허리-엉치 보조기 (Lumbo-sacral orthoses)	윌리엄식 (Williamtype)	3	200,000
	4) 등-허리-엉치 보조기 (Thoraco-lumbo-sacral orthoses)	TLSO식 재킷 (Jacket)	3	460,000
	5) 허리 보조기 (Lumbar orthoses)	코르셋 (Corset)	3	100,000
마. 골반 보조기	골반보조기 (Pelvic orthoses)		2	150,000
바. 다리 보조기	1) 엉덩-무릎-발목-발 보조기 (Hip-knee-ankle-foot orthoses)	한쪽	3	620,000
		양쪽	3	1,020,000
	2) 무릎-발목-발 보조기 (Knee-ankle-foot orthoses)	한쪽	3	530,000
	3) 무릎 보조기 (Knee orthoses)	관절운동 제한장치부착형	3	210,000
		레녹스힐 (Lenox-hill)	3	190,000
		인대 손상용	3	90,000

분류	유형	구분	내구연한(년)	기준액(원)
바. 다리 보조기	4) 발목-발 보조기 (Ankle-foot orthoses)	체중 부하식	3	410,000
		일체형 (플라스틱)	3	190,000
		관절형 (플라스틱)	3	310,000
		관절형 (금속형)	3	330,000
		크렌자크식 (플라스틱)	3	360,000
		크렌자크식 (금속형)	3	370,000
	5) 발 보조기 (Foot orthoses)	양쪽	1	200,000
사. 교정용 신발류	맞춤형 교정용 신발 (Orthopedic shoes)		2 (19세 이상)	250,000
			1 (18세 이하)	250,000
아. 그밖의 보조기기	1) 수동 휠체어	일반형	5	480,000
		활동형	5	1,000,000
		틸팅형, 리클라이닝형	5	800,000
	2) 지팡이		2	20,000
	3) 목발 (Crutches)		2	15,000
	4) 의안 (Ocular prostheses)		5	620,000
	5) 저시력 보조안경		3	100,000
	6) 콘택트렌즈		3	80,000
	7) 돋보기		4	100,000
	8) 망원경		4	100,000
	9) 흰지팡이		0.5	25,000
	10) 보청기 (Hearing aid)		5	1,310,000 (적합관리급여 400,000원을 포함한다)
	11) 개인용 음성 증폭기		5	500,000

분류	유형	구분	내구연한(년)	기준액(원)
아. 그밖의 보조기기	12) 전동 휠체어	가군	6	2,360,000
		나군	6	3,800,000
	13) 의료용 스쿠터		6	1,920,000
	14) 자세보조용구 (Seating and positioning systems)	몸통 및 골반 지지대	3	880,000
		머리 및 목 지지대	3	210,000
		팔 지지대 및 랩트레이 (Laptray)	3	170,000
		다리 및 발 지지대	3	240,000
	15) 욕창예방방석		3	250,000
	16) 욕창예방매트리스		3	400,000
	17) 이동식전동리프트		5	2,500,000
	18) 보행차			
	가) 전방		3	50,000
	나) 후방		3	300,000
자. 소모품	1) 전동휠체어 및 의료용 스쿠터용 전지 (2개 1세트)		1.5	190,000
	2) 넓적다리 의지 소켓	일반형	-	444,000
		실리콘형	-	664,000
	3) 무릎관절 의지 소켓	일반형	-	444,000
		실리콘형	-	664,000
	4) 종아리 의지 소켓	일반형	-	416,000
		실리콘형	-	527,000
	5) 발목 의지 소켓	실리콘형	-	527,000
	6) 넓적다리 의지 실리콘라이너		-	646,000
	7) 무릎관절 의지 실리콘라이너		-	646,000
	8) 종아리 의지 실리콘라이너		-	435,000
	9) 발목 의지 실리콘라이너		-	517,000

출처: 국민건강보험공단(2023). “장애인보장구에 대한 보험급여기준”을 참고로 재구성.

2 장애인 재활보조기기 무료 교부

2023년 장애인복지시책 중 장애인 재활보조기기 무료 교부사업은 생활이 어려운 저소득 장애인에게 재활보조기기를 교부함으로써 이들의 생활능력 향상 및 복지증진 도모를 목적으로 한다. 교부대상자로는 「국민기초생활 보장법」상 수급자 및 차상위계층의 「장애인복지법」 제29조의 규정에 의거 등록한 지체 · 뇌병변 · 발달 · 호흡기 · 청각 · 언어 · 심장장애인에게 교부하며, 교부되는 품목 및 대상은 〈표 11-12〉와 같다.

〈표 11-12〉 **교부품목 및 대상**

연번	교부품목	교부대상	비고
1	욕창 방지용 방석 및 커버	장애 정도가 심한 뇌병변 · 심장장애인	읍 면 동에 신청
2	와상용 욕창예방 보조기구	장애 정도가 심한 지체 · 뇌병변 장애인	
3	보행차, 좌석형 보행차, 탁자형 보행차, 목욕의자, 휴대용 경사로	지체 · 뇌병변 장애인	
4	음식 및 음료섭취용 보조기구, 식사도구, 젓가락 및 빨대, 머그컵, 유리컵, 컵 및 받침대, 접시 및 그릇, 음식보호대, 기립훈련기, 이동변기	장애 정도가 심한 지체 · 뇌병변 장애인	
5	미끄럼보드, 미끄럼 매트 및 회전 좌석	장애 정도가 심한 지체 · 뇌병변 · 심장 · 호흡장애인	
6	장애인용의복(09 03 05)	지체 · 뇌병변 · 심장 · 호흡장애인	
7	휠체어용 탑승자 고정장치 및 기타 액세서리	장애 정도가 심한 지체 · 뇌병변 · 심장 · 호흡장애인	
8	독립형 변기 팔 지지대 및 등지지대	지체 · 뇌병변 장애인	
9	환경조정장치	장애 정도가 심한 지체 · 뇌병변 장애인	
10	대화용장치	뇌병변 · 발달 · 청각 · 언어장애인	

출처: 보건복지부(2019). "2019년도 장애인복지시책"을 참고로 재구성.

교부우선순위로는 ① 장애등급이 상위인 자, ② 「국민기초생활 보장법」상 수급자, ③ 1가구에 2인 이상의 장애인이 거주하는 자, ④ 재가 장애인이다. 단, 2023

년도에 동 사업지침에 따라 재활보조기기를 교부받은 자와 2023년도 또는 금년도에 사회복지단체 등으로부터 금년도 교부품목의 재활보조기기를 지방자치단체를 통하여 지원받은 자는 교부대상에서 제외된다. 교부에 따른 업무처리절차는 [그림 11-2]와 같다.

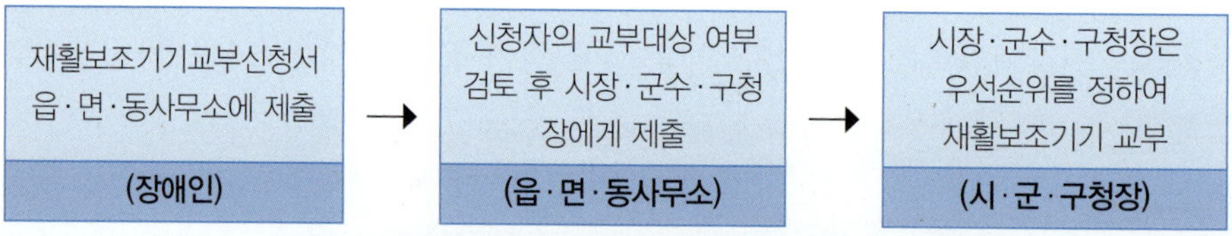

[그림 11-2] **장애인 재활보조기기 무료교부 업무처리절차**

출처: 보건복지부(2023). "2023년 장애인복지시책"을 참고로 재구성.

위와 같이 최근 장애인 재활보조기기 무료교부사업을 통하여 장애인의 재활지원을 확대하려는 정부의 노력이 있는 것이 사실이나 실제적으로 전체 장애인 수에 비해 극히 한정되어 장애인의 본인부담금을 최소화하고, 재활보조기기의 보급이 폭넓게 이루어져야만 가능한 일이다. 또한, 장애인의 재활과 사회통합이 가능함을 고려할 때 의료재활에 필수적인 재활보조기기에 대해 더욱더 적극적인 지원이 있어야 할 것이다.

3 의료 관련 각종 서비스 지원

1) 장애인 등록 진단비 지급

2019년 장애인복지시책 중 보건복지부에서 시행하는 사업으로서 장애검진 및 진단서 발급기준 비용은 국고 부담이며, 관련근거로는 「장애인복지법」 제29조 및 「장애인복지법 시행규칙」 제4조, 제5조이다. 대상으로는 「국민기초생활 보장법」상의 수급자로서 신규등록장애인 및 직권에 의한 등급 재조정 대상 장애인이다. 진단서 발급비용을 지원하며, 지적장애 및 자폐성장애는 4만 원, 기타 일반장애는 1만 5천 원이다. 단, 장애판정을 위한 검사비용은 본인부담을 원칙으로 한다. 또한, 정밀진단이 필요한 경우와 본인이 장애등급 조정을 희망해서 재검진하는 경우

비용은 장애인 본인이 부담하며, 시·군·구청장이 장애인의 장애등급 하향 조정이 필요하다고 인정할 때는 검진비용은 최초진단에 준하여 비용을 지원할 수 있다. 그리고 문의처는 각 읍·면·동사무소 장애인 등록창구이며, 등록진단비는 시·군·구에서 의료기관에 직접 지급한다.

2) 건강보험 지역가입자의 보험료 경감

2023년 장애인복지시책 중 보건복지부에서 시행하는 사업으로서 근거규정으로는 「국민건강보험법」 시행령 제30조 2의 제3항 제4호 및 국민건강보험공단 정관 제57조 제4항이다. 지역가입자에 대한 건강보험료는 소득, 재산, 자동차, 성·연령 등을 참작하여 정한 부과표준소득등급별 적용점수에 점수당 금액을 곱하여 부과하지만, 장애인인 경우 다음의 세 가지 방법으로 보험료가 경감된다. 단, 소득에 따라 보험료가 부과되는 직장가입자는 해당되지 않는다.

(1) 자동차분 건강보험료 면제

지역가입자의 자동차에 대한 건강보험료는 차종 및 배기량에 따라 차등 부과되지만, 자동차세를 면제받고 있는 장애인차량 및 장애인 본인이 소유한 차량은 전액을 면제한다. 지원절차로는 국민건강보험공단에 「장애인복지법」상의 등록장애인이나 국가유공자 중 상이자로 신고되어 있으면 자동 처리되므로 별도 신청을 하지 않아도 되지만, 면제대상에 해당됨에도 면제가 되지 않았을 경우 등 이의가 있을 때에는 거주지 국민건강보험공단 지사에 신고하여야 한다.

(2) 생활 수준 및 경제활동 참가율 등급별 점수 산정 시 특례 적용

지역가입자가 장애인인 경우, 성·연령에 상관없이 1~4구간 중 기본 1구간을 적용하고, 자동차분 건강보험료를 면제받는 장애인용 자동차에 대하여 모두 기본구간(1구간)을 적용, 보험료를 낮게 책정하여 비장애인보다 건강보험료가 적게 부과되며, 신청기관은 국민건강보험공단 지사이다.

(3) 산출 보험료 경감

지원내용으로는 '생활수준 및 경제활동참가율 구간별 점수' 산정의 특례를 적용하여 낮은 수준으로 책정된 건강보험료에 대하여 저소득층의 장애인에게는 다음과 같이 경감한다. 지원대상으로는 지역가입자 중 등록장애인이나 국가유공자 중 상이자가 있는 세대로서 소득금액이 360만 원 이하여야 하고, 지원기준으로는 ① 지역가입자의 장애등급이 중증인 경우 30% 감면, ② 경증인 경우 20%를 감면하며, 신청기관은 국민건강보험공단 지사이다.

3) 장애인 의료재활시설 운영

2023년 장애인복지시책 중 지방이양사업으로서 근거규정으로는 「장애인복지법」 제48조(1981. 1. 1.)이다. 주요 지원내용으로는 ① 장애의 진단 및 치료, ② 보장구 제작 및 수리, ③ 장애인 의료재활상담 등이며, 「국민기초생활 보장법」상의 수급자는 무료이고, 그 외의 자는 실비를 부담해야 한다. 이 서비스를 받기 위해서는 의료급여증과 장애인 등록증(복지카드)을 제시해야만 한다.

4) 희귀·난치성질환 의료비 지원

진단과 치료가 어려울 뿐 아니라 지속적인 치료를 받아야 하기 때문에 의료비의 경제적 부담이 과중하여 가계의 사회·경제적 수준 저하가 우려되는 희귀·난치성 질환자에 대해 의료비 지원을 통하여 대상자와 그 가족의 사회경제적·심리적 안녕을 도모하고 국민건강 및 복지 수준을 제고하기 위하여 지원사업을 시행하고 있다.

즉, 이들이 의료기관에서 관련 질환으로 진료를 받을 경우 의료비 중 요양급에 해당하는 본인부담금은 국가가 부담하며, 지원대상자는 해당 지역 보건소에 신청하면 일정의 자격기준 검사 후 대상자로 선정되지만, 의료보호 2종과 환자가구 및 부양의무자 가구의 소득, 재산 수준을 평가한 저소득 건강보험가입자에 한해서만 의료비를 지원받을 수 있다.

희귀·난치성질환자 의료비 지원대상 유형은 〈표 11-13〉과 같고, 2001년 만성신부전증 등 4종에서 2007년 111종 질환으로 점증적으로 확대되었으며, 2013년에는 만성신부전증(투석)환자, 혈우병, 근육병, 다발성경화증, 유전성운동실조증, 뮤코다당증, 부산백질디스트로피, 글리코젠축적병, 샤르코-마리투스병, 길랭-바레증후군 등 지원대상 질환이 총 134종 질환으로 확대되었으며, 2023년 현재 1,165종으로 점차 확대·관리하고 있는 추세이다.

〈표 11-13〉 연도별 의료비 지원대상 유형

구분		2005	2006	2007	2010	2013	2019	2020	2021	2022	2023
대상질환		71종	89종	111종	132종	134종	951종	1,147종	1,088종	1,123종	1,165종
대상유형	의료급여 수급권자 및 저소득 건강보험 가입자	· 모야모야병 · 다운증후군 · 뮤코다당증 · 터너증후군 · 헌팅톤병 · 염증성다발신경병증 · 샤르코 60종 추가한 71종 · 길랭-바레증후군 외	· 간질지속상태 · 멜커슨증후군 · 피부다발근육염 · 마르팡증후군 외 18종 추가한 89종	· 다제내성결핵 · 에반스증후군 · 원발성폐성고혈압 · 인대사장애 외 22종 추가한 111종	· 지중해빈혈 · 단일심실 외 21종 추가한 132종	· 다발성경화증 · 유전성운동실조증 · 뮤코다당증 · 부산백질디스트로피 · 글리코젠축적병 · 샤르코-마리투스병 · 길랭-바레증후군 외 2종 추가한 134종	· 시신경척수염다발성경화증 · 아밀로이드증 · 유전성부정맥 · 전신성홍반성루푸스 · 조직구증식증 · 크론병 외, 138종	· 한랭글로불린혈증 · 유전성 혈관염 · 파르병 · 코오간증후군 · 맥락막결손 · 간QT증후군 · 유전성출혈성모세혈관확장증 외 추가한 83종	· 유전성혈소판감소증 · 원추각막 · 베스트병 · 부정맥유발성 우심실 형성이상 외 추가한 74종	· 무홍채증 · 악센펠트-이리거 증후군 · 무비증 또는 다비증을 동반한 심방 부속물의 이성질현상 · 심방부속물의 이성질현상 외 추가한 34종	· 선천녹내장 · 다낭성신장, 보통염색체우성 · 블룸증후군 · 갈로웨이-모왓증후군 · 대결절성부신증식증 외 추가한 37종

출처: 질병관리본부 희귀질환 헬프라인(2023). "공지사항 – 2023년 희귀질환자 의료비지원사업 대상질환"를 참고로 재구성.

희귀난치성질환자에 대한 의료비지원사업은 크게 의료비, 간병비, 보장구 구입비, 호흡보조기 및 기침유발기 대여료, 특수식이 구입비의 다섯 가지로 구분할 수 있으며, 그 구체적인 내용은 〈표 11-14〉와 같다.

〈표 11-14〉 희귀난치성질환자 의료비 지원사업 내용

지원사업 구분	지원사업 내용
의료비	• 희귀질환의 진료와 해당질환으로 인한 합병증의 진료에 소요된 의료비 중 요양급여 본인부담금 • 지원대상범위는 입원 시 동일과목 진료, 외래는 같은 날 동일의사가 진료한 범주까지 본인부담금 지원함. 다만, 대상 질환과 관련된 합병증으로 타과 전과 시에도 지원 가능하며, 이 경우 합병증을 증명하는 의사소견서(또는 진단서) 첨부 시 입원과 외래의 구분 없이 지원함 • 희귀질환의 진료와 희귀질환으로 인한 합병증 관련 처방전으로 약국 등 요양기관에서 의약품을 조제 받는 경우도 포함됨 • 만성 신장병(상병코드:N18)은 투석과 직접적인 관련이 있는 진료로 의료진이 인정하는 경우에만 지원
간병비	• 대상질환: 95개 질환 • 대상자: 의료급여 수급권자, 차상위 본인부담 경감 대상자, 소득재산 기준을 만족으로 건강보험가입자 • 지급기준: 지체장애 1급 또는 뇌병변장애 1급 등록자에 한함 • 지급범위: 매월 30만 원
보장구 구입비	• 대상질환: 91개 질환 • 대상자: 소득재산 기준을 만족하는 건강보험가입자 • 지급기준: 장애인등록법에 의해 등록된 대상자 • 지급범위: 보장구(하지보조기 등) 구입비의 급여비용 중 본인부담금 • 비고: 담당의사의 진단서 또는 처방전을 발급받아 구입한 장애인 보장구
호흡보조기 및 기침유발기 대여료	• 대상질환: 94개 질환 • 대상자: 소득재산 기준을 만족하는 건강보험가입자 • 지급기준: 국민건강보험공단에서 호흡보조기 및 기침유발기 대여료를 지원받는 대상자 • 지급범위: 본인부담금 10%
특수식이 구입비	• 대상질환: 7개 질환 • 대상자: 의료급여 수급권자, 차상위 본인부담경감대상자, 소득재산 기준을 만족하는 건강보험가입자 • 지급기준: 만 19세 이상만 지원 신청 가능 • 지급범위: 특수조제분유(연간 360만 원 이내), 저단백햇반(연간 168만 원 이내) • 비고: 만 19세 미만 생일이 속한 달까지는 선천성 대사 이상 및 환아관리 사업에서 지원 신청 가능

출처: 국민건강보험공단(2023). "의료비지원사업 안내"를 참고로 재구성.

그리고 지원 여부 결정 절차는 ① 신청서식과 구비서류를 준비하여 보건소에 신청, ② 보건소에서 공단에 환자가 산정특례에 등록되어 있는지 확인하는 동시에 시·군·구청(통합조사관리팀)에 소득재산조사를 의뢰, ③ 공단에서 산정특례 등록 여부를 보건소에 회신, 시·군·구청(통합조사관리팀)에서 환자가구와 부양의무자 가구에 대한 소득재산조사 실시 후 보건소에 결과통보, ④ 보건소에서는 조사결과를 확인하고 지원 여부를 결정하여 지원신청자에게 통보하게 된다. 단, 신청에서 등록 확정까지는 3주(특별한 사유가 있을 경우는 40일) 정도의 시간이 소요되며, 희귀난치성질환 지원사업의 사업수행체계는 [그림 11-3]과 같다.

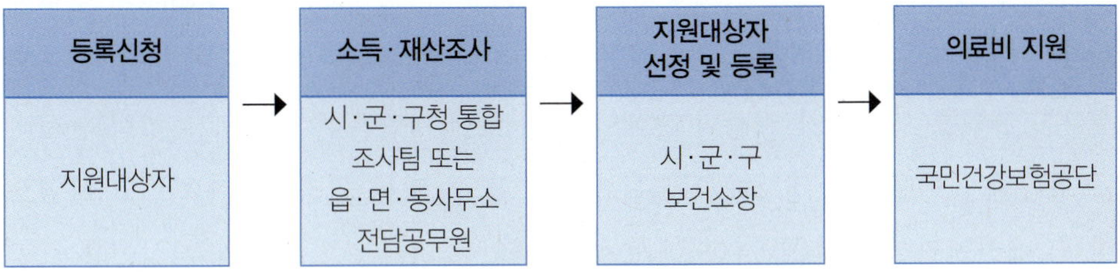

[그림 11-3] **희귀·난치성질환 지원사업 수행 체계도**

출처: 질병관리본부 희귀질환 헬프라인(2023). "의료비지원사업안내"를 참고로 재구성.

CHAPTER 12

장애인과 접근권

장애인 접근권의 정의를 살펴보면, 「장애인·노인·임산부 등의 편의증진 보장에 관한 법률」 제4조(2008)에서는 "장애인 등은 인간으로서의 존엄과 가치 및 행복을 추구할 권리를 보장받기 위하여 장애인 등이 아닌 사람들이 이용하는 시설과 설비를 동등하게 이용하고 정보에 자유롭게 접근할 수 있는 권리를 가진다."고 하였으며, 장애인인권헌장 제4항(2008)에서는 "장애인은 자유로운 이동과 시설이용에 필요한 편의를 제공받아야 하며, 의사 표현과 정보 이용에 필요한 통신·수화통역·자막·점자 및 음성도서 등 모든 서비스를 제공받을 권리를 가진다."고 명시하고 있다.

장애인 접근권(rights to access)의 구체적인 범위로는 [그림 12-1]과 같으며, 장애인이 사회 전 분야에 걸쳐 기회의 균등과 적극적 사회참여를 목적으로 교육, 노동, 문화생활을 향유할 수 있는 근본적 권리를 말하며, 접근권은 세 가지 권리로 세분화될 수 있다. 첫째, 정보접근권으로서 의사표현과 정보이용에 필요한 통신, 수화통역, 자막, 점자 및 음성도서 등 모든 서비스를 받을 권리이다. 둘째, 대상물접근권(편의시설)으로서 공공시설 등에서 각종 편의를 제공받을 권리이다. 셋째, 이동권으로서버스, 지하철, 택시 등 각종 교통수단을 이용할 수 있는 권리이다(장재완, 2019).

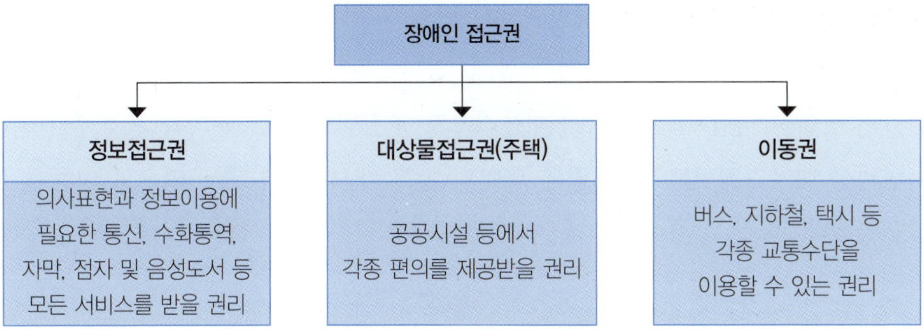

[그림 12-1] 장애인 접근권의 범위

출처: 장재완(2019). "장애인 이동권에 관한 연구: 대전지역 장애인 이동시설 설치실태를 중심으로"를 참고로 작성.

1절 장애인의 정보접근권

정보접근이란 장애인(지체, 시각, 청각 등)이 정보를 얻을 수 있는 매개(TV, 라디오, 컴퓨터, 책, 신문, 잡지, 홍보물 등)에 다양한 수단(보조기기, 점자, 수화, 음성 등)을 이용하여 접근하는 것이다. 이러한 정보접근을 보장받는 것이 정보접근권이라 할 수 있다. 장애인의 정보접근권(right to access information)은 우리 사회에 새롭게 다가오는 개념이지만, 아직까지 정보접근권에 대한 개념 정의나 학문적인 논의가 미비한 상태이므로 사회복지학적 관점에서 정보접근권의 개념에 대한 정의와 권리획득에 관한 논의가 장애인의 복지향상을 위해 필요한 시점이다.

여기서 말하는 정보접근권의 이념적 근거는 인간이 누려야 할 가장 기본적인 권리에서 그 연유를 찾을 수 있을 것이다. 평민이 인권을 획득하게 된 과정을 사회권의 발전과정에서 찾을 수 있듯이 정보접근권에 대한 이해도 사회권의 발전과정에서 찾을 수 있다. 즉, 정보접근권은 헌법에 보장된 국민의 알 권리이며, 사회권적 기본권이다. 다시 말하면, 적정 수준의 복지 및 보장으로부터 사회적 유산을 충분히 공유하고 사회의 보편적 기준에 따라 문명화된 삶을 영위할 수 있는 권리에 이르기까지 인간다운 삶을 보장하는 포괄적인 권리를 의미하는 것이라 할 수 있다.

더욱이 장애인에게 있어서 정보접근권은 자유권을 더욱더 자유권답게 만들기 위한 권리이며, 사회권을 더욱 사회권답게 만들기 위해 대국가적, 대사회적으로 일정한 급부를 요청할 수 있는 권리라 할 수 있다. 동시에 단순히 수단으로서만 의미가 있는 것이 아니라 그 자체로서 내용적으로 보장받아야 할 권리라는 점에서 권리의 성격상 대국가적 급부 청구권에 그치지 않고 대사회적인 청구권으로 이해할 필요가 있겠다.

1 정보접근권 관련 현황

먼저, 정보화 접근권의 기준 잣대로 볼 수 있는 휴대폰, 컴퓨터, 인터넷의 보유율, 사용률의 현황분석에 따른 문제점 등에 대하여 간략하게 살펴보기로 하겠다.

우리나라 국민 중에 정보화 취약계층을 들자면 장애인, 저소득층, 농어민을 들 수 있겠지만, 특히 장애인은 대표적인 정보화 취약계층이라 할 수 있다. 〈표 12-1〉은 휴대폰, 스마트폰, 컴퓨터(PC), 인터넷 등 가장 보편적인 정보통신기기를 장애인이 어느 정도 보유 · 사용하고 있는지를 조사한 결과이다. 장애인의 휴대폰/스마트폰 사용률은 90.5%로 가장 많았고 인터넷 사용률은 47.7%, 컴퓨터 사용률은 29.6%였다.

장애유형별로 살펴보면, 자폐성장애인이나 지적장애인의 휴대폰/스마트폰 사용률이 타 장애유형에 비해 낮았으며, 인터넷 사용률은 청각장애, 장루 · 요루장애, 뇌병변장애에서 상대적으로 낮았다. 이는 장애특성이라기보다는 이들 장애유형이 고령의 시기에 발생되는 특성이 있어 연령효과에 기인하는 것으로 추측된다.

장애유형별로 살펴보면, 휴대폰 사용률은 청각장애(40.7%), 시각장애(35.7%), 지체장애(33.4%)의 순으로 높이 나타났으며, 스마트폰의 경우 간장애(90.0%), 안면장애(75.3%), 뇌전증장애(69.5%)가 높았다. 또한, 컴퓨터(PC)의 사용률은 간장애(70.4%), 뇌전증장애(49.8%), 안면장애(46.8%)가 높았으며, 인터넷도 사용률의 경우 간장애(82.5%), 안면장애(59.8%), 뇌전증장애(49.8%)의 순으로 나타났다.

〈표 12-1〉 정보통신기기 사용 여부

(단위: %)

구분	지체	뇌병변	시각	청각	언어	지적	자폐성	정신	신장	심장	호흡기	간	안면	장루·요루	뇌전증	전체
휴대폰/스마트폰	97.3	82.1	95.2	91.5	70.6	68.4	47.6	73.3	96.6	97.5	99.4	99.4	96.3	88.9	91.7	90.5
컴퓨터	33.7	23.1	33.0	15.3	28.8	32.6	36.4	25.2	39.8	52.7	32.3	62.4	57.0	24.1	30.5	29.6
스마트 주변기기	12.1	7.3	13.6	5.3	6.9	8.2	7.0	3.4	14.1	21.7	12.2	25.6	21.0	8.2	8.7	10.0
인터넷	55.2	38.8	49.9	27.8	48.4	43.4	41.4	45.2	66.2	68.1	51.5	80.9	78.1	42.5	53.9	47.7
전국추정수	1,162,531	256,042	252,490	424,652	23,254	202,112	38,072	103,819	107,516	4,944	11,400	15,239	2,629	18,439	7,235	2,630,374

출처: 이민경 외(2023). 2023년 장애인 실태조사에서 재구성.

〈표 12-2〉에서와 같이 장애인 정보화 접근권의 기준 잣대가 될 수 있는 스마트폰 보유율을 살펴보면, 장애인 가구의 연도별 스마트폰 보유율은 2018년(75.8%), 2019년(76.8%), 2020년(84.7%), 2021년(83.6%)으로 높은 추세를 나타내고 있으나, 전체국민 평균수준인 92.4%에 비하면 12.2%의 격차가 있으며, 이러한 격차 해소를 위한 다각적인 노력이 있어야 할 것으로 사료된다.

〈표 12-2〉 장애인의 스마트폰 연도별 보유율 및 격차 추이

(단위: %)

구분	2018		2019		2020		2021	
	이용률	격차	이용률	격차	이용률	격차	이용률	격차
전체 국민	91.0		92.2		93.1		93.5	
장애인	75.8	15.7	76.8	15.4	84.7	8.4	83.6	9.9

출처: 한국정보문화진흥원(2022). 「국가정보화백서」를 참고로 재구성.

〈표 12-3〉에서와 같이 장애인의 연도별 스마트폰 이용률의 경우 2018년(77.4%), 2019년(78.3%), 2020년(80.3%), 2021년(82.9%)으로 갈수록 점증적인 증가세를 나타내고 있으나, 전체 국민 평균 수준인 93.5%에 비하면 9.9%의 격차가 있어서 여전히 정보화 접근에 미흡한 실정을 나타내고 있다.

〈표 12-3〉 장애인의 연도별 인터넷 이용률 및 격차 추이

(단위: %)

구분	2018		2019		2020		2021	
	이용률	격차	이용률	격차	이용률	격차	이용률	격차
전체 국민	91.5		91.8		91.9		90.3	
장애인	77.4	14.1	78.3	13.5	80.3	11.6	82.9	10.1

출처: 한국정보문화진흥원(2022). 「국가정보화백서」를 참고로 재구성.

〈표 12-4〉는 정보통신기기를 사용하지 않는 장애인에 대해서 그 이유를 질문한 결과이다. '필요 없어서' 51.1%, '사용관리를 하지 못해서' 30.6%, '복잡하고 어려워서' 7.5% 순이었다. 인터넷 이용의 경우에도 '필요 없어서' 61.8%, 복잡하고 어려워서' 30%가 주된 이유로 나타났다.

장애유형별로 살펴보면, 지적장애와 자폐성 장애인의 휴대폰/스마트폰 미사용의 경우는 '사용관리를 하지 못해서'가 주된 이유였고, 심장, 신장, 호흡기 장애 등 내부 장애인과 시청각 장애인 그리고 지체와 뇌병변 장애와 같은 신체적 장애인의 경우에는 '필요가 없어서'가 주된 이유였다. 다음으로 인터넷 미사용의 주된 이유로는 '필요가 없어서'와 '복잡하고 어려워서'가 주된 이유였다. 이러한 결과는 정보통신기기 미사용의 실질적인 이유가 인터넷을 기반으로 하는 정보접근 및 소통의 방식에 대한 미경험과 교육기회의 부재 등이 주된 원인으로 볼 수 있다. 정보화 시대에 진입한 우리 사회에서의 삶의 질 향상을 위한 정보접근성 확대를 위한 정책적 노력이 필요하다.

〈표 12-4〉 정보통신기기를 사용하지 않는 이유

(단위: %, 명)

구분	비용 부담 (구입비,이용요금)	기기가 없어서	필요 없어서	복합하고 어려워서	교육받을 곳이 없어서	사용관리를 하지 못해서	어디에 활용할 지 몰라서	기타	계	전국 추정수
휴대폰/스마트폰	3.5	1.5	51.1	7.5	0.1	30.6	4.9	0.7	100.0	250,909
컴퓨터	1.7	3.3	66.3	22.9	0.4	2.3	3.0	0.1	100.0	1,852,380
스마트 주변기기	4.2	8.6	72.9	9.2	0.0	2.1	2.9	0.0	100.0	2,366,191
인터넷	0.8	1.2	61.8	30.0	0.4	1.9	4.0	0.0	100.0	1,376,934

출처: 이민경 외(2023). 2023년 장애인 실태조사에서 재구성.

2 정보접근권 관련 제도

우리나라의 경우 장애인 정보화에 대한 법률적인 접근이 1990년대 중반 이후 취약계층의 정보접근과 이용의 중요성을 인식하고 이를 위한 법제도적 지원 노력이 나타나기 시작하였다. 1997년「장애인·노인·임산부 등의 편의증진 보장에 관한 법률」에서는 최초로 장애인 등의 정보접근권을 헌법상의 인간다운 생활을 할 권리로서 확인하였으며, 5개 조항에 걸쳐서 정보접근을 언급하고 있다. 이를 필두로 하여 1999년에는 몇몇 정보통신관련 법률과 복지 관련 법률의 개정을 통하여 신체적·지역적·경제적 차별이 없는 정보의 자유로운 접근과 이용을 보장하고 보편적 역무를 명문으로 규정하기에 이르렀다. 그러나 이들 법은 공통적으로 이러한 선언적 이념규정을 뒷받침하는 구체적인 행위규정들이 결여되어 있고 그러한 규정이 있다 하더라도 현실적인 집행장치를 갖추지 못하고 있어서 그 실효성이 의문시되고 있는 실정이다. 그러나 2001년 1월 16일 제정·공포된「정보격차 해소에 관한 법률」은 이러한 법 규정들을 정리하여 소외계층의 정보격차를 전면적으로 다루고 있어 기대를 모으고 있다.

「정보격차 해소에 관한 법률」은 국가와 지방자치단체가 정보격차 해소 종합계획을 수립하여 장애인의 접근성을 보장하고 취약계층을 위한 정보통신기기를 보급하며, 정보화교육과 정보이용시설을 지원할 것을 그 주요 내용으로 하고 있으며, 세부사항은 다음과 같다.

첫째, 법률제정의 목적으로는 저소득자, 농어촌지역 주민, 장애인, 노령자, 여성 등이 경제적·지역적·신체적·사회적 여건과 상관없이 정보통신망에 자유로이 접근하고 정보를 이용하고 이를 통해 삶의 질을 향상, 균형 있는 국민경제의 발전을 목표로 한다.

둘째, 정보격차의 개념은 경제적·지역적·신체적·사회적 여건으로 인하여 정보통신망을 통해 정보통신서비스에 접근하거나 이용할 수 있는 기회의 차이를 말한다.

셋째, 국가와 지방자치단체의 의무로는 정보화정책을 수립·집행함으로써 모든 국민이 정보통신서비스에 자유롭게 접근하고 이를 이용할 수 있는 시책을 마련하도록 해야 한다.

넷째, 정보격차 해소 종합계획의 내용은 정보통신부장관이 5년마다 수립하되 ① 종합계획의 목표 및 기본방향, ② 지원대상자 선정의 기준, ③ 연구·개발에 관한 사항, ④ 정보화교육에 관한 사항, ⑤ 재원의 조달 및 운용에 관한 사항, ⑥ 국제협력에 관한 사항, ⑦ 그 밖에 정보격차의 해소를 위하여 필요한 사항을 포함해야 한다.

다섯째, 구체적인 지원방안은 장애인·노령자의 정보통신서비스 이용보장과 증진을 위해 유·무상으로 정보통신기기를 지원할 수 있고 정보 접근과 이용환경의 개선을 위해 정보통신기기 및 소프트웨어를 개발·생산하는 사업자와 장애인, 노령자, 농어민, 저소득자를 위한 정보내용물을 제공하는 사업자에 대한 재정 및 기술적 지원을 할 수 있다.

여섯째, 정보화 교육은 국가가 정보화 교육계획을 수립하여 ① 장애인이나 국민기초생활보장권자, 60세 이상의 노령자, 전업주부 등을 위한 교육비용, ② 단체가 정보화 교육을 실시하거나 정보통신서비스 이용시설을 제공할 경우, 비용의 일부 또는 전부를 국가가 부담할 수 있다.

일곱째, 기금조성은 국가예산이나 지방자치단체예산, 기금관리기본법이 규정하는 기금으로 지원한다.

이렇듯 「정보격차 해소에 관한 법률」은 각각의 법규정을 정리하여 소외계층의 정보격차를 전면적으로 다루고 있으며, 대표적인 장애인 정보화 관련 법률을 정리하면 〈표 12-5〉와 같다.

〈표 12-5〉 **장애인 정보화 관련 법률**

연번	법률 구분	세부내용
1	「국가 정보화촉진 기본법」	• 1995년 8월 4일에 제정되었으며, 정보화의 촉진을 위한 정책의 수립과 기관의 설립, 보조비 및 정보통신기기의 지원, 정보통신의 표준화를 그 내용으로 하고 있음 • 1999년 개정을 통한 주요 내용 - 정부는 정보통신망에 대한 자유로운 접근과 이용을 보장하고 지역적·경제적 차별이 없는 균등한 조건의 보편적 역무가 제공될 수 있도록 필요한 시책을 강구하여야 함 - 정부는 장애인, 노령자, 저소득자 등 사회적 약자가 자유로운 정보접근의 기회를 누리고 정보화의 혜택을 향유할 수 있도록 하기 위하여 정보통신요금, 정보통신기기의 사용편의성 및 정보이용능력의 개발 등에 필요한 대책을 강구하여야 함 - 정부는 인터넷·원격정보통신서비스 및 전자거래 등 정보통신망을 활용한 응용서비스의 이용을 활성화하고 우수한 정보내용물의 개발을 촉진하기 위한 시책을 강구하여야 함 - 정부는 정보화를 촉진함에 있어서 합리적인 지적소유권의 보호시책을 강구하여야 함 *「정보 격차 해소에 관한 법률」은 2001년 김대중 정부 당시에 재정되었지만, 2008년 이명박 정부가 집권하면서 「국가 정보화 촉진 기본법」으로 통·폐합됨
2	「장애인 복지법」	• 1999년 개정된 「장애인복지법」은 장애인의 정보접근에 관한 내용이 새로 추가됨. 제20조에서는 장애인의 원활한 정보에의 접근(정보에 접근할 수 있도록 전기통신 및 방송시설 등 개선, 청각장애인을 위한 수화 및 폐쇄자막 등 방영, 행사에 수화통역 요청, 시각장애인을 위한 점자 및 음성도서 등 보급)을 명시함 • 제27조에는 경제적 부담의 경감조항이 있으며, 제55조에서는 기존의 장애인보장구의 개념을 확장하여 재활보조기기로서의 정보통신기기가 포함될 수 있는 여지를 열어 놓음
3	방송법	• 2001년 1월에 방송매체 간의 균형 있는 발전을 도모하고 방송의 독립성 및 공공성을 확보하며, 기타 위성방송의 근거를 마련하는 등 방송환경의 급격한 변화에 대처한다는 취지로 기존 방송관련법 네 개를 통합하여 새로운 방송법이 제정되었으며, 이 법에서는 취약계층의 방송접근을 위한 규정을 두고 있음 • 주요 내용 - 재난방송 프로그램, 장애인복지법 규정에 의한 방송 프로그램, 장애인의 방송시청이 필요하다고 판단되어 방송위원회 규칙으로 정한 방송 프로그램, 기타 장애인의 복지를 목적으로 편성된 방송 프로그램에 대해서는 수화 또는 폐쇄자막 등 장애인의 시청을 돕기 위한 조치노력을 하여야 함 - 보건복지부에 등록된 시각·청각장애인이 생활하는 가정의 수상기에 관해서는 수신료를 면제함

연번	법률 구분	세부내용
4	「장애인·노인·임산부 등의 편의증진 보장에 관한 법률」	· 1997년 4월에 「장애인·노인·임산부 등의 편의증진 보장에 관한 법률」이 제정되었으며, '정보에의 접근성 보장' 등 장애인과 관련된 정보통신문제가 본격적으로 다루어짐. 이 법에서는 제1조, 제2조, 제4조, 제6조에 걸쳐 장애인 등의 정보접근에 대한 규정을 두고 있음 · 이 법은 장애인·노인·임산부 등이 생활을 영위함에 있어 안전하고 편리하게 시설 및 설비를 이용하고 정보에 접근하도록 보장함으로써 이들의 사회활동참여와 복지증진에 이바지함을 목적으로 함
5	장애인 차별 금지법	· 「장애인차별금지법」 제20조 정보접근에서의 차별금지는 장애인이 전자정보와 비전자정보를 이용하고 그에 접근함에 있어서 장애를 이유로 정당한 이유 없이 제한·배제·분리·거부 등에 의해 불리하게 대하는 경우를 차별행위로 이를 금지함 · 「장애인차별금지법」 제23조 제2항은 정보통신 관련 제조업자는 정보통신제품을 제작함에 있어서 장애인이 비장애인과 동등하게 접근·이용할 수 있도록 노력해야 함 · 「장애인차별금지법 시행령」 부칙의 별표 3은 정보통신·의사소통에서의 정당한 편의 제공의 단계적 범위에서 상시 300명 이상의 사업장에 해당돼 2009년 4월 11일부터 적용되거나 상시 100명 이상의 사업장에 속해 2011년부터 적용됨

출처: 국가법령정보센터(2023). "장애인 정보화 관련 법률"을 참고로 재구성.

2절 장애인의 물리적 접근권(편의시설)

구체적 편의시설은 첫째, 장애인이 신체상의 불리함을 보완하여 이동이나 활동을 편리하게 해 주는 역할을 한다. 둘째, 장애인의 정신적 측면에서 사회의 일원이 되어 사회에 봉사할 수 있는 기회를 제공한다. 셋째, 경제적 측면에서 장애인이 스스로 자유로운 활동을 할 수 있게 함으로써 인력자원의 낭비를 방지하게 된다는 것뿐만 아니라 생존에 필요한 각종 시설을 장애인, 노인 등을 포함한 사회구성원 모두가 다 함께 제한 없이 이용하게 하자는, 즉 모두를 위한 건축계획으로 모든 인간에게 적합한 장애물 없이 만들어진 건물 내·외를 다른 사람의 도움 없이 스스로 독립적이고 제약 없이 이용할 수 있게 하는 기본적인 권리 차원까지 포함하는 것이다.

1 물리적 접근권(편의시설) 관련 현황

「장애인·노인·임산부 등의 편의증진 보장에 관한 법률」에서는 편의시설이란 장애인 등이 생활을 영위함에 있어 이동과 시설 이용의 편리를 도모하고 정보에의 접근을 용이하게 하기 위한 시설과 설비를 말한다. 이와 같은 편의시설 설치의 기본 원칙으로는 장애인 등이 공공건물 및 공중이용시설을 이용함에 있어 가능한 최단거리로 이동할 수 있도록 편의시설을 설치하여야 한다고 제3조에 명시되어 있다.

장애인 편의시설과 관련해서는 1997년 제정된 「장애인·노인·임산부 등의 편의증진 보장에 관한 법률」에 근거하여 시설이 설치·관리되고 있다. 이러한 편의시설은 도로, 공원, 공공건물 및 공중이용시설 등 대상시설별 편의시설의 종류와 설치기준이 법적으로 정해져 있다. 이를테면 도로에는 장애인 등의 통행이 가능한 보도·횡단보도·지하도·육교와 장애인전용 주차구역 등이 편의시설이며, 공공건물 및 공중이용시설에는 장애인 등의 통행이 가능한 접근로, 장애인 전용 주차구역, 높이 차이가 제거된 건축물 출입구, 장애인용 승강기, 장애인용 화장실, 시각 및 청각장애인 유도·안내설비 등을 의미한다. 이렇듯 우리나라에서는 이러한 편의증진법 시행 이후 장애인의 이동권을 위한 편의시설이 점차적으로 설치되고 있으나 대부분이 법령에서 규정하는 공공시설을 중심으로 이루어지고 있기 때문에 장애인의 이동을 위한 지역사회와 개인 생활공간에의 편의시설 설치는 매우 미흡한 실정이다(신현석, 2013). 또한, 편의시설은 대상시설별로 반드시 설치해야 하는 '의무사항'과 설치를 권장하는 '권장사항'이 규정되어 있으며, 현황 및 시행되고 있는 관련 제도에 대하여 살펴보기로 하겠다.

장애인이 지난 1개월간 평균 몇 번 외출했는지 빈도를 알아본 결과 〈표 12-6〉과 같이 나타났다. 외출한 빈도는 '거의 매일'이 63.4%, '주 1~3회' 24.6%, '월 1~3회' 8.6%로 나타났다. 반면 '전혀 외출을 하지 않았다'는 응답은 3.5%였으며, 장애유형별로는 뇌병변장애(13.0%)와 정신장애(6.9%)에서 높게 나타났다. 이러한 장애에서 '전혀 외출을 하지 못하는' 비율이 높은 원인에 대한 추가적인 탐색이 필요하다.

〈표 12-6〉 지난 1개월 동안 장애인의 외출 빈도

(단위: %, 명)

구분	거의 매일	주 1~3회	월 1~3회	전혀 외출하지 않음	계	전국 추정수
지체	66.8	23.9	7.3	2.0	100.0	1,162,531
뇌병변	41.9	27.5	17.6	13.0	100.0	256,042
시각	68.9	20.7	8.1	2.3	100.0	252,490
청각	63.8	25.7	8.0	2.5	100.0	424,652
언어	71.5	20.4	4.6	3.4	100.0	23,254
지적	74.9	16.3	5.0	3.8	100.0	202,112
자폐성	91.1	7.3	1.4	0.2	100.0	38,072
정신	43.7	30.8	18.6	6.9	100.0	103,819
신장	49.7	46.0	2.2	2.0	100.0	107,516
심장	61.6	22.6	13.1	2.7	100.0	4,944
호흡기	45.4	26.1	27.5	1.0	100.0	11,400
간	79.9	16.8	3.2	0.2	100.0	15,239
안면	77.1	17.8	1.8	3.3	100.0	2,629
장루·요루	63.7	25.7	9.6	1.0	100.0	18,439
뇌전증	50.0	26.3	20.5	3.2	100.0	7,235
전체	63.4	24.6	8.6	3.5	100.0	2,630,374

출처: 이민경 외(2023). 2023년 장애인 실태조사에서 재구성.

장애인의 외출의 주된 목적은 〈표 12-7〉과 같으며, 외출의 주된 목적은 '통근 · 통학'(36.3%), '산책 · 운동'(32.3%), '병원 진료'(13.9%), '친척, 친구, 이웃 방문'(7.5%) 순이었다. '병원 진료'가 목적인 응답자는 신장장애(51%), 호흡기장애(30.3%), 뇌전증장애(25.5%), 뇌병변장애(24.8%)에서 상대적으로 높게 나타났다.

〈표 12-7〉 외출의 주된 목적

(단위: %, 명)

구분	통근·통학	병원 진료	쇼핑 (물건사기)	산책 (운동)	친척, 친구, 이웃방문	여행	지역사회시설 이용/행사참여	외식	기타	계	전국 추정수
전체	36.3	13.9	3.8	32.3	7.5	-	5.5	0.2	0.4	100.0	2,539,183

출처: 이민경 외(2023). 2023년 장애인 실태조사에서 재구성.

장애인의 외부활동(외출) 시 불편한 이유는 〈표 12-8〉과 같으며, 가장 불편한 점으로는 '장애인 관련 편의시설 부족'이 52.3%로 가장 높았으며, '외출 시 동반자가 없어서' 22.1%, '의사소통의 어려움이 있어서' 14.7%, '주위 사람들의 시선 때문에' 10.3% 순으로 나타났다. 장애유형별로는 지체장애, 뇌병변장애, 시각장애, 신장장애, 심장장애, 호흡기장애, 간장애, 장루요루장애에서는 '장애인 관련 편의시설 부족', 지적장애, 자폐성장애, 뇌전증장애에서는 '외출 시 동반자가 없어서'가 가장 큰 불편한 이유였다. 반면 정신장애와 안면장애는 '주위 사람들의 시선 때문에', 청각장애와 언어장애에서는 '의사소통의 어려움이 있어서'인 것으로 나타났다.

〈표 12-8〉 **외부활동(외출) 시 불편 이유**

(단위: %, 명)

구분	장애인 관련 편의시설 부족	외출 시 동반자가 없어서	주위 사람의 시선 때문에	의사소통의 어려움이 있어서	기타	계	전국 추정수
지체	73.1	17.1	8.1	1.3	0.4	100.0	404,904
뇌병변	59.1	23.6	12.6	4.2	0.5	100.0	175,205
시각	56.6	33.6	6.5	2.7	0.6	100.0	87,227
청각	32.0	16.5	1.0	49.8	0.7	100.0	164,915
언어	20.2	12.3	11.6	55.2	0.7	100.0	12,319
지적	11.8	31.7	19.2	37.1	0.3	100.0	101,422
자폐성	8.4	30.2	17.4	44.0	-	100.0	27,589
정신	11.2	33.2	46.4	8.4	0.8	100.0	35,672
신장	64.7	29.2	3.5	1.1	1.4	100.0	37,151
심장	66.5	22.1	5.7	2.0	3.7	100.0	2,022
호흡기	75.0	18.1	2.0	1.8	3.1	100.0	6,064
간	52.9	34.6	2.5	-	10.0	100.0	1,129
안면	17.0	11.8	71.3	-	-	100.0	727
장루·요루	58.9	9.7	26.9	-	4.5	100.0	9,459
뇌전증	19.1	38.1	30.2	9.2	3.4	100.0	2,801
전체	52.3	22.1	10.3	14.7	0.6	100.0	1,067,796

출처: 이민경 외(2023). 2023년 장애인 실태조사에서 재구성.

〈표 12-9〉에서와 같이 장애인 근로자가 장애인편의시설이 필요하다고 응답한 것 중 가장 필요한 시설로 '주출입구 경사로 설치(11.3%)'를 선택하였으며, 그다음으로 '장애인 전용주차구역 설치(10.0%)', '핸드레일 설치(9.0%)' 등의 순으로 나타났다. 반면, 설치되어 있는 시설로는 장애인 전용주차구역(18.6%), 주출입구 경사로 설치(17.2%), 핸드레일(15.8%)의 순으로 나타났다. 이 조사에서 긴밀히 살펴보아야 할 부분이 17.0%만이 장애편의시설이 필요하다고 응답하였으며, 83.0%는 필요한 장애편의시설이 없다고 응답한 사항으로서 현재까지도 기업체에서는 장애등급이 중증으로 포함이 된다고 할지라도 장애편의시설이 절대적으로 필요한 장애인의 고용은 상당히 기피하고 있다는 결과이다.

〈표 12-9〉 장애인 근로자의 필요한 장애편의시설[1)]

(단위: %, 명)

편의시설 유형	필요시설 비율	설치시설 비율
주출입구 경사로 설치	11.3	17.2
핸드레일 설치	9.0	15.8
엘리베이터, 리프트 설치	6.3	10.6
점자유도블록이나 점자표지판 설치	1.3	6.7
장애인 전용주차구역 설치	10.0	18.6
장애인용 화장실 설치	7.6	13.6
장애인용 작업대 설치	1.7	2.0
기타	0.1	-
필요한 것이 없음	83.0	-
설치되어 있는 것이 없음	-	74.9
전체	544.924	544.924

1) 필요한 장애편의시설에 대한 응답은 한 개 이상의 복수응답임.

출처: 고제훈 외(2016). 「제8차 장애인고용패널조사(2015년)」를 참고로 재구성.

2 물리적 접근권(편의시설) 관련 제도

1) 편의시설 설치 관련 내용

(1) 편의시설 설치 대상시설

제4조 관련 편의시설을 설치하여야 하는 대상시설은 ① 공원, ② 공공건물 및 공중이용시설물, ③ 공동주택, ④ 통신시설이며, 장애인 등의 편의를 위하여 편의시설 설치가 필요한 건물·시설 및 그 부대시설로서 구체적인 대상시설은 「장애인·노인·임산부 등의 편의증진 보장에 관한 법률 시행령」 제3조에 명시되어 있다(개정 2016). 편의시설 설치 대상시설을 세부적으로 분류한 내용 및 설치범위는 〈표 12-10〉과 같다.

〈표 12-10〉 편의시설 설치 대상시설 세부적 분류

순번	편의시설 구분	설치 범위
1	공원	
2	공공건물 및 공중이용시설	가. 제1종 근린생활시설 (1) 슈퍼마켓·일용품(식품·잡화·의류·완구·서적·건축자재·의약품·의료기기 등을 말한다. 이하 같다) 등의 소매점으로서 동일한 건축물(하나의 대지 안에 2동 이상의 건축물이 있는 경우에는 이를 동일한 건축물로 본다. 이하 같다) 안에서 당해 용도에 쓰이는 바닥면적의 합계가 300제곱미터 이상 1천제곱미터 미만인 시설 (2) 이용원·미용원·목욕장으로서 동일한 건축물 안에서 당해 용도에 쓰이는 바닥면적의 합계가 500제곱미터 이상인 시설 (3) 지역자치센터, 파출소, 지구대, 우체국, 보건소, 공공도서관, 국민건강보험공단·국민연금공단·한국장애인고용공단·근로복지공단의 지사, 그 밖에 이와 유사한 용도로서 동일한 건축물 안에서 당해 용도에 쓰이는 바닥면적의 합계가 1천제곱미터 미만인 시설 (4) 대피소 (5) 공중화장실 (6) 의원·치과의원·한의원·조산소(산후조리원을 포함한다)로서 동일한 건축물 안에서 당해 용도로 쓰이는 바닥면적의 합계가 500제곱미터 이상인 시설 (7) 지역아동센터로서 바닥면적의 합계가 300제곱미터 이상인 시설

순번	편의시설 구분	설치 범위
2	공공건물 및 공중이용시설	나. 제2종 근린생활시설 (1) 일반음식점으로서 동일한 건축물 안에서 당해 용도로 쓰이는 바닥면적의 합계가 300제곱미터 이상인 시설 (2) 휴게음식점·제과점 등 음료·차(茶)·음식·빵·떡·과자 등을 조리하거나 제조하여 판매하는 시설로서 제1종 근린생활시설에 해당하지 아니하는 것으로서 동일한 건축물 안에서 당해 용도로 쓰이는 바닥면적의 합계가 300제곱미터 이상인 시설 (3) 공연장(극장·영화관·연예장·음악당·서커스장 그 밖에 이와 비슷한 것을 말한다. 이하 같다)으로서 관람석의 바닥면적의 합계가 300제곱미터 이상 500제곱미터 미만인 시설 (4) 안마시술소로서 동일한 건축물 안에서 당해 용도로 쓰이는 바닥면적의 합계가 500제곱미터 이상인 시설 다. 문화 및 집회시설 (1) 공연장으로서 관람석의 바닥면적의 합계가 500제곱미터 이상인 시설 (2) 집회장(예식장·공회당·회의장 그 밖에 이와 비슷한 것을 말한다. 이하 같다)으로서 동일한 건축물 안에서 당해 용도에 쓰이는 바닥면적의 합계가 500제곱미터 이상인 시설 (3) 관람장(경마장·자동차 경기장 그 밖에 이와 비슷한 것을 말한다. 이하 같다) (4) 전시장(박물관·미술관·과학관·기념관·산업전시장·박람회장 그 밖에 이와 비슷한 것을 말한다. 이하 같다)으로서 동일한 건축물 안에서 당해 용도에 쓰이는 바닥면적의 합계가 500제곱미터 이상인 시설 (5) 동·식물원(동물원·식물원·수족관 그 밖에 이와 비슷한 것을 말한다. 이하 같다)으로서 동일한 건축물 안에서 당해 용도에 쓰이는 바닥면적의 합계가 300제곱미터 이상인 시설 라. 종교시설 종교집회장(교회·성당·사찰·기도원 그 밖에 이와 비슷한 것을 말한다)으로서 동일한 건축물 안에서 당해 용도에 쓰이는 바닥면적의 합계가 500제곱미터 이상인 시설 마. 판매시설 도매시장·소매시장·상점으로서 동일한 건축물 안에서 당해 용도로 쓰이는 바닥면적의 합계가 1천제곱미터 이상인 시설 바. 의료시설 (1) 병원(종합병원·병원·치과병원·한방병원·정신병원 및 요양병원을 말한다. 이하 같다) (2) 격리병원(전염병원·마약진료소 그 밖에 이와 비슷한 것을 말한다. 이하 같다) (3) 삭제 〈2012. 8. 22.〉

순번	편의시설 구분	설치 범위
2	공공건물 및 공중이용시설	사. 교육연구시설(제2종 근린생활시설에 해당하는 것을 제외한다) (1) 학교(유치원 · 초등학교 · 중학교 · 고등학교 · 전문대학 · 대학교, 그 밖에 이에 준하는 각종 학교를 말한다. 이하 같다) (2) 교육원(연수원 그 밖에 이와 비슷한 것을 말한다. 이하 같다) · 직업훈련소 · 학원(자동차학원과 무도학원을 제외한다. 이하 같다) 기타 이와 유사한 용도로서 동일한 건축물 안에서 당해 용도에 쓰이는 바닥면적의 합계가 500제곱미터 이상인 시설 (3) 도서관으로서 동일한 건축물 안에서 당해 용도에 쓰이는 바닥면적의 합계가 1천제곱미터 이상인 시설 아. 노유자시설 (1) 아동관련 시설(어린이집 · 아동복지시설, 그 밖에 이와 비슷한 것으로서 제1종 근린생활시설에 해당하지 아니하는 것) (2) 노인복지시설 및 장애인복지시설 (3) 그 밖에 다른 용도로 분류되지 아니한 사회복지시설 자. 수련시설 (1) 생활권수련시설(청소년수련관 · 청소년문화의 집 · 유스호스텔 그 밖에 이와 비슷한 것을 말한다. 이하 같다) (2) 자연권수련시설(청소년수련원 · 청소년 야영장 그 밖에 이와 비슷한 것을 말한다. 이하 같다) 차. 운동시설(동일한 건축물 안에서 당해 용도에 쓰이는 바닥면적의 합계가 500제곱미터 이상인 시설에 한한다) (1) 체육관 (2) 운동장(육상 · 구기 · 볼링 · 수영 · 스케이트 · 롤러스케이트 · 승마 · 사격 · 궁도 · 골프 등의 운동장을 말한다. 이하 같다)과 운동장에 부수되는 건축물 카. 업무시설 (1) 공공업무시설 중 국가 또는 지방자치단체의 청사로서 제1종 근린생활시설에 해당하지 아니하는 것 (2) 일반업무시설로서 금융업소 · 사무소 · 신문사 · 오피스텔(업무를 주로 하는 건축물이고, 분양 또는 임대하는 구획에서 일부 숙식을 할 수 있도록 한 건축물로서 국토해양부 장관이 고시하는 기준에 적합한 것을 말한다) 그 밖에 이와 유사한 용도로서 동일한 건축물 안에서 당해 용도에 쓰이는 바닥면적의 합계가 500제곱미터 이상인 시설 (3) 일반업무시설로서 국민건강보험공단 · 국민연금공단 · 한국장애인고용공단 · 근로복지공단 및 그 지사(동일한 건축물 안에서 해당 용도에 쓰이는 바닥면적의 합계가 1천 제곱미터 이상인 시설만 해당한다)

순번	편의시설 구분	설치 범위
2	공공건물 및 공중이용시설	타. 숙박시설 (1) 일반숙박시설 및 생활숙박시설(객실 수가 30실 이상인 시설에 한정한다. 이하 같다) (2) 관광숙박시설(관광호텔 · 수상관광호텔 · 한국전통호텔 · 가족호텔 · 호스텔 · 소형호텔 · 의료관광호텔 및 휴양콘도미니엄을 말한다. 이하 같다) 파. 공장 물품의 제조 · 가공(염색 · 도장 · 표백 · 재봉 · 건조 · 인쇄 등을 포함한다) 또는 수리에 계속적으로 이용되는 건출물로서 「장애인고용촉진 및 직업재활법」에 따라 장애인고용의무가 있는 사업주가 운영하는 시설 하. 자동차관련시설 (1) 주차장 (2) 운전학원 거. 교정시설 교도소 및 구치소 너. 방송통신시설 방송국 · 전신전화국 그 밖에 이와 유사한 용도로서 동일한 건축물 안에서 당해 용도로 쓰이는 바닥면적의 합계가 1천제곱미터 이상인 시설 더. 묘지관련시설 (1) 화장시설 (2) 봉안당(종교시설에 해당하는 것을 제외한다) 러. 관광휴게시설 (1) 야외음악당 · 야외극장 · 어린이회관 기타 이와 유사한 용도로서 동일한 건축물 안에서 당해 용도에 쓰이는 바닥면적의 합계가 1천제곱미터 이상인 시설 (2) 휴게소로서 동일한 건축물 안에서 당해 용도에 쓰이는 바닥면적의 합계가 300제곱미터 이상인 시설 머. 장례식장[의료시설의 부수시설(「의료법」 제36조제1호에 따른 의료기관의 종류에 따른 시설을 말한다)에 해당하는 것은 제외한다. 이하 같다]으로서 동일한 건축물 안에서 해당 용도에 쓰이는 바닥면적의 합계가 500제곱미터 이상인 시설
3	공공주택	가. 아파트 나. 연립주택(세대수가 10세대 이상인 주택에 한한다) 다. 다세대주택(세대수가 10세대 이상인 주택에 한한다) 라. 기숙사: 학교 또는 공장 등의 학생 또는 종업원 등을 위하여 사용되는 것으로서 공동취사 등을 할 수 있는 구조이되, 독립된 주거의 형태를 갖추지 아니한 것으로 30인 이상이 기숙하는 시설에 한한다.
4	통신시설	가. 공중전화 나. 우체통

출처: 국가법령정보센터(2023). 「장애인 · 노인 · 임산부 등의 편의증진 보장에 관한 법률시행령」을 참고로 재구성.

편의시설 설치시기는 ① 공원은 설치 및 공원계획 또는 조성계획상 공원시설 변경 결정 시, ② 공공건물 및 공중이용시설은 신축, 증축, 개축, 재축, 이전, 대수선 또는 용도 변경 시, ③ 공동주택 또한 공공건물 및 공중이용시설과 동일하며, ④ 통신시설은 구입 및 설치 시로 정하고 있다. 다만, 〈표 12-11〉에서와 같이 법 시행 이전에 설치된 대상시설 중 공공성이 강한 읍·면·동사무소, 정부청사, 종합병원, 장애인복지시설은 2년 이내에, 철도역사는 7년 이내에 편의시설을 정비하도록 강제하고 이행하지 않을 시에는 3천만 원 이하의 이행강제금과 5백만 원 이하의 벌금을 부과하는 등 제재수단도 명시하여 실효성을 높이고 있다.

〈표 12-11〉 정비대상시설과 정비기한

순번	정비대상시설	정비기한	
		법 시행 후 2년 이내	법 시행 후 7년 이내
1	횡단보도	●	
2	읍·면·동사무소, 경찰관파출소, 우체국, 보건소, 공공도서관, 기타 이와 유사한 용도로서 동일한 건축물 안에서 당해 용도에 쓰이는 바닥면적의 합계가 1,000㎡ 미만인 것	●	
3	5개 이상의 대변기를 설치하는 공중화장실	●	
4	장애인복지시설, 노인복지시설(경로당 제외)	●	
5	종합병원	●	
6	장애인 특수학교	●	
7	국가 또는 지방자치단체의 청사로서 동일한 건축물 안에서 당해 연도에 쓰이는 바닥면적의 합계가 1,000㎡ 이상인 것	●	
8	여객자동차터미널, 공항시설(여객이 직접 이용하는 시설에 한함), 무역항에 설치되어 있는 항만시설(여객이 직접 이용하는 시설에 한함) 및 종합여객시설	●	
9	철도역사(통일호 이상의 열차가 정차하는 역에 한함), 도시철도역사		●

출처: 국가법령정보센터(2023). 「장애인·노인·임산부 등의 편의증진 보장에 관한 법률 시행령」을 참고로 재구성.

편의시설의 구조 및 재질에 관한 세부기준은 보건복지부령으로 정하는데 우리나라 편의시설의 구조·재질 등에 관한 세부기준은 「장애인·노인·임산부 등의 편의증진 보장에 관한 법률 시행령」 제2조 제1항에 명시되어 있으며(개정 2018. 2. 9.), 그세부적인 기준은 〈표 12-12〉와 같다. 우리나라의 장애인 편의시설 설치규칙은 외국의 규정을 그대로 도입하여 실시하고 있는 경우가 많아 그 규정은 매우 엄격한 편이라고 할 수 있으나 우리나라 장애인의 신체적 조건이나 사회환경을 고려하지 않은 것이 문제점으로 제시되고 있다.

위에서와 같이 편의시설 설치 시 지체장애와 시각장애, 청각장애 등 장애유형에 따른 특성별로 필수적인 편의시설 종류나 설치기준들은 〈표 12-12〉의 편의시설의 구조·재질 등에 관한 세부기준에서와 같이 다르므로 이러한 측면을 편의시설 설치 시 고려해야 하며, 대표적인 장애유형으로서 지체, 시각, 청각의 세 가지 장애유형을 예로 살펴보기로 하겠다.

첫째, 지체장애의 특성에 따른 편의시설 고려기준으로는 보행 및 이동에 있어서 불편하므로 편의시설의 구체적인 내용에는 보행과 이동에 관한 것을 세밀하게 고려해야 한다. 이를 간략히 살펴보면, 보행 시 소요공간, 건물 출입구, 보도·접근로의 유효폭, 보도바닥의 표면처리, 보도의 기울기, 동작공간의 적절성 등이 있다.

둘째, 시각장애의 경우 편의시설 고려기준으로는 안내 및 유도표시 시설, 마감재료의 변화 및 점자블록, 핸드레일, 보도유효공간, 통행유효공간, 보차경계석(보도와 차도의 경계) 등이 있다.

셋째, 청각장애의 특성에 따른 편의시설 고려기준은 안내표시의 문자 및 시각화, 색상 및 조명, 보행도로의 진동 등을 들 수 있다.

〈표 12-12〉 **편의시설의 구조·재질 등에 관한 세부기준**

순번	시설명	기준항목	내용
1	장애인 등의 통행이 가능한 접근로	유효폭 및 활동공간	(1) 휠체어사용자가 통행할 수 있도록 접근로의 유효폭은 1.2미터 이상으로 하여야 한다. (2) 휠체어사용자가 다른 휠체어 또는 유모차 등과 교행할 수 있도록 50미터마다 1.5미터×1.5미터 이상의 교행구역을 설치할 수 있다. (3) 경사진 접근로가 연속될 경우에는 휠체어사용자가 휴식할 수 있도록 30미터마다 1.5미터×1.5미터 이상의 수평면으로 된 참을 설치할 수 있다.
		기울기	(1) 접근로의 기울기는 18분의 1 이하로 하여야 한다. 다만, 지형상 곤란한 경우에는 12분의 1까지 완화할 수 있다. (2) 대지 내를 연결하는 주접근로에 단차가 있을 경우 그 높이 차이는 2센티미터 이하로 하여야 한다.

순번	시설명	기준항목	내용
2	장애인전용 주차구역	설치장소	(1) 건축물의 부설주차장과 영 별표 1 제2호하목(1)의 주차장의 경우 장애인전용주차구역은 장애인 등의 출입이 가능한 건축물의 출입구 또는 장애인용 승강설비와 가장 가까운 장소에 설치하여야 한다. (2) 장애인전용주차구역에서 건축물의 출입구 또는 장애인용 승강설비에 이르는 통로는 장애인이 통행할 수 있도록 높이 차이를 없애고, 유효폭은 1.2미터 이상으로 하여 자동차가 다니는 길과 분리하여 설치하여야 한다. (3) 통로와 자동차가 다니는 길이 교차하는 부분의 색상과 질감은 바닥재와 다르게 하여야 한다. 다만, 기존 건축물에 설치된 지하주차장의 경우 바닥재의 질감을 다르게 하기 불가능하거나 현저히 곤란한 경우에는 바닥재의 색상만을 다르게 할 수 있다.
		주차공간	(1) 장애인전용주차구역의 크기는 주차대수 1대에 대하여 폭 3.3미터 이상, 길이 5미터 이상으로 하여야 한다. 다만, 평행주차형식인 경우에는 주차대수 1대에 대하여 폭 2미터 이상, 길이 6미터 이상으로 하여야 한다. (2) 주차공간의 바닥면은 장애인 등의 승하차에 지장을 주는 높이 차이가 없어야 하며, 기울기는 50분의 1 이하로 할 수 있다. (3) 주차공간의 바닥표면은 미끄러지지 아니하는 재질로 평탄하게 마감하여야 한다.
		유도 및 표시	(1) 장애인전용주차구역의 바닥면과 주차구역선에는 운전자가 식별하기 쉬운 색상으로 아래의 그림과 같이 장애인전용표시를 하여야 한다. 장애인전용표시의 규격은 다음과 같다. (가) 바닥면에 설치되는 장애인전용표시: 가로 1.3미터, 세로 1.5미터 (나) 주차구역선에 설치되는 장애인전용표시: 가로 50센티미터, 세로 58센티미터 (2) 장애인전용주차구역 안내표지를 주차장 안의 식별하기 쉬운 장소에 부착하거나 설치하여야 한다.
3	높이 차이가 제거된 건축물 출입구	턱 낮추기	가. 턱 낮추기 건축물의 주출입구와 통로의 높이 차이는 2센티미터 이하가 되도록 설치하여야 한다. 나. 휠체어리프트 또는 경사로 설치 휠체어리프트 및 경사로에 관한 세부기준은 제11호 및 제12호의 휠체어리프트 및 경사로에 관한 규정을 각각 적용한다.

순번	시설명	기준항목	내용
4	장애인 등의 출입이 가능한 출입구(문)	유효폭 및 활동공간	(1) 출입구(문)는 아래의 그림과 같이 그 통과유효폭을 0.9미터 이상으로 하고, 출입구(문)의 전면 유효거리는 1.2미터 이상으로 하며, 연속된 출입문의 경우 문의 개폐에 소요되는 공간은 유효거리에 포함하지 아니한다. (2) 자동문이 아닌 경우에는 아래의 그림과 같이 출입문 옆에 0.6미터 이상의 활동공간을 확보하여야 한다. (3) 출입구의 바닥면에는 문턱이나 높이 차이를 두어서는 아니 된다.
5	장애인 등의 통행이 가능한 복도 및 통로	유효폭	복도의 유효폭은 1.2미터 이상으로 하되, 복도의 양옆에 거실이 있는 경우에는 1.5미터 이상으로 할 수 있다.
		바닥	(1) 복도의 바닥면에는 높이 차이를 두어서는 아니 된다. 다만, 부득이한 사정으로 높이 차이를 두는 경우에는 경사로를 설치하여야 한다. (2) 바닥표면은 미끄러지지 아니하는 재질로 평탄하게 마감하여야 하며, 넘어졌을 경우 가급적 충격이 적은 재료를 사용하여야 한다.
6	장애인 등의 통행이 가능한 계단	계단의 형태	(1) 계단은 직선 또는 꺾임형태로 설치할 수 있다. (2) 바닥면으로부터 높이 1.8미터 이내마다 휴식을 할 수 있도록 수평면으로된 참을 설치할 수 있다.
		재질과 마감	(1) 계단의 바닥표면은 미끄러지지 아니하는 재질로 평탄하게 마감할 수 있다. (2) 계단코에는 줄눈넣기를 하거나 경질고무류 등의 미끄럼방지재로 마감하여야 한다. 다만, 바닥표면 전체를 미끄러지지 아니하는 재질로 마감한 경우에는 그러하지 아니하다. (3) 계단이 시작되는 지점과 끝나는 지점의 0.3미터 전면에는 계단의 폭만큼 점형블록을 설치하거나 시각장애인이 감지할 수 있도록 바닥재의 질감 등을 달리하여야 한다.
7	장애인용 승강기	설치장소 및 활동공간	(1) 장애인용 승강기는 장애인 등의 접근이 가능한 통로에 연결하여 설치하되, 가급적 건축물 출입구와 가까운 위치에 설치하여야 한다. (2) 승강기의 전면에는 1.4미터×1.4미터 이상의 활동공간을 확보하여야 한다. (3) 승강장바닥과 승강기바닥의 틈은 3센티미터 이하로 하여야 한다.
		크기	(1) 승강기내부의 유효바닥면적은 폭 1.1미터 이상, 깊이 1.35미터 이상으로 하여야 한다. 다만, 신축하는 건물의 경우에는 폭을 1.6미터 이상으로 하여야 한다. (2) 출입문의 통과유효폭은 0.8미터 이상으로 하되, 신축한 건물의 경우에는 출입문의 통과유효폭을 0.9미터 이상으로 할 수 있다.

순번	시설명	기준항목	내용
7	장애인용 승강기	이용자 조작 설비	(1) 호출버튼·조작반·통화장치 등 승강기의 안팎에 설치되는 모든 스위치의 높이는 바닥면으로부터 0.8미터 이상 1.2미터 이하로 설치하여야 한다. 다만, 스위치는 수가 많아 1.2미터 이내에 설치하는 것이 곤란한 경우에는 1.4미터 이하까지 완화할 수 있다. (2) 승강기내부의 휠체어사용자용 조작반은 진입방향 우측면에 가로형으로 설치하고, 그 높이는 바닥면으로부터 0.85미터 내외로 하며, 수평손잡이와 겹치지 않도록 하여야 한다. 다만, 승강기의 유효바닥면적이 1.4미터×1.4미터 이상인 경우에는 진입방향 좌측면에 설치할 수 있다. (3) 조작설비의 형태는 버튼식으로 하되, 시각장애인 등이 감지할 수 있도록 층수 등을 점자로 표시하여야 한다. (4) 조작반·통화장치 등에는 점자표시를 하여야 한다.
8	장애인용 에스컬레이터	유효폭 및 속도	(1) 장애인용 에스컬레이터의 유효폭은 0.8미터 이상으로 하여야 한다. (2) 속도는 분당 30미터 이내로 하여야 한다.
		디딤판	(1) 휠체어사용자가 승·하강할 수 있도록 에스컬레이터의 디딤판은 3매 이상 수평상태로 이용할 수 있게 하여야 한다. (2) 디딤판 시작과 끝부분의 바닥판은 얇게 할 수 있다.
		손잡이	(1) 에스컬레이터의 양측면에는 디딤판과 같은 속도로 움직이는 이동손잡이를 설치하여야 한다. (2) 에스컬레이터의 양끝부분에는 수평이동손잡이를 1.2미터 이상 설치하여야 한다. (3) 수평이동손잡이 전면에는 1미터 이상의 수평고정손잡이를 설치할 수 있으며, 수평고정손잡이에는 층수·위치 등을 나타내는 점자표지판을 부착하여야 한다.
9	휠체어 리프트	승강장 크기	계단 상부 및 하부 각 1개소에 탑승자 스스로 휠체어리프트를 사용할 수 있는 설비를 1.4미터×1.4미터 이상의 승강장을 갖추어야 한다.
		경사형	(1) 경사형 휠체어리프트는 휠체어받침판의 유효면적을 폭 0.76미터 이상, 길이 1.05미터 이상으로 하여야 하며, 휠체어사용자가 탑승가능한 구조로 하여야 한다. (2) 운행 중 휠체어가 구르거나 장애물과 접촉하는 경우 자동정지가 가능하도록 감지장치를 설치하여야 하며, 안전판이 열린 상태로 운행되지 아니하도록 내부잠금장치를 갖추어야 한다. (3) 휠체어리프트를 사용하지 아니할 때에는 지정장소에 접어서 보관할 수 있도록 하되, 벽면으로부터 0.6미터 이상 돌출되지 아니하도록 하여야 한다.
		수직형	수직형 휠체어리프트는 내부의 유효바닥면적을 폭 0.9미터 이상, 깊이 1.2미터 이상으로 하여야 한다.

순번	시설명	기준항목	내용
10	경사로	유효폭 및 활동공간	(1) 경사로의 유효폭은 1.2미터 이상으로 하여야 한다. 다만, 건축물을 증축·개축·재축·이전·대수선 또는 용도변경하는 경우로서 1.2미터 이상의 유효폭을 확보하기 곤란한 때에는 0.9미터까지 완화할 수 있다. (2) 바닥면으로부터 높이 0.75미터 이내마다 휴식을 할 수 있도록 수평면으로된 참을 설치하여야 한다. (3) 경사로의 시작과 끝, 굴절부분 및 참에는 1.5미터×1.5미터 이상의 활동공간을 확보하여야 한다. 다만, 경사로가 직선인 경우에 참의 활동공간의 폭은 (1)에 따른 경사로의 유효폭과 같게 할 수 있다.
		기울기	(1) 경사로의 기울기는 12분의 1 이하로 하여야 한다. (2) 다음의 요건을 모두 충족하는 경우에는 경사로의 기울기를 8분의 1까지 완화할 수 있다. (가) 신축이 아닌 기존시설에 설치되는 경사로일 것 (나) 높이가 1미터 이하인 경사로로서 시설의 구조 등의 이유로 기울기를 12분의 1 이하로 설치하기가 어려울 것 (다) 시설관리자 등으로부터 상시보조서비스가 제공될 것
		손잡이	(1) 경사로의 길이가 1.8미터 이상이거나 높이가 0.15미터 이상인 경우에는 양측면에 손잡이를 연속하여 설치하여야 한다. (2) 손잡이를 설치하는 경우에는 경사로의 시작과 끝부분에 수평손잡이를 0.3미터 이상 연장하여 설치하여야 한다. 다만, 통행상 안전을 위하여 필요한 경우에는 수평손잡이를 0.3미터 이내로 설치할 수 있다. (3) 손잡이에 관한 기타 세부기준은 제7호의 복도의 손잡이에 관한 규정을 적용한다.
11	화장실	설치장소	(가) 장애인 등의 이용이 가능한 화장실은 장애인 등의 접근이 가능한 통로에 연결하여 설치하여야 한다. (나) 장애인용 변기와 세면대는 출입구(문)와 가까운 위치에 설치하여야 한다.

<table>
<tr><th>순번</th><th>시설명</th><th>기준항목</th><th>내용</th></tr>
<tr><td rowspan="3">11</td><td rowspan="3">화장실</td><td>대변기</td><td>(가) 건물을 신축하는 경우에는 대변기의 유효바닥면적이 폭 1.6미터 이상, 깊이 2.0미터 이상이 되도록 설치하여야 하며, 대변기의 좌측 또는 우측에는 휠체어의 측면접근을 위하여 유효폭 0.75미터 이상의 활동공간을 확보하여야 한다. 이 경우 대변기의 전면에는 휠체어가 회전할 수 있도록 1.4미터×1.4미터 이상의 활동공간을 확보하여야 한다.
(나) 신축이 아닌 기존시설에 설치하는 경우로서 시설의 구조 등의 이유로 (가)의 기준에 따라 설치하기가 어려운 경우에 한하여 유효바닥면적이 폭 1.0미터 이상, 깊이 1.8미터 이상이 되도록 설치하여야 한다.
(다) 출입문의 통과유효폭은 0.9미터 이상으로 하여야 한다.
(라) 출입문의 형태는 자동문, 미닫이문 또는 접이문 등으로 할 수 있으며, 여닫이문을 설치하는 경우에는 바깥쪽으로 개폐되도록 하여야 한다. 다만, 휠체어사용자를 위하여 충분한 활동공간을 확보한 경우에는 안쪽으로 개폐되도록 할 수 있다.</td></tr>
<tr><td>소변기</td><td>(1) 구조
소변기는 바닥부착형으로 할 수 있다.
(2) 손잡이
(가) 소변기의 양옆에는 아래의 그림과 같이 수평 및 수직손잡이를 설치하여야 한다.
(나) 수평손잡이의 높이는 바닥면으로부터 0.8미터 이상 0.9미터 이하, 길이는 벽면으로부터 0.55미터 내외, 좌우 손잡이의 간격은 0.6미터 내외로 하여야 한다.
(다) 수직손잡이의 높이는 바닥면으로부터 1.1미터 이상 1.2미터 이하, 돌출폭은 벽면으로부터 0.25미터 내외로 하여야 하며, 하단부가 휠체어의 이동에 방해가 되지 아니하도록 하여야 한다.</td></tr>
<tr><td>세면대</td><td>(1) 구조
(가) 휠체어사용자용 세면대의 상단높이는 바닥면으로부터 0.85미터, 하단 높이는 0.65미터 이상으로 하여야 한다.
(나) 세면대의 하부는 무릎 및 휠체어의 발판이 들어갈 수 있도록 하여야 한다.
(2) 손잡이 및 기타 설비
(가) 목발사용자 등 보행곤란자를 위하여 세면대의 양옆에는 수평손잡이를 설치할 수 있다.
(나) 수도꼭지는 냉·온수의 구분을 점자로 표시하여야 한다.
(다) 휠체어사용자용 세면대의 거울은 아래의 그림과 같이 세로 길이 0.65미터 이상, 하단 높이는 바닥면으로부터 0.9미터 내외로 설치할 수 있으며, 거울 상단 부분은 15도 정도 앞으로 경사지게 하거나 전면거울을 설치할 수 있다.</td></tr>
</table>

순번	시설명	기준항목	내용
12	욕실	구조	(1) 출입문의 형태는 미닫이문 또는 접이문으로 할 수 있다. (2) 욕조의 전면에는 휠체어를 탄 채 접근이 가능한 활동공간을 확보하여야 한다. (3) 욕조의 높이는 바닥면으로부터 0.4미터 이상 0.45미터 이하로 하여야 한다.
13	샤워실 및 탈의실	구조	(1) 출입문의 형태는 미닫이문 또는 접이문으로 할 수 있다. (2) 샤워실(샤워부스를 포함한다)의 유효바닥면적은 0.9미터×0.9미터 또는 0.75미터×1.3미터 이상으로 하여야 한다.
14	점자블록	크기	표준형으로서 0.3m×0.3m, 바닥재 높이 동일하게 설치, 실외 설치하는 경우 눈, 비 등에 미끄러지기 쉬운 재질은 안 됨
15	시각장애인 유도·안내 설비	점자 안내판, 촉지도식 안내판	(1) 점자안내판 또는 촉지도식 안내판에는 주요시설 또는 방의 배치를 점자, 양각면 또는 선으로 간략하게 표시하여야 한다. (2) 일반안내도가 설치되어 있는 경우에는 점자를 병기하여 점자안내판에 갈음할 수 있다. (3) 점자안내판 또는 촉지도식 안내판은 점자안내표시 또는 촉지도의 중심선이 바닥면으로부터 1.0미터 내지 1.2미터의 범위안에 있도록 설치하여야 한다. 다만, 점자안내판 또는 촉지도식 안내판을 수직으로 설치하거나 점자안내표시 또는 촉지도의 내용이 많아 1.0미터 내지 1.2미터의 범위 안에 설치하는 것이 곤란한 경우에는 점자안내표시 또는 촉지도의 중심선이 1.0미터 내지 1.5미터의 범위에 있도록 설치할 수 있다.
		음성안내 장치	시각장애인용 음성안내장치는 주요시설 또는 방의 배치를 음성으로 안내하여야 한다.
16	시각 및 청각 장애인 경보·피난 설비	내용	시각 및 청각 장애인 경보·피난 설비는 「화재예방, 소방시설 설치·유지 및 안전관리에 관한 법률」에 따른다. 이 경우 청각장애인을 위하여 비상벨 설비 주변에는 점멸형태의 비상경보등을 함께 설치하고, 시각 및 청각 장애인용 피난구유도등은 화재발생 시 점멸과 동시에 음성으로 출력될 수 있도록 설치하여야 한다.
17	객실 또는 침실	설치장소	장애인용 객실 또는 침실(이하 "객실등"이라 한다)은 식당·로비 등 공용공간에 접근하기 쉬운 곳에 설치하여야 하며, 승강기가 가동되지 아니할 때에도 접근이 가능하도록 주출입층에 설치할 수 있다.
		구조	(1) 휠체어사용자를 위한 객실등은 온돌방보다 침대방으로 할 수 있다. (2) 객실등의 내부에는 휠체어가 회전할 수 있는 공간을 확보하여야 한다. (3) 침대의 높이는 바닥면으로부터 0.4미터 이상 0.45미터 이하로 하고, 그 측면에는 1.2미터 이상의 활동공간을 확보하여야 한다.

순번	시설명	기준항목	내용
18	관람석 또는 열람석	설치장소	휠체어사용자를 위한 관람석 또는 열람석은 출입구 및 피난통로에서 접근하기 쉬운 위치에 설치하여야 한다.
		관람석 구조	(1) 휠체어사용자를 위한 관람석은 이동식 좌석 또는 접이식 좌석을 사용하여 마련하여야 한다. 이동식 좌석의 경우 한 개씩 이동이 가능하도록 하여 휠체어사용자가 아닌 동행인이 함께 앉을 수 있도록 하여야 한다. (2) 휠체어사용자를 위한 관람석의 유효바닥면적은 1석당 폭 0.9미터 이상, 깊이 1.3미터 이상으로 하여야 한다. (3) 휠체어사용자를 위한 관람석은 시야가 확보될 수 있도록 관람석 앞에 기둥이나 시야를 가리는 장애물 등을 두어서는 아니 되며, 안전을 위한 손잡이는 바닥에서 0.8미터 이하의 높이로 설치하여야 한다. (4) 휠체어사용자를 위한 관람석이 중간 또는 제일 뒷줄에 설치되어 있을 경우 앞 좌석과의 거리는 일반 좌석의 1.5배 이상으로 하여 시야를 가리지 않도록 설치하여야 한다. (5) 영화관의 휠체어사용자를 위한 관람석은 스크린 기준으로 중간 줄 또는 제일 뒷줄에 설치하여야 한다. 다만, 휠체어사용자를 위한 좌석과 스크린 사이의 거리가 관람에 불편하지 않은 충분한 거리일 경우에는 스크린 기준으로 제일 앞줄에 설치할 수 있다. (6) 공연장의 휠체어사용자를 위한 관람석은 무대 기준으로 중간 줄 또는 제일 앞줄 등 무대가 잘 보이는 곳에 설치하여야 한다. 다만, 출입구 및 피난통로가 무대 기준으로 제일 뒷줄로만 접근이 가능할 경우에는 제일 뒷줄에 설치할 수 있다. (7) 난청자를 위하여 자기(磁氣)루프, FM송수신장치 등 집단보청장치를 설치할 수 있다.
18	관람석 또는 열람석	열람석 구조	(1) 열람석상단까지의 높이는 바닥면으로부터 0.7미터 이상 0.9미터 이하로 하여야 한다. (2) 열람석의 하부에는 무릎 및 휠체어의 발판이 들어갈 수 있도록 바닥면으로부터 높이 0.65미터 이상, 깊이 0.45미터 이상의 공간을 확보하여야 한다.
19	접수대 또는 작업대	내용	(1) 접수대 또는 작업대상단까지의 높이는 아래의 그림과 같이 바닥면으로부터 0.7미터 이상 0.9미터 이하로 하여야 한다. (2) 접수대 또는 작업대의 하부에는 무릎 및 휠체어의 발판이 들어갈 수 있도록 바닥면으로부터 높이 0.65미터 이상, 깊이 0.45미터 이상의 공간을 확보하여야 한다.

순번	시설명	기준항목	내용
20	매표소, 판매기, 음료대,	구조	(1) 매표소의 높이는 바닥면으로부터 0.7미터 이상 0.9미터 이하로 하여야 하며, 하부에는 무릎 및 휠체어의 발판이 들어갈 수 있도록 바닥면으로부터 0.65미터 이상, 깊이 0.45미터 이상의 공간을 확보하여야 한다. (2) 자동판매기 또는 자동발매기의 동전투입구·조작버튼·상품출구의 높이는 0.4미터 이상 1.2미터 이하로 하여야 한다. (3) 음료대의 분출구의 높이는 0.7미터 이상 0.8미터 이하로 하여야 한다.
21	공중전화	구조	(1) 전화대의 하부에는 무릎 및 휠체어의 발판이 들어갈 수 있도록 바닥면으로부터 높이 0.65미터 이상, 깊이 0.25미터 이상의 공간을 확보하여야 한다. (2) 전화부스를 설치하는 경우에는 보도 또는 통로와 높이 차이를 두어서는 아니 된다.
22	우체통	구조	우체통 투입구의 높이는 0.9미터 이상 1.2미터 이하로 하여야 한다. 1.2m 이하

출처: 국가법령정보센터(2023). 「장애인·노인·임산부 등의 편의증진 보장에 관한 법률시행령」을 참고로 재구성.

2) 2018년 장애인 편의시설 실태조사 결과

장애인 편의시설 실태전수조사는 「장애인·노인·임산부 등의 편의증진 보장에 관한 법률」 제11조에 의거 편의시설 설치 현황에 대한 기초자료를 확보하고, 설치 실태를 다각도로 분석하여 편의시설 확충 및 제도개선 방향 등을 모색하기 위하여 조사·분석되었다. 조사기관은 한국장애인개발원 및 조사원 1,715명(장애인 190명 포함)이 투입되어 대상시설을 직접 방문하여 각 편의시설별로 실측조사의 방법으로 조사하였으며, 대상시설은 공원, 공공건물 및 공중이용시설, 공동주택 185,947동 건축물로서, 조사내용으로는 장애인전용주차구역, 승강기, 화장실 등 19종의 편의시설의 종별 세부항목(총 903만 4,890개) 설치 여부이다.

〈표 12-13〉의 조사결과 전국의 18만 6천동 건물에서 높이 차이 없는 출입구, 장애인전용주차구역, 점자블록, 장애인용 세면대 등 편의시설 세부항목을 조사한 결과 720만 개가 설치되어 설치율은 80.2%, 적정 설치율은 74.8%인 것으로 나타났다. 세부적으로 살펴보면 공공시설 설치율은 80.2%, 적정 설치율은 72.4%인 반면

에 민간시설의 설치율은 80.2%, 적정 설치율은 75.0%로써 약 3%가량 민간시설이 높은 것으로 나타났다.

〈표 12-13〉 시설주체별 주요 설치 현황

(단위: 개소, %)

시설주체	대상 건물 수	설치기준 항목 수	설치 수 및 설치율(%)		적정 설치 수 및 적정설치율(%)	
공공시설	13,352	916,007	734,622	80.2%	663,373	72.4%
민간시설	172,595	8,118,883	6,508,672	80.2%	6,091,328	75.0%
계	185,947	9,034,890	7,243,294	80.2%	6,754,701	74.8%

출처: 보건복지부(2019). "2018년 편의시설실태 전수조사보고서"를 참고로 작성.

〈표 12-14〉에서와 같이 대상시설의 건물군을 22종, 72개 유형으로 분류한 건물 유형별 설치 현황을 살펴보면,관광휴계시설(86.3%), 판매시설(85.3%), 문화·잡화시설(84.5%), 자동차관련시설(84.3%), 공동주택(84.1%), 교육연구시설(83.7%), 의료시설(83.6%), 업무시설(83.6%)의 순으로 나타났으나, 설치율이 총 80.2%인 반면 적정 설치율이 74.8%로 나타나 개선이 많이 필요한 것으로 확인되었다.

〈표 12-14〉 건물유형별(22개 건물군) 설치 현황

(단위: 개소, %)

구분	대상 건물 수	대상 편의시설 수	설치수 및 설치율(%)		적정설치 수 및 적정설치율(%)	
1종 근린생활시설	33,656	1,485,132	1,177,667	79.3%	1,088,170	73.3%
2종 근린생활시설	13,760	422,324	319,236	75.6%	302,960	71.7%
문화·잡화시설	2,101	160,677	135,851	84.5%	126,715	78.9%
종교시설	5,449	188,172	147,054	78.1%	136,018	72.3%
판매시설	1,824	120,309	102,656	85.3%	96,985	80.6%
의료시설	3,830	320,052	267,648	83.6%	251,111	78.5%
교육연구시설	19,243	1,422,689	1,190,633	83.7%	1,105,823	77.7%
노유자시설	23,950	1,324,789	966,538	73.0%	884,849	66.8%
수련시설	518	39,212	31,932	81.4%	29,142	74.3%
운동시설	1,653	60,604	49,979	82.5%	47,096	77.7%
업무시설	12,323	861,319	720,108	83.6%	671,801	78.0%

구분	대상 건물 수	대상 편의시설 수	설치수 및 설치율(%)		적정설치 수 및 적정설치율(%)	
숙박시설	3,623	204,736	162,601	79.4%	152,955	74.7%
공장	7,027	327,578	224,206	68.4%	210,509	64.3%
자동차관련시설	1,546	38,250	32,241	84.3%	30,840	80.6%
방송통신시설	208	12,818	10,420	81.3%	9,561	74.6%
교정시설	47	2,829	2,299	81.3%	2,074	73.3%
묘지관련시설	138	6,589	5,023	76.2%	4,603	69.9%
관광휴게시설	297	14,724	12,704	86.3%	11,893	80.8%
장례식장	338	25,305	20,589	81.4%	18,787	74.2%
공원	1,949	66,393	43,989	66.3%	41,474	62.5%
공동주택	51,753	1,888,072	1,587,369	84.1%	1,501,216	79.5%
기숙사	714	42,317	32,551	76.9%	30,119	71.2%
계	185,947	9,034,890	7,243,294	80.2%	6,754,701	74.8%

출처: 보건복지부(2019). "2018년 편의시설실태 전수조사보고서"를 참고로 작성.

〈표 12-15〉에서와 같이 편의시설 종류별 설치 현황을 살펴보면 객실침실 등 기타시설이 75.3%, 출입구 등 내부시설이 83.7%, 접근로 등 매개시설이 82.2%, 대변기 등 위생시설이 70.8%, 점자블럭 등 안내시설이 66.8%, 비치용품이 54.0%로써 총 80.2%로 나타났으나, 적정 설치율은 이에 못미치는 74.8%로 나타나 세부적인 개선이 필요한 것으로 나타났다.

〈표 12-15〉 **편의시설 종류별 설치 현황**

(단위: 개소, %)

편의시설 종류	설치기준 항목 수	설치 수 및 설치율(%)		적정 설치 수 및 적정 설치율(%)	
매개시설	3,791,947	3,116,303	82.2%	2,950,482	77.8%
내부시설	3,299,282	2,762,138	83.7%	2,560,854	77.6%
위생시설	1,489,298	1,055,077	70.8%	959,091	64.4%
안내시설	295,558	197,551	66.8%	181,197	61.3%
기타시설	124,179	93,540	75.3%	84,392	68.0%
비치용품	34,626	18,685	54.0%	18,685	54.0%
계	9,034,890	7,243,294	80.2%	6,754,701	74.8%

출처: 보건복지부(2019). "2018년 편의시설실태 전수조사보고서"를 참고로 작성.

〈표 12-16〉에서와 같이 지방자치단체별 설치율을 보면 서울시(87.9%)가 가장 높고, 울산(85.1%), 대전(82.9%), 광주(82.2%), 경기(82.2%)의 순으로 나타났으며, 상대적으로 저조한 지역은 충북(70.8%), 전남(73.2%), 경북(74.5%)으로 광역시의 설치율이 도에 비해 높게 나타났다.

〈표 12-16〉 지역별 편의시설 설치 현황

(단위: 개소, %)

지역	대상 건물 수	설치기준 항목수	설치 수	설치율	적정설치수	적정설치율	설치율과 적정설치율의 차이
서울	27,856	1,281,950	1,126,201	87.9%	1,084,340	84.6%	3.3%
부산	11,542	556,144	450,345	81.0%	412,842	74.2%	6.8%
대구	8,206	426,993	344,582	80.7%	322,959	75.6%	5.1%
인천	12,260	539,621	429,301	79.6%	394,810	73.2%	6.4%
광주	7,065	352,632	289,910	82.2%	282,980	80.2%	2.0%
대전	3,881	210,210	174,163	82.9%	161,341	76.8%	6.1%
울산	3,887	191,761	163,218	85.1%	157,194	82.0%	3.1%
경기	38,247	1,760,119	1,446,055	82.2%	1,366,155	77.6%	4.6%
강원	5,794	318,419	250,496	78.7%	231,362	72.7%	6.0%
충북	8,632	446,844	316,577	70.8%	279,507	62.6%	8.2%
충남(세종)	8,935	465,928	369,045	79.2%	338,504	72.6%	6.6%
전북	11,317	551,305	425,521	77.2%	392,363	71.2%	6.0%
전남	10,440	517,090	378,530	73.2%	338,328	65.4%	7.8%
경북	11,842	605,288	450,702	74.5%	412,590	68.2%	6.3%
경남	12,466	639,345	495,402	77.5%	454,976	71.2%	6.3%
제주	3,577	171,241	133,246	77.8%	124,450	72.7%	5.1%
총계	185,947	9,034,890	7,243,294	80.2%	6,754,701	74.8%	5.4%

출처: 보건복지부(2019). "2018년 편의시설실태 전수조사보고서"를 참고로 작성.

3) 향후계획

보건복지부는 향후 5개년간의 장애인 편의증진 추진계획을 담은 「제4차 편의증진 국가종합 5개년 계획(2015~2019)」을 편의증진심의회(위원장-보건복지부 차관)

의 심의를 거쳐 관계부처와 합동으로 확정·발표하였다. 2008년도 편의시설 설치율은 77.5%, 적정 설치율은 55.8%였으며, 2013년도 편의시설 설치율은 67.9%, 적정 설치율은 60.2%로 비교 시에 설치율은 낮아지고 적정 설치율은 다소 높아진 것으로 나타났다.

보건복지부는 편의증진심의회(위원장-보건복지부 차관)의 심의를 거쳐 향후 5개년(2015~2019)간의 장애인 편의증진 추진계획을 담은 「제4차 편의증진 국가종합 5개년 계획」을 확정·발표하였다.

[그림 12-2]와 같이 장애인·노인·임산부 등의 안전하고 편리한 시설이용 편의수준 향상을 기본방향으로 다음 네 가지 향후 추진과제를 제시하였다.

(1) 공공 및 민간시설의 이용편의 수준 향상

공공 및 민간시설의 이용편의 수준을 향상시키고 주거·교육 등 생활 분야별 편의증진을 강화할 계획이다. 국가 및 지자체가 신축하는 건축물(연간 1천여 건)은 '장애물 없는 생활환경 인증(이하 BF: Barrier Free)'[1]을 의무로 취득해야 하는 「장애인 등의 편의증진 보장에 관한 법」이 개정·시행(2015. 7. 29.)됨에 따라 공공시설의 이용편의 수준이 향상될 것으로 기대된다. 이와 더불어 민간시설의 BF 인증 참여를 활성화시키기 위해 장애인편의시설 설치 시 편의시설 면적을 건축면적 및 바닥면적에서 제외하는 방안을 추진할 계획이다.

주거와 교육환경의 편의증진을 위해 전세자금 융자 시 우대금리(0.2%) 제공, 분양·임대주택 우선 공급, 주거약자용 편의시설 추가 설치를 지원하며, 초·중·고 편의시설 설치 현황조사를 실시하는 한편 장애학생의 학습지원을 위해 특수교육보조인력 배치 및 학습보조 도우미 지원을 확대할 계획이다.

---

1) 장애물 없는 생활환경 인증 제도 개요를 네 가지로 제시하면 다음과 같다. ① 2008년 7월부터 시행, 「교통약자의 이동편의 증진법(2009. 12.)」 및 「장애인 등의 편의증진법(2015. 1.)」개정으로 복지부·국토부 공동부령 제정 및 시행(2015. 8.), ② 장애물 없는 생활환경: 어린이·노인·장애인·임산부 등이 개별시설물·지역을 접근·이용함에 있어 불편을 느끼지 않도록 계획·설계·시공되는 것, ③ 인증대상: 공원, 건축물, 지역, 교통수단, 여객시설, 도로, ④ 의무인증대상: 국가나 지자체가 신축하는 건축물(2015. 7. 29.~), ⑤ 인증실적: 559건(2014. 12말 기준).

작업환경의 편의증진을 위하여 장애인 표준사업장 및 고용사업장의 편의시설을 점검(5년간 20회, 1,191건)하고 장애인 고용사업체에 대한 편의시설 설치비용 지원을 확대(5년간 75억 원)할 계획이다.

디지털녹음도서, 점자악보 등 대체자료를 제작·보급(5년간 총 23천 종)하고 독서확대기, 특수마우스 등 독서보조기기를 지원(5년간 10억 원)하여 비장애인과의 지식정보 격차를 해소할 수 있도록 노력하고 영화 자막 화면해설 제작을 지원(5년간 7억 원)하는 등 문화시설의 편의증진을 추진할 계획이다.

교통이용 편의증진을 위해 저상버스(5년간 3,693대, 1,814억 원) 및 장애인 콜택시(2015~2016, 554대, 110억 원)를 지속적으로 확충하고 전철 및 고속철도역사에 엘리베이터(E/V) 설치를 지원하며, 여객자동차터미널 BF 인증 시범사업(5년간 25개소, 24억 원)을 시행할 계획이다.

(2) 이용자편의확대를 위한 편의증진 관련제도 및 법령 개선

이용자 편의 확대를 위해 편의증진 관련 제도를 개선하고 및 법령을 개정할 계획이다. 먼저, 편의시설의 적정성 확보를 위해 건축허가 및 사용승인 시 '편의시설 적합성 확인 의무 사항'의 이행실태를 점검(5년간 23만 건)할 계획이다. 이와 함께 건축물의 사용승인 후 설치된 편의시설의 임의철거, 관리소홀 등을 방지하기 위해 '편의시설 운영 실태 모니터링'을 실시(5년간 8회, 8천 개소)하여 사용자를 중심으로 한 편의시설 이용 체감율을 향상시킬 계획이다.

또한, 휠체어 사용 장애인 등의 시설 이용 편의증진을 위해 출입구 유효폭, 승강기 유효바닥면적 및 안전기준, 장애인 이용 객실 비율, 높이 차이 제거, 관람석·열람석 관련 규정 개정을 추진하고 시각장애인의 시설 이용 편의 확대를 위한 점자음성표지판, 점자음성안내판 설치기준을 마련할 계획이다.

그리고 장애인전용주차구역 이용편의증진을 위해 관련 규정을 개정하였으며, 비정상의 정상화 일환으로 복지부·지자체·장애인단체와 합동으로 불법주차 합동점검을 실시(5년간 10회, 5만 개소)할 계획이다.

(3) BF · 편의증진 기술개발 및 연구

BF 상세표준도 개발 및 편의시설 상세표준도 정비, 시각장애인의 안전한 보행을 위한 연구, 장애인 편의시설에 대한 통계자료 시스템 등 다양한 BF 및 편의증진 기술 · 연구를 추진할 계획이다.

그리고 현장에서 BF 인증지표에 대한 이해도를 높이고 적용이 쉬운 BF 상세표준도을 개발 · 보급하고 기존 편의시설 상세표준도에 편의시설 모범사례, 설계기준 등을 보완하여 정비할 계획이며, 시각장애인의 안전한 보행을 위한 연구, 장애물 없는 생활환경 인증제도 비용효과 분석 및 장애인전용주차구역 단속, 홍보, 사용자 인식개선 내용 등을 종합적으로 연구할 계획이다.

또한, 사회보장정보시스템의 장애인편의시설 정보를 활용, 복지로 '우리동네 복지시설'에 시설별로 설치된 편의시설 정보를 제공하고 지속적으로 고도화사업을 진행할 예정이며, 장애인전용주차구역 불법주차 신고 급증에 따른 담당공무원의 업무 부담을 줄이고, 과태료 부과율을 높이기 위한 불법주차 과태료 부과시스템 전산화 시범사업을 실시할 계획이다.

(4) 편의증진 교육 및 홍보 강화

BF 인증 및 편의증진 인식을 개선하고, 편의증진 정책 관련 국제 교류 및 홍보를 추진할 계획이다. 지자체 담당공무원 위주의 편의증진 교육을 건축관련 종사자 및 시설주 등 민간까지 확대 실시하고 건축사 보수교육 시 '편의증진 교육'을 이수과목에 포함될 수 있도록 관계기관과 협의할 계획이며 국내외 편의시설 적합성 확인 및 BF 인증 제도를 공유하고 세계 각국의 ICT 기술을 활용한 장애인 편의시설 활용방안 등을 위한 '편의증진 국제 심포지엄'을 매년 추진할 계획이다. 또한, 한국장애인복지관협회 등 장애인 단체와 연계하여 장애체험교육 실시기관을 확대하고, 국립재활원과 연계한 전국 네트워크를 구축하고 교육내용의 표준화를 추진할 계획이다.

아울러, 비정상의 정상화 일환으로 장애인전용주차구역의 올바른 이용문화 캠페인을 지자체 및 장애인 단체와 지속적으로 실시할 예정이다. 보건복지부는 「제4차

편의증진 국가종합 5개년 계획」의 효율적 추진으로 정당한 편의제공의 기반을 구축, 장애인·노인·임산부 등의 사회활동 참여 기회 확대로 통합적 사회환경을 실현할 것으로 기대된다.

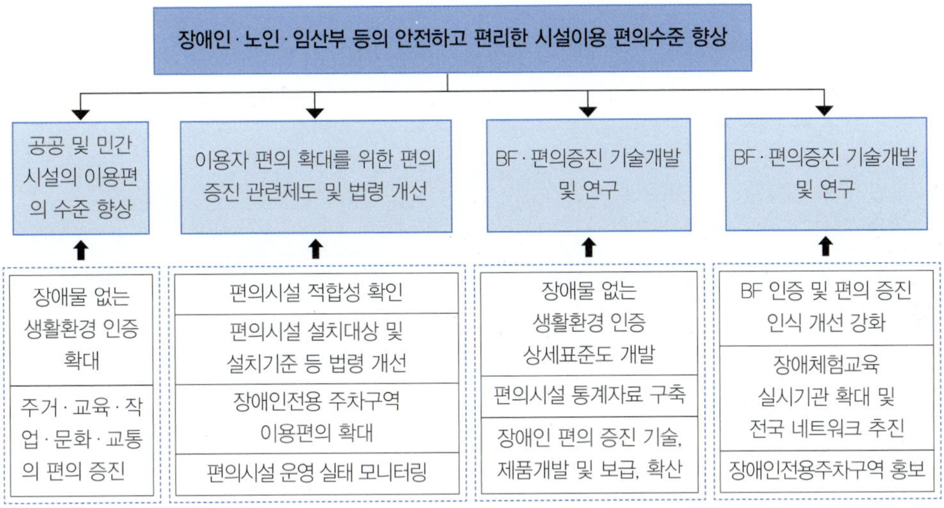

[그림 12-2] **제4차 편의증진 국가종합계획의 기본방향**

출처: 교육부(2015). "제4차 편의증진 국가종합 5개년 계획(15~19년)"에서 발췌함.

3절 장애인의 이동권

1 이동권 관련 현황

장애인의 이동권과 밀접한 관련이 있는 교통수단을 살펴보면 〈표 12-17〉과 같다. 가장 많이 이용하는 주된 교통 · 이동수단은 '자가용' 40.1%, '일반버스' 19.8%, '도보' 13.6%, '지하철 · 전철' 10.2%, '일반택시' 5.4% 순이었다. 이는 2020년 조사결과에 비해 지하철 · 전철 이용이 소폭 상승했으며 도보의 이용이 감소되었다. 이러한 교통수단 외에 복지관버스(0.6%), 셔틀형복지버스(0.6%)를 이용하는 장애인은 극소수에 불과한 것으로 나타났다.

장애유형별로 간장애(64.1%), 안면장애(55.5%), 신장장애(50.5%), 자폐성장애(48.4%), 순으로 자가용 승용차를 이용하는 비율이 높았으며, 정신장애(38.0%), 뇌전증장애(33.3%), 지적장애(26.9%)의 순으로 일반버스 이용률이 높은 것으로 나타났다.

〈표 12-17〉 **장애인의 주요 교통수단**

(단위: %, 명)

구분	일반 버스	일반 택시	지하철, 전철	특별 교통 수단 (장애인 콜택시)	복지관 버스	자가용	셔틀형 복지 버스	통학 통근 버스	자전거, 오토 바이	전동 휠체어, 전동 스쿠터	바우처 택시 (교통 약자 지원)	도보	기타	계	전국 추정수
지체	17.8	5.3	10.2	1.7	0.1	46.9	0.1	0.4	2.5	2.8	0.3	11.8	0.1	100.0	1,139,787
뇌병변	9.9	8.8	4.9	8.8	1.0	43.6	1.0	0.3	1.0	7.3	1.4	10.2	1.8	100.0	222,834
시각	21.6	4.4	13.7	3.9	0.6	37.7	1.0	0.4	2.2	0.5	0.4	13.5	0.1	100.0	246,585
청각	24.4	5.4	11.8	0.8	0.3	30.0	0.7	1.0	4.6	1.3	0.3	19.2	0.1	100.0	413,973
언어	15.1	3.6	6.5	1.4	1.4	47.7	0.7	3.0	3.7	0.4	0.4	15.3	0.8	100.0	22,459
지적	26.9	3.8	9.1	2.4	2.9	23.7	2.4	6.6	3.6	0.4	0.8	17.4	0.1	100.0	194,464
자폐성	10.4	1.4	7.6	0.6	3.3	48.4	1.4	10.8	0.6	-	-	15.5	0.1	100.0	37,979
정신	38.0	5.9	13.8	0.8	0.9	14.8	0.8	0.6	3.0	0.3	0.3	20.4	0.4	100.0	96,663
신장	15.3	5.7	6.7	11.2	-	50.5	1.0	0.1	1.0	0.6	1.5	5.1	1.3	100.0	105,338
심장	16.6	10.7	19.0	3.8	-	43.8	0.9	0.5	1.3	-	-	3.4	-	100.0	4,810
호흡기	16.9	10.1	6.9	3.2	-	46.7	0.2	-	2.3	3.5	0.3	8.2	1.6	100.0	11,280
간	12.5	2.3	9.1	0.3	-	64.1	-	0.6	2.6	-	0.4	8.1	-	100.0	15,212
안면	17.1	0.4	13.8	-	-	55.5	-	0.4	2.7	-	-	10.0	-	100.0	2,543
장루·요루	16.2	6.7	15.4	-	0.6	41.0	-	0.2	1.0	0.5	-	11.9	6.5	100.0	18,250
뇌전증	33.3	11.1	10.7	2.0	0.5	18.6	0.8	2.5	1.8	-	2.9	14.9	0.9	100.0	7,007
전체	19.8	5.4	10.2	2.8	0.6	40.1	0.6	1.1	2.7	2.2	0.5	13.6	0.4	100.0	2,539,183

출처: 이민경 외(2023). 2023년 장애인 실태조사에서 재구성.

장애인들이 교통수단 이용 시 어려운 점들은 〈표 12-18〉과 같으며, '버스 · 택시의 물리적 접근과 탑승 시 어려움(정류장이 멀거나 차량 구조로 탑승 시 불편)이 53.2%로 절반을 넘었고, '버스 · 택시 이용을 위한 정보 접근 어려움' 17.9%, '장애인 콜택시 등 전용 교통수단 부족' 15.5%, '승차 거부 및 심리적 불편함' 6.4%, '엘리베이터 등 편의시설 부족' 6.3% 순이었다. 버스 · 택시의 물리적 접근과 탑승 시 어려움을 느끼는 경우는 지체장애(67.7%), 장루 · 요루장애(61.7%), 간장애(56%), 청각장애(54.6%), 뇌병변장애(54.4%)에서 상대적으로 높은 편이었다. 한편, 버스 · 택시 이용을 위한 정보 접근의 어려움이 있는 경우는 지적장애(39.5%), 정신장애(38.8%), 청각장애(29.2%), 자폐성장애(28.8%), 시각장애(26.9%)에서 상대적으로 높게 나타났다. 이러한 결과를 통해 1/3 이상의 장애인이 교통수단 이용 시 어려움을 느끼고 있으며 이를 개선하기 위해서는 특히 버스 · 택시와 관련한 개선이 필요함을 알 수 있다. 또한 장애유형에 따라서 느끼는 어려움에 차이가 있으므로 물리적 접근뿐만 아니라 정보접근 개선 등 다각적인 노력이 필요하다.

〈표 12-18〉 교통수단 이용 시 어려운 이유

(단위: 명, %)

구분	버스 · 택시의 물리적 접근과 탑승시어려움	버스 · 택시 이용을 위한 정보 접근 어려움	엘리베이터 등 편의시설 부족	장애인 콜택시 등 전용교통수단 부족	자동차 개조 및 운전면허증 확보 어려움	승차거부 및 심리적 불편함	기타	계	전국 추정수
지체	67.7	8.5	8.9	12.5	0.3	2.1	-	100.0	349,852
뇌병변	54.4	8.1	6.9	26.0	1.4	3.2	-	100.0	145,479
시각	48.8	26.9	3.7	16.8	0.2	2.9	0.6	100.0	73,943
청각	54.6	29.2	5.7	7.2	0.5	2.9	-	100.0	135,112
언어	52.3	18.0	2.0	16.2	-	11.0	0.5	100.0	7,101
지적	22.2	39.5	1.5	12.6	0.9	22.5	0.9	100.0	89,161
자폐성	19.6	28.8	-	14.5	-	37.0	-	100.0	19,169
정신	14.2	38.8	1.2	14.9	-	29.3	1.6	100.0	30,095
신장	35.1	12.8	6.8	41.6	0.9	2.7	-	100.0	29,617
심장	49.2	15.2	10.1	25.5	-	-	-	100.0	1,300
호흡기	48.9	13.6	1.1	34.7	-	1.8	-	100.0	3,525
간	56.0	7.4	15.7	18.0	-	2.9	-	100.0	1,007
안면	44.6	12.2	-	9.2	-	34.0	-	100.0	298
장루 · 요루	61.7	10.1	8.1	9.5	-	8.5	2.2	100.0	5,453
뇌전증	29.7	20.6	6.3	21.6	-	21.8	-	100.0	2,191
전체	53.2	17.9	6.3	15.5	0.6	6.4	0.2	100.0	893,302

출처: 이민경 외(2023). 2023년 장애인 실태조사에서 재구성.

2 이동권 관련 제도

앞의 이동권 관련 현황에서와 같이 장애인을 포함한 교통약자의 경우 열악한 교통환경으로 인해 매우 어려움을 호소하고 있는 실정이다. 이에 교통약자가 안전하고 편리하게 이동할 수 있도록 교통수단·여객시설 및 도로에 이동편의시설을 확충하고 보행환경을 개선하는 등 인간 중심의 교통체계를 구축하기 위하여 「교통약자의 이동편의 증진법」이 제정(법률 제7382호, 2005. 1. 27. 공포, 2012. 4. 27. 시행)되었다.

그 주요 내용을 네 가지로 살펴보면 다음과 같다.

첫째, 이동편의시설을 설치하여야 하는 대상시설로는 교통수단의 경우에는 시내·시외·농어촌버스, 철도·도시철도 차량, 광역전철 차량, 비행기 및 선박이 있고, 여객시설의 경우에는 여객자동차터미널, 정류장, 철도역사, 공항시설 및 항만시설 등으로, 도로의 경우에는 도로법상의 도로와 준용도로로 각각 정한다.

둘째, 대상시설별로 설치하여야 하는 이동편의시설의 종류는 <표 12-19>와 같으며, 교통수단의 경우에는 문자·음성안내시설, 승강시설 및 휠체어 보관시설 등으로, 여객시설의 경우에는 안전한 보행접근로, 장애인전용 화장실, 승강기 및 추락방지시설 등으로 정하고, 도로의 경우에는 보도의 유효폭원을 확보하도록 정해져 있다.

셋째, 우선적으로 노선여객자동차운송사업면허를 받을 수 있는 저상(底床)버스 등의 운행 대수(제14조)로서, 저상버스 등 교통약자가 편리하고 안전하게 이용할 수 있는 구조를 가진 버스를 대통령령이 정하는 일정 대수 이상 운행하고자 하는 자에게 우선적으로 노선여객자동차운송사업면허를 할 수 있도록 함에 따라 저상버스 등의 운행 대수를 구체화할 필요가 있다. 또한, 저상버스 등의 운행 대수를 특별시와 광역시의 경우에는 운행하고자 하는 버스 대수의 1/2 이상으로 하고, 그 밖의 시와 군의 경우에는 1/3 이상으로 정한다.

넷째, 보행우선구역의 지정기준(제16조)으로서 시장·군수에게 교통약자를 포함한 보행자의 안전하고 편리한 보행환경을 위하여 일정한 지역을 보행우선구역으로 지정할 수 있도록 하고 그 지정기준 등을 대통령령에 위임한다. 또한, 간선도로 또는 보조간선도로로 둘러싸여 있는 주거지역·상업지역 등을 1㎢(제곱킬로미터)의 범위 안에서 보행우선구역으로 지정할 수 있도록 정한다.

대상시설별 이동편의시설의 종류는 〈표 11-19〉에서와 같으며, 이를 위반, 불응, 허위보고, 검사 기피한 경우 200만 원의 과태료를 부과하게 되어 있다.

〈표 12-19〉 **대상시설별 이동편의시설의 종류**

1. 교통수단

이동편의시설 / 대상시설		안내시설			내부시설				기타		
		안내방송	문자안내판	목적지표시	휠체어승강설비	휠체어보관함	교통약자용좌석	장애인전용화장실	수직손잡이	장애인접근가능표시	출입구통로
버스	시내버스(저상형)	○	○	○	○		○		○	○	
	시내버스(일반형)	○	○	○	○		○		○	○	
	시내버스(좌석형)	○	○	○	○		○			○	
	농어촌버스	○	○	○	○		○		○	○	
	마을버스	○	○	○	○		○		○	○	
	시외버스	○	○	○	○		○			○	
철도차량		○	○	○	○	○	○	○		○	○
도시철도차량		○	○	○			○		○	○	○
항공기		○	○	○		○	○	○		○	○
선박		○	○	○	○	○	○	○		○	○
광역전철		○	○	○			○		○	○	○

2. 여객시설

이동편의시설 / 대상시설	매개시설			내부시설					위생시설		
									장애인전용 화장실		
	보행접근로	주출입구	장애인전용주차구역	통로	경사로	승강기	에스컬레이터	계단	대변기	소변기	세면대
여객자동차터미널	○	○	○	○	○	○	○	○	○	○	○
버스정류장											
철도역사	○	○	○	○	○	○	○	○	○	○	○
도시철도역사	○	○	○	○	○	○	○	○	○	○	○
환승시설	○	○	○	○	○	○	○	○	○	○	○
공항시설	○	○	○	○	○	○	○	○	○	○	○
항만시설	○	○	○	○	○	○	○	○	○	○	○
광역철도역사	○	○	○	○	○	○	○	○	○	○	○

이동편의시설 / 대상시설	안내시설			그 밖의 시설								
	점자블록	유도 및 안내시설	경보 및 피난시설	매표소	판매기	음료대	개찰구	승강장	보안검사장	여객탑승교	대기시설	임산부 휴게시설
여객자동차터미널	○	○	○	○	○	○		○				○
버스정류장	○	○									○	
철도 역사	○	○	○	○	○	○	○	○				○
도시철도 역사	○	○	○	○	○	○	○	○				○
환승시설	○	○	○	○	○	○	○					○
공항시설	○	○	○	○	○	○			○	○		○
항만시설	○	○	○	○	○	○						○
광역전철 역사	○	○	○	○	○	○	○	○				○

3. 도로

이동편의시설 / 대상시설	교통약자가 통행할 수 있는 보도	교통약자가 통행할 수 있는 지하도 및 육교	장애인 전용 주차 구역	교통약자가 이용할 수 있는 휴게실 및 지하도 상가	교통약자가 이용할 수 있는 음향신호기
도로	○	○	○	○	○
준용도로	○	○	○	○	○

출처: 국가법령정보센터(2023)「교통약자의 이동편의 증진법 시행령」을 참고로 작성.

social welfare for people with disabilities

PART 4

장애인복지 환경변화에 대한 이해

CHAPTER 13

장애인 자립생활의 이해

221세기 제4차 산업혁명기인 지능정보화 사회를 살고 있는 현재까지도 인간이란 존재의 속성(屬性)은 크게 변하지 않고 있어, 자기 자신의 삶에만 전적으로 몰입해 다른 사람들, 즉 타인들의 삶에 대해서는 이해를 하지 못해 많은 사회적, 정서적 차별(差別)을 낳고 있다. 이렇게 인간의 지나온 역사로부터 끊임없이 존재해 오고 있는 '차별'에 대한 폭력성은 현재에 와서는 더욱 교묘해지며 치밀해지고 있다. 가 가령, 여성과 남성, 성인과 아이, 피부 색깔, 빈부격차뿐 아니라 가장 심하게는 장애인과 비장애인의 영역에까지 우리 사회 전반에 걸쳐 다름에 대한 차별이 자행되고 있으며, 이것은 때론 인간 전체의 존엄성에 대한 위협을 가하고 있는 실정이다. 이렇게 다양한 분야에서 폭넓게 자행되는 차별의 만행 속에서 장애인은 자립생활에 대한 강한 열망을 갖게 되고, 이것이 장애당사자주의 철학(哲學)에 바탕을 둔 장애인 삶의 존엄성과 자기결정권을 실현하려는 '새로운 패러다임'으로 등장하게 된다. 이것이 장애인 자립생활이 태동한 계기이며, 특히 UN총회에서는 2006년 12월 13일 장애인들의 권리신장을 위해 UN장애인권리협약을 채택하였는데, 이 협약에서 전 세계 모든 지역에서 불이익이 가장 심한 소수자 집단인 장애인들이 직면하고 있는 불공평과 차별을 종식하기 위해 국제사회가 효과적인 제도적, 법적 장치를 마련함은 매우 중요하다고 보이며, 이 협약의 제19조에서 장애인이 지역사회에서 소외되거나 분리되지 않고 자립적 생활을 구현할 수 있도록 필요한 활동지원 급여를 포함하여 주거서비스를 받을 수 있도록 하며, 장애인의 물리적 접근성 또는 이동권을 보장하는 등 우리 사회 장애인복지의 변화를 요구하고 있다. 특히 여기에서 강조되고 있는 것은 장애인의 동등한 선택권 보장과 선택의 기회제공이며, 그리고 선택 시 그 어떤 누구의 강요도 받지 않아야 함을 강조하고 있다. 이것은 여태까지의 장애인복지가 전문가 중심의 규범적 모형에서 장애인당사자 인권운동으로의 실천적 전환을 의미하고 있다(이익섭, 2003).

1절 자립생활의 기본철학

자립생활은 장애인이 자기 자신의 삶에 주체적 관점을 확고히 갖고 스스로 선택하고 결정하는 것을 말하며, 그 어떠한 위험과 실패가 따르더라도 자신이 선택하고 결정한 삶에 최선의 노력을 다하여 책임을 스스로 지려는 것을 의미함과 동시에 자기 내면의 강화된 힘을 통해 장애인에게 맞지 않는 사회구조를 변화시키려는 것을 뜻하기도 한다. 이러한 장애인의 자립적 의지는 어떤 인간이라도 누구나 꿈꾸는 가장 소중한 바람 중 하나인 것이며, 인간 본질에서 가장 중요한 요소(factor) 중 하나이다.

또한 여기에서 우리는 현대철학에서 중요한 부분을 차지하고 있는 실존주의적 관점에서 인간의 본질을 살펴보게 되는데, 현대 실존주의는 자립생활이 말하려는 부분과 매우 흡사한 의미를 느낄 수 있으며, 여기에서 자립생활의 깊이가 심오하다는 것을 더 한층 깊게 발견할 수 있다. 실존주의적 관점에서 현존재란 '인간의 일상적인 현재적 삶'[1]의 모습을 말하며, 또한 실존이라는 것은 우리 '인간의 본래적이면서 구체적인 모습 추구'(시 · 공간 속의 현실에서 살아가는 인간의 참다운 모습: 참자아 실현)에 직면하는 것을 말한다. 그리고 인간은 딴 어떤 존재자, 즉 의식적 사유를 할 수 없는 사물과는 달리 한 사람 한 사람 각자가 어느 누구와도 바꿀 수 없는 신만의 고유한 가치를 갖는 존재자이면서 그 '참다운 순수한 가치의 존재방식

1) 실존적 관점에서는 권태, 삶의 무감각, 매너리즘, 습관적 행동 등이라고 함.

을 스스로 선택'[2]해 나갈 수 있다고 하는 데 독특한 의미가 있다. 인간실존의 첫길은 인간이 그의 존재의 임자라는 사실과 그의 존재에 대한 전적인 책임은 스스로 져야 한다는 것을 의미한다. 그리고 또한 인간의 본질 자체는 그 이상적 모습(개념적 사고)에 의해 규정되기에 앞서 먼저 실존한 다음에 스스로 앙가주망(실천)함으로써 자기 자신을 만들어 간다라고 말하고 있다.

즉 Sartre가 말하는 "실존은 본질보다 앞선다."라는 의미가 바로 이 뜻이다. 이런 측면에서 인간의 본질은 미리 정해져 있는 것이 아니라 개인 각자가 스스로 실존함으로써 앙가주망을 통해 만들어 가는 것 이외에는 아무것도 아니라는 것이다(Sartre, 1999).[3] 이러한 인간 실존의 문제는 자립생활의 관점에서도 같은 맥락에서 이해가 가능하다고 생각되어진다. 어떠한 심한 장애를 갖고 있든 얼마나 장애를 심하게 입든 모두는 똑같은 하나의 '인격을 갖춘 인간'이라는 사실을 우리 모두는 직시해야 한다. 또한 자립생활의 핵심어도 자기 스스로의 자기결정권(self-determination)과 실존[4]적 선택권(choice-making)인 것만 보아도 자립생활의 의미는 철학적 깊이가 있다는 것을 알 수 있다. 하지만 우리 사회는 지금까지 장애인에 대한 충분한 이해가 부족하였으며, 그들을 시혜와 동정의 대상으로만 취급해 왔다. 뿐만 아니라 사회구조적인 문제와 제도로 인해 차별받고 억압받아 장애인 스스로가 자신의 일상생활을 선택하고 결정할 수 있는 아주 기본적인 권리인 자립적인 삶을 살지 못해 왔다. 이렇듯 장애인의 자립생활을 논함에 있어 핵심어는 자기선택권과 결정권 그리고 자율권이라 할 수 있다.

그리고 자립생활의 기본철학에서 가장 중요한 것으로는 장애당사자성, 자기결정권, 권익옹호활동 등이 매우 중요한 부분을 차지하고 있다.

그중에서 장애당사자성이란 당사자주의를 일컫는다. 당사자주의는 농민운동은 농민이, 흑인차별철폐운동은 흑인이, 그리고 장애인 차별 철폐운동은 장애인이, 즉 장애인 자신이 주체가 되어 삶을 개척해 나가는 것을 의미한다. 장애당사자주의는

2) 한 개인의 자유로운 선택과정 속에는 항상 불안의 정조, 위험의 노출 등이 따르기 마련이다.
3) 여기에서 Sartre라는 철학자는 "실존은 본질보다 앞선다."라는 명제를 도출해 내었다.
4) 실존의 의미는 불안과 위험이 항상 내포되어 있다고 볼 수 있다.

인권운동에 뿌리를 두고, 지역사회운동의 형태를 취하고 있다(조영길, 2010).

그리고 자기결정권은 장애인의 자유롭고 능동적 의사표현과 주체적 삶을 살기 위한 표현이다. 장애인은 잠재력을 가진 인간으로 스스로 선택과 결정에 대한 책임을 지도록 해야 한다. 만약 선택과 결정이 실패와 위험을 무릅쓰는 행위라 할지라도, 이는 장애인에게 인권의 자유권적 측면에서 온전히 받아들여져야 한다는 것이다. 자립생활에 있어 자기결정권은 매우 중요하며, 지역에서 장애인의 일상생활과 사회적 역할수행 그리고 신체적 및 심리적으로 다른 사람에 대한 의존을 최소화하고 자신이 스스로 결정하고 선택하는 자기통제 방식이다. 이는 장애인이 자신의 삶을 프로그램이 아닌 스스로의 의지로 생활방식을 선택하고 자유롭게 활동하는 자기결정과 자기관리에 바탕을 두고 있다는 것을 강조하고 있다.

또한 자립생활의 기본철학에서 제일 중요한 것으로 간주되는 것은 인간의 기본적 권리획득과 물리적·심리적 사회환경 개선에 관심을 가진 장애당사자의 권익옹호(advocacy)에 초점을 맞추고 있다. 이러한 자립생활의 기본철학은 장애당사자가 의사결정자로서 장애를 단순히 의학적 소견 혹은 신체적·정신적 손상으로 보기보다는 사회환경과 그것의 상호작용을 중요시하고 있음을 알 수 있다.

이렇듯 자립생활의 주요한 철학은 장애당사자의 삶 속에서 확고한 자신의 신념체계를 갖도록 한다. 그러므로 장애인이 하는 자기옹호, 혹은 더 나아가 권익옹호(advocacy)는 사회구성원으로 당당히 살아갈 수 있도록 잠재적 능력을 사회에서 실천하는 것이라 할 수 있다. 장애당사자의 권익옹호 활동으로 정부에 장애인 복지발전을 위한 정책제안 그리고 도로의 턱과 장애인 전용주차 공간, 건물의 경사로, 지하철 내의 엘리베이터 설치, 대학 내의 장애학생 지원서비스, 평등한 고용기회 보장 등에 관한 내용 등이 있다. 또한 장애인연금 수혜의 폭을 넓혔으며 활동지원제도와 근로지원인제도를 도입하게 되었고, 또 다른 사회운동과도 함께 어깨를 나란히 하고 있는 중이다.

결국, 자립생활의 기본철학은 장애인도 비장애인과 동등하게 인간으로 존엄하다는 점과 자신의 일상생활을 영위하는 데 지역사회에서 시민으로서의 권리를 갖는다는 점, 어떠한 손상을 가지고 있다고 하더라도 자기결정 능력과 권리에 대한 보장이 반드시 필요하다는 점을 강조하고 있다.

1 자립생활의 개념

자립생활에 대해서는 여러 학자들의 의견이 분분하나, 여기서 대표적인 몇 학자들의 의견을 살펴보자면, 영국의 장애운동가인 Brisenden(1989)은 "자립생활이란 장애인의 신체적인 능력이나 인지적 능력과 연관된 것이 아니며, 그렇다고 아무런 지원 없이도 스스로를 보호하고 관리한다는 것을 의미하는 것은 더더욱 아니다. 장애인 스스로가 필요한 지원을 다양한 사회적 지원체계 구축을 통해 제공받음으로써 가능하게 되는 것"이라고 규정하였다.

영국의 사회학자인 Oliver(1991)는 자립생활에 대하여 사회문화적 배경과 전통을 설명하면서 '자립적'이라는 표현으로 사용하고 있다. 스스로 지원이 가능한 것과 자조적(self-help)이라는 두 가지 의미로 설명하고 있다. 따라서 장애당사자가 기능적, 심리적 손상으로 인하여 자신감을 잃거나 타인의 보호를 필요로 할 때를 의존적이라고 말하고, 기능적 손상이나 심리적 장애의 극복과정 또는 자신감의 회복과정을 자립과정이라는 표현을 사용해야 한다고 주장하고 있다. 즉, 기능손상이 현존(現存)할지라도 자의(自意)에 의한 회복과정이 이루어지면 자립생활로 본다는 것을 의미한다.

미국의 자립생활 이론가인 DeJong(1979)의 자립생활에 관한 개념 정의에 의하면, 위험을 동반하는 존엄, 그것이 자립생활의 총체적인 개념 정의라고 말하고 있다. 실패할지 모르는 가능성에 대하여 장애인은 실로 독립된 존재로 인정받아야 하며, 인생의 삶에 대하여는 자신의 증인이며, 선악을 선택할 수 있는 자유와 권리를 부여받아야 한다고 말하고 있다.

일본의 자립생활 지도자 中西正司(1998)는 자립생활의 개념 정의에서 "활동지원서비스가 필요한 중증장애인일지라도 스스로의 의지에 의하여 스스로의 인생을 선택하고, 결정하며, 지역에서 사회구성원의 한 사람으로서 주체적으로 살아가는 것"이라고 하였다. 즉, 中西正司는 장애인의 '주체적' 결정권을 강조하고 있으며 타인의 도움이 필요한 중증의 장애인일지라도 본인의 선택권과 자기결정권이 중요하다는 것을 강조하고 있다.

이렇듯 장애인들도 동일한 생활양식과 삶의 패턴을 갖고 지역사회에서 비장애인과 함께 살기 위해서는 사회적 지원체계 구축을 하루속히 갖추도록 운동과 노력을 해야 한다. 그리고 이러한 자립생활은 장애인 스스로가 매일 수행하는 활동과 의사결정에서 다른 사람에 대한 의존을 최소화할 수 있는 선택을 바탕으로 자신의 생활을 스스로 통제하는 것을 의미하며, 자신의 행동을 관리하기, 지역사회의 생활에 참여하거나 주어진 사회적 역할의 범위를 이행하기, 그리고 다른 사람에 대한 신체적 또는 심리적인 의존의 최소화와 자기결정을 유도하는 스스로의 의사결정하기 등이 포함된다(Lassiter, 1983). 또한, 자립생활이란 장애인들이 스스로 자신의 삶을 선택하고 관리할 수 있도록 필요한 기술과 지원을 제공하는 일이 필수적으로 요구되는 것으로, 장애인 자신에게 내재되어 있는 잠재능력을 발전시키기 위한 끊임없는 노력과 스스로의 인생설계, 다양한 사회적 자원을 활용하고 창출하면서 스스로의 판단과 결정에 대한 주체적인 삶, 그 행동에 대해 스스로 책임을 지는 것을 말한다. 이 밖에도 직업적 잔존능력을 갖고 있는 장애인에게는 경제적인 자립과 자기실현을 위한 삶을 자립의 성취라 할 수 있으며, 자립생활의 구체적인 형태는 완전한 사회참가로 가능하게 되는 것이다(오혜경, 1998).

2 자립생활의 이념

자립생활의 이념은 '자립생활센터(Center for Independent Living)'에서와 자립생활서비스의 실천으로 구현되고 있다. 미국의 국가기준에 따르면(Nosek, 1992), 자립생활센터에서는 장애인의 주도적인 참여로 운영되고, 전(全)장애영역을 대상으로 하는 포괄적인 지역사회 중심의 서비스를 제공한다. 또한 자조(self-help)의 철학은 운영위원회의 과반수 이상이 장애인이어야 한다는 원칙을 낳았고, 동료지원(peer support)의 원칙과 역할모델(role model)의 지향은 동료상담(peer counseling)을 실시하게 하였으며, 지역사회 중심 서비스의 출발점으로 정보제공과 의뢰(information & referrals)가 이루어지고, 주체적인 역량강화를 도모하기 위해 자립생활기술훈련(independent living skill program)이 제공되며, 개인별자립지원의 원칙과 사회적 환경 개선과 권리보호를 위한 지역사회 중심의 운동으로 권익옹호(advocacy) 활동이 펼쳐진다. 아울러 활동지원서비스(personal assistance service), 주택서비스, 이동서비스, 취업지원서비스 등도 장애인의 지역사회활동을 지원하는 서비스로 제공된다.

대부분 지금까지 장애인에게 주어진 기존의 재활훈련은 인공적이고, 분리적이며, 비통상적인 상태에서 이루어지다가 전문가들에 의해 그 훈련의 최종단계에서 장애인을 현실사회로 급작스레 방출하고, 그 이후 지역사회에서 겪게 되는 문제에 대해서는 할당된 책임의 범주에서 벗어나는 일로 속수무책이 된다. 이렇듯 장애인복지가 더불어 사는 사회건설을 실현하는 것으로 되지 못하고 사회와 분리된 서비스체계를 형성하고 있는 한 장애는 비통합적 역기능을 초래하는 비극으로 이해될 수밖에 없는 이전의 답보상태를 벗어나기 어렵다. 이에 비해, 자립생활의 이념을 반영한 자립생활서비스는 사회적 환경 속에서의 장애인의 존재와 그에 따른 문제점을 인식하고 장애인과 환경 간의 균열지점을 직접적으로 공략하려는 적극적이고도 실질적인 서비스 전략이 되고 있다. 특히 장애인의 자립생활이란 기존의 신체적 자립이나 경제적 자립의 의미에 국한된 의미가 아니라 '삶 그 자체에 대한 결정(실존적 결단)'과 관리는 장애당사자의 책임하에 행하여지는 인권적 차원에서 논해져야 한다고 보고 있다.[5)]

여기에서 DeJong(1979)은 지역사회의 자립생활 이념을 다음 세 가지로 요약하여 제시하였다.

첫째, 소비자 주권(consumer sovereignty)이다. 아무리 중증장애인일지라도 장애인 스스로의 자기결정권을 부여한다는 것이다. 서비스나 프로그램의 선택은 물론 장애인을 대신해 서비스나 프로그램을 조직하는 데 있어서도 장애인의 자기선택권(self-determination)을 인정한다는 것이다.

5) 중증장애인들도 지역사회에서 살아가고 싶은 한 사람의 당당한 자립적인 인간이기를 원한다. 한국장애인단체협의회 출범 기자회견 선언문 中, 2003

둘째, 자기신뢰(self-reliance)로, 장애인은 누구보다도 먼저 자기 자신을 신뢰해야 한다. 그들 자신의 자원이나 재능을 신뢰하는 것과 함께 권리와 이익도 스스로 쟁취해야 한다는 것이다.

셋째, 정치적·경제적 권리(political and economic rights)를 말하는 것으로 장애인은 지역사회의 정치적·경제적 활동에 완전하고, 자유롭게 참여하고, 정치세력화해야 한다는 것이다.

이렇듯 자립생활 이념에 있어서도 장애인의 사회적 권리와 자기선택권 등을 매우 중요시하고 있으며, 이러한 이념의 실현은 장애당사자주의 철학에 입각한 실천이 동반될 때에만 가능하다는 것을 알 수 있다.

2절 장애인복지 패러다임의 전환

최근 장애인복지의 새로운 중요한 패러다임(paradigm)[6]으로 등장하고 있는 자립생활(Independent Living: IL)은 기존의 장애인복지현장에서 다양한 새로운 논쟁을 불러일으키고 있으며, 이러한 논쟁은 기존의 장애인복지 패러다임이 전통적 방식으로, 한 개인의 치료·훈련중심으로 치중되어 있었기 때문에 소비자 중심, 장애당사자 중심의 새로운 장애인복지 패러다임인 자립생활을 장애인들은 요구하고 있다.

이렇듯, 장애인의 기능을 회복시키는 데 목적을 두고 재활을 강조하던 것을 지나, 점차 장애인의 자기결정권과 사회의 변화 등에 중점을 두고 시민권적 관점을 바탕으로 장애인의 인권과 주체성을 강조하는 자립생활 이념을 중심으로 큰 변화가 이루어지고 있다. 그래서 장애인복지 패러다임의 변화를 큰 시대의 흐름의 관점에서 자립생활모델과 기존의 재활모델로 비교하여 〈표 13-1〉과 같이 설명할 수 있다.

---

6) 패러다임이란 한 사회의 구성원들이 공감하고 있는 기본이념이나 신념에 연유하는 일련의 행위를 말하며, 사물을 보는 방법, 문제의 인식방법, 문제해결방안, 문제해결수단의 동원방법 등을 포괄하는 개념이다. 또한, 패러다임은 사회구성원들에게 현상을 보는 관점 또는 시각을 제시하고, 그에 따른 문제해결방법까지 제공하는 역할을 한다(Kuhn, 1961).

〈표 13-1〉 재활모델과 자립생활모델의 비교

항목	재활패러다임 (rehabilitation paradigm)	자립생활패러다임 (independent living paradigm)
문제의 정의	신체적 손상, 직업기술의 결여	전문가, 가족 등에 의존 건축물의 장벽, 경제적 어려움
문제의 위치	개인	환경 내, 재활과정
문제의 해결	의사, 물리치료사, 작업치료사, 재활상담사 등에 의한 전문적 개입	동료상담, 권익옹호, 자조조직 소비자주권, 사회적 장벽의 제거
사회적 역할	환자, 클라이언트	소비자
누가 통제하는가	전문가	소비자
요구된 결과들	최대한의 ADL, 유급취업 심리적 적응, 증대된 동기화	자립적 생활능력

출처: DeJong(1981; 김동호, 2000, p. 25, 재인용).

※ 문제의 정의

문제의 정의를 기존의 재활패러다임은 신체적 손상(impairment)이나 작업기술의 부족과 미숙을 해결해야 할 문제로 보는 것이라면, 자립생활패러다임에서는 전문가나 가족, 친척 등에 의존하는 것을 문제로 보는 등과 주위 환경 중심으로 바라보는 새로운 패러다임이다.

※ 문제의 위치

문제의 위치라는 관점에서 볼 때, 기존의 재활패러다임에서는 개인에게 절대적으로 문제가 있다는 것이다. 개인의 의지나 치료, 훈련의 노력여부에 따라 장애극복 가능성이 결정된다고 보는 것이다. 반면 자립생활패러다임에서는 그 개인이 처한 환경이나 여건 그리고 재활해 나가는 과정상에 문제가 있다는 것이다. 환경이나 구조의 개선으로 자립생활이 가능해진다는 것이다.

※ 문제의 해결

문제를 해결하는 방법에서 기존의 재활패러다임은 전문가의 개입이 그 방안이라면 자립생활패러다임에서는 장애인 스스로가 해결의 주체라는 것이다. 의사, 물리치료사, 작업치료사, 재활상담사 등 전문가의 개입 없이 문제해결은 불가능하다고 보는 것이 기존의 재활패러다임의 견해인 데 반해, 자기권리 주장, 자조, 동료상담, 소비자로서 주권확보와 함께 '사회적 장벽'을 제거해 주는 것이 문제해결의 지표로 보는 것이 자립생활패러다임의 문제해결 방책이다.

※ 장애인의 사회적 역할

기존의 재활패러다임에서의 장애인의 사회적 역할은 치료나 교정을 받아야 할 환자나 재활이나 복지의 대상으로써의 클라이언트라고 한다면 자립생활패러다임에서는 재활이나 복지서비스를 받을 기관을 선택할 수 있는 소비자 즉, 컨슈머(consumer)라고 부르고 있다.

※ 통제의 주체

기존의 재활패러다임에서는 통제의 주체가 전문가가 된다면 자립생활패러다임에서는 소비자인 장애인 자신이 통제의 주체가 됨을 알 수 있다.

※ 예상/기대 및 원하는 결과

기존의 재활패러다임에서의 원하는 결과는 궁극적으로 직업재활 및 고용에 있다. 장애가 중증·중복장애인 경우 신변자립이나 최대한의 일상생활의 삶을 영위할 수 있게 하는 것도 목표겠지만 아무리 심한 장애인일지라도 직업을 갖게 해 주는 것을 기대하면서 재활시스템을 개발하고 시행하는 것이다. 이에 비해서 자립생활패러다임에서 원하는 결과는 스스로 자립할 수 있는 생활능력이다.

이런 맥락에서 장애인 문제에 대하여 '지역사회 차원의 지원시스템 구축(중증장애기초연금, 보조공학서비스, 활동지원서비스, 취업지원서비스 등)'은 물론 장애인에 의한 인식개선을 하여, 지역주민의 장애인에 대한 이해와 공공기관의 지원이 어느 때보다도 중요한 시기라고 할 수 있다.

3절 자립생활운동의 이론적 배경

자립생활운동은 그 당시 퍼져 있던 몇 가지 사회운동의 영향을 받았다. 그리고 처음으로 미국에서 운동을 실제로 하던 자립생활운동가의 기본적 주장은 장애문제의 주체는 재활전문가가 아니라 장애인 자신이며, 개선되고 변화되어야 할 것은 장애 개인측면보다는 환경이라고 생각했다. 따라서 자립생활운동가들의 주장은 재활경로에 편승되지 못한 중증장애인에게 자립적 생활이 보장되어야 하는 것에 초점을 맞추고 있다. 이 밖에도 자립생활운동은 장애인복지 이념과 맥락을 같이 하고 있을 뿐만 아니라 다른 여러 형태의 사회운동들과도 연계하여 전개해야 한다고 보고 있다. 이러한 사회운동으로는 탈시설화, 탈의료화, 사회통합, 자조운동, 소비자운동 등이 자립생활운동에 매우 큰 영향을 끼쳤다. 그 외에도 여러 이론적 배경이 있다. 이것을 살펴보면 다음과 같다.

1 탈의료화(demedicalization)

최근까지 장애인을 이해하는 데 있어 지배적인 개념은 의료모델(medical model)로서 장애인에게 필요로 한 것은 의료서비스라는 생각이 지배적이었다. 그러나 1970년대 탈의료화의 운동이 확대되면서 의료모델에 대한 반론이 강하게 대두되었다. 탈의료화는 장애인을 더 이상 자신의 운명을 의사나 의료전문가 손에 맡겨 두는 피동적 희생자 또는 자선의 대상자가 아닌 주체적인 인격체로 받아들이며, 모든 결정이나 선택과정에 본인이 참여하고 책임질 수 있어야 한다는 주장이다. 이러한 탈의료화 운동전개는 수용시설에서의 장애인의 치료중심 혹은 보호중심에서 벗어나고자 하는 지역사회 중심의 자립생활운동으로 탈바꿈하게 되었다. DeJong(1979)은 의료모델로부터 자립생활모델로의 전환을 논의하면서 자립생활운동에 직접적인 영향을 미친 탈의료화 운동은 장애인은 더 이상 자신을 치료를 요하는 임상적 손상 혹은 병자의 역할을 하지 않아도 되었다는 것이다. 장애인이 실제로 부딪히는 장벽은 장애인에 대한 잘못된 편견과 고정관념 그리고 이로 야기되는 차별과 참여의 제한이라는 것이다. 탈의료화 운동은 장애인은 자신의 운명을 남의 손에 맡겨 두는 피동적 희생자, 자선의 대상, '비정상' 혹은 '고쳐져야' 하는 존재로서가 아닌 자기 스스로를 통제, 관리하는 존재로 보기 시작하는 것으로 간주하였다. 여기에서 파생되어 나온 자립생활운동은 병자의 역할이나 이의 파생적 역할인 손상된 역할에 의해 제시된 행동에 대한 기대를 거부하고, 장애인들이 의존의 대가로 그들의 가족 및 시민으로서의 책임을 박탈당하는 것을 기대하지 않게 됨을 말하고 있다.

2 탈시설화(deinstitutionalization)

탈시설화 운동이란 문자 그대로 장애인이 겪고 있는 생활의 어려움을 해결하기 위해 지금까지 살아오던 가정과 지역사회와는 분리되어 수용시설을 이용하던 방식으로부터 가정과 지역사회로 되돌아오게 하는 것을 의미한다. 1970년대 미국 내의 대형수용시설 내의 비인간적인 처우를 받으며 수용되어 있던 장애인 및 장애인 부모들에 의해 주도된 사회운동이다.

이러한 운동에 의해 대규모 수용시설의 부정적인 측면이 사회적 이슈로 부각됨에 따라 복지정책 담당자들은 수용시설의 대안을 찾는 노력을 기울이게 되었다. 또한, 1940년대 후반 이후 수용시설 거주자들이 인간 이하의 생활실태와 교육의 부재현상 등이 노출됨으로써 수용시설에 대한 관심을 불러일으키게 되었고, 이는 곧 대규모 시설수용을 반대하는 움직임이 일어나게 하였다. 장기적인 대규모 수용시설에서 제기되는 여러 가지 문제점을 해결하고자 제기된 탈시설화 운동은 다음과 같은 이유에서 등장하게 되었다.

① 수용시설은 필요악이기 때문에 원래는 없는 것이 좋다.
② 최선의 수용시설이라도 차선의 지역사회 내 가정보다는 못하다.
③ 수용시설 서비스는 열악하며 인간답고 문화적인 생활이 어렵다.

④ 시설에서의 수용보호는 인간의 기본적 권리인 자유, 인권, 사생활의 침해를 받기 쉽다.

⑤ 수용시설은 관리적이며 비민주적이므로 시설이용자의 주체성이 나타나기 어렵다.

대규모 시설이 수용자들을 외부생활로부터 차단 격리하여 강제적으로 규격화되고 통제된 생활을 하게 함으로써 개인의 개별성을 말살시킬 뿐만 아니라 끊임없는 자기비하와 굴욕을 겪게 한다. 즉, 친밀한 환경 및 관계와의 단절, 입소절차에서 경험하는 굴욕감, 엄격한 규율에의 복종, 자기생활에 대한 결정능력의 상실 등은 수용자들로 하여금 '시설신경증(institutional neurosis)'이라는 새로운 병으로 고통받게 하였다.

이러한 장기간 시설보호로 인한 시설병의 예방과 시설거주자의 삶의 질 향상, 대규모 수용시설에 부적절하게 수용된 시설거주자를 시설이 아닌 지역사회에서 보호하고 서비스를 제공하기 위한 목적으로 탈시설화 운동이 추진되었다. '폐쇄적이고 고립된 감옥' 같은 대규모 시설에 대한 반대와, 탈시설화를 통한 지역사회로 통합과 자립을 추구했다. 북미에서 추구한 시설에 대한 이러한 입장은 자립생활운동의 이론적 배경이 되었다.

3 사회통합(social integration)

사회통합이란 장애인과 비장애인 간의 경계를 없애주는 것이다(이준우, 2003). 우리나라에서처럼 지역사회에서 장애인과 비장애인을 함께 섞어 놓는 것, 기계적인 '합침'이 사회통합이 아니다. 진정한 사회통합은 장애인의 삶의 권리를 보장하고 삶의 질 향상을 위한 기회를 보장해 주며 비장애인의 생활패턴에 맞게 생활의 정착화를 실현해 나가고 완성시켜 가는 것을 의미한다.

4 시민권운동(civil rights movement)

미국의 경우 1960년대의 시민권운동은 소수인종의 권익보장뿐만 아니라 기타 불이익 집단에 대한 권익옹호까지 포함되었다. 초기의 시민권운동은 흑인 등의 소수집단에 필요한 수당과 생활지원만을 제공하고자 하는 급여권(benefit rights)에 반대되는 개념으로서의 시민권(civil rights)운동으로 전개되었다. 자립생활운동은 시민권과 급여권 모두에게 초점을 맞추고 있다. 시민권운동은 특히 고용부분에서의 여러 형태의 차별을 금하는 1990년 「미국장애인법(ADA)」 등에 반영되어 있다.

이렇듯, 장애인의 시민권쟁취는 자립생활운동을 확산시키는 원동력이 되었고 장애인의 자립생활을 구체적으로 실현시킬 수 있는 구체적인 전략으로서 기능했다. 그뿐만 아니라 마침내 접근권보장이라는 장애운동의 한 귀결점이자 자립생활에 있어 결정적인 한 요소로 발전하게 된다.

5 소비자주권(consumer sovereign)

소비자주권(consumer sovereign)은 기존의 공급자의 횡포에 대한 저항운동으로, 이 운동에 의하면 생산품의 품질과 적절한 가격을 요구하는 것은 소비자의 권리로 인식하고 있다. 장애인은 자신이 소비자로서 제공받고 있는 기존의 재활치료 혹은 장애인복지시책의 품질 및 가격에 대해 이의를 갖게 했고 오늘날의 자립생활에 있어 서비스에 대한 선택과 장애인 자신에 의한 소비생활의 양식관리를 스스로 조율해야 한다. 이러한 소비자주권은 서비스 혹은 상품 사용자의 역할에서 자신의 이익을 보호하고, 이러한 서비스나 활동에서 공급자의 활동, 기술, 훈련, 효과, 성과물 등을 평가하기 위한 사회적 경향을 분석할 수 있어야 한다. 여기서 주목할 것은 가치관, 선택방향 등을 결정함에 있어 정부기관이나 서비스공급자 등 외적인 것으로부터 내적인 영역 즉, 사용자에게로의 주도권의 전환과정, 다시 말해 권익신장의 과정(empowering)이다. 이것은 사용자에게 스스로 선택할 여지를 제공하여, 그 중 최선의 대안을 선택하도록 지원하는 것을 의미한다.

6 자조운동(self-help movement)

1950년대 알코올환자를 위한 자조집단(Alcoholic Anonymous)을 중심으로 시작된 자조운동(self-help movement)은 장애인의 자립생활에 있어 동료상담(peer-counseling)으로 구체화된 표현이다. 자립생활 철학에 있어 동료상담은 유사한 장애를 가진 장애인이 유사한 경험을 해 보지 못한 비장애인보다 서로를 잘 이해하고 지지할 수 있을 것이라는 믿음에서부터 출발하고 있다. 소수집단이나 특별한 욕구가 있는 사람들에 의해 전개되어 온 자조운동은 전문가가 지배하는 서비스에 대한 불신에서 비롯되었다. 자조집단은 성원들 간에 자신들의 인생과 경험, 자신들이 사용하는 서비스에 대한 통제전략을 공유하고자 한다. 이들 자조집단은 소비자로서의 주권을 행사함에 있어 요구되는 지식과 정보를 제공하고 소비자 권리에 대한 자각을 부여하고 자신의 능력과 힘을 키우는 것이 그 존립목적이다.

이러한 자조운동은 장애인의 자립생활운동에서뿐만 아니라 여성, 동성연애자, 노숙자, 성폭력 피해자 등과 같은 모든 사회적 약자 문제에 대해 자조집단이 형성되고 자신의 집단적 권익과 보호를 위한 활동을 전개하고 있다.

4절 자립생활운동의 전개

자립생활운동은 1960년대 미국에서 시작되었다. 그 시대는 흑인의 공민권운동과 시민의 권리회복운동의 절정기로서 특히, 미국 내에서 일어나고 있던 여성운동, 멕시코계 주민의 권리회복운동과 베트남전쟁의 반전운동, 대학생들의 학원민주화 운동이 학내에서뿐만 아니라 일반시민에까지 확대되었던 시기이다. 이러한 시기에 중증의 소아마비장애인인 Edward Roberts는 버클리대학교 시절에 자립생활운동을 처음으로 시작하게 되었다. 그는 "장애인도 한 사회의 시민으로서 시민권을 당당하게 주장하며 자립적으로 살 권리가 있다."고 하면서 이 운동을 그 시대의 사회적 이슈로 등장시켰다. 그는 장애인이 동등한 기회와 대우를 받을 수 있는 개인의 권리를 박탈당하고 있다는 측면에서 자립생활운동의 필요성을 절감하고 있었던 것이다. 또한, 미국의 자립생활운동의 태동에 직·간접적으로 영향을 미친 제도로서 실제로 많은 도움이 되었던 것은 1935년도에 제정되어 장애인·노인의 소득보장에 영향을 미친 「사회보장법(Social Security Act)」과 장애인·노인의 의료혜택과 관련된 1965년도의 'Medicaid와 Medicare'의 법 제정이라 할 수 있다(성숙진, 2002).

1960년대 미국에서는 각종 사회운동이 활발했던 시기로서 흑인민권운동, 여성운동, 반전, 반문화 등 자유주의와 진보적인 이념과 활동들이 왕성했다. 이 격동의 시기에 1962년 가을 Roberts라는 전신마비장애인이 60년대 경 미국사회운동의 진원지였던 버클리대학교에 입학했다. 호흡보조장치를 달고 전동휠체어에 의지해서 살아야 했던 그의 입학은 미국 장애인 인권운동의 출발이 되었다. Roberts는 버클리대학교 건물의 비접근성 때문에 학교생활에 어려움을 겪게 되었다. 강의실은 접근이 불가능했고 식당과 도서관은 계단이 있었다. Roberts는 교내의 Cowell 병원에서 기숙하며, 활동지원인이나 친구의 도움으로 학교생활을 겨우 해나갈 수 있었다. 당시, 버클리대학교에는 Roberts가 유일한 장애학생이었으나, 다음 해에는 Roberts의 소식을 듣고, 교통사고로 전신마비가 된 John Hessler 등 몇몇 장애인이 입학하였다. 그들은 함께 모여 버클리대학교에서 중요한 이슈였던 언론자유운동, 반전시위, 정치적 사건들을 토론하고, 민권운동에 관심을 가지게 된다. 특히 Roberts는 여성민권운동을 장애인의 권리회복과 같은 맥락에서 이해하려고 있으며, 신체적으로 약하다는 이미지가 동정과 차별을 초래한다고 보았던 것이다. 그들의 모임은 차츰 장애인으로서 당면하는 문제로 초점이 모이게 되었다. 그래서 1969년 가을에 Roberts와 몇몇 장애학생들은 '자립생활을 위한 전략(strategies of independent living)'으로 불리는 자기옹호(self-advocacy)의 성격을 띤 소그룹을 조직하여, 중증장애학생들이 자립하여 살 수 있도록 하는 지원서비스를 개발하였다. 그 지원서비스는 다음과 같은 철학에 기초하였다(김동호, 1999).

이러한 지원서비스 대한 소식을 들은 외부의 장애인들도 이에 동참하려는 뜻을 보여 왔고 결국 '신체장애인 학생 프로그램(Physically Disabled Students Program:

PDSP)'이 시작되었다. PDSP[7]는 연방정부와 버클리대학교로부터 예산을 지원받아 운영되었다. PDSP는 휠체어를 사용하는 학생들이 주거와 학교생활에 용이하도록 활동지원인을 확보하고 지원하는 내용으로 구성되었으며, 시각장애학생들의 요구도 수용하여 대독 서비스도 포함되었다. 버클리에서의 PDSP는 대단한 호응을 얻어, 100명의 학생이 등록하고 Cowell 병원에 있던 학생들은 그곳으로부터 나와 PDSP의 지원으로 자립적인 학교생활을 했다. PDSP는 당시로서는 기존의 재활적 관점에 비해 매우 급진적인 것이었다. 장애에 대한 의학적 모형은 신체의 기능이 얼마나 회복되었는가로 그 자립성을 측정하였는데, 이것을 장애인이 삶을 통제할 수 있는 정도로 개념을 전환시킨 것이다. 다시 말해 장애인의 자립성이라는 것은 아무 도움 없이 수행할 수 있는 과업에 의해 측정되는 것이 아니라, 지원을 얻으면서 할 수 있는 삶의 질로 측정한 것이다. 이 프로그램이 매우 성공적으로 수행되자 학생들이 아닌 외부 지역의 장애인들도 이 프로그램에 대한 필요성을 요구하게 되었다. 그리고 학교에서 PDSP로 서비스를 제공받던 학생들이 졸업 후 서비스가 중단되게 되는 상황이 벌어지자 Roberts와 그의 동료들은 지역사회를 포괄하여 일반 장애인들과 병행할 수 있는 새로운 형태의 서비스가 필요하다는 생각을 하게 되었다. 이로써 미국장애인의 권리와 삶의 질에 혁신적인 변화를 가져오게 될 자립생활센터(Center for Independent Living)가 캘리포니아 버클리대학에 최초로 설립되었다. 자립생활센터 설립에 있어 Roberts와 장애당사자들이 내세운 구호는 다음과 같다(中西正司, 1998).

① 장애인의 생활영역은 수용시설이 아니고 지역사회이다.
② 장애인은 치료받는 환자나 보호받는 어린이, 숭배할 신도 아니다.
③ 장애인은 복지서비스의 관리자이다.
④ 장애인은 사회적인 편견 때문에 차별받고 희생되어 왔다.

7) 장애인학생지원 프로그램으로 Roberts에 의해 제도가 만들어졌고 연방정부의 자금에 의해 운영되었다. 이 프로그램은 장애인의 고등교육기회의 확대를 가져왔고 장애인이 대학에서 배울 때 수화통역, 점자번역 등의 서비스가 유료로 제공되었고 휠체어 등의 임대도 제공되었다(정종화·주숙자, 2008).

이와 같이 주장하며 당사자 주체의 복지서비스를 요구하는 등 자립생활운동을 전개하였다. 그 이후 동부에서는 1974년부터 보스턴 자립생활센터가 운동을 전개하여 활동을 하기 시작하였다. 보스턴 자립생활센터에서는 주거환경의 변화와 활동보조 서비스를 특히 강조하였다. 그리고 이와 유사한 자립생활센터들과 조직들이 휴스턴, 콜롬비아 등지에서 생겨났다. 거의 매주 새로운 자립생활센터가 등장하였으며, 이들 자립생활센터는 권익옹호와 당사자 중심의 서비스를 적절히 조화시켜 각 자립생활센터들이 자신들만의 독특한 서비스를 제공하였다. 이렇게 다양한 자립생활센터들은 자립생활운동 조직의 구심점이 되었으며, 자립생활운동의 핵심목적을 수행하는 매개체가 되었다.

그리고 자립생활센터와 더불어 미국장애시민연합(American Coalition of Citizens with Disabilities: ACCD)은 자립생활운동의 조직적 성과를 위해 노력하였다. ACCD[8]는 장애와 관련이 있는 연방정부의 법률제정을 감시하는 역할을 하게 되었는데, 전국적인 대규모 시위를 감행하면서 1973년에 「재활법」 제504조의 시행규칙을 공포하도록 압박하였다(DeJong, 1979). 「재활법」 제504조의 '시행규칙'을 조속히 제정하여 실질적인 권리획득을 도모해야 한다고 생각한 반면, 연방정부는 제504조의 시행에 따른 물리적 시설의 개선 등 장애인에 대한 차별철폐에 소요되는 사회·경제적 비용과 부담을 이유로 법의 시행을 미루고 있었다. 결국, 1977년 4월, 미국 각지에서 장애인의 항의가 촉발되어 워싱턴에서 300여 명의 사람들이 보건교육복지부 장관의 사무실에서 밤샘농성을 하였다. 캘리포니아주에서는 더욱 강력하고 장기적인 항의시위가 있었다. Judy Heumann이 이끄는 시위대는 보건교육복지부 건물에서 25일 동안 농성하였고 모든 영역의 장애인 단체들이 결합되었다. 이것이 결국 장애인 권리운동의 정치적인 시대가 도래하게 만들게 되었다. 따라서 미국의 보건교육복지부 장관은 장애인의 잇단 항의에 굴복하여 결국 일체의 변경 없이 법안에 서명했고, 이로써 장애인차별금지 조항의 법적 효력이 부여되기에 이르렀다. 「재활법」 제504조의 실질적인 시행으로 자립생활센터에 대한 보조금이 제도화되었

8) 이 단체는 미국 장애를 가진 시민연합으로 재활법의 개정과 자립생활센터의 정부지원을 위한 압력단체로 조직화되었고 전국적 운동단체로 ADA를 통과시키는 데 중요한 압력단체로 대두되었다.

고, 이를 계기로 자립생활운동은 미국 사회에서 비약적인 발전을 거듭했다. 1977년 52개뿐이던 자립생활센터의 수는 1980년대에 들어서며 300여 개까지 확대되었다. 자립생활센터의 번성은 대도시에서 소도시로, 그리고 고립된 지역에까지, 장애인과 가족, 그리고 전문가들에게 장애인 권리운동의 새로운 철학과 이상을 심어 주었다.

5절 자립생활센터의 특성과 지원강화를 위한 각 영역들의 역할

1 자립생활센터의 특성

자립생활센터는 자립생활운동과 그 서비스를 통해서만 장애인의 삶의 현장 속에서 드러난다. 특히, 장애인의 시민권 운동과 이동권 운동을 통해 장애인의 삶 속에 근본적인 권리회복과 실존적 자유를 찾아보려고 했으며, 그 치열함 속에서도 '장애동료들과의 모든 어려움을 소통(동료지지)'으로 극복해 보려고 했고, 이 사회 속에서 다른 사람들에게 당했든 차별과 억압을 밀쳐내고 비장애인들이 살아가는 모습 그대로 살아 보려고 장애인 자조단체를 만들고 행정체계도 만들려고 했던 공간이 바로 자립생활센터이다. 자립생활운동은 물론이거니와 자립생활서비스도 자립생활센터를 중심으로 실천되고 있다.

자립생활센터는 장애인의 권익신장과 역량강화(empowerment)를 위해 지역사회에 참여하고 평등한 사회참여를 가능케 하는 제반환경과 제도적 장치를 만드는 노력을 꾸준히 전개하고 있다. 그리고 자립생활센터가 갖추어야 할 기본요건으로 다음과 같은 내용이 제시되고 있다(Nosek, 1988).

① 소비자 주도(consumer control): 의사결정, 서비스제공, 자립생활센터의 설립 운영·정책방향결정 등에 장애인 본인이 참여하여 주도해야 한다.

② 지역사회 중심(community based)의 기관이어야 한다.

③ 비수용(non-residential)시설이어야 한다.

④ 전장애영역포괄(cross-disability): 모든 장애 종류를 대상으로 서비스를 제공해야 한다.
⑤ 민간비영리(non-profit) 기관이어야 한다.
⑥ 자립생활서비스를 제공해야 한다.

자립생활센터는 장애인이 일상생활을 자립적으로 삶을 살 수 있고, 자신의 생활에 영향을 미치는 제반(諸般) 생활여건을 향상시킨다는 목적을 가지고, 다양하고 삶의 질을 높이는 서비스와 권익옹호 양자를 결합한 지역사회 중심의 소비자에 의해 운영하는 조직체이다(김동호, 1997).

2 자립생활센터의 지원강화를 위한 각 영역들의 역할

자립생활센터의 역할은 지역사회 내에 살고 있는 장애인들과 거주시설에서 생활하는 장애당사자들에게 자립생활에의 유도와 다양한 인적 네트워킹을 통해 장애인들에게 자립생활의 의지를 고취시키고 역량강화를 시키는 데 주목적이 있으며, 또한 기존 장애인복지관이나 거주시설에서 수행하지 못한 차별화된 서비스들을 진행하고 있다. 그 주요 서비스로는 기본은 중분류를 기준으로 1개 사업 이상을 수행하여야 하며, 선택은 센터 여건에 따라 특정 서비스를 1개 이상 제공할 수도 있다.

〈표 13-2〉 장애인자립생활센터 주요기능

구분	대분류	중분류
기본사업	권익옹호 지원	차별예방 및 권리침해구제
		지역사회 역량강화 활동
	동료상담	동료상담 및 동료상담가 지원
	개인별자립지원	개인별자립생활지원 및 자립생활기술훈련
	거주시설 장애인 탈시설 자립지원	탈시설 장애인 자립지원 기획 및 관리
		자립생활체험홈(실) 운영 지원
선택사업	지역사회 서비스 지원	자립지원서비스

출처: 2019년 장애인복지사업안내

자립생활센터는 지역사회를 기반으로 중증장애인의 자립생활을 위한 인권신장과 탈시설운동을 추진하고 있으며, 이를 통해 중증장애인이 지역사회에서 자립과 참여를 통해 사회구성원으로 살아갈 수 있는 기반을 마련하고, 장애당사자의 자기선택권과 결정권을 존중함으로써 진정한 자립과 사회적 통합을 실현하려 하고 있다. 그동안 차별화된 서비스를 이렇게 많이 함에도 불구하고 우리나라 정부의 자립생활센터에 대한 육성정책은 매우 미비한 수준에 머물러 있었으며, 사실 지금까지 이에 대한 국가의 명확한 지원정책 또는 방향성도 제시되지 못하고 있는 실정이었다.

따라서 향후 자립생활센터의 발전을 위해 지금까지 살펴본 결과를 토대로 자립생활센터 발전방안을 찾기 위해 개별센터의 역할, 협의체의 역할, 중앙정부의 역할 및 지방정부의 역할로 구분하여 살펴보면 아래와 같다.

1) 개별 자립생활센터들의 역할

개별 자립생활센터들은 중증장애인의 자립생활 구현을 위해 서비스 전달체이 기능과 운동체로서의 역할을 동시에 수행하고 있다. 무엇보다도 개별 자립생활센터들은 지역사회에서 자립생활에 대한 성공적인 개인별 사례를 만들어내고 지역사회 환경변화와 제도개선 사례를 만들어 내는 등 지역사회에서 영향력 있는 자립생활운동의 성공적인 사례들을 만들어야 한다. 하지만 이와 같은 역할을 감당하기 위해서 절대적으로 필요한 것이 안정적인 재원의 확보인데, 현재 중앙정부나 지자체의 공적지원을 받거나 또는 활동지원제도 제공기관으로 선정되지 않으면 사업수행을 위한 안정적인 재원확보가 매우 힘든 사항이다. 하지만 공적지원의 경우 현실적으로 지원받기가 힘든 상황이므로, 우선적으로 개별센터들은 활동지원제도 제공기관의 선정 또는 민간단체 지원금과 기타 기부금 모금에 좀 더 집중해야 할 것이나 현실은 어려움이 많다. 그리고 더 나아가 이와 같은 안정적인 재원확보를 기반으로 질적 · 양적 성과를 통해 자립생활센터의 정확한 역할을 정립해야 하고, 장애인복지서비스 전달체계에서 위치를 확보하기 위한 자립생활센터의 역량강화를 위한 객관적인 인증기준을 마련해야 할 것이나, 몇몇 자립생활센터의 경우 안정적인 재원확보에만 심혈을 기울여 자립생활센터로서 반드시 수행해야 하는 기능과 역할을 멀리하는 풍토 또한 현재에 공존하고 있기도 하다. 따라서 향후 이와 같은 자립생활센터들은 그 본래의 기능과 역할을 추구하는 방향으로 선회할 수 있도록 바뀌어야 한다.

2) 자립생활협의체의 역할

한국장애인자립생활센터총연합회와 한국장애인자립생활센터협의회 같은 단체는 무엇보다도 지역 장애인 자립생활센터들의 요구사항을 한목소리로 낼 수 있도록 의견을 취합하는 역할을 수행해야 한다. 그리고 개별 자립생활센터에 대한 체계적인 관리 및 지원을 통해 개별 자립생활센터가 지역사회에서 효과적인 자립생활서비스 전달체이자 운동체로서의 역할을 자리매김할 수 있도록 해야 할 것이다. 이를 위해 협의체의 일정 부분은 자립생활센터 인증기관으로서 역할을 수행해야 할 것이고, 공공기관에서 자립생활센터에 대한 인증계획이 없는 현시점에서, 괄목할 만한 양적 성장을 이룬 개별센터들의 질적 성장을 위해 협의체에서 센터인증에 대한 주체로서의 역할을 수행하여, 향후 개별 자립생활센터들의 역량강화를 도모해야 할 것이다. 또한, 정치세력화를 통해 정부에 자립생활 정책관련 의견을 개진하고, 법과 정책의 발전을 위한 노력을 통해 중증장애인 자립생활에 대한 패러다임의 저변을 확대할 수 있도록 노력해야 하며, 그리고 정부와의 정책협의 과정에서 자립생활분야의 대표성을 가지고 정책과 제도를 개선해 나가는 데 앞장서야 하고, 외국의 장애인자립생활센터들과 국제적 교류와 연대를 통해 협력네트워크를 형성하여 자립생활센터의 국제적 입지를 강화시켜야 한다. 또한, 자립생활관련 제도(활동지원제도, 주거지원제도, 기초장애연금제도 등)의 발전과 자립생활사업의 법적 지위 확보 등에 대한 지속적인 노력을 해야 하며, 그리고 무엇보다도 자립생활센터의 윤리성과 투명성을 확보하고, 다양한 지역사회자원을 활용하여 효과성 있는 사업을 펼칠 수 있도록 지원해야 하고, 지속적으로 새로운 사업모형을 연결하고, 안정적으로 사업을 펼칠 수 있도록 지원해야 한다.

3) 중앙정부의 역할

한국에서 자립생활운동이 본격적으로 시작한 2000년 이후 지금까지 장애당사자가 배제된 전문가 중심, 서비스 공급자 중심의 장애인복지정책은 많은 변화가 있어 왔다. 장애가 단순히 개인적인 문제가 아닌 사회적 환경제약에서 비롯된 것이며, 현재 시설수용이나 재활패러다임보다는 장애인이 지역사회에서의 자립적 삶과 통합사회 구축을 통한 자기 삶의 주인이 되어 서비스 주도권을 갖는 것이 무엇보다 중요하다는 자립생활패러다임이 부각되었고, 그래서 모든 서비스의 주체가 자기결정권이 중요하게 부각되는 '컨슈머(consumer)'로 변화되고 있다.

현재 자립생활센터의 가장 큰 성과로는 역시 탈시설지원 사업이라고 볼 수 있다. 자립생활센터는 타 복지시설과 달리 차별적으로 탈시설지원 사업에 노력을 다하고 있다. 현재 중앙정부도 중요시 여기는 사업인 탈시설지원 사업은 자립생활센터에서 주기적으로 거주시설을 방문하여 이용자들과 동료상담을 진행하거나 종사자 교육, 긴급지원 등을 수행하면서 사업을 진행하고 있다

자립생활센터가 장애인의 자립을 향상하기 위한 역할을 수행하기 위해서는 자립생활센터에 대한 운영비와 사업비 그리고 인건비가 안정적으로 지급되어야 한다. 우리나라는 자립생활센터에 대한 중앙정부의 지원이 2005년부터 시작하여 올해로 약 15년이 되는데 아직까지도 시범사업의 형태로 적은 예산이 지원되는 것은 장애인의 자립을 방해하는 요인이 될 수 있다. 그래서 자립생활센터가 진정으로 장애인의 자립생활을 실현하려는 목적을 달성하기 위해서는 안정적이며 합리적인 예산지원이 절대적으로 필요하며, 이에 대한 것은 자립생활센터의 법률적 근거와 지위가 필요하다고 보인다.

4) 지방정부의 역할

지방정부는 무엇보다도 개별 지자체의 상황에 맞는 자립생활정책을 수립해야 한다. 중앙정부의 원칙과 규정만 소극적으로 기다리지 말고, 지방정부 차원에서 감당할 수 있는 범위 내의 자립생활센터 육성원칙을 마련하고 개별 자립생활센터와 파

트너십을 맺어 지속적, 유기적으로 지역장애인의 자립생활지원 사업을 펼쳐야 할 것이다. 그리고 지방정부는 자립생활센터 지정 및 서비스를 감독하는 역할을 수행해야 할 것이고 또한 모니터링을 통해 자립생활센터를 평가하며 서비스를 위한 적절한 예산을 확보하고 지원해야 한다.

그리고 지방자치단체도 자립생활의 성과와 그 가치를 인정하고 자립생활센터와의 소통과 협업을 통해 자립생활 정책수립과 기반강화를 위한 솔선수범에 앞장서야 한다. 중증장애인 자립생활 지원조례와 그 시행규칙을 제정·강화하고 그 속에 지역사회 장애인 자립생활 실태조사를 통한 중장기지원계획을 수립하여 자립생활서비스가 안정적이고 지속적인 정착을 맞이하도록 해야 한다.

6절 한국 자립생활센터의 앞으로의 과제

자립생활(independent living)이란 중증장애인 스스로가 지역사회를 기반으로 자신의 삶을 통제하고 결정하며 살아가는 것을 의미한다. 이와 같은 자립생활패러다임은 장애인복지 전반 및 전달체계에 있어서의 새로운 패러다임의 변화이며, 이는 공급자 중심에서 소비자 중심으로의, 전문가 중심의 규범적 모형에서 장애당사자 인권운동으로의 전환을 의미한다. 이러한 자립생활은 두 가지 방향, 즉 서비스 차원과 운동 차원에서 발전(최윤영·이경준, 2012)하고 있으나, 아직까지도 자립생활을 둘러싼 논란이 많고, 지원체계도 미약하기가 그지없는 수준이다. 이러한 상황에서 자립생활이 정착되기 위해서는 다음과 같은 과제가 해결되어야 한다(유동철, 2016).

먼저, 자립생활센터의 정체성을 정립해야 한다. 자립생활 이념은 장애인의 권익옹호운동이라는 차원에서 시작된 것이다. 자립생활서비스도 자립생활센터에서 해야 하지만 현재는 자립생활센터가 권익옹호보다는 서비스를 전달하는 기능에 너무 많은 사업을 할애하고 있다는 것이 부정할 수 없는 사실이다. 물론 권익옹호라는 본연의 역할을 잊고 서비스를 제공하는 데 치중한다면 결국 기존의 장애인복지관을 일부 변형한 조직과 크게 다를 바 없게 될 것이다. 미국의 경우 권익옹호는 필수서비스이지만 우리나라 자립생활센터에서 가장 많이 제공하고 있는 활동지원서비스는 필수서비스가 아니다. 따라서 자립생활센터는 원칙에 의해 자립생활센터의 모든 프로그램들을 이끌어 가야 하고, 운동성이 내재된 서비스를 만들고 제공해야 하는 것이다. 또한, 자립생활센터의 기본사업 중 하나인 탈시설 사업은 자립생활센터의 주도로 이루어져 왔다. 최근 UN장애인권리협약의 이행과 탈시설에 대한 욕구 증대로 정부에서 탈시설 로드맵을 발표하였고, 이에 탈시설에 대한 타 기관의 관심이 높아지면서 자립생활센터의 고유사업을 장애인복지관과 거주시설이 분할해 가는 상황에 직면해 있다. 위에서도 언급한 바와 같이 자립생활센터는 장애인의 지역사회에서의 자립적 생활을 지원하고, 권익을 옹호하는 정체성을 가진 기관으로써 탈시설 사업은 자립생활센터 고유의 사업이 되어야 마땅하나, 현재 자립생활센터의 역량에 대한 불신과 법적지위 부재로 인한 재원확보 불안정성에 의해 탈시설 사업이 안정적으로 이루어지지 못하고 있는 것이 현실이다. 타 전달체계와의 차이점이자 자립적 생활의 핵심인 탈시설 사업을 지속적으로 수행하기 위해, 자립생활센터의 역량강화를 통한 전문성 제고와 법적지위 확보가 필수적이다.

둘째, 한국적 자립생활센터 모형을 개발할 필요가 있다. 미국의 자립생활센터가 의무적으로 제공해야 할 핵심서비스(core services) 네 가지는 정보제공과 의뢰(information and referral), 자립생활기술훈련(independent living skill training), 동료상담(peer counseling), 개별적이고 조직적인 권익옹호(individual and systems advocacy)이다. 그러나 우리나라에서는 어떤 서비스가 핵심적이고 누가 운영할 것이며, 어떻게 운영할 것인지에 대한 구체적 모델이 아직도 부족한 상황이다. 그래서 현재 자립생활센터의 4대 핵심사업 이외에 자립생활센터의 가장 큰 성과로는 역시 탈시설 후 지역사회 자립생활 정착사업이라고 볼 수 있다. 자립생활센터는 타 복지시설과 달리 차별된 사업에 노력을 하고 있다.

셋째, 우리나라에서 장애인 자립생활이 실제적으로 가능하도록 다양한 지원시스템을 갖추어야 한다. 장애인에게 실제 자립생활이 가능하기 위해서는 지역생활을 가능하게 해 줄 수 있는 것들이 필요하다. 소득의 안정적 확보, 접근권의 보장, 활동지원서비스의 확충, 고용지원을 통한 일자리 확보 등이 해결되어야만 실질적인 자립생활이 가능할 수 있다.

넷째, 활동지원서비스의 절대적 확충이 매우 필요하다. 지금의 서비스 제공기관과 관련 최중증장애인의 경우 식사와 배변, 옷 갈아입기, 휠체어 오르내리기 등 기본적인 동작을 하는 데도 시간이 절대적으로 부족하다는 지적이 많다. 또한, 활동지원서비스에 있어 지금처럼 법정수당 미지급으로 인한 어려움, 그리고 최중증장애인들이 활동지원서비스를 받기가 현실적으로 점점 어려워지고 있다. 장애 정도와 일의 어려움 정도에 따라 금액을 차이가 나게 주는 차등수가에 대한 지원과 장애가족도 장애인의 선택에 따라 활동지원서비스를 할 수 있게 고려해 봐야 할 것으로 본다.

그리고 2019년 7월부터 장애등급제폐지를 통해서 '심한장애인'과 '심하지 않은 장애인'으로 등록이 변경되고, 활동지원서비스도 장애인 누구나 신청이 가능하도록 확대되면서 개인별 맞춤식으로 변화하고 있으나 그 실효성에 논란이 많은 것이 현실이다.

다섯째, 자립생활센터에 대한 기본 운영비를 지원해야 한다. 현재 법적인 근거는 만들어졌으나 이에 대한 정부의 재정지원이 따르지 않아 다양한 서비스를 제공하는 데 어려움을 겪고 있다.

여섯째, 정부는 2019년 3월 19일 보도자료를 통해 2025년까지 커뮤니티케어 기반구축이라는 큰 틀을 제시하고 이를 실현할 수 있는 기반구축을 위한 시범사업 실시를 자립생활영역에서 2개 도시에서 실시하고 있다. 커뮤니티케어 실현을 위해 장애인복지관이 서비스전달체계의 중심 역할로 새롭게 역할이 변경되어, 지역사회 다양한 복지서비스기관들과 네트워크를 구축하여 장애인의 지역사회 자립을 위한 개별자립생활지원계획을 수립하고 자원을 연계할 수 있도록 한다고는 하지만, 어떠한 체계적 준비나 논의 과정도 없이 기존의 복지서비스 전달체계에서 이름만 바꾸는 방식이 과연 효과가 있을지 의문이며, 커뮤니티케어 실현이라는 정책의 방향성 내에서 자립생활센터의 정체성과 역할에 대해 더욱 깊은 고민과 미해결과제만 현재 남겨진 상황이다.

CHAPTER 14

장애인 차별과 권리운동

장애인복지의 최대목표는 장애인들이 현 우리 사회에 평등한 인간으로서 완전한 참여를 이루는 사회적 통합에 있다. 이를 위해서는 장애인들에게도 헌법에서 보장된 시민적 기본권들이 모두 실제적인 의미가 있는 형태로 구현되어야 한다. 교육권, 노동권, 참정권, 청구권, 환경권, 건강권 등 헌법에서 보장된 모든 권리는 장애를 가진 사람이든 아니든 대한민국의 국민이라면 누구나 누려야 할 시민적 기본권인 것이다. 이러한 권리가 모두 보장될 때 장애인도 사회의 한 구성원으로서 의미 있는 참여를 할 수 있을 것이다. 그러나 한국의 장애인들은 이러한 기본적 권리가(유동철 외, 2009) 「장애인차별금지법」 제정 이후에도 제대로 보장받지 못하고 있다.

1절 장애인 차별의 개념

차별(差別)이란 한 집단이나 사회의 구성원들이 기본적으로 누리도록 되어 있는 권리를 구성원 개인의 조건에 의해 동등하게 누릴 수 없는 상태라 할 것이다. 이러한 차별은 성별과 경제사회적 계층, 인종, 전통적인 문화적 규범들에 의해서 여성이나 가난한 노동자, 외국인 이주자, 장애인 등 아직도 사회의 변방에 머물며 살아가는 사람들에게는 지극히 현재적이며 직접적인 생존문제로 인식되고 있다. 물론 차별의 대상이 소수자, 주변인(특히 장애인)의 문제라고는 하나 좀 더 깊이 헤집고

들어가 보면 사회를 구성하는 다양한 집단 간의 이해가 상충되거나 수많은(다원적인) 유형의 헤게모니의 각자 구조로부터 일탈된 현상이라고도 할 수 있다. 특기할 사실은, 차별의 문제가 최근 몇 년 사이 장애인계와 여러 시민단체 사이에서도 본격적으로 논의되면서 「장애인차별금지법」이 제정되었다.

장애인 차별(disability discrimination)이란 '장애를 가진 개인'을 장애인이 속한 장애인 집단과 동일시하여 장애인 집단이 가진 속성을 가졌다고 보고, 장애인 개인을 불리하게 구분하고 배제하고 제한하는 것을 말한다. 즉, 장애인 개인에 대하여 정치적, 경제적, 사회적, 문화적 생활 전 분야에서 그동안 사회적 권력, 문화적 가치 그리고 개인편견 등에 의해 부여된 신체적, 정신적인 특징 등을 부정적인 측면으로 부여하여 다른 사람들과 평등한 입장에서 사회생활에 참가할 기회를 빼앗거나 제한하고, 억압한 상태를 말한다. 이러한 장애인 차별은 합리적인 이유 없이 장애로 인하여 불이익한 또는 주변화(marginalization)된 처우를 하는 직접적 장애인 차별과 주류사회의 중립적인 기준을 적용하였으나 그러한 중립적 기분이 장애인 집단에 불리한 결과를 초래하는 간접적 차별, 장애로 인하여 장애 개인으로 하여금 개인의 의사에 반하여 수치감, 모욕감, 모멸감, 혐오감, 위협감을 느끼게 하거나 장애 개인을 신체적, 정신적, 정서적으로 공격하는 모든 종류의 행위, 즉 폭력 등을 들 수 있다(조순경, 2002; 정무성 외, 2007, 재인용).

우리 사회에서 장애인 차별문제를 설명함에 있어 가장 근본적인 문제는 장애인들의 능력이나 일상생활 전반에 대한 잘못된 인식과 비과학적, 미신적 편견에 근거한 사회문화적 가치관이라고 보는 견해가 가장 우세하다. 이러한 현상은 알포드(Alfort, 1958)의 편견의 행동단계(즉, 반대화, 회피, 차별, 신체적 공격 그리고 학살과 같은 행동의 단계)로 가장 잘 설명된다. 장애인에 대한 우리 사회의 주류인 비장애인들의 편견행동의 수준이 반대화나 회피 또는 차별의 단계에 아직 머물러 있다고 보면서 사회주류의 비장애인들의 생활 속에서 장애인을 업신여기고 있거나 장애인을 무능한 사람으로 취급하여 차별하는 경우가 많다고 지적하고 있다(박옥순, 2002; 정무성 외, 2007, 재인용).

장애개인의 전 생활영역(예를 들어, 교육, 취업, 이동, 선거 등)에서 직접적으로 장애인 차별금지라는 용어를 사용하지는 않았지만, 장애로 인한 불리한 대우, 배제, 억압 등의 문제를 해결하기 위한 노력은 장애인권운동의 시작에서부터 실행되어 왔다. 그리하여 장애를 가진 사람들의 기본적인 권리를 보장하는 다양한 제도 안에 실제적 측면의 장애인 차별에 관한 규정이 명시되어 있으며, 이에 대한 개선 정도도 매우 높다. 그럼에도 불구하고 아직도 장애인 차별, 즉 장애인 기본권 또는 장애인권의 침해문제들이 계속하여 제기되고 있다(정무성 외, 2007).

2절 장애인 차별의 유형

장애인 차별 유형화란, 경제적·사회적·문화적 권리 또는 시민적·정치적 권리 등의 각 영역에 대한 차별적 상황들을 노동권, 교육권, 접근권, 소비자 권리 등의 관심영역과 세부 관심영역으로 구분하고 이를 실제적인 차별상황과 연결하여 명시화해서 영역별, 부문별 장애인 차별실태를 구조화할 수 있는 장애인 차별의 영역별, 부문별 체계화를 의미한다(박옥순, 2002; 정무성 외, 2007, 재인용).

장애인 차별분류에서 가장 대표적으로 사용되는 것이 UN 인권위원회에서 발표한 '장애인 인권보고서'의 차별유형 분류이다. UN 인권위원회의 '장애인 인권보고서'는 경제적·사회적 및 문화적 권리규약과 시민적·정치적 권리규약으로 구분하고 경제적·사회적 및 문화적 권리규약 안에 노동권, 생존권, 건강권, 교육권, 문화향유권으로 대분류하였고, 시민적·정치적 권리규약 안에 장애 이유로 차별금지, 장애인지원서비스, 형사상의 권리, 시설장애인의 권리, 가족생활권, 참정권으로 대분류하여 장애인의 생활영역을 거의 대부분 포함하고 있다(정무성 외, 2007).

〈표 14-1〉 UN 인권위원회 '장애인 인권 보고서'의 장애차별 분류

인권규약	대분류	중분류
경제적·사회적 및 문화적 권리규약	노동권	노동의 기회, 노동환경, 적절한 보수보장
	생존권	생계유지
	건강권	영양실조 조치, 적절한 치료, 재활서비스 제공, 건강한 생활환경장애 예방, 불결한 시설개선
	교육권	공립학교 취학, 공립학교 편의시설, 필요시 특수교육 제공
	문화향유권	문화공간 편의시설, 참여능력 편견해소
시민적·정치적 권리규약	장애 이유로 차별금지	장애 이유로 차별하는 것을 금지
	장애인지원서비스	인권침해 대응지원 특별조치
	형사상의 권리	일방적이고 불필요한 체포방지, 체포 시 사유를 알 권리, 의사소통의 문제로 체포방지
	시설장애인 권리	시설장애인의 사생활권
	가족생활권	정신(지체)장애인 투표권, 결혼, 가정형성의 권리, 강제붙임 방지
	참정권	정신(지체)장애인 투표권, 시각장애인 투표권, 투표소 접근권, 대민봉사직 기회제한

그러나 UN 인권위원회의 분류에는 장애인의 접근권과 소비자의 권리 등이 누락되어있으며, 중분류 이후 구체적인 세부분류를 하고 있지 않아서 실제적으로 발생하는 장애인 차별을 구체적으로 유형화하여 구분하는 데는 한계가 있다. 이러한 한계를 보완하기 위하여 박옥순(2002)은 〈표 14-2〉와 같이 장애인 차별유형을 정리하였다.

〈표 14-2〉 장애인 차별 유형화

대분류	중분류	세부항목
노동권	노동기회 차별	취업기회 제한, 면접 시 탈락, 모집공고 제한, 부당해고, 직업훈련 제한, 원서접수 거부, 적절한 시험환경 부재
	노동환경 차별	적절한 직무환경 및 업무배치 차별, 다른 동료에 비해 승진 차별, 중도장애로 복직 연기, 장애로 퇴직 강요, 직장 내 인간관계에서 차별, 다른 동료에 비해 임금체불과 저 임금
	산재보상 차별	보상 시 장애인 차별, 산재인정 차별
생존권	생계유지권리 차별	생활고, 생계유지 수단 제한
건강권	진료권 차별	진료계획 참여 및 알 권리 침해, 건강에 대한 교육받을 권리 침해, 병의원 진료 거부, 서비스 기관 부재
	적절한 치료권 차별	수술비, 진료비 필요, 간병제도 미비, 의료재활 치료 필요

대분류	중분류	세부항목
교육권	교육기회 차별	취학기회 박탈, 모집요강 제한, 연령 제한, 원서접수 거부, 편입학 거부, 교육기관 부재, 진학거부 및 강요
	교육환경 차별	편의시설 미비, 학급 내 인간관계 차별, 통합교육 거부, 교육프로그램 참여 거부, 적절한 시험환경 부재, 학습도우미 필요, 수화점역 교재 등 필요, 교육비 지원
문화향유권	참여권 차별	참여제한, 문화 공간 편의시설 미비, 문화비용 필요
접근권	이동권 차별	교통시설 제한, 도로환경 제한, 편의시설 미비, 안내표시판 및 방송 등 미비
	건축물접근권 차별	건축물 편의시설 미비, 주차 제한
	거주이주권 차별	지역주민 거부, 거주이주권 침해
정보접근권	정보접근 차별	장애인복지 시책접근제한, 상담 및 서비스 기관 문의, 법률상담 및 자문, 장애인 등록절차 및 혜택, 기타
	정보매체접근 차별	수화 및 자막서비스 제한, 점자 및 음성서비스 제한, 컴퓨터 이용권 제한, 상징적 그림 서비스 제한
지원서비스	비용지원 차별	이동비용 지원 필요, 양육비용 지원 필요, 의료비용 지원 필요, 융자지원 필요
	도우미지원 차별	심리상담 필요, 아동도우미 필요, 가정도우미 필요, 수화점역 등 필요
	보장구사용권 차별	보장구 구매 및 수리비용 필요, 보장구 품목 제한
참정권	선거권 차별	투표권 침해
	선거접근권 차별	선거정보 접근권 침해, 투표소 접근권 침해
소비자 권리	보험금융사용권 차별	보험가입 제한, 보상금 제한
	구매권 차별	음식점 등 서비스 기관출입 제한, 구매 제한, 불친절 및 무시
	행정접근권 차별	행정접근 제한
형사상 권리	법절차위반	불법체포, 자백강요
	피해자로서 권리침해	의사소통제한으로 수사미진, 진술의 신빙성 불안정
시설장애인 권리	사생활권 차별	자기결정권 침해, 사생활권리 침해
	폭력	심리 및 언어폭력, 폭력, 성폭력
	적절한 서비스 수익 차별	적절한 서비스 받을 권리침해
	거주이주권 차별	거주이주 권리침해
가족권	결혼할 권리 차별	장애 이유로 결혼반대, 결혼 제한
	가족생활권 차별	자기결정권 침해, 가정폭력, 가정 내 성폭력, 장애로 이혼·별거가족 임의시설 입소 추진, 장애자녀 출산으로 이혼
신체자유 권리	폭력	심리 및 언어폭력, 폭력, 성폭력, 누명
재산권	재산상불이익	사기, 절취 및 갈취, 상속권 제한

출처: 박옥순, 2002; 정무성 외, 2007, 재인용.

3절 장애인차별금지 및 권리구제 등에 관한 법률제정의 의의와 실효성

1 장애인차별금지 및 권리구제 등에 관한 법률제정 과정

「장애인차별금지법」은 장애를 이유로 차별받지 않을 권리를 모든 국민에게 부여하고, 권리침해의 효과적 구제절차를 규정하고 있으며, 우리나라는 「장애인차별금지법」을 아시아에서 홍콩에 이어 두 번째로 도입했다.

2007년 3월 2일 보건복지위원장의 제안으로 2007년 3월 6일 보건복지위원회의 본회의 의결을 통해서 「장애인차별금지 및 권리구제 등에 관한 법률」이 제정되었으며, 1년 후인 2008년 4월 11일 시행령 공포를 통해서 실제적인 법으로서의 힘을 가지게 되었다.

1) 제안경위

① 제259회 국회(임시회) 제1차 보건복지위원회(2006. 4. 4.) 상정: 노회찬 의원 대표발의, 의안번호 제2811호, 2005. 9. 29. 회부

② 제262회 국회(정기회) 제2차 보건복지위원회(2006. 9. 18.) 상정: 정화원 의원 대표발의, 의안번호 제3704호, 2005. 12. 30. 회부

③ 제262회 국회(정기회) 제7차 보건복지위원회(2006. 11. 2.) 상정: 장향숙 의원 대표발의, 의안번호 제4346호, 2006. 5. 3. 회부

④ 제265회 국회(정기회) 제2차 보건복지위원회(2007. 2. 22.): 위 3건의 법률안을 심사한 결과, 본회의에 부의하지 아니하기로 하고, 「국회법」 제51조에 따라 위원회 대안으로 제안하기로 의결함

2) 제정이유

한국보건사회연구원의 실태조사에 따르면 장애인구는 2000년 145만 명(전 국민

의 3.09%)에서 2005년 215만 명(전 국민의 4.59%)으로 5년 사이 48%가 증가하는 등 급속한 증가세를 보이고 있으며, 여성장애인 및 노령장애인의 비중 증가와 중증장애인 수의 증가 등 장애인구 구조도 변화하고 있다. 이와 함께 장애인들의 사회참여욕구도 급속히 증가하여 교육권 및 이동권 등의 보장 요구와 자립생활운동의 확산 등 새로운 변화가 매우 빠르게 진행되고 있다. 하지만, 이러한 환경변화에도 불구하고, 20~49세 장애인 중 취업 시 차별을 경험한 장애인이 42%에 달하고, 교통수단 이용에 어려움이 있다는 장애인이 68%, 보도 장애물로 인한 부상경험 장애인이 53%에 이르는 등 우리 사회에는 아직도 장애를 사유로 한 차별관행이 지속되고 있으며, 복지시설 등에서의 장애인 폭행, 감금 등의 사례도 빈번히 제기되는 등 심각한 인권침해 사례가 지속되고 있을 뿐만 아니라 이 중 극히 일부 사례만이 국가인권위원회에 제소되는 등 환경변화에 대처하기에 미흡한 실정이다.

새로운 환경변화에 대처하기 위한 시도는 정부의 정책적 노력만으로는 한계가 있고 민간부문의 협조가 절대적으로 필요하다. 이에 정부가 앞장서는 가운데 민간부문의 노력과 협조를 이끌 제도적 틀을 구축하고 이를 통하여 장애를 사유로 한 차별을 금지하고 장애인들의 권리를 구제함으로써 미래에 지속가능한 정책 패러다임 구축의 전기를 마련하고자 한다.

2 주요 내용 및 소관부처

1) 주요 내용

장애인 차별행위를 직접차별, 간접차별, 정당한 편의제공 거부에 의한 차별, 광고에 의한 차별로 유형화할 수 있다. 차별금지는 6개 영역이 있는데 ① 고용, ② 교육, ③ 재화와 용역의 제공 및 이용(토지 매매·임대, 시설물 접근이용, 이동·교통수단 등), ④ 사법·행정 절차 및 서비스와 참정권, ⑤ 모·부성권, 성 등 ⑥ 가족·가정, 복지시설, 건강권 등이 있다.

<table>
<tr><td colspan="2">제1장
총칙</td><td>· 목적, 장애와 장애인, 용어 정의
· 동 법상 차별행위를 ① 직접차별 ② 간접차별 ③ 정당한 편의제공 거부에 의한 차별 ④ 광고에 의한 차별 이상의 네 가지로 유형화(제1조 내지 제9조)</td></tr>
<tr><td rowspan="7">제2장
차별금지</td><td>고용</td><td>· 차별금지, 정당한 편의제공 의무, 의학적 검사금지</td></tr>
<tr><td>교육</td><td>· 차별금지, 정당한 편의제공 의무</td></tr>
<tr><td>재화와 용역의 이용</td><td>· 재화·용역 제공, 토지·건물 매매 임대
· 금융상품·서비스, 시설물 접근·이용
· 이동 및 교통수단, 정보접근, 정보통신·의사소통
· 문화·예술·체육에서의 정당한 편의제공
· 개인정보보호, 국가 및 지방자치단체의 의무</td></tr>
<tr><td>사법·행정절차 등</td><td>· 차별금지, 정당한 편의제공</td></tr>
<tr><td>모·부성권 등</td><td>· 출산·임신·입양 시 장애로 인한 차별금지 및 실질적 평등보장</td></tr>
<tr><td>가족·가정·복지시설, 건강권</td><td>· 재산권, 양육권, 친권 등에 있어 장애로 인한 불합리한 차별금지
· 복지시설 이용 시 장애로 인한 친권 향유, 가족면접, 외부와의 소통에 있어서의 차별금지
· 의료행위에 있어서 장애를 이유로 제한·배제·분리·거부 금지</td></tr>
<tr><td colspan="2">(제10조 내지 제32조)</td></tr>
<tr><td colspan="2">제3장
장애여성 및 장애아동 등</td><td>· 장애여성 및 아동, 정신적 장애인 차별금지
· 국가와 지방자치단체의 의무(제33조 내지 제37조)</td></tr>
<tr><td colspan="2">제4장
장애인 차별 시정기구 및 권리구제 등</td><td>· 차별받은 사람은 국가인권위원회에 진정
· 국가인권위원회는 진정조사권과 직권조사권 보유
· 국가인권위원회 내 장애인 차별시정 소위원회 설치
· 법무부의 시정명령권(제38조 내지 제45조)</td></tr>
<tr><td colspan="2">제5장
손해배상, 입증책임 법원의 구제조치</td><td>· 차별행위로 손해를 가한 자에게 손해배상 책임
· 입증책임 배분(제46조 내지 제48조)</td></tr>
<tr><td colspan="2">제6장
벌칙</td><td>· 악의적 차별행위에 대해 3년 이하 징역 또는 3천만 원 이하 벌금(제49조 내지 제50조)</td></tr>
<tr><td colspan="2">부칙</td><td>· 시행일, 소위원회 설립 준비, 위원임기개시</td></tr>
</table>

2) 소관부처

<table>
<tr><th colspan="2">구분</th><th colspan="2">관련조문 및 내용</th><th>관련부처</th></tr>
<tr><td colspan="2" rowspan="6">제1장 총칙
제3조(정의)
제9조</td><td rowspan="2">제1조 ~제2조
총괄</td><td>목적·장애정의</td><td>복지부</td></tr>
<tr><td>복지부, 관련부처</td><td></td></tr>
<tr><td>제3호 장애인 보조기기</td><td>복지부, 노동부, 행안부</td><td></td></tr>
<tr><td>제4호 공공기관</td><td>복지부, 교육부, 행안부</td><td></td></tr>
<tr><td>제6호 교육기관</td><td>교육부</td><td></td></tr>
<tr><td>다른 법률과의 관계</td><td>국가인권위원회(법)</td><td></td></tr>
<tr><td rowspan="10">제2장
차별
금지</td><td>제1절 고용</td><td>제10조~제12조</td><td>고용관계차별금지 및 정당한 편의제공 등</td><td>노동부</td></tr>
<tr><td>제2절 교육</td><td>제13조~제14조</td><td>교육의 기회 및 편의제공 등</td><td>교육과학기술부</td></tr>
<tr><td rowspan="5">제3절 재화와 용역의 제공 및 이용</td><td>제15조~제17조</td><td>토지·건물 매매 임대 및 금융상품, 보험가입 서비스 등</td><td>법무부,
금융감독위원회</td></tr>
<tr><td>제18조</td><td>시설물 접근·이용</td><td>복지부</td></tr>
<tr><td>제19조</td><td>이동 및 교통수단, 운전면허 등</td><td>국해부, 경찰청</td></tr>
<tr><td>제20조~제23조</td><td>정보접근 의사소통</td><td>복지부, 행안부</td></tr>
<tr><td>제24조~제25조</td><td>문화예술 체육활동 등</td><td>문광부</td></tr>
<tr><td>제4절 사법·행정절차 및 서비스와 참정권</td><td>제26조~제27조</td><td>행정·사법 절차 및 서비스에 대한 서식 등 제공과 참정권 보장</td><td>행안부, 법무부</td></tr>
<tr><td>제5절 모·부성권, 성 등</td><td>제28조~제29조</td><td>임신, 출산, 입양 및 성적 자기결정권</td><td>복지부, 여성부</td></tr>
<tr><td>제6절 가족·가정· 복지시설, 건강권 등</td><td>제30조~제32조</td><td>가족 및 복지시설 등에서의 장애인 의사결정권, 면접·소통권·건강권 보장 등</td><td>복지부, 여성부</td></tr>
<tr><td colspan="2" rowspan="4">제3장 장애여성 및
장애아동 등
제34조, 제35조~제36조,
제37조</td><td>제33조</td><td>장애여성(근로관계 및 사회 각 영역에서의 편의제공과 배려)</td><td>여성부, 복지부,
노동부</td></tr>
<tr><td>장애여성배려의무</td><td>여성부, 복지부</td><td></td></tr>
<tr><td>장애아동배려의무</td><td>복지부, 교육부</td><td></td></tr>
<tr><td>정신장애인에 대한 차별금지</td><td>복지부</td><td></td></tr>
<tr><td colspan="2" rowspan="2">제4장 장애인 차별
시정기구 및 권리구제 등
제42조~제45조</td><td>제38조~제42조</td><td>진정, 조사 및 차별시정기구</td><td>인권위</td></tr>
<tr><td>시정명령</td><td>법무부</td><td></td></tr>
<tr><td colspan="2">제5장 손해배상,
입증책임</td><td>제46조~제48조</td><td>손해배상 및 법원의 구제조치</td><td>복지부, 인권위</td></tr>
<tr><td colspan="2">제6장 벌칙</td><td>제49조~제50조</td><td></td><td>법무부, 인권위</td></tr>
</table>

3) 국가인권위원회의 역할

국가인권위원회는 모든 개인의 기본적 인권을 보호하고 인간으로서의 존엄과 가치구현을 목적으로 하는 인권전담 국가기구이며, 장애인차별금지법에 따라 장애인에 대한 차별행위에 대한 조사와 구제업무를 전담하는 장애인차별시정소위원회를 국가인원위원회 내에 두도록 규정하였다. 이에 따라 다양한 차별행위에 의한 피해를 입은 장애인은 국가인권위원회에 그 차별행위에 대해 진정하고 인권위원회는 이를 조사하여 권고할 수 있도록 하였다.

3 아직도 변화지 않는 현실–차별사례

교육권 차별 사례 1

C군(22세)은 지적장애 1급이고 국민기초생활수급자이며, 현재 특수학교에 다니고 있으며, 어릴 때부터 친척집 에 맡겨져 함께 살고 있다.

C군은 학교 하굣길에 바로 귀가하지 않고 집 주변을 배회하거나 잦은 가출로 고속도로나 병원에서, 어떤 날은 일시보호소에서 친척들이 찾아와 데려온다면서 "학교만 보내면 밖에서 배회하고 자꾸 이런 일이 생기니 학교를 보낼 수 없다."라고 말하고 있다. 그래서 친척들은 C군을 최근 학교에 보내지 않고, 정신적인 문제로 보고 바로 정신병원에 강제입원시켰다. C군의 담임선생님은 학교에서는 별문제 없이 또래들과 잘 어울리고 즐겁게 학교생활을 잘하는데 가출을 하는 데는 분명히 어떠한 이유가 있다고 생각했다. 며칠 동안 무단결석한 후 등교한 C군의 얼굴과 몸 여기저기에 시퍼런 멍 흔적을 발견하고 물어보니 청소를 깨끗이 하지 않고 말을 듣지 않는다는 이유로 친척들로부터 심하게 맞았다고 한다. 친척은 매월 정부에서 C군 앞으로 지급되고 있는 수급비도 장애인 보호와 관리한다는 명분으로 챙기고 있다.

현재 C군은 「장애인차별금지 및 권리구제에 관한 법률」 제2장 제6절 제30조 ③항 가족·가정 및 복지시설 등의 구성원은 장애를 이유로 장애인의 취학 또는 진학 등 교육을 받을 권리와 재산권 행사, 사회활동참여, 이동 및 거주의 자유를 제한·박탈·구속하거나 권리 등의 행사로부터 배제하여서는 안 된다. 현재 이 사례는 장애차별로 간주, 국가인권위원회에 진정 조사 중이다.

생존권 차별 사례 2

A씨는 지체3급의 여성장애인으로 정부에서 매월 80여만 원의 생계비를 지급받으며, 4명의 자녀를 양육하면서 사글세 방에서 살고 있다. A씨는 한창 성장기에 있는 자녀 양육에 많은 비용부담을 느끼며 한 푼이라도 더 벌어보려고 이곳저곳 옮겨 다니며 노점을 하고 있다. 노점상에서는 혼자 사는 장애인이라고 무시, 멸시, 폭력을 당한 적이 한두 번이 아니라고 한다. 하지만 그때마다 자녀들 잘 키워야 한다는 생각에 더 당당하게 악착같이 살아가고 있다고 한다.

이런 A씨에게 최근 이웃집 화재로 인해 A씨의 집까지 불이 번져 아닌 밤중에 홍두깨라고 예고 없이 갑자기 불어닥친 화마로 15년을 살았던 터전을 잃어버렸고, 아이들 컴퓨터며, 책, 당장 먹을 식량, 가재도구가 물에 젖어 못쓰게 망가지고, 네 자녀와 임시 거처도 마련돼 있지 않아 떠돌아다니고 있다. 화재진화지인 이웃집에 피해보상도 요구해 보았지만 어렵다는 말만 전해 들었으며 묵묵부답. 하루하루 겨우 생계를 유지하며 어렵게 살아가면서도 아이들 생각하고 열심히 살아가던 A씨는 요즘처럼 힘든 적은 없다면서 자신의 삶에 대해 비관하며 좌절하고 있다.

이와 같은 상담내용을 접한 광주 장애인 인권센터에서는 도울 수 있는 방법을 찾기 위해 거주지 관할 동사무소를 찾아가 구제방안을 문의하고, 구청, 시청 등 여러 관공서에 A씨에 대해 문의하고 있고 보건복지부 콜센터 '129'에 긴급복지지원금 요청을 했지만 한결같이 A씨가 현재 국민기초생활수급대상자로 생계비, 주거비가 이미 포함되어 지급되기 때문에 중복지원은 어렵다는 답변만 반복하고 있다.

자신의 의지와 상관없이 갑자기 닥친 재난에 누구 하나 나서서 도와주는 이 없이 피해당사자 혼자서 고스란히 고통을 감당해야 하는 상황이다. 그럼 대체 어떤 사람들이 긴급복지지원비를 지급받을 수 있다는 건가?

고용권 차별 사례 3

A교수는 건양대병원 소화기내과 부교수로 일해오던 중, 지난 2010년 5월 뇌출혈로 쓰러졌는데, 우측편마비 증세로 업무 연관성이 인정된 명백한 산재였다.

이후 휴직계를 제출하고 재활치료에 전념해 2011년 8월 업무복귀 신청을 했지만, 건양대병원과 건양대학교는 인사위원회를 열어 업무복귀 신청을 받아들이지 않기로 결정했다.

면직사유는 건양대병원이 지난 8월 말 작성한 A교수에 대한 임상 심리평가 보고서에 언어능력, 기억력, 시공간 구성능력 등 인지 영역이 평균이거나 이를 상회하고 있지만, 우측편마비로 언어표현의 유창성이 다소 부족하고 왼손만을 이용해 정보처리 동시수행 시 기민하고 유연한 문제 대응능력이 부족하다. 그리고 건양대학교는 산재를 당하기 전과 같은 직무를 수행하는 것이 불가능하기 때문에 내린 결정으로, 번복이 힘들다고 밝혔다.

A교수는 업무복귀 신청을 하면서 부자연스러운 오른손으로 환자 진료는 적합하지 않기 때문에 임상교수나 학교관련 업무에 종사할 뜻을 밝혔는데, 2년 동안의 휴직기간이 끝난 지난 9월 이메일로 면직 통보를 받았다. 결국 임상교수나 학교관련 업무를 보겠다는 희망이 물거품 된 것이다.

대전 장애인 차별 철폐연대는 업무복귀 신청을 거부할 합당한 이유가 없기 때문에 산재 후 장애를 이유로 면직하는 것은 명백한 부당해고에 해당한다는 입장이며, A교수는 환자진료에는 어려움이 있지만 임상심리평가 보고서를 달리 보면 오른손 사용과 대화에 제약이 있을 뿐, 인지능력에는 이상이 없으므로 얼마든지 임상교수나 학교 관련 업무가 가능하다고 주장하면서, 국가인권위원회 제소를 비롯해 지역에 있는 시민사회단체와의 협조를 통해 해결될 때까지 문제를 제기해 나갈 계획이어서 논란은 계속될 것으로 보인다.

사례에서 알 수 있듯이 우리 사회 곳곳에서 자행되고 있는 장애인 차별과 인권침해 사례들이 드러나고 있다. 「장애인차별금지 및 권리구제에 관한 법률」이 시행되고 매년 조금씩 법개정을 통해 차별에 대한 다양한 권리구제에 대한 노력을 하고 있지만, 장애당사자들이 체감할 수 있는 살아 있는 법률로 실효성을 담아내기에는 아직도 많은 숙제가 남아 있는 것으로 보인다.

CHAPTER 15

장애인과 사회서비스

1절 사회서비스 개념 및 정의

구매력의 부족으로 서비스에 대한 충분한 제공이 이루어지지 않거나 공공성 때문에 사회가 책임져야 하는 서비스 영역을 통칭하여 사회서비스라고 부른다. 따라서 사회서비스는 사회의 필요에 의해 사회의 총체적 노력을 통해 제공되는 대인적 서비스라고 할 수 있다(이승기 외, 2023).

사회서비스(social service)는 각 나라마다 광의 혹은 협의 차원에서 설명하고 있으나, 일반적 개념으로는 "개인 혹은 가족의 사회적 기능이 약화되어 취약해질 경우 정상적인 생활을 할 수 있도록 서비스 제공자가 직접 도움을 주거나 주거(住居)나 생활편의 및 활동을 위한 시설 · 장비를 지원함으로써 일상생활의 유지와 자립적 삶이 가능하도록 지원하는 각자의 인간을 위한 사회서비스라고 정의(定義)될 수 있다(강혜규, 2007).

또한, 법률적 관점에서 사회서비스(social service)는 사회보험(국민연금, 건강보험, 고용보험, 산재보험 등)과 공공부조와 함께 사회보장의 개념으로 접근하고 있다. 즉 사회보장의 전체 개념의 범주 속에서 사회보험과 공공부조 그리고 사회서비스를 각각의 요소로 두고 있다는 것이다. 그래서 이러한 사회서비스는 사회보험과 공공부조와 함께 우리나라에서 사회안전망을 이루는 중요한 축이 될 수 있다. 「사회보장기본법」 제3조 제1호에서는 "사회보장이란 출산, 양육, 실업, 노령, 장애, 질병, 빈곤 및 사망 등의 사회적 위험으로부터 모든 국민을 보호하고 국민들 삶의 질을 향상시키는 데 필요한 소득 · 서비스를 보장하는 사회보험, 공공부조, 사회서비스를 말한다."라고 제시해, 사회보장의 개념을 가장 상위 단계로 두고, 이를 구현하기 위한 세 가지 요소 및 수단으로서 사회보험, 공공부조, 사회서비스를 정의하고 있다. 여기서 사회보험은 국민에게 발생하는 사회적 위험을 보험의 방식으로 대처함으로써 국민의 건강과 소득을 보장하는 제도로, 공공부조(公共扶助)란 국가와 지방자치단체의 책임하에 생활유지 능력이 없거나 생활이 어려운 국민의 최저생활을 보장하고 자립을 지원하는 제도로 정의된다(「사회보장기본법」 제3조 제2호, 제3호). 또한, 「사회보장기본법」 제3조 제4호에 의해 "사회서비스란 국가 · 지방자치단체 및 민간 부문의 도움이 필요한 모든 국민에게 복지, 보건의료, 교육, 고용, 주거, 문화, 환경 등의 분야에서 인간다운 생활을 보장하고 상담, 재활, 돌봄, 정보의 제공, 관련 시설의 이용, 역량 개발, 사회참여 지원 등을 통하여 국민의 삶의 질이 향상되도록 지원하는 제도를 말한다."로 정의된다. 사회서비스의 대상을 취약계층 중심에서 모든 국민으로 확대하고 범위를 복지 중심에서 복지를 포함한 보건의료, 교육, 고용, 주거, 문화, 환경 등 7개 분야로 폭넓게 제시하고 있는 것이다.

사회서비스의 개념이 일상생활의 모든 영역에서 삶의 질 향상을 위한 제반적 서비스 내용을 포괄하는 것으로, 전통적으로 사용되는 사회복지서비스의 내용보다 확장되고 있다. 이것은 사회변화가 급격하게 일어나게 되어 사회복지뿐만 아니라 그것을 포함하여 사회 전체에 대한 서비스가 2007년 이후 빠른 속도로 변함으로써, 그 전이 사회복지서비스뿐이었다면 지금은 확대되어 사회서비스로 부르게 되었다는 것을 의미한다. 우리나라의 경우 사회서비스는 비교적 최근의 개념이며, 2007년 이후 사회투자국가를 지향하는 한 방법으로 사회서비스라는 용어가 본격적으로 사용되었고, 2012년 「사회보장기본법」의 전부개정으로 사회서비스가 법률적 용어로 채택되었다(이승기 외, 2016).

이렇듯 사회복지서비스에서 사회서비스로의 용어 변경과 더불어 내용이 확장되고 있는 것은 사회의 급속한 변화와 발전과 함께 개인 및 가족의 인간다운 삶을 위하여 지원되어야 하는 영역이 일상생활의 전반으로 넓혀지고 사회의 책임도 그만큼 무거워진 것이라고 할 수 있다.

현재 사회서비스의 유형과 범위는 크게 사회복지서비스와 보건의료 서비스, 문화 · 예술서비스로 나누어지며 사회복지서비스로 보육, 아동, 장애인, 노인 돌봄 등과 보건의료서비스로 간병, 간호 등과 교육서비스로 방과 후 활동, 특수교육 등 그리고 문화 · 예술서비스는 평생교육, 여가지원, 문화생활 등으로 나눌 수 있다.

2절 사회서비스의 등장배경

급변하는 대내외 환경 속에서 핵가족화 및 1인 가구 증가 등 가족구조가 변화하고 전통적 가족기능이 약화되거나 상당 부분이 사회로 이전되면서, 신사회적 위험에 대응하기 위해 복지서비스 부문에 대한 국민적 기대와 서비스 욕구가 지속적으로 증가하고 있다. 또한 여성의 경제활동 증가, 저출산 · 고령화 및 사회경제적 양극화의 심화와 이에 따른 소외계층의 확대 등 기존 사회복지만으로는 현재 사회적 위기에 직면한 개인이나 가족들을 제대로 보호할 수 없는 수준에 이르게 되어 사회안전망에 대한 관심이 높아졌고, 따라서 사회서비스에 대한 수요도 급증하였다. 더 나아가 전통적 가족가치관의 붕괴 및 가족기능의 약화로 가족원 돌봄기능의 공백 문제에 대응하기 위해 돌봄 서비스를 중심으로 하는 사회서비스 확충의 욕구는 본격적으로 가시화되며, 빈곤계층이나 취약아동, 장애인, 노인 등 요보호계층에 대한 잔여적 복지서비스 중심의 정책기조에 대한 재편 요구에 적극적으로 대응하기 위한 다양한 정책시도가 전개되면서, 복지수요자의 체감도를 높일 효율적 사회서비스 공급의 중요성은 더욱 대두되고 있다. 또한, 전체 정부 지출 구조에서 사회정책의 비중을 확대하고자 하는 재정 지출의 구조조정과 이를 통한 사회 투자의 확대가 필요한 전략적 정책 분야의 선별을 시도하는 사회투자 국가담론, 즉 2007년 그 당시 사회투자이론에 따라 사회서비스는 복지정책의 패러다임을 바꿀 획기적인 내용으로 지지받았으며 발전 속도도 매우 빨랐다(이승기 외, 2016).

우리나라의 경우 정부, 특히 보건복지부에서 사회서비스 발전을 위해 집중적 정책을 실시하였고, 새로운 복지정책으로 자리 잡았다. 사회서비스를 발전시키기 위한 정부의 입장은 사회서비스 영역에서의 이용자 중심적 체계, 즉 바우처(voucher)의 도입이다. 장애인활동보조제도 등의 사회서비스 수요에 대처하는 다양한 서비스 부문의 제도화 노력, 바우처 방식의 도입을 통해 유효 수요를 촉발하고 공급 확충이 가능한 새로운 공급 구조를 창출하고자 하는 신규정책 등은 산업구조 조정 과정에서 서비스 분야의 성장을 통해 사회정책 패러다임의 변화를 예고하고 있다.

3절 이용자 중심체계 도입 - 전자바우처 도입

일반적으로 기존의 사회복지 영역에서 서비스를 제공하는 체계와 방식은 공급자 중심적이었다. 서비스를 이용하고자 원하는 사람들은 기존 비영리법인 등에서 운영하는 서비스제공기관이 정해 놓은 정형적인 서비스를 이용하는 것이 일반적이며, 이용자가 자신이 필요로 하는 복지서비스를 선택할 수 있는 경우는 거의 없었다. 또한, 이러한 서비스제공기관은 국가 및 지방자치단체로부터 운영에 필요한 재원을 보조금이라는 형식으로 지원받아 사용했으며, 이용자의 욕구를 반영한 서비스 구성은 매우 어려운 구조로 되어 있었다. 이와 같이 기존의 과거에는 공급자 중심의 표준화된 top-down 방식으로 되어 있어 점차 다양화·고급화되는 사회적 수요를 원활하게 대응하기 어려워지고 있었다. 또한, 이것은 사회서비스가 확장될수록 서비스 산출에서 막대한 비용을 수반하게 되며 이용자가 필요로 하는 서비스를 탄력적으로 운영하기 어려운 한계를 가지게 된다(이승기, 2012). 이에 따라 우리나라는 이러한 사회서비스를 둘러싼 사회·경제적 변화에 대응하기 위해 사회서비스 전자바우처 제도를 2007년부터 도입하여 운영하게 된다. 사회서비스 전자바우처 제도의 도입은 그동안 일방적으로 정부에 의해 제공되어졌던 공적 서비스의 영역에 시장화(marketization)의 가능성을 열어주는 계기를 가져다주었고, 전자바우처 제도 도입 이전의 사회서비스 이용자는 정부가 지정한 공급기관에서만 서비스를 제공받을 수 있었지만, 다양한 종류의 사회서비스 전자바우처 제도의 도입은 이용자의 선택권을 보장하여 제공기관 선택을 가능하게 함으로써 사회서비스 제공기관 간 경쟁을 유도하는 효과를 가져와 사회서비스 시장이 과거 공급자 위주에서 소비자 중심시장으로 변화될 계기를 마련해 주고 있다(조현승 외, 2012).

그리고 전자바우처 제도는 일반적으로, 급여방식 중 현금지급 방식과 현물서비스 사이에 중간단계 성격으로 규정되고, 이용자의 선택방식이라는 점에서 현물서비스와는 질적으로 다른 급여 방법이며 오히려 현금지급 방식에 훨씬 가까운 제도이다. 또한, 바우처는 사회서비스를 필요로 하는 이용자에게 사회서비스 구매증서를 제공하여, 이용자가 공급기관을 스스로 선택하여 사용할 수 있도록 하는 것을 의미한다. 일반적으로 바우처는 현금카드 형태로 지급되며, 서비스 신청에서 이용과 비용지급, 정산 등 전 과정이 전자시스템으로 처리·기록된다. 이것을 전자바우처라 하며, 이러한 전자바우처 제도를 도입할 경우 정부입장에서는 서비스를 공급할 기관을 따로 설립하거나 기존의 기관에 보조금을 지원하지 않아도 되며, 전자바우처 작동이 가능한 영역을 파악한 후 이용자에게 전자바우처를 지급하면 되므로 행정비용을 절감할 수 있다. 또한, 서비스의 성격에 따라서는 새로운 시장이 형성될 수 있어서 서비스제공에서 경쟁체제의 도입도 가능하다. 사회복지 영역, 특히 장애인복지 영역에서 중시되는 자기결정권 행사권한의 신장에도 기여할 수 있는데, 전자바우처를 지급받은 이용자가 서비스제공기관을 선택하여 자신이 필요한 서비스를 구매할 수 있기 때문이다(이재원·손정원, 2011).

앞에서 살펴본 것처럼, 공급자 지원방식과 전자바우처 방식으로 대표되는 이용자 지원방식이 가지고 있는 특징을 표로 정리하면 다음과 같다.

〈표 15-1〉 공급자 지원방식과 이용자 지원방식

구분	공급기관 지원방식	수요자 지원방식
대상	수급자 등 저소득층(수동적 보호대상)	서민·중산층까지 확대(능동적 구매자)
서비스 비용	전액 국가지원	일부 본인부담
서비스 시간	공급기관 재량	대상자 욕구별 표준화
공급기관	단일기관 독점	다수기관 경쟁
특징	획일적이고 정형화된 서비스 제공	공급자 간 경쟁 통한 다양한 서비스 제공

출처: 사회보장정보원(www.socialservice.or.kr).

우리나라는 사회서비스의 확장과 전자바우처 제도의 도입은 상호 간 긴밀한 관계를 맺으면서 발전해왔으며, 전자바우처 제도가 가져온 부정사용, 선택권의 제한적 보장, 서비스 품질저하 등 부작용적 측면이 여전히 발생하고 있지만, 사회서비스의 급속한 확장에 전자바우처 제도의 도입이 매우 큰 역할을 한 것은 분명하다.

4절 사회서비스 전자바우처 사업의 내용과 규모

사회서비스의 내용은 보건복지부에서 2007년부터 시행하고 있는 전자바우처를 통한 사회서비스 확충사업이며, 국내 전자바우처 제도의 운영현황을 살펴보면 〈표 15-2〉와 같다.

〈표 15-2〉 국내 전자바우처 제도의 유형

주관부처	전자바우처 종류
보건복지부	노인돌봄종합 노인단기가사 장애인 활동지원 지역사회 투자 산모신생아 도우미 가사간병방문 발달재활서비스 언어발달지원 사업 발달장애인 부모심리상담 임신출산 진료비
국토교통부	화물복지카드 택시 유류구매카드
고용노동부	내일배움카드
교육과학기술부	유아 학비지원
문화체육관광부	문화바우처 여행바우처 스포츠바우처
국가보훈처	국가유공자 LPG지원 국가유공자 취업지원 제대군인 교육훈련바우처

출처: www.socialservice.or.kr. 신선숙(2016)에서 재구성.

사회복지 영역에서의 바우처(voucher) 제도는 크게 보건복지부에서 시행하는 국가사업과 지방자치단체에서 운영하는 사업으로 나누어지는데, 국가사업인 바우처의 경우 전자바우처 방식으로 수행되고 있다. 지방자치단체에서 운영하는 사업은 국가 전자바우처 시스템을 운영하는 경우도 있고 자체적인 시스템을 갖추어 운영하는 곳도 있다. 전자바우처의 경우 보건복지부는 2007년에 장애인 활동보조 서비스, 노인돌봄 서비스, 지역사회 투자사업 서비스 사업이 최초로 도입되었다. 여기에서 활동보조 서비스는 장애인의 자립생활을 실현하기 위해 활동보조인이 장애인의 일상생활을 지원하는 제도이며, 노인돌봄 서비스의 경우 노인의 일상활동을 지원하는 것으로 시작하였으나 2008년 노인장기요양보험이 도입되면서 현재는 노인장기요양보험의 수급자격이 없는 노인을 중심으로 서비스를 지원하고 있다. 지역사회 투자사업은 지방자치단체에서 발굴한 사회서비스에 대해 바우처를 지급하는 제도로 지역별 상황에 맞는 특색 있는 서비스가 발굴되어 운영되고 있다(이승기 외, 2016).

이외에도 지역자율형 사회 서비스 투자사업으로 산모신생아 건강관리사업, 가사간병방문 지원 사업이 있으며, 장애아동가족지원 사업(발달재활서비스, 언어발달지원, 발달장애인 부모 심리상담 서비스), 임신출산 진료비 지원 사업, 청소년산모 임신출산 진료비 지원 사업으로 시행되고 있다.

〈표 15-3〉 **사회서비스 전자바우처 사업유형**

사업명		바우처 시작연도	대상	선정기준	지원수준
노인돌봄 종합	방문·주간 보호 서비스	07.5월	만 65세 이상 노인	노인장기요양등급 외 A, B 판정자 중 중위소득 160% 이하	방문서비스 월 27, 36시간 주간보호서비스 월 9, 12회
	노인단기 가사 서비스	14.2월	만 65세 이상 독거노인 또는 부부 모두 75세 이상	중위소득 150% 이하 골절(인공관절 포함) 또는 중증질환 수술자로 최근 2개월 이내의 진단서(소견서) 필요	월 24시간 (최대 2개월)

사업명		바우처 시작연도	대상	선정기준	지원수준
장애인 활동지원	장애인 활동지원	11.11월	(만 6세 이상~ 만 65세 미만)	신청자격이 있는 사람으로, 심의 결과 종합점수 42점 이상인 사람	종합점수에 따라 월 한도액 책정하여 지원
	시·도 추가지원	10.10월	(만 6세 이상~ 만 65세 미만)	시·도별 종합점수표 상이	시·도 종합점수표에 따라 지원
지역자율형 사회서비스 투자사업	지역사회 서비스 투자	07.8월	사업별로 상이	중위소득 140% 이하 (사업별로 상이)	사업별로 상이 (월 1회~월 20회)
	산모 신생아 건강관리 지원	08.2월	출산가정	기준중위소득 150% 이하 단, 소득기준을 초과하는 대상자에 대해 시·군·구별 예외 지원 가능	등급에 따라 5일~25일간 건강관리사 파견
	가사간병 방문지원	08.9월	기준중위소득 70% 이하 (만 65세 미만)	생계·의료·주거·교육 급여 수급자, 차상위계층 중 가사 간병 서비스가 필요한 자	월 24, 27시간
장애아동 가족지원	발달재활 서비스	09.2월	만 18세 미만	기준중위소득 180% 이하 (소득별 차등지원)	월 17~25만 원 내에서 포인트 지원 (월 8회 주 2회/회당 50분)
	언어발달 지원	10.8월	만 12세 미만 비장애 아동	기준중위소득 120% 이하 (소득별 차등지원)	월 16~22만 원 내에서 포인트 제공 (월 8회 주 2회/회당 50분)
발달장애인 지원	발달장애인 부모상담 지원	14.2월	발달장애인 자녀의 부모 및 보호자	발달장애인으로 (「장애인복지법」상 지적·자폐성 장애인) 등록된 자녀의 부모 및 보호자	월 20만 원 제공
	발달장애인 주간활동 서비스	19.3월	만 18세 이상 65세 미만 발달장애인 [수급자격유효기간 (3년)에 따라 주기적으로 승인]	만 18세 이상 65세 미만의 「장애인복지법」상 등록된 지적 및 자폐성 장애인	기본형 132시간 확장형 176시간
	청소년 발달장애학생 방과 후 활동 서비스	19.9월	만 6세 이상 18세 미만 발달장애학생	만 6세 이상 18세 미만으로 일반 중·고등학교 및 특수학교 (중·고등학교 해당학급)에 재학중인 발달장애학생	월 66시간

사업명	바우처 시작연도	대상	선정기준	지원수준
임신출산 진료비 지원	08.12월	임신확인서로 임신이 확진된 임신 출산 진료비 지원 신청자	임신확인서로 임신이 확진된 건강보험 가입자	임신 1회당 100만 원(일 한도 없음) (다태아의 경우 140만 원)
청소년 산모 임신출산 의료비 지원	15.5월	만 19세 이하 청소년 산모	임신확인서상의 임신 확인일 기준 만 19세 미만의 청소년 산모	임신 1회당 120만 원
기저귀 조제분유 지원	15.10월	저소득층 영아 (24개월 미만)	만 2세 미만 영아를 둔 저소득층 가구	기저귀: 월 80,000원 조제분유: 월 100,000원
에너지바우처	15.10월	생계급여 또는 의료급여, 주거급여 수급자 (노인, 영유아, 장애인, 임산부, 중증·희귀·중증난치질환자, 한부모가족, 소년소녀가정)	생계급여 또는 의료급여 수급자 가구원 중 노인, 영유아, 장애인, 임산부, 중증·희귀·중증난치질환자, 한부모가족, 소년소녀가정을 포함하는 가구	1인 가구: 279,500원 2인가구:381,800원 3인가구: 522,600원 4인가구 이상: 692,700원
아이돌봄지원	17.1월	시간제: 만 3개월~만 12세 이하 아동 종일제: 만 3개월~만 36개월 영아	기준 중위소득 150% 이하 가구	소득유형별 상이

출처: 사회보장정보원(http://www.ssis.or.kr).

그리고 사회서비스 전자바우처 사업은 크게 10대 사업으로 분류할 수 있는데, 2014년 1월을 기준으로 바우처 사업의 전체예산이 10조 81억 원에 달한다. 2007년 도입 당시 재원규모가 1,874억 원인 것에 비하면 다섯 배 이상 증가한 규모이다(이승기 외, 2016).

보건복지부는 「2021년 사회서비스 만족도 조사」 결과를 2022년 3월 30일 발표하였다. 이 조사는 사회서비스 품질향상을 목적으로 2007년부터 매년 실시하고 있으며, 2021년에는 사회서비스 이용권(바우처) 사업 이용자 및 보호자 1만 6,470명을 대상으로 한국리서치에 의뢰하여 실시하였다. 종합만족도 결과는 2021년 전체 평균점수 90.9점으로 2020년 대비 1.8점 상승(89.1→90.9점)하였으며, 2017년 이후 5년 연속 지속적으로 상승하는 추이를 보이고 있다.

〈사회서비스 이용권 사업 종합만족도 시계열 분석(최근 10년)〉

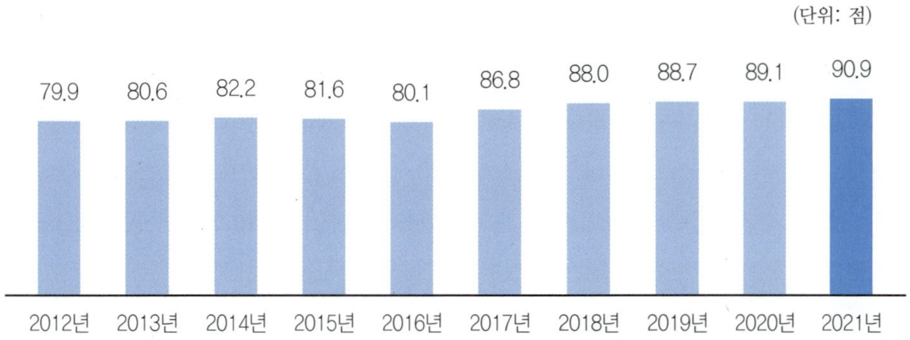

[그림 15-1] 사회서비스 바우처 사업 종합만족도

출처: 보건복지부(2021).

5절 활동지원제도의 의미와 내용

1 활동지원제도의 의미와 발전

활동지원제도란 신체적·정신적 장애로 인하여 일상적인 생활을 하는 데 어려움을 겪는 중증장애인을 대상으로 활동지원급여를 제공함으로써 장애인의 자립생활, 사회참여, 인권을 높이는 장애복지영역에서 매우 중요한 서비스이다. 활동지원서비스는 「장애인활동지원에 관한 법률」에 기초해 2011년 10월부터 장애인이 가정 및 사회생활을 주체적으로 영위하는 데 필요한 활동보조, 방문간호, 방문목욕, 기타 서비스 등을 제공하며 장애인이 자립적인 사회활동 참여를 통해 궁극적으로 장애인의 삶의 질을 향상시키도록 하는 서비스이다. 이러한 장애인 활동지원제도는 이미 선진국에서는 보편화되어 있는 장애인의 자립생활 지원정책 중의 하나이며, 그 무엇보다도 장애인의 자립생활과 밀접하게 관련을 맺고 있다. 활동지원서비스는 장애인이 자립을 선택할 수 있는 선택권과 선택을 할 수 있는 기회를 보장해 주는 것으로, 다시 말해, '자립생활을 위한 필수적 수단'인 것이다. 우리나라에서 활동지원제도의 발전은 자립생활센터의 발전과 궤적을 같이하고 있다. 2000년 한국 최초의 자립생활센터로 광주 우리 이웃자립생활센터와 서울 피노키오 자립생활센터가 설립되면서 활동지원제도 시행을 위한 기관태동이 시작되었고, 2002년 상반기부터 '서울시 자립생활센터 시범사업'이 시작되어 5개의 서울지역 장애인 자립생활센터가 지원을 받아 활동보조사업을 시작하였으며, 중앙정부의 지원도 2005년 시작되었는데, 보건복지부는 '중증장애인 자립생활지원 시범사업'에 서울 3개소와 부산, 대구, 광주, 충남, 전북, 경남, 제주가 각 1개소씩 하여 총 10개소에 활동보조 서비스를 하도록 지원하였다. 이후 2007년 장애인복지법이 개정되면서 자립생활 규정이 명문화되었고, 활동보조 서비스가 같은 해 시범사업이 시행되었고, 그리고 드디어 2011년 장애인 활동지원에 관한 법률이 제정되면서, 활동지원제도가 시행되는 괄목할 만한 큰 성과를 거두었다.

2 활동지원제도의 내용

활동지원제도는 혼자서 일상생활과 사회생활을 하기 어려운 장애인에게 활동지원급여를 제공하여 장애인의 자립생활을 지원하고 그 가족의 부담을 줄이기 위한 제도이다. 즉, 활동지원제도의 서비스는 목욕하기, 옷 입기, 침대나 의자에서 이동하기, 화장실 가기, 식사하기 출·퇴근 등, 가사지원, 일상생활지원, 신변처리 지원과 커뮤니케이션 보조, 동료상담 서비스의 영역으로 제공하고 도구적 일상생활 활동 등을 포함하는 인간적, 도구적인 도움을 의미한다(Dot et al., 1996).

〈표 15-4〉 활동지원제도 보조 서비스의 내용

구분		세부내용
신체활동지원	개인위생관리	목욕도움(목욕 준비, 몸 씻기 보조 등), 구강 관리(양치질 도움, 틀니 손질 등), 세면도움(세면 준비, 세면 보조 등), 배설도움(배뇨 도움, 화장실 이동 보조 등), 옷 갈아입히기(의복 준비, 속옷 갈아입히기 등)
	신체기능유지 증진	체위변경(체위변경 도움, 일어나 앉기 도움 등), 신체기능의 증진(관절구축 예방활동, 기구사용운동 보조 등)
	식사 도움	식사 차리기, 식사 보조, 구토물 정리 등
	실내이동도움	실내에서 휠체어로 옮겨 타기, 집안 내 걷기 도움 등

구분		세부내용
가사활동지원	청소 및 주변 정돈	수급자가 주로 거주하는 장소(방, 거실) 및 화장실 청소, 쓰레기 분리수거, 내부정리, 이부자리 정돈, 화장대·책장 정리, 옷장·서랍장 등 정리 등
	세탁	수급자의 옷, 양말, 수건, 침구류, 걸레 등의 세탁 및 삶기 등
	취사	식재료 준비, 밥 짓기, 국·반찬 하기, 식탁 청소, 설거지, 행주 삶기, 음식물 쓰레기 분리수거 등
사회활동지원	등하교 및 출퇴근 지원	출퇴근 및 등하교 보조(부축, 동행 포함), 직장이나 학교 등에서 식사 및 화장실 이용 보조 등 신체활동지원
	외출 시 동행	산책, 물품구매, 종교활동, 복지시설 이용, 은행, 관공서, 병원 등 방문 및 귀가 시 부축 또는 동행, 외출 시의 신체활동지원
그 밖의 제공 서비스		수급자 자녀의 양육 보조(만 6세 이하 등 예외적인 경우에 한함), 생활상의 문제 상담 및 의사소통 도움 등 위에 열거되지 않은 서비스 내용 기록

출처: 보건복지부 (2023). 203년 장애인 활동지원 사업안내.

따라서 장애인은 이러한 활동지원제도를 통하여 그 어떤 서비스보다 장애인의 자기결정권과 선택권을 보장받을 수 있어야 하며, 또한 이 서비스에서 장애인을 수혜나 보호의 대상이 아닌, 장애인의 주체적 삶을 추구하려는 자립생활 정신을 구현할 수 있어야 한다.

국가에서 시행되는 많은 사회서비스들을 국가가 성장해 가며, 시민들이 필요로 하는 정책과 서비스를 국가가 필요성을 인지하여 제공한 서비스가 아닌, 장애당사자들의 필요에 의해 국가에 요구하여 제정된 서비스라는 점을 국가는 인식하여야 한다. 여기에서 활동지원제도의 의의를 찾는다면, 신체적, 정신적 이유로 원활한 일상생활과 사회활동이 어려운 장애인의 자립생활과 사회참여 증진을 위해 제공되는 일종의 사회서비스이다.

이렇듯 활동지원제도의 내용을 간단히 정리하면, 활동지원서비스는 목욕하기, 옷 입기, 침대나 의자에서 이동하기, 화장실 가기, 식사하기 출·퇴근 등, 가사지원, 일상생활지원, 신변처리 지원과 커뮤니케이션 보조, 동료상담 서비스의 영역으로 제공되고 있다. 또한, 활동지원서비스는 중증장애인의 자립생활을 지원하기 위한 여러 서비스 가운데 하나이지만 다른 서비스와 달리 장애인 스스로 서비스를 선택하고 활동보조인에게 급여를 지급함으로써, 중증장애인의 권리를 보장받고,

그로 인해 자연스럽게 장애인의 자기결정권과 당사자주의가 실현될 수 있는 것이다(이익섭 외, 2008).

6절 사회서비스의 성과와 과제

현재 사회서비스는 모든 국민의 일상생활에 밀접하게 영향을 미치는 복지, 보건의료, 교육, 고용, 주거, 문화, 환경을 아우르는 영역으로서, '이용자 중심'의 서비스시스템을 구축하고, 점차적으로 효율적인 관리체계를 마련함으로써 서비스의 이용경험 확대에 따른 실질적 수요증가, 잠재력이 큰 사회서비스 부문의 고용창출에 대한 기대와 함께 '사회서비스'의 개념 및 체계화의 기반이 2012년에 「사회보장기본법」 개정을 통해 마련됨에 따라 급속히 성장하고 있는 추세이다. 2007년 이후로부터 사회서비스의 확충은 '전자바우처' 방식이 도입되었고, 이러한 사회서비스 전자바우처 제도의 시행은 일자리의 창출, 다양한 돌봄 서비스 욕구에 대한 대응이란 측면에서 사회서비스 활성화에 기여하게 된다.

그래서 사회서비스 전자바우처 사업의 규모를 정리하면, 〈표 15-5〉와 같다.

〈표 15-5〉 사회서비스 전자바우처 사업 이용자 현황

(단위: 백 명)

사업명	이용자 수
합계	6,252
장애인활동지원	1,095
산모 · 신생아건강관리지원사업	1,257
가사 · 간병방문지원사업	85
지역사회서비스투자사업	2,860
발달재활서비스	844
언어발달지원사업	4
발달장애인부모상담지원사업	8
발달장애인주간활동서비스	54
발달장애학생 방과후활동서비스	45

출처: 사회서비스 전자바우처 포털(2021). 사회서비스 전자바우처 이용현황.

2021년 현재 사회서비스 전체 이용자 현황은 6,252백 명이며, 정부지원금 예탁액은 30,346억 원이며, 이중 집행현황은 27,774억 원, 사회서비스 제공기관 11,258개소이며, 제공인력은 1,760백 명이다. 정부는 전자바우처사업 도입에 대한 성과로 일자리 창출, 수요자의 선택권 강화, 서비스 품질경쟁체계 구축, 투명성 및 효율성 향상 등을 언급하고 있지만, 바우처 전산시스템을 통해 수요자의 편리성도 향상되고, 행정비용의 절감도 많이 되었다고 본다.

2021년 만족도 조사결과 전반적으로 국민의 사회서비스에 대한 만족도는 높은 수준이지만, 개선 요구도 상당히 높게 나타났으며, 특히 사용시간 확대 및 기간 연장, 이용자 맞춤형 서비스와 관련된 개선 요청이 다수로 분석되었다.

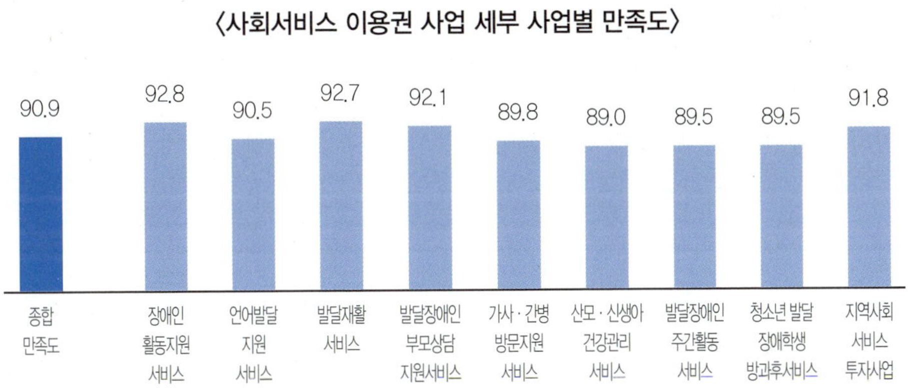

[그림 15-2] 사회서비스 이용권 사업 세부 사업별 만족도

그러나 2023년 12월 13일 한국사회복지학회의 '사회서비스 고도화의 정책적 현황과 과제'라는 주제의 토론회에서 사회서비스는 사람과 사람 사이의 치료, 지원 공감 등이 전달되는 활동을 제도적으로 구조화한 것이며, 사람과 사람 관계의 복잡성만큼 비용 조달을 둘러싼 제도의 모습도 계속 변화되었다고 하였다. 이 과정에서 공공성은 민영화와 시장화 흐름에 대항하여 공공적 가치의 회복을 지향하는 핵심 개념으로 자리 잡았다. 그래서 보건과 복지서비스를 포함한 사회서비스 제공에 참여하는 민간 법인이나 개인 운영자에게 '귀하의 일은 공적이니 우리가 함

께 더 공공적으로 해 봅시다'라고 말하는 넉넉한 공공성의 언어가 필요하다(김용득. 2022). 사회서비스 고도화는 공공성과 유연성의 조화를 위해, 기관으로 매개되지만 위압적이지 않은 평등한 서비스, 금전관계로 매개되지만 사람 냄새가 물씬한 따뜻한 서비스, 빠른 고령화에 따른 욕구 팽창과 저성장이라는 자원제약의 한계를 고려하여야 한다(김용득, 2023).

사회서비스 전자바우처 제도 도입의 주요 목적 중의 하나인 일자리 수를 보면 총 162,692명이 사회서비스 분야에 고용된 것으로 나타나 일자리 창출에 기여하고 있는 것을 명백히 알 수 있다. 2007년 도입 당시의 일자리 수는 3만 6천 개였으므로, 약 세 배 이상 증가한 수치이다. 그러나 이러한 일자리의 양적 증가가 고용의 질을 담보하지 못한다는 비판이 현재까지도 계속되고 있다. 대표적인 것으로 사회서비스 분야의 일자리가 안정되고 수입이 보장된 소위 말하는 좋은 일자리이기보다는 파트타임 또는 비정규직 그리고 불안정한 수입 등 처우가 열악한 일자리를 양산했다는 비판이 있다. 그리고 사회서비스 전자바우처 사업의 서비스제공 기관 수의 경우에도 11,210개소로 증가하여 2007년 1,274개소에 비하여 8.7배 가량 증가하였다. 서비스 제공기관의 수는 정부에서 보조금을 지급하는 기관을 새로이 설치하는 대신에, 이미 존재하고 있던 혹은 자체적으로 서비스 제공조직을 만들어 사회서비스 전자바우처 사업을 진행하고 있는 곳을 의미하므로, 전통적인 공급기관과는 성격을 달리한다고 말할 수 있다. 이렇게 지난 몇 년간의 사회서비스 확충과정에서 사회서비스 전자바우처 사업이 크게 확대되어 이용자, 제공기관, 일자리 증가에 크게 기여하였다. 이러한 성과에도 불구하고, 사회서비스는 그 대상이 월래(月來) 취약계층으로부터 중산층까지이고, 향후에는 모든 국민에게 영향을 미치는 제도로 발전할 것으로 예상되고 있다. 그러나 최근 들어 저출산·고령화 그리고 여성 경제참가율 증가로 인한 1인 가구증가나 최근의 무연사회(無緣社會)까지, 사회경제적 구조의 급속한 변화로 새로운 사회문제가 발생하고 있다. 특히, 핵가족화, 일자리의 비정규직 양산, 사회구조의 양극화 및 경제적 불평등 심화 등으로 기존의 체제만으로 해결이 어려운 산적한 과제들이 표출되고 있다. 그래서 더 이상 가족구성원 내에서 돌보는 희생적 서비스 기능의 존속이 어려워지고 있으며, 국가 및 사회적 지원의 필요성이 지금 시점에서 대두되고 있다. 이러한 맥락에서 사회서비스의 중요성은 서비스영역에서의 대안(代案)으로서 그 가치가 높으며, 사회서비스는 공공부조와 사회보험의 설계에 견줄 만한 중요한 제도이므로 정교하게 필요한 사회 전반에 사용될 수 있게 제도마련을 해야 한다.

또한, 사회서비스 전자바우처 사업은 다양한 서비스유형 때문에 생애주기별 서비스 욕구에 대응할 수 있는 사회적 체계마련에 기여했다고 할 수 있다. 예를 들면 보육서비스로부터 노인돌봄 서비스까지로 볼 수 있을 것 같다. 그러나 기본적으로 사회서비스는 획일적 기준에 의한 서비스 제공이 아니라 개별적 상황에 맞는 서비스 설계와 지원이 필요한 영역이다. 이것도 예를 들면 활동지원제도와 발달재활서비스 그리고 가사간병 서비스 등은 각 개별적으로 맞게 서비스를 해야 한다. 그러나 전자바우처 제도가 사회서비스의 발전과 동일시되는 우리나라의 경우 개별적 상황에 맞는 서비스제공이 아닌 일반적으로 소득기준, 연령기준, 장애 정도 등 획일적 기준이 급여제공 과정에서 여전히 주요하게 활용되고 있다. 이러한 방식은 사회구조 다변화에 대응하고 개인별 지원을 위한 이용자 중심적 지원체계를 구축하는 데에 본질적 한계를 드러내고 있다고 보아야 한다. 따라서 앞으로는 사회서비스는 획일적 기준설정 외에 생애주기별 혹은 개인별 상황에 맞는 지원을 설계하고 실천해 나가는 것이 핵심과제가 되어야 할 것이다.

사회서비스 이용욕구 충족 및 만족도 향상이 되고 있음을 보건복지부는 한국갤럽에 의뢰, 2008년 이후 매년 실시한 「사회서비스 바우처사업 만족도 조사보고서」에 따르면, 전체 응답자의 90% 이상이 향후에도 서비스에 대한 지속 이용의사를 제시하고 있으며, 또한 사회서비스 전자바우처 사업의 전자시스템 기반운영으로 행정효율성 마련, 품질관리의 체계적 추진이라는 긍정적 성과와 함께 사회서비스 부문에 시장원리를 도입함으로써 이전에 없던 쟁점을 생산했던바, 이에 대한 점검과 개선과제의 모색이 필요한 시점이기도 하다(강혜규, 2013).

그리고 또 하나의 문제는 서비스 품질에 관한 것이다. 현재와 같은 단순한 기관평가만으로 서비스 품질의 향상을 기대하기 어렵고, 사회서비스 제공기관에 대한 서비스 품질관리도 전반적으로 실효성을 갖추고 있지 못하다고 볼 수 있다. 서비스에 대한 적정 수준을 담보하기 위해서는 서비스제공기관에서 제공하는 서비스의 수준에 대한 실질적 평가가 이루어지도록 체계를 다듬어 나가야 한다. 그렇지 않으면 사회서비스의 확장에도 불구하고 그 효과성이 반감될 수밖에 없을 것이다(이승기 외, 2016). 앞으로 과제이기도 하지만 사회서비스 전자바우처 사업의 관리강화와 품질관리를 위해 급여 관리 및 모니터링 체제구축이 필요하다. 그리고 사회서비스 품질관리의 체계화와 대인사회 서비스 영역을 포괄하는 전담기구의 설치를 검토하고, 사회서비스 바우처사업, 활동지원서비스 등의 품질관리 기반을 마련해야 한다.

CHAPTER 16

장애인복지의 과제와 전망

장애인이 가치 있는 사회구성원의 일원으로서 비장애인과 동등한 권리의 주체로 살아가기 위해 지역사회와 통합된 삶이 현재 강조되고 있으며, 장애인복지 전달체계도 체계적이고 합리적으로 새롭게 구축되어 국가와 지방자치단체 그리고 장애인 본인과 가족들이 적극적으로 장애인복지에 참여할 수 있도록 해야 한다. 장애인복지의 방향은 인간존중과 평등권 실현에 두고 있으며, 이를 위하여 장애인에 대한 인식변화와 접근성의 보장 및 권리신장을 통한 동등한 사회참여에 두고 있고, 또한 장애유형 중에서 현재 가장 어려운 처지에 놓여 있는 중증장애인이면서 그 가족들의 운동의 힘으로 주목받고 있는 발달장애인의 권익신장과 복지서비스 향상이 현재 필요한 시점이다.

그리고 현재 우리나라의 장애인복지의 주요대상은 저소득층 장애인에 국한되어 있는 실정이다. 현재의 복지선진국처럼 장애인복지의 대상은 소득 수준이나 장애 정도를 불문하고 모든 장애인이어야 함은 두말할 나위가 없다. 하지만 복지재정의 취약성 및 운영주체의 불합리한 운영방식 등 제반여건이 아직 미흡한 상황에서 선진국이 추구하는 보편주의적 복지정책의 추구는 자칫하면 복지서비스의 형식화를 초래할 위험성을 내포하고 있다. 따라서 현재의 실정에 비추어 볼 때 소득 수준이 낮고 장애 정도가 중증인 장애인을 복지정책의 1차적 대상으로 하되, 점차 발전적으로 소득기준과 장애 정도의 기준을 확대하고 장애범위 또한 확대하여 보편주의적 성격을 지닌 장애인복지를 실현해 나가야 할 것이다. 장애인복지서비스의 양적 성장과 더불어 질적 제고도 현시점에서 필요하다고 보인다. 그래서 앞으로 점차적으로 장애인의 연령, 장애유형, 장애 정도, 장애발생시기 등에 따라 특화된 복지서비스를 개발, 실시함으로써 서비스의 전문화를 도모해 나가야 할 것이다.

장애인에 대한 편견을 불식하고 장애인 자신의 적극적 의식구조를 형성하며 복지혜택을 고루 누리며 국가와 사회발전에 적극 참여하여 기본적 인권을 보장받게 하는 일은 복지국가의 이념을 추구하는 과정에서 필수적인 과제일 것이다. 구체적으로 이를 위해서는 첫째, 외국의 복지선진국처럼 장애인의 범위가 더 넓혀져 장애인으로 정의 및 적용이 확대되어야 한다. 둘째, 장애인 고용의 활성화를 이루는 데 사업주의 인식 개선을 위해 장애인이 주체적으로 장애인식개선 사업의 확대와 재활전문가들의 자발적 실천과 노력이 있어야 한다. 셋째, 장애인의 개별적 욕구에 따라 맞춤식 서비스가 질 높게 실천될 수 있도록 장애전문가를 양성해야 할 것이다. 넷째, 장애인의 올바른 인식과 복지사업의 높은 가치가 우리 사회에서 올바로 실현될 수 있도록 사회적 인프라를 조성해야 한다. 그리고 마지막으로 장애인에 대한 사회적 편견인 주변부적 존재에 대한 인식을 제거하고, 장애인을 당당한 정치적 세력으로 인정받고 살 수 있게 사회변화의 주체자로 등장시켜야 한다.

그러나 현실적으로 드러난 장애인복지의 문제는 실제적으로 간단하지만은 않다. 실직과 무노동으로 기본적 생활보장이 이루어지지 않는 경제적 빈곤, 경쟁교육과 능력교육의 강화로 인한 장애인 교육의 차별화 및 학습권 보장에 대한 일반사회의 절대적 인식부족, 건강보험의 열악성으로 인한 의료접근성의 제한, 사회적 자원에 대한 활용성을 제한하는 접근성의 문제, 그러나 무엇보다 장애인을 무능력자로 평가하고 그들의 능력을 적정하게 보장하지 않는 사회문화적 환경 등의 문제를 갖고서는 우리나라의 선진국 진입이 어렵다고 보이며, 이것을 앞으로 극복하여 우리 사회를 복지선진국가로 만들기 위해서는 반드시 해결되어야 할 과제라 여겨진다. 장애인복지의 목표달성을 위하여 기본적으로 해결되어야 할 과제는 다음과 같다(정일교 외, 2007).

첫째, 장애인의 인권을 존중하는 사회분위기가 형성되어야 한다. 장애인의 인권은 우리 사회에서 생산성을 중심으로 논의될 수 없으며, 장애인의 존재의미를 강조하는 형태로 확립되어야 한다. 모든 인간이 존엄하다는 것은 장애인도 차별하지 않는다는 것을 의미한다. 그러므로 최근의 장애인차별금지 등 장애인복지운동이 우리 사회의 보편적 의식으로 확립되어야 할 것이다.

둘째, 장애인, 특히 발달장애인과 발달장애인의 가족이 우선적으로 보호되어야 하겠다. 발달장애인을 둔 가족은 그 자체로서도 많은 어려움이 있다. 24시간 동안 발달장애인을 보호하고 지원해야 하기 때문이다. 이러한 이유로 발달장애인 가족이 경제적으로 어려움에 봉착하게 되며, 나아가 발달장애인을 방치하거나 시설로 보내는 등 발달장애인에게 인권유린이 생기는 경우가 많다. 따라서 발달장애인 가족에 대한 다양한 사회적 지원체계가 마련되어야 하며, 발달장애인 가족이 큰 부담 없이 발달장애인을 보호할 수 있는 발달장애인 가족수당 등이 만들어져야 한다.

셋째, 장애인의 욕구와 문제는 복합적이므로 서비스의 지속적 연계체계가 확보되어야 한다. 장애인의 욕구는 의료, 교육, 재활, 자립생활 등의 다양한 사회적 복지서비스가 제공되어야 욕구의 충족가능성이 높다. 따라서 장애인 욕구와 문제에 효과적으로 대응하기 위해서는 다양한 서비스 기관 및 서비스 전달체계의 확립이 무엇보다 중요하며, 또한 서비스를 조정하고 통합할 수 있는 기능이 제공되어야 한다.

1절 현대정보화 사회에서의 장애인복지 환경변화

장애인복지가 장애인을 한 인간으로서 인간다운 삶을 누릴 수 있게 하는 사회복지의 한 분야라면 당연히 시대적 변화나 사회환경에 따라 변화되어야 한다. 정보화 사회에서 궁극적으로 장애인복지가 추구하는 목표를 달성하기 위해서는 빠르게 변화하는 정보화 사회에 대응하는 충분한 준비가 이루어져야 한다. 그러나 현재 우리가 추구하는 정보화 사회는 정보화의 최우선 대상이 되어야 하는 장애인, 노인 등에 대한 합리적 배려, 즉, 정보통신 서비스를 이용하는 조건에 있어서의 개인차이를 고려하지 않고 있어 정보에서 소외되는 정보 불평등이라는 새로운 사회적 불리현상을 낳고 있으며 원천적으로 사회활동의 불리함을 가진 이들에게 또 하나의 장벽을 부가하는 결과를 초래할 수가 있게 된다. 정보이용이 생활화된 지식정보사회에서 정보 불평등은 사회경제적으로 심각한 문제를 야기할 수 있다. 정보소외 계층은 개인적으로는 지식과 정보의 이용이라는 본질적인 권리를 제약받아 직업선택과 소득의 불이익을 초래하고 사회적으로는 빈부격차와 문화적 단절이 심화되어 궁극적으로는 사회통합의 저해요인으로 작용한다. 또한 국가적으로 인적자원의 공급이 제한되고 사회복지비용 등이 증가함으로써 국가 전체의 경쟁력이 약화되는 악순환을 낳고 있다. 장애인들은 신체적·정신적 장애로 인해 비장애인에 비해 상대적으로 정보화에서 소외(alienation)되고 있다. 이러한 문제를 해결하기 위해서는 장애인 정보화 교육장을 확대하고, 정보화 교육 전문인력을 양성하며, 장애인들을 대상으로 원격교육이나 방문교육 등 교육방식의 다양화를 통해 인터넷 교육을 활성화시켜야 할 것이고, 정부는 장애인의 정보격차 해소를 위한 여러 가지 정책을 수립해야 할 것이다.

우리나라는 아직까지 장애인에 대한 사회의 인식이나 정책적 입장이 '불쌍한 사람들을 위한 국가적, 사회적 배려'의 성격에서 크게 벗어나지 못하고 있다. 이러한 인식은 장애인복지정책, 전달체계, 서비스, 제공자, 그리고 장애당사자에까지 뿌리 깊게 남아 있다. 산업화 사회에서 정보화 사회로 시대는 바뀌고 있지만 아직도 개선이 되지 않고 있는 것이 장애인의 인권보장 문제이다. 장애인의 인권은 교육을 통한 인식의 전환과 장애당사자들의 활발한 권익운동을 통해서 확립해 나가야 한다. 인권보장의 측면에서 정보화 사회는 물리적인 이동이 불편한 지체장애인과 시각, 청각장애인과 같이 지금까지 사회적으로 소외된 계층들에게 정보통신망과 멀티미디어기술을 이용한 다양한 형태의 정보제공과 원격서비스를 통해 사회참여의 기회를 넓혀줄 수 있기 때문에 원격교육을 통한 인식의 전환과 인터넷 커뮤니티를 통한 사회참여로 그들의 목소리를 낼 수 있다는 이점이 있다.

그리고 현재 우리나라를 비롯한 세계 각국은 국가의 경쟁력을 높이고 국민의 삶의 질을 향상시키고자 정보화에 박차를 가하고 있다. 그 이유는 정보화를 통해서 재택근무, 원격교육, 원격진료 등 수준 높은 서비스를 제공함으로써 사회적 이익을 극대화할 수 있기 때문이다(유명화, 2004). 이러한 정보화 사회의 변화에 장애인들이 잘 적응하여 삶의 질을 높이고 복지를 발전시키기 위해서는 몇 가지 사회 환경의 변화를 잘 알아둘 필요가 있다.

1 장애인의 삶의 변화

정보화 사회의 장애인의 일상생활에 대한 특징은 장애인의 삶의 경험방식이 직접적인 것보다 매개된 경험을 중심으로 변화한다는 데 있다고 보아야 한다. 장애를 가진 개인은 일상적인 생활공간 밖에서 일어나는 사건이나 인물 그리고 정보 등의 지식을 신문, 텔레비전, 스마트폰 등을 통해 광범위하게 접하게 된다. 이러한 매체를 통해 생산되는 정보는 장애인의 지식확보에 도움을 주지만 동시에 정보과잉으로 불필요한 혼란을 경험하기도 한다. 그러나 현실적으로 매개된 경험이나 증강현실(augmented reality)이 직접 경험(현실)의 세계를 압도하는 상황이 전개됨에 따라 장애인이 정체성 형성에도 현재는 매개된 경험에 의해, 또는 증강현실에 커다란 영향을 받게 된다.

이것은 장애인에게 전보다 삶을 더욱 편리하게 할 뿐만 아니라 지금의 새로운 세대를 살고 있는 장애인은 정보화 시대에 주요생산 활동인구로 등장할 것이 예상되고 정보획득 능력에 있어서도 전시대의 장애인의 삶에 비해 뛰어나다 할 것이다. 이 같은 점으로 볼 때, 가상현실이 펼쳐진 지금의 정보화 사회는 많은 점에서 정보의 획득능력도 빨라지고 복지서비스 접근도 용이해지고 있다고 볼 수 있다.

2 장애인 가정과 일의 변화

앞으로 우리 사회 여성의 경제적 능력향상과 사회적 지위향상, 가족에 대한 가치관의 변화, 가족을 중심으로 한 경제적·사회적인 외부환경의 변화 등으로 장애인의 가정도 다양하게 변화될 것으로 전망된다. 특히, 정보화 사회에서의 장애인의 직업은 일정한 장소가 아닌 자신의 집이나 원하는 장소에서 일할 수 있는 원격근무[1)]를 통해 장애인들은 전과는 달리 자신의 일을 하면서도 다양한 형태로 자신의 삶을 유용하게 활용할 것으로 예측된다. 원격근무자들은 비서직과 사무직, 워드프로세서나 자료입력 계약사무직, 그리고 다른 일과 겸업하는 관리직 및 전문직 등에 두드러지게 진출하고 있는 것으로 나타났다.

3 지역공동체의 변화

지역공동체에 대한 이론적 개념은 "상호접촉이 가능한 지역 내에 거주하는 사람들로 구성되어, 이들은 상호보호와 복지를 위해서 그 지역 내에 여러 가지 형태의 사회조직을 형성한다."는 것을 의미한다. 이와 같은 지리적 기준에 준거를 둔 지역공동체에서 최근에는 정보공간에 준거를 둔 가상공동체(virtual community)가 급속히 확대되고 있다. 가상공동체는 기존의 공동체와는 근본적으로 상이하다. 컴퓨터 네트워크에 의해 이루어지는 공동체에서는 지리적, 시간적인 특성보다는 개인의 고유한 사고를 교환함으로써 얻는 공통적인 정향을 감지할 수 있다. 여기에서는 기존의 공동체와는 다른 인간의 감정(feeling)이 존재할 수 있다.

앞으로의 사회는 지역주민 상호 간에 직접적인 커뮤니케이션이 축소되는 대신에 인터넷상의 가상공간(virtual space)을 통해 필요한 정보를 얻고, 자신의 감정을 표현하는 기회가 확대될 것이다. 또한, 지역주민은 종래의 지리적 경계보다 확대된 시각을 가지고 문화, 스포츠, 쇼핑, 여가 등의 시설을 활용할 것이다. 특히 사회복지에 관한 프로그램이나 시설이용 안내 등은 직접 기관을 찾지 않아도 가상공간을 통해 자신에게 필요한 프로그램을 선택, 예약할 수 있을 것이다. 그뿐만 아니라 타 지역의 사회복지시설과 프로그램 내용 등을 검색하여, 자기 지역의 프로그램과 비교·평가할 수 있는 기회를 갖게 될 것이다. 이 사회는 장애인에게 더 편리한 사회가 도래할 것이다.

---

1) 원격근무(teleworking)란 1960년대에 영국에서 처음 사용한 용어로 Niles에 따르면 하루의 왕복통근을 원격통신으로 대체하는 것으로 사람들이 원하는 장소에서 일하는 형태의 의미로 사용하고 있다. 원격근무자는 엘빈 토플러의 '전자주택(electronic cottage)'의 개념과 유사하다.

4 복지서비스의 정보화

복지서비스의 정보화로 재가복지체제의 강화, 사회복지 조직의 개방화, 다양한 민간부문의 주도적 참가 등에 의해 지역사회를 기반으로 한 복지서비스 체제가 보다 강화될 것으로 보인다. 따라서 장애인의 욕구 파악체계, 서비스 공급체계, 상담·정보 제공체계, 모니터 체계, 홍보 체계 등이 정보 네트워크화되어 복지서비스의 수요자와 공급자 간의 원활한 의사소통이 진행될 것으로 보인다. 이 같은 상황 변화는 지리적 경계범주 차원의 지역공동체를 초월하여 전자공간상의 공동체 문화를 시야에 넣고 발전방향을 모색해야 하는 함의를 내포하고 있다.

이런 정보화 사회의 특징에서 몇 가지는 크게 변화해야 장애인복지가 발전할 것으로 보인다.

첫째, 장애인들이 정보화 사회를 잘 이해하고 현실에 전략적으로 사용할 수 있는 두뇌를 가져야 한다. 정보화 사회에서는 점점 더 삶의 많은 부분이 가상공간 속에서 이루어지게 될 것이며, 장애인의 경우에는 더욱 가상공간 속의 서비스 제공이 많이 요구되게 될 것이다. 장애인들이 잘 준비를 하고 가상공간(virtual space)을 잘 활용한다면 옛날보다 모든 면에 있어 삶의 질이 좋아질 것이다.

둘째, 대학 자체의 사회복지 학문도 이젠 변화해야 한다. 지난 1950년대 이후 사회사업(복지)학과가 대학에 설치된 이래 그 숫자에 있어 상당한 증가를 보이고 있으나, 빠른 속도로 변화되고 있는 시대적 상황에는 적절히 대응하지 못하고 있다고 본다. 현장에서는 다기능 전문가를 요구하고 정보화 마인드를 보편적으로 요구하고 있지만 대학에서의 교육은 과거의 교육과 큰 차이를 보이지 않고 있는 것 같다. 이제 복지도 정보화 사회 속에서 기능적으로 대처할 수 있어야 하며, 이를 위한 장애전문가의 양성이 필요하다고 본다.

셋째, 정부는 장애인복지 투자의 우선순위를 바꾸어야 한다. 지금까지 장애인복지의 최우선 투자순위는 의·식·주문제 즉, 수용시설 중심의 서비스에 집중되어 있었다. 이제 정부는 시대적 요청에 맞는, 정보화 사회에 대처하는 미래지향적인 장애인복지정책을 수립해야 할 것이며, 이에 대한 보다 과감한 지원이 있어야 할 것이다.

정보화 사회에서 정보통신은 단순한 의사소통의 매체라는 의미를 뛰어넘어 정보를 획득하는 수단이면서 일상의 경제생활을 유지시켜 주는 핵심도구로 자리 잡아가고 있다. 그래서 외국의 경우에는 장애와 노령, 경제적인 여건으로 인해 정보화 사회에 접근이 어려운 자들에게 보편적 서비스 개념을 규정하여 모든 국민들이 정보에 손쉽게 접근할 수 있도록 보장해 주고 있으며, 특별히 장애인에 대한 정보통신은 정보인권의 보장차원에서 접근(유명화, 2004)하고 있는 추세다.

최근 장애인복지의 새로운 패러다임으로 급부상하고 있는 자립생활의 측면에서, 장애인들이 정보화로 인해 재택근무와 원격교육 등이 가능해지면서 다양한 직업과 사회참여의 기회가 확대될 것으로 예고된다. 그러므로 정보화 사회에서는 장애인복지가 많은 발전가능성을 가지고 있다고 할 수 있다.

5 생애주기에 입각한 수요자 중심의 복지

장애범주가 늘어남에 따라 앞으로 각 장애유형에 적합한 복지지원 시스템이 필요할 것으로 예상된다. 장애 종류, 장애 정도에 따라 장애인들의 실질적인 욕구와 필요에 적합한 소득, 고용, 교육, 주거, 보건의료, 문화 등 다각적인 부문에서 수요자인 장애당사자 중심의 정책이 추진되어야 할 것이다. 장애유형과 생애주기에 따른 복지를 공급하는 방향으로 지원 대책 마련이 필요해지고 있다.

6 자립생활(IL)의 강화

장애인복지의 기본이념은 사회통합이라 할 수 있다. 장애개념의 변화에 부응하여 장애인복지에 있어서도 자립생활패러다임이라는 새로운 변화에 따라, 자립생활은 현재 장애인을 위한 소득보장시책의 한계, 활동보조 서비스의 미비, 교통수단의 미비 등으로 인해 발생되는 문제점들을 당사자들이 자발적으로 해결방안을 찾아나가는 서비스의 일대전환 시점이다. 자립생활 이념에 따르면, 서비스는 전문가와 공급자의 판단으로 계획에 맞추어 제공되는 것이 아니라 장애당사자가 선택한 계획에 맞춰지는 것으로 당사자 스스로의 선택과 결정이 중시되는 모델이다. 즉, 장애인들의 실질적인 욕구에 포괄적으로 대응하는 개별화된 전략으로서 다양한 일상적인 삶을 장애인이 누리기 위해 무엇이 필요한지에 초점을 맞춰 장애인 권리에 기초한 자립생활패러다임으로 변모하고 있다.

2절 장애인복지의 영역별 과제

현대사회는 국민전체의 생활 수준이 향상되면서 생활이 풍성해지기는 하였으나 산업재해나 교통사고의 급증과 환경파괴 등의 다양한 요인들로 인하여 장애인의 수가 급속하게 증가하고 있는 것이 지금의 현실이다. 그래서 지금 보편적 복지의 필요성이 더욱 대두되고 있다. 이처럼 장애인복지의 수요가 커져가고 있는 상황에서 그 수요증대에 대처해서 해결해야 할 과제는 영역별로 많다고 보인다. 우리나라의 경우 이에 대한 대책이 제대로 되어 있지 않았기 때문에 앞으로 장애인복지를 발전시켜 나가기 위해서는 이 문제를 해결하는 것이 시급한 과제라 생각되며, 장애인이 자신의 능력을 개발하여 스스로 자립하고 인간다운 생활을 영위하도록 하기 위해서는 여러 영역에서 필요한 장애인복지의 과제를 해결할 방안을 제공해 주어야 할 것이다.

1 소득보장의 현실화

소득보장이란 어떠한 원인으로 개인의 소득이 상실되거나 감소하는 경우에 기본적인 소득을 유지할 수 있도록 공적인 지원체계를 동원하여 소득을 유지시켜 주는 것을 말한다(최윤영 · 이경준, 2012).

장애가 심해 소득기회가 상실된 사람에 대해서는 최저생계비를 보장할 수 있는 소득보장제도의 마련, 소득에 대한 사회적 불리를 보충하기 위한 각종 세제혜택의 마련, 소득보장을 위한 장기적 대책으로 소득기회에 불리한 위치에 있는 중증장애인에게 소득보장을 위한(정일교 외, 2007) 정책적 대안이 필요하다.

이러한 문제점들을 해결하기 위해서 정부에서는 2010년 7월부터 15세 이상 중증장애인을 대상으로 '기초장애연금'을 도입하였다. 기초장애연금은 소득활동이 어려운 중증장애인들에게 최소한의 기본생활을 유지할 수 있도록 지원하는 데 목적이 있다. 그리고 우리나라에서 전부터 실행한 장애수당 제도는 진정한 의미의 보편적 사회수당 개념을 아직까지도 적용하지 못하고 있다. 실제로 「중증장애인기초연금법」은 특별 최중증장애 수당(중증장애인 중에서 일할 잔존능력이 50% 이상으로 떨어지는 중증장애인 위주로 먼저 시작하여 점차 확대하는 방향으로써 기본급여 15만 원, 생활급여 15만 원 정도 지급으로 시작)의 형태와 비슷하게 디자인해야만 일하기 어려운 중증장애인에게 소득보장의 기능을 할 수 있다고 본다. 이것은 일하기 어려운 중증장애인에게 기본적 생존권과 인권을 보장하기 위한 최소한의 정책적 대안이라 할 수 있다. 그리고 조금이라도 일할 잔존능력이 있는 장애인들은 고용지원정책과 근로지원인 서비스를 통해 취업으로 유도하고, 미취업 장애인들은 고용보험에서 다각적으로 지원하는 방식으로 접근해야 한다. 이렇게 정부의 소득보장정책은 장애유형 및 장애 정도에 따라 다양화되어야만 장애인의 삶의 질을 보장할 수 있게 된다.

2 장애인고용의 확대와 질적 개선

장애인고용의 확대와 질적 개선을 위해서는 공공부문의 장애인고용 의무화 준수, 민간부문의 장애인고용 비율달성을 위한 사업장지원, 장애인 우선해고에 대한 감시와 통제를 통한 해고방지, 장애인 실업상태를 알 수 있는 거시지표의 개발, 장애인직업상담소 등의 확대를 통한 신속한 고용관련 상담, 장애유형별, 장애 정도별, 장애인의 개별욕구별로 다양한 고용프로그램의 적극개발 및 실현이 필요하다(정일교 외, 2007).

1990년 「장애인고용촉진법」 체제 이후 의무고용제도하에서 장애인의 고용상황이 상당히 호전되었지만, 이는 경증장애인 위주였고 그나마 기업주의 적극적 고용의지 부족과 법적강제력의 미약하여 중증장애인의 고용은 여전히 열악한 실정에 있다. 기존의 고용정책은 일반사회의 직업적 수요와 그들 직업이 요구하는 생산성에 장애인을 적용시키려는 수동적 전략을 펴왔다. 그러다 보니 장애인은 시장이 호경기 땐 마지막 고용, 불경기 땐 처음 해고라는 암울한 현실의 타파가 쉽지 않았다. 그리고 무엇보다도 기업주에 의한 시혜적, 의존적 고용관행은 중증장애인의 당당한 지역사회 참여라는 궁극적 지향과 괴리되었다. 이러한 문제가 중증장애인의 고용을 정책적 위기상황으로 현재까지도 이어지고 있다. 또한, 우리나라는 일본이나 선진국과 같이 기초장애인 연금제도나 장애인복지 수당 등의 다양한 사회적 지원시스템들이 부족한 상태에서 생활적 독립을 위한 서비스에만 편중되어 있어, 중증장애인에 대한 인식이 비생산적인 존재로 비춰지고 있으므로 사회적 합의를 도출하여 진정한 통합사회구현을 위한 새로운 방안모색이 필요한 시점이라 할 수 있다. 이를 위해서는 정책적으로 중증장애인에게 서울시에서만 시행하고 있는 인턴제나 유보고용제도와 노인 및 차상위계층과 함께 동반고용으로 생산성을 향상시키고, 인큐베이터 창업시스템, 근로지원인 파견, 근로연계복지를 통한 중증장애인의 고용유지를 안정화할 필요가 있다.

3 교육기회의 확대와 통합교육으로 전환

교육기회의 확대와 통합교육으로의 전환을 위해서는 모든 장애아동이 적절한 교육을 받을 수 있도록 조기교육과 중등교육을 강화하는 일련의 조치가 필요하다(정일교 외, 2007).

통합교육이 성공적으로 수행되기 위해서는 먼저 해결되거나 전제되어야 하는 조건들이 있다. 이것은 우리나라뿐만 아니라 통합교육을 실시하려는 모든 국가에서 공통적으로 다루어지고 있다.

① 장애와 장애인에 대한 이해와 통합교육의 필요성 인식

통합교육의 환경으로 바꾸기 위해 가장 중요한 것은 비장애인들이 장애와 장애인에 대한 올바른 이해와 통합교육의 필요성을 인식하고 이를 적극적으로 수용하는 것이 선행과제다.

② 통합교육을 위한 법률적 지원과 실천

모든 것은 의지만으로 되는 것이 아니다. 그것을 강제하는 법률적 지원이 없으면 그 수행이 매우 어려운 경우가 많다. 따라서 입법을 통하여 통합교육에 대한 정책을 추진하여야 하며, 그 실천의지를 강력하게 하기 위해서는 유보적이고 임시적이 아니라 단정적이고 강제적인 입법이 요구되는 과제이다.

③ 특수교육체제의 연속성과 체계성

장애인의 다양한 형태와 수준에서 특수교육이 수행될 수 있도록 교육체제의 연속성과 체계성이 요구된다. 장애학생과 부모의 요구에 즉시 적절하게 부응할 수 있는 체제가 요구되는 과제이다.

④ 특수학교 교육과정의 다원화

우리나라 특수학교의 교육과정은 경직성이 매우 높은 편이다. 즉, 국가 수준의 교육과정을 절대시하고 그것을 준수하는 것이 최선의 방법이라 생각하는 경향이 많았다. 그러나 이제는 특수학교도 장애인의 다양한 유형과 정도에 맞추어 지역 수준, 학교 수준, 학급 수준, 교자 수준, 학생 수준의 교육과정으로 분화될 과제를 안고 있다.

⑤ 교사의 양성

장애학생의 심리적 특성과 교육적 요구만을 이해하는 교사보다는, 모든 학생의 특성과 요구를 이해하면서 그 바탕 위에 장애학생의 특별한 요구를 이해하고 충족시킬 수 있는 능력이 현재의 필요한 과제이다.

⑥ 시설·설비의 확충

장애인을 위한 사회환경 조건의 구비는 통합의 중요한 요소이다. 통합을 가로막는 물리적 환경에 대한 시급한 개선 없이는 통합교육의 성공은 요원한 일이라 할 수 있다. 나아가 특수교육시설 현대화와 일반아동과의 동질성 회복을 위한 통합교육으로의 전환이 필요한 과제이다.

4 지역사회통합을 위한 서비스의 질 향상

지역사회통합을 위한 서비스의 질을 향상시키기 위해서는 입소시설의 경우 대규모 관리 중심의 시설에서 소규모 공동가정의 형태로 전환되어야 하며, 또한 시설의 수준도 일반적 생활 수준에 맞게 향상되어야 한다. 그리고 이용시설의 경우는 이동 가능한 장애인이 그 지역에서 장애를 갖지 않은 사람들과 동등하게 살아갈 수 있도록 자립적 생활(정일교 외, 2007)을 위한 다양한 사회적 지원방안, 즉 한 가지만 예를 들면, 자립생활기술훈련을 배우는 임시주거 형태인 체험홈 같은 곳이 마련되어야 할 과제를 갖고 있다.

5 사회환경의 개선

사회환경의 개선을 위해서는 장애인에 대한 비장애인의 부정적 인식과 편견을 개선하기 위한 과제가 또한 남아 있다. 이것을 위해 지속적 대국민 홍보와 교육이 절실히 필요하다. 또한, 장애인의 사회활동 촉진을 위한 편의시설의 설치가 필요하며, 이를 위해서 새로이 건축되는 공공시설이나 공중이용시설 등에는 물론 의무적으로 설치되어야 하고 기존에 건축된 시설인 경우에도 필요시 편의시설 설치자금을 대부해 주어 설치를 유도하는 것이 필요하다(정일교 외, 2007). 이러한 장애인의 사회환경에 대한 논의는 편의시설과 관련시켜 볼 때 '장애인이 도시, 건축시설을 이용할 수 있는 권리'라는 측면에서 보장되어야 한다고 본다. 이는 국가나 사회가 장애인에게 베푸는 특혜가 아니라 '장애를 가진 시민'을 위해 반드시 해야 할

의무라 할 것이다.

최근 미국 하버드대학교의 케네디 스쿨에서 휠체어를 이용하는 척수마비장애인인 한국 유학생 단 한 명을 위해서 출입문을 개조하고, 컴퓨터 전용석을 마련해 주고, 교수조차 얻기 힘든 주차권도 주었다는 사실은 우리로 하여금 많은 생각을 하게 한다. 우리나라도 이러한 선진국의 예처럼 장애인에 대한 차별의식을 없애야 하며, 더 나아가 사회참여하는 장애인에게 기회의 균등뿐만 아니라 더 나아가 '합리적 배려'를 할 때가 되었다고 여겨진다.

6 의료서비스의 확대

모든 장애인이 적절한 의료서비스를 받을 수 있도록 일정 규모 이상의 종합병원에 재활의학과를 설치하고 재활관련전문인을 양성하여 의료서비스의 수혜기회를 확대해야 할 과제가 있다. 그리고 1차 병원 내지 2차 병원의 휠체어 사용 중증장애인은 병원 접근이 힘들어 사실상 이용하기 힘들고, 또한 병원의료진의 중증장애에 대한 인식이 부족하여 치료를 잘 해 주지 않는 상황이 많이 발생하곤 한다. 이를 예방하기 위해 1·2차 병원의 장애인 접근성을 높이기 위해 지자체의 모니터링 강화와 함께 1·2차 병원에서 장애인을 진료하면 건강보험 진료수가를 높여주어 장애인 환자의 진료에 대한 제도적 지원과 함께 의료진의 중증·중복 장애인에 대한 인식개선 교육이 필요하다고 본다.

장애유형의 다양함으로 인해 많은 병원에서 의료진들이 중증장애인에 대해서 이해를 못 해 진료거부 상태가 벌어지기도 한다. 이러한 문제를 없애기 위하여 그 대안의 하나로 현재 국립재활원을 '한국보건의료타운'으로 지정하여, 15개의 장애유형에 맞는 전문의사 한 명씩을 배치하여, 중앙에는 일반병원처럼 운영하되 각 부분을 나눠서 지체전공의, 내부장애전공의, 시각전공의, 청각전공의, 발달장애전공의, 정신장애전공의 등 장애유형에 배치하고, 그중에서도 특히나 중증장애인을 장애유형별로 잘 아는 의료진을 한 명씩 배치하여 아무리 장애가 심하거나 장애유형이 다르더라도, 장애패턴을 의사들이 잘 몰라 병원에서조차 의료거부를 하는 일이 없이 한 곳에서 치료를 받을 수 있는 시스템이 만들어져야 한다고 생각된다.

7 문화·예술·스포츠 활동을 위한 사회환경 정비

장애인이 지역사회에서 일반 사회구성원과 동등하게 생활하기 위해서는 사회환경의 정비가 매우 중요한 과제라 할 수 있다. 특히, 장애인의 생활을 보다 풍부하게 하게 위해서 문화·예술·스포츠 활동의 사회참여가 가능하도록 사회환경을 정비하는 것도 중요한 일이라 할 수 있다. 이러한 분야에서 장애인의 가능성을 높이는 것은 장애당사자의 생활의 질을 향상시킬 뿐만 아니라 이러한 활동을 지역사회에서 실시함으로써 지역사회 역시 풍요롭게 만들게 된다.

3절 장애인복지의 전망

장애인복지는 장애인도 천부적 인권을 갖고 있으며, 지역사회에 함께 살아야 할 존재로서 인간의 가치실현을 기본적 이상으로 하고 있고, 장애인이 인간으로서 가지는 개인적 기본가치를 실현함과 아울러 장애인이 함께 어울려 같이 살 수 있는 공존사회를 건설함으로써 이루어질 수 있다는 가치관(價値觀)을 바탕으로 하고 있다.

그리고 이를 실현하기 위한 세부 활동으로 장애인의 소득보장체계 구축을 통한 생활안정 지원강화, 장애인의 이동권 확보 및 장애인차별금지법을 통한 장애인의 사회참여, 의료·교육·재활서비스 강화 및 장애인복지 전문인력의 공인자격제도 도입을 통한 장애인의 전문적 서비스 강화, 지역사회재활시설 확충 및 장애인의 자립생활패러다임 정착을 통한 지역사회 중증장애인의 권익옹호 및 욕구중심의 휴먼서비스 강화, 장애범주의 단계적 확대, 장애인이 이용할 수 있는 문화 및 체육활동 활성화, 여성장애인의 인권과 성폭력방지 등의 대책수립, 그리고 미국 등의 외국선진국처럼 대통령산하의 장애인전담부서를 설립하여 장애인복지정책의 실질적

강화와 장애인서비스 전달체계의 합리적 구축을 구체적 목표로 수립해야 한다.

그리고 장애인복지에 있어 영역별 전망을 해보면 다음과 같다.

1 장애예방사업

출생 전 장애발생 예방대책으로는 임산부 건강진단사업의 내실화 및 의무화가 요구되고 있고, 출생과정 중 장애발생 예방대책으로는 심신장애 조기발견 및 조기치료를 위해 저체중 출생아의 등록관리제 도입 및 의료지원, 주산기[2] 의료전달체계를 확립시키는 적극적인 시책이 필요하다. 그리고 오늘날 출생 후 성인기 장애발생률이 빠른 속도로 증가하는 관계로 산업재해 및 교통사고의 사전예방 등 안전대책이 절실히 요망된다.

2 소득보장

국가차원에서 전에는 장애인의 복지서비스 전달방법으로 시설을 지원하거나 기관에 전달하는 방식을 취해 왔다. 이러한 방식은 장애인이 복지에 대해서 권리로서 받아들이기보다는 단순히 수혜자로서 위치하게 하는 결과를 가져오게 되었다. 이러한 문제를 극복하고 장애인의 권리가 보장되기 위해서는 직접급부(direct payment)방식이 도입되어야 한다. 그리고 장애로 인해서 사회에서 불이익을 받을 수밖에 없는 상황을 고려해서 장애간호수당·장애이동수당·장애아부양수당 등의 각종 수당제가 도입되어야 한다. 현재 장애인계의 가장 중요한 이슈로 중증장애인기초연금제도의 도입이 추진되어, 앞으로 반드시 중증장애인의 삶의 질을 높이고 경제적 안정을 위해서 이 제도화는 필요하다.

2) 신생아 분만의 전후, 즉, 임신 29주에서 생후 1주까지의 기간이다. 주생기(周生期)라고 하는 말도 같은 뜻으로 쓰이지만, 이것은 특히 신생아 측, 즉, 출생이라고 하는 점에서 본 호칭이다. 이 기간의 사산이나 사망을 주산기사망이라고 한다. 신생아에 특유한 병을 일으키기 쉽고, 생리적·병리적으로도 특히 문제가 되는 시기이므로, 주산기의학으로서 별도로 취급되고 있다.

3 주거환경변화 보장

인간이 스스로의 존엄성을 유지하며 살아가기 위해서는 자연의 위협으로부터 보호받으면서 일상생활에 불편이 없을 정도의 최소한의 거처(居處)가 중요하며 필요하다. 이 때문에 '주(住)'는 의(衣), 식(食)과 함께 인간생존의 기본적인 구성요소라고 할 수 있다. 장애인은 더욱 이 부분의 복지가 필요하다. 그러나 현재 중증장애인은 신체적·정신적 제약으로 가장 편안해야 할 자신의 집에서조차 가족구성원이나 타인의 도움 없이는 생활할 수 없는 열악한 구조 속에서 살아가고 있다. 특히, 영구임대아파트에 거주하는 중증장애인은 기초생활수급자이면서 혼자서 생활하는 경우가 많아 자신의 신체조건에 맞게 개조할 수 있는 개조비용을 감당하기도 어렵고, 비장애인의 신체조건에 맞게 제작된 주거환경 속에서 장애가 악화되는 경우가 다수를 차지하고 있다. 복지선진국의 경우는 유니버셜디자인(universal design)을 통해서 배리어 프리(barrier free)의 개념을 뛰어넘어 남녀노소를 불문한 모든 사람이 사는 데 불편 없는 디자인으로 신체적 장애뿐 아니라 순간순간 생길 수 있는 상황적 장애까지 고려하고 있다. 그러므로 우리나라도 외국의 복지선진국처럼 중증장애인에게 주택개조를 통한 자립생활을 지원하며 또한 주거환경개선 관련 정보 및 자료수집, 대학 내의 장애전문인력, 유니버셜디자인[3] 등의 각종 서비스 지원과 더불어 지역사회에 보조공학서비스센터를 각 지역에 설립하여 보조기기의 무상임대 및 수리서비스 등을 통해 중증장애인들이 편하게 살 수 있도록 주거권 확보를 보장해 주어야 한다.

4 고용보장

민간사업체에 대한 규제중심의 의무고용제도에서부터 장애근로자에 대한 적극적인 지원중심의 정책으로 전환하여야 할 것이며, 중도장애인에 대한 직장복귀 지

3) 유니버셜디자인은 장애인, 고령자가 일상생활을 자유롭게 보낼 수 있는 배리어 프리(barrier free) 개념에 기초한다.

원대책의 강화와 직업교육의 강화 그리고 새로운패러다임의 장애인직업재활정책의 수립 등이 이루어져야 한다. 또한, 일반고용이 어려운 중증장애인을 위한 보호고용제도의 질적수준 제고 및 지적장애인을 위한 지원고용제도가 필요하고, 특정유형의 중증장애인들에게 유보고용실시 등의 다양화와 직업재활시설 확충 및 장애인 중심의 사회적 기업 활성화 대책 그리고 장애인 우선발주 및 우선구매제도의 실시 등과 같은 제도적 지원이 이루어져야 한다. 그리고 기존의 직업재활(Vocational Rehabilitation) 서비스만으로는 취업이 어려운 중증장애인에게 고용활성화를 위해 자립생활센터에서 다양한 맞춤형 서비스를 제공하여 직업생활이 가능하도록 사회적 지원정책이 마련되어야 한다. 이를 위해, 취업이 가능하다고 판단되는 중증장애인을 중심으로 취업교육비 제공과 인턴지원 그리고 장애유형과 정도에 따라 근로지원인 파견, 그 외에 출·퇴근 이동지원 및 보조공학서비스 등을 전문기관과 네트워크 구축을 통해 정보제공 및 의뢰로 중증장애인 개개인 및 사업주에게 맞춤식 서비스를 제공해 주는 것도 필요하다. 그리고 구직을 희망한 이용자 및 취업된 장애당사자에게는 동료상담을 통해 심리적 안정과 지지를 해 주어, 고용주 및 직장동료에게는 중증장애인의 신체적·심리적으로 다양한 특성에 대해 충분히 이해를 통한 직장 내 대인관계에서 오는 스트레스를 줄여 실제로 사업장에서 직업적응이 이루어지도록 한다.

5 보건·의료보장

작업치료실, 언어치료실, 재활병동의 설치확대 등을 통하여 의료서비스 공급기관을 확충하고, 보건소의 장애인 재활치료기능을 강화해 나가야 할 것이다. 장애인의 의료비 부담을 경감하기 위하여 의료보험 급여기간 제한규정의 폐지, 의료보험 급여 지원 증액과 확대, 병원 진료를 위한 접근권 보장을 위한 제도적 장치 마련, 재활치료 급여항목의 세분화와 같은 의료보험제도의 개선과 더불어 의료비지원 사업의 확대 등이 이루어져야 할 것이다. 그리고 물리치료사, 작업치료사, 언어치료사 등 각종 전문의료 인력의 양성 및 활용방안을 강구하여야 할 것이다. 보장구 문제와 관련하여서는 보장구업체에 대한 지원강화, 국산보장구에 대한 표준화 작업과 수가고시제 실시, 첨단 보조기기에 대한 연구개발의 활성화 등이 이루어져야 할 것이다.

6 장애인 입소시설 민주화·개방적 운영개선

장애인 입소시설의 운영상의 문제점을 개선하기 위해서는 '장애인입소시설운영발전위원회'를 구성하여 운영함이 필요하다. 개선방향은 시설운영의 투명성·전문성·효율성·민주성 확보로 서비스의 질 향상을 꾀하고 입소시설의 무분별한 증설을 억제하여 입소중심의 시설개념에서 중간시설로의 역할에 정책의 무게를 두어야 한다. 또한, 보건복지부를 연결하는 전산망을 구축하여 시설운영의 투명성과 효율성 그리고 민주성 및 개방화를 통하여 지역사회와 연계하여 같이하는 등의 효율적이며, 인권침해가 없게 관리할 수 있는 체계를 마련해야 한다.

7 교육보장

통합교육을 장려하여 나가되 특수교육대상자 수에 맞추어 특수학교와 특수학급을 증설하고, 조기특수교육기회를 확대하여야 할 것이다. 또한, 개별화교육과 순회방문교육 등 다양한 교육방법을 강화하고 특수교육에 전문인력의 확대양성이 이루어져야 할 것이다. 그리고 장애인의 낮은 교육수준을 제고하기 위하여 저소득층에 대한 교육비 지원확대 등 교육기회의 확대를 위한 제도가 강화되어야 할 것이다.

먼저 일반교육현장이 장애아동을 받아들일 수 있도록 물리적인 환경개선 및 교육프로그램이 있어야 한다. 이를 위해서는 학교의 교육편익시설을 확충해야 함은 물론 학급당 인원수가 적어도 30명 내외로 조정되어 개별화교육이 가능한 환경이 전제되고 일반학교에 장애학생이 취학할 수 있는 기회가 마련되어야 한다. 그리고 장애를 발견한 때부터 3세 미만까지의 교육을 무상으로 하고, 3~6세까지의 교육은 의무교육으로 하고, 조기교육기관에의 입학은 특수교육심사위원회의 결정에 따라 적절한 교육기관을 배치받을 수 있도록 강제화하며, 조기교육기관의 재학연령은 장애발견 시부터 6세까지로 해야 한다.

최근에 강조되고 있는 장애인복지의 궁극적 목표는 접근권, 노동권, 교육권, 차별금지, 그리고 장애인의 자기권리 찾기 등이 포함되어 있다는 점에서 그 전망은 희망적이라 할 수 있다. 하지만 이러한 정책적 실천과제가 어느 정도 실현될 수 있을지의 여부는 장애당사자의 사회변혁을 위한 강력한 권익옹호에 대한 실천력 담보와 정부의 의지에 달려 있다.

최근에 사회복지환경의 변화는 장애인복지의 전망을 분명하게 제시하기 어려운 상황이다. 사회복지관련 사업을 비롯한 중앙정부의 사업이 지방정부로 이양되고 있으며, 지방화와 분권화의 강화로 지방자치단체의 역할이 증대되고 있다. 지방정부는 단체장의 관심도와 업무담당자의 역량에 따라 많은 차이를 보여 줄 것으로 예상되고 있다. 또한, 노인장기요양보험도 장애인복지에 어떤 면으로든 영향을 미칠 것으로 보인다. 더불어 정보화의 가속화로 정보의 격차가 심화될 것이며, 빈부의 불평등이 심화되어 이러한 격차는 앞으로 더욱 증가할 것이다. 한편 앞으로 중증장애를 중심으로 장애범주가 더욱 확대될 예정이며 장기적으로 장애개념이 사회적 개념으로 확대될 것이다. 그래서 장애인의 수가 지속적으로 증가되므로 장애인복지 수요가 증가될 것이다.

또한 앞으로의 장애인복지의 전망은 장애인의 자립생활을 촉진하기 위한 다양한 프로그램이 개발될 것이고 장애인의 권리를 존중하여야 하며, 장애인의 가치로운 생활을 보장하기 위한 다양한 운동이 활발히 전개될 전망이다. 그러므로 장애인복지의 발전에 있어서 가장 중요한 것은 장애인이 보살핌과 보호의 대상이 아니라 그들이 직접적으로 선택과 자기결정의 당사자이며 삶의 주체로서 능동적으로 사회참여를 할 수 있게 사회적 환경을 조성하는 것이며, 그들을 차별하지 않는 사회문화적 여건을 조성하는 것이다.

참고문헌

국내문헌

감정기 · 최원규 · 진재문(2002). 사회복지의 역사. 서울: 나남.

강석동 · 육주혜 · 남세현(2005). 수요자 중심의 보조공학서비스 활성화 방안: 한국장애인고용공단 보조공학센터를 중심으로. 2005년 연구보고서.

강영실(2010). 장애인복지의 이해. 서울: 신정.

강혜규(2007). 한국 사회서비스 정책의 현황과 서비스 확충의 과제. 보건복지포럼 통권 제125호, 한국보건사회연구원.

강혜규(2013). 사회서비스 바우처사업의 성과와 과제. 보건복지포럼 통권 제171호, 한국보건사회연구원.

건설교통부(2016). 교통약자의 이동편의증진법령집. http://www.mltm.go.kr에서 검색

고관철(2012). 장애인자립생활센터의 한국적 발전방안 연구. 동국대학교불교대학원 석사학위논문.

고제훈 · 김호진 · 강혜승 · 유완식 · 김언아(2017). 2016년 기업체 장애인고용 실태조사. 고용개발원.

공진용(2010). 보조공학의 필요성과 지원정책 방향. 장애인 보조기기의 중요성과 인식확산을 위한 세미나.

교남소망의 집 내부자료(2011).

교육부(2015). 제4차 편의증진국가종합5개년계획(15~19년)에서 발췌. www.moe.go.kr/main.do?s=moe

구철수(2015). 부산지역 보조공학서비스 활성화 방안 연구. 부산광역시장애인종합복지관.

국가법령정보센터(2023). 교통약자 이동편의 증진법 시행령. http://www.klaw.go.kr에서 검색.

국가법령정보센터(2023). 장애인 정보화 관련 법률. http://www.klaw.go.kr에서 검색.

국가법령정보센터(2023). 장애인,노인,임산부 등의 편의증진 보장에 관한 법률 시행령. http://www.klaw.go.kr에서 검색.

국민건강보험공단(2023). 장애인보장구에 대한 보험급여기준. http://www.nhic.or.kr에서 검색

국민건강보험공단(2023). "의료비지원사업 안내". www.nhis.or.kr.

국민건강보험공단(2019). "장애인보장구에 대한 보험급여기준". www.nhis.or.kr.

국민연금공단(2023). 연금 정보(장애연금). www.nps.or.kr.에서 검색.

권도용(1998). 현대장애인복지개론. 서울: 홍익재.

권선진(2006). 장애인의 재활보조기기 활용실태와 정책과제. 보건복지포럼 통권 제114호(2006. 4.). 한국보건사회연구원.

권선진(2007). 장애인복지론, 서울: 청목출판사.

근로복지공단(2019). 산재보상서비스. http://www.kcomwel.or.kr에서 검색

김경혜(2004). 장애인 자립생활센터 운영기반 조성방안, 서울시정개발연구원.

김동복(2004). 시각장애인의 안마직종 고용정책에 관한 연구. 장애인고용, 14(2), pp. 72-88.

김동호(2000). 자립생활패러다임에서 본 한국 장애인복지관 연구. 연세대학교 행정대학원 석사학위논문.

김동호(2001)."장애 패러다임의 전환과 자립생활". 장애인고용. 한국장애인고용공단.

김미옥 · 김용득 · 이선우(2004). 장애와 사회복지. 서울: 학지사.

김성천 · 오혜경 · 윤혜미 · 엄명용(2000). 사회복지 실천의 이해. 서울: 학지사.

김성희 · 윤상용 · 김대철 외(2011). 장애인복지지표를 통해 살펴 본 OECD국가의 장애인정책비교연구. 한국보건사회연구원.

김성희 · 이연희 · 황주희 · 오미애 · 이민경 · 이난희 · 강동욱 · 권선진 · 오혜경 · 윤상용 · 이선우(2020). 2020년 장애인 실태조사. 한국보건사회연구원.

김용득(2016). 장애인복지. 서울: EM커뮤니티.

김용득(2022). 보건복지의 공공성,넉넉한 접근이 필요하다. 보건사회연구. 42(1), 5-6.

김용득(2023). 사회서비스 공공성과 유연성, 개념과 동향. 사회서비스 고도화의 정책적 현황과 과제: 사회서비스 공급논쟁의 현재적 재구성, 한국사회복지학회 정책토론회집. 13-15p.

김용득 · 유동철(2001). 한국 장애인복지의 이해. 서울: 인간과복지.

김익균(2007). 사회복지개론. 서울: 파워북.

김재익(2005). 한국의 독립생활 발전을 위한 실천전략, 중증장애인 직업재활의 문제와 IL에로의 접근. 한국뇌성마비장애인연합.

김재익(2006). IL이념과 새로운 서비스의 발전방향 모색. 자립생활 이념과 발전방향을 위한 지역순회세미나 자료집. 한국장애인자립생활센터총연합회.

김재익(2015). 서울시 중증장애인 자립생활지원 체계강화를 위한 조례의 시행규칙 제정의 필요성. 서울시 중증장애인 자립생활 정책수립 및 정착을 위한 토론회 자료집. (사)서울장애인자립생활센터총연합회.

김재익 · 김동기(2012). 장애인자립생활센터 실태 및 발전방안 연구. 한국장애인자립생활센터총연합회 자립생활연구소.

김재익 · 김종인(2014). 자립생활실천론. 서울: 창지사.

김재익 · 정연수 · 이정주 · 정중규(2019). 장애이해와 재활. 경기도: 정민사.

김정희 외(2014). 장애인 활동지원제도 기관실태분석을 통한 수가체계 개편연구. 보건복지부 · 한국장애인개발원.

김종배(2006). 미국의 IL운동의 역사와 현재. 한국장애인자립생활센터협의회 세미나 자료집. 한국장애인자립생활센터협의회.

김종인(2001). 선진국의 자립생활 실제, 중증장애인 자립생활 현황 및 향후 방향, 장애인의 날 기념세미나, 국립재활원.

김종인(2005). 자립생활이란 무엇인가: 자립생활센터의 역할과 필요성. 나사렛대 중증장애인자립생활지원센터 창립세미나 자료집. 나사렛대학교 중증장애인자립생활지원센터.

김종인 · 우주형 · 이준우(2004). 재활복지개론. 서울: 인간과 복지.

김지영 · 김세림(2014). 2014년 서울시 중증장애인 자립생활 실태조사. 서울시복지재단.

김진우(2005). 장애에 대한 사회적 모델의 의의와 한국 사회에의 함의. 장애담론과 실천과제 - 2005년 한국장애인복지학회 추계학술세미나 자료집. 한국 장애인복지학회.

김진우 외 15인(2014). 발달장애인복지론. 서울: EM커뮤니티.

나운환(2007). 장애인 직업재활시설 유형 재편 세부업무매뉴얼 개발보고서. 한국 장애인복지진흥회.

남상만 · 나운환 · 유명화 · 이준상(2008). 장애인복지개론. 서울: 홍익재.

남세현(2012). 광역 보조기기서비스센터의 역할에 관한 연구 - 장애인 보조기기 사례관리시범사업 사례를 중심으로. *Journal of Disability and Welfare, vol. 17*, pp. 149-169. 한국 장애인복지학.

남세현 · 공진용 · 김미정 · 강인학 · 안나연. 2015. 장애인 · 노인 보조기구 지원 등을 위한 제도 개선 방안 연구보고서. 보건복지부 · 한신대학교 산학협력단.

노금호(2015). 장애인자립생활센터의 역할과 비젼. 장애인자립생활센터의 역할 및 중장기 발전방안. 노들

장애인자립생활센터 · 한국장애인자립생활센터협의회.
노기성(2011). 사회서비스 정책의 현황과 과제: 사회복지서비스를 중심으로. 한국개발연구원.
노언희(2007). 장애인 자립생활 능력 향상을 위한 활동보조지원 사업의 주요쟁점 분석 및 개선방안 연구. 서강대학교 공공정책대학원 석사미간행논문.
대전광역시사회복지사협회 내부자료(2016).
류명석 · 이유정(2007). 서울시 재활보조공학센터 설치 방안연구. 서울복지재단.
류상렬(2002). 사회복지의 역사. 서울: 학지사.
민준영 · 김호진 · 이선우(1997). 장애인의 취업 및 취업형태에 영향을 미치는 요인에 대한 분석: 프리빗을 이용한 분석. 한국 사회복지학, 29, pp. 287-313.
박광준(2002). 사회복지의 사상과 역사. 경기: 양서원.
박미은 · 민은희 · 손의성 · 최규영(2011). 사례관리실천매뉴얼. 대전광역시사회복지사협회.
변경희 외(2008). 장애인자립생활센터와 장애인복지관의 역할 및 기능재정립 연구 I . 한신대학교 산학협력단.
보건복지부(2011). 2011년 장애인 활동지원 사업안내.
보건복지부(2013). 2013년편의시설실태전수조사보고서. http://www.mw.go.kr에서 검색.
보건복지부(2023). 국민기초생활보장. http://www.mw.go.kr에서 검색.
보건복지부(2016). 2016년 장애인 활동지원 사업안내.
보건복지부(2017). 2017년 장애인 실태조사.
보건복지부(2023). 정책마당: 장애인정책(장애인연금). http://www.mw.go.kr에서 검색.
보건복지부(2019). 2018년 편의시설실태 전수조사보고서". www.mohw.go.kr.
보건복지부(2023). 2023년도 장애인복지시책. www.mohw.go.kr에서 검색
보건복지부(2019). 2019장애인복지 사업안내 1, 2.
보건복지부(2019). 「장애등급제 단계적 폐지」 시행을 위한 장애인복지 사업안내.
보건복지부(2019). 기초생활보장. www.mohw.go.kr.
보건복지부(2019). 장애인과 함께하는 활동지원사 양성 교육과정.
보건복지부(2023). 장애인복지법. www.mohw.go.kr에서 검색.
보건복지부(2019). 장애인활동지원 사업안내(개정).
보건복지부(2019). 정책마당: 장애인정책(장애인연금). www.mohw.go.kr.
보건복지부(2021). 사회서비스 만족도 조사. 보건복지부 누리집.
보건복지부(2021). ttps://www.socialservice.or.kr:444/user/htmlEditor/statistic/view.do?p_sn=15.
보건복지부(2023). 2023년 장애인 실태조사.
보건복지부(2023). 2023년 장애인 활동지원 사업안내.
보건복지부 내부자료(2007).
보건복지부 내부자료(2013).
보건복지부 내부자료(2015).
보건복지부 보도자료(2012. 12. 7. 석간).
보건복지부 보도자료(2019. 3. 14. 석간).
보건복지부 보도자료(2019. 5. 3).
부산광역시(2023). 장애인복지시책. http://www.busan.go.kr에서 검색.

부산광역시(2019). 복지정보: 장애인복지시책. www.busan.go.kr.

서울시복지박람회(2018). 서울시장애인 자립생활지원 5개년 계획.

서울시복지정책과(2017). 제 2차 장애인거주시설 탈시설화 추진계획.

서울시복지정책과(2019). 2019년 탈시설 정책 협치사업 추진계획.

서울특별시 관악구청(2023). 복지정보: 장애인복지시책(장애인자립자금 대여제도). gwanak.go.kr에서 검색.

서해정 · 신미화 외(2015). 중증장애인 자립생활 지원체계 강화방안 연구. 한국장애인개발원.

성기원 · 이정화(2007). 장애인 자립생활센터 실태조사 및 운영모델 개발. 서울복지재단.

성숙진(2002). 미국 중증장애인 독립생활 운동 개념과 발달과정, 재활복지, 6 (2).

손경숙(2011). 장애인 활동보조 서비스에 대한 문제점과 발전방안에 관한 연구. 임상사회사업연구 8(1), pp. 31-59.

손광훈(2007). 장애인복지론. 경기: 학현사.

송미연(2002). 수화통역서비스가 청각장애인의 직업적응에 미치는 효과에 관한 연구. 대구대대학원 석사학위논문.

신선숙(2016). 장애인 활동보조서비스가 이용자의 삶의 질에 미치는 영향 연구. 건국대학교 행정대학원 석사학위논문,

심진예 · 김경아 · 이국주(2006). 장애인고용정책 국제비교 연구. 경기: 고용개발원.

안상희(2001). 장애인 자립생활운동, 장애우복지개론, 서울: 나눔의집.

양숙미(2001). 자립생활실천을 위한 장애인복지서비스 제공자의 역할과 기능, 장애인 자립생활 실천을 위한 과제와 전망, 국제장애인복지실천 세미나 자료집, 한국장애인복지관협회,

양옥경 · 김미옥(1999). 사회복지실천에서의 권한부여(Empowerment)모델에 관한 고찰. 사회복지. 한국 사회복지협의회.

양희택 · 정무성 · 노승현(2007). 장애인복지개론, 서울: 학현사.

에이블뉴스(2009). MIT가 만든 최첨단 인공지능 휠체어.

오길승(2007). 중증장애인의 지역사회통합을 위한 보조공학서비스의 필요성. 재활공학서비스연구지원센터.

오길승 · 오도영 · 남세현 · 김형우(2004). 보조공학서비스 욕구 및 수요파악을 위한 실태조사. 한국장애인고용공단.

오길승 · 정광열 · 오영애 · 권오선 · 윤치연(1996). 재활공학. 서울: 국립재활원.

오도영(2008). 한국의 보조공학서비스 활성화 방안 연구. 대구대학교 재활과학대학원. 박사학위논문.

오혜경(1998). 장애인 자립생활실천에 관한 연구, 사회복지리뷰 3(1), 가톨릭대학교 사회복지연구소.

오혜경(1999). 장애인과 사회복지 실천. 서울: 아시아미디어리서치.

오혜경(2005). 장애인복지론. 서울: 창지사.

우주형(2006). IL지원센터의 역할과 서비스, 장애인 동료상담가 양성교육, 나사렛대학교.

유동철(2009). 인권 관점에서 보는 장애인복지. 경기: 집문당.

유동철(2013). 인권 관점에서 보는 장애인복지. 서울: 학지사.

유현종(2014). 사회서비스 전달체계의 비교복지국가론적 분석-사회적 돌봄 서비스의 5가지 복지레짐 비교를 중심으로. 한국행정연구 23 (1), pp. 1-38.

육주혜 · 공진용 · 손병창 · 이준석 · 오도영 · 강인학(2007). 지방자치단체 중심의 보조공학서비스 활성화 방안에 관한 연구. 경기도재활공학서비스연구지원센터.

윤석용(2009). 보조기기 지원 및 산업 육성에 관한 법률안.

윤영진(2010). 사회서비스의 이론적 쟁점: 개념, 성격, 국가와 시장. 한국사회서비스학회. 춘계세미나 발제논문 1, pp. 65-99.

윤영진 · 양기용 · 이인재 외(2011). 사회서비스정책론. 서울: 나눔의집.

윤재영(2009). 장애인 자립생활의 의미와 측정: 자립생활센터 이용장애인을 중심으로. 성균관대학교 대학원 박사학위논문.

이경혜(2000). 지체장애인의 자립생활에 영향을 미치는 요인. 중앙대학교 사회복지대학원 석사학위 논문.

이기량 · 최경익(1999) 역. 자립생활을 즐겁고 구체적으로. 서울: 나눔의집.

이민경 · 김성희 · 오욱찬 · 오미애 · 김진희 · 황주희 · 조휘래 · 이한나 · 강동욱 · 권선진 · 백은령 · 윤상용 · 이선우(2023). 2023년 장애인 실태조사. 한국 보건사회연구원.

이성규 · 최원석 · 임창규(2006). 보조공학서비스 효과성 제고 방안. 한국장애인고용공단 보조공학센터.

이승기(2012). 이용자 중심적 장애인복지전달체계 구축을 위한 전재조건 및 충족방안에 관한 연구. 한국지역사회복지학, 40, 81-102.

이승기(2013). 장애인 자립생활 지원을 위한 행정체계 개편. 장애인자립생활기반구축을 위한 국가보고서 공청회. 국가인권위원회.

이승기 · 윤상용 · 서동명(2016). 장애인복지론. 서울: 신정.

이신정(2011). 사회서비스 성과평가 체계개발에 관한 연구 -사회복지관 성과평가를 중심으로. 신라대학교 일반대학원 사회복지학과. 박사미간행논문.

이익섭(2003). 장애인 당사자주의와 장애인 인권운동의 배경과 철학. 장애와 사회, 2. 우경사회.

이익섭 · 김동기 · 이한나(2007). 자립생활서비스이용과 지역사회참여 및 고용의 관계와 역량강화의 매개효과. 직업재활연구, 17(1), 5-24.

이익섭 외(2006). 장애인 자립생활(II) 시범사업 평가 및 모델 개발연구. 연세대학교 사회복지연구소.

이재원 · 손정원(2011). 사회서비스 공급정책에서 시장과 산업 활성화 과제: 보건복지부 사회서비스 전자바우처 사업을 중심으로. 동향과 전망(통권 82호), 45-84.

이제복(2014). 사회서비스 바우처 사업의 비영리조직과 영리조직 진입에 관한 연구: 산모신생아도우미 시장을 중심으로. 서울대학교행정대학원. 박사 미간행논문.

이준우(2001). 장애인과 지역사회. 한국밀알선교단출판부.

이채식 · 김귀환 · 문혜숙 · 서화정 · 오정옥 · 이기량 · 장우심 · 전영록(2006). 케어복지개론. 서울: 나눔의집.

이채식 · 이은영 · 이형렬 · 김재익 외(2013). 장애인복지론. 창지사.

이철선 · 김윤수 · 조혜경 · 허대원(2019). 사회서비스 제공기관의 효율화 방안과 연구 - 규모의 경제효과를 중심으로. 한국보건사회연구원.

이해영(2006). 케어복지론. 서울: 양서원.

장애우권익문제연구소(2001). 장애우복지개론. 서울: 나눔의집.

장재완(2002). 장애인 이동권에 관한 연구: 대전지역 장애인 이동시설 설치실태를 중심으로. 한남대대학원 석사학위논문.

장현숙(2002). 노인의 재활보조기기 이용실태 및 요구도에 관한 실태조사. 한국노년학회지, 22(1)

전영환 · 최원석(2007). 보조공학서비스 효과분석. 한국장애인고용공단 고용개발원.

전용호(2000). 좋은 사회를 위한 장애인복지론. 서울: 학문사.

전정식(2006). 한국 활동보조 서비스의 현재. 한·일·미·독 4개국 활동보조 서비스 지원 및 제도 심포지엄 자료집. 정립회관.

정동훈(2009). 국내 보조공학 연구동향 분석: 1998~2008년 특수교육 및 재활관련 학술지 중심으로. 한국지체부자유아교육학회, 52 (1), 97-124.

정무성(2004). 현대장애인복지론. 경기: 현학사.

정무성·양희택·노승현(2007). 장애인복지개론. 서울: 학현사.

정승민(2012). 보조기기 사례관리 서비스 활성화 방안을 위한 만족도 조사·분석. 나사렛대 재활복지대학원 석사학위논문.

정영숙·이현지(2003). 장애인복지론. 경기: 현학사.

정용주(2014). 장애인 활동지원제도 안정화 방안. 중부대학교대학원 사회복지학과. 석사미간행논문.

정은수(2012). 장애인 활동지원제도 연구. 원광대학교행정대학원. 석사미간행논문.

정일교·김만호(2007). 장애인복지론. 경기: 양서원.

정재훈·조흥식·권문일(2009). 사회서비스 지원체계 발전 방안연구. 보건복지부·서울여자대학교 산학협력단.

정종화(2000). 장애인의 역량강화를 위한 자립생활의 이론과 실제. 정립회관.

정종화(2002). 장애인 자립생활 지원을 위한 과제와 전망. 장애인 자립생활 지원을 위한 이론과 실제. 서울장애인종합복지관.

정종화(2003). 장애인의 역량강화를 위한 자립생활의 이론과 실제, 장애인자립생활학교 강의 자료집, 전라북도립장애인종합복지관.

정종화(2007). 장애인 자립생활의 이론과 활동보조 서비스, 2007 사회서비스 전자바우처 2, 사회서비스관리센터.

정종화·주숙자(2008). 자립생활과 활동보조 서비스. 경기: 양서원.

정진모(2009). 사회서비스, 바우처/제도의 내용과 발전적 과제. 한국카리타스회보, 통권31호, 41-58.

정희경(2013). 한·일 장애인자립생활센터 운영방안 비교연구: 경기도 적용을 중심으로. 경기복지재단.

조미경(2014). 자립생활운동의 철학과 서비스에 대한 비판적 검토를 통해서 본 IL센터의 역할과 방향. 장애인자립생활센터의 역할과 전망에 관한 토론회. 노들장애인자립생센터·한국장애인자립생활센터협의회.

조신영 외(2023). 2023년 기업체 장애인 실태조사. 고용개발원.

조영길(2010). 중증장애인의 독립생활. 서울: 시그마프레스.

조현승·박문수·고대영(2012). 전자바우처 도입과 사회서비스산업의 구조 변화. 보건복지부.

지호영(2012). 장애인 활동지원제도의 발전 방안에 관한 연구. 가천대학교 사회복지정책대학원. 석사미간행논문.

질병관리본부 희귀질환 헬프라인(2023). 2023년 희귀질환자 의료비지원사업 대상질환. helpline.nih.go.kr에서 검색.

질병관리본부 희귀질환 헬프라인(2023). 의료비지원사업안내. helpline.nih.go.kr에서 검색.

최상옥·전용일·임두빈(2014). 새로운 사회서비스 재원조달방안 연구. 한국보건복지정보개발원·한국고용복지연금연구원.

최영광(2000). 생활시설 장애인의 자립생활 프로그램 도입을 위한 기초환경 탐색. 가톨릭대학교 사회복지대학원. 미간행석사논문.

최원석(2006). 보조공학서비스 효과성 제고 방안. 한국장애인고용공단 보조공학센터.

최윤영·이경준(2010). 장애인복지론. 서울: 학지사.

충남도청(2015). 장애인지원: 생활안정지원. http://www.chungnam.net에서 검색.

충남도청(2023). 생활안정지원. www.chungnam.go.kr에서 검색.

통계청 내부자료(2016).

통계청 내부자료(2019).

한국뇌성마비복지회, 옮김 · DeJong, G(1979). 독립적 생활: 사회운동에서 분석 패러다임에 이르기까지, 신체장애의 심리적 · 사회적 충격. 서울: 을유문화사.

한국보건사회연구원(2014). 2014년 장애인 실태조사. 보건복지부.

한국보건사회연구원(2014). 2015년 장애인 실태조사.

한국복지연구회(1995). 사회복지의 역사. 이론과 실천.

한국장애인개발원(2008). 장애인 보조기기서비스 과정 안내서.

한국장애인개발원(2009). 장애인복지 용어 핸드북.

한국장애인개발원(2011). 공적급여 보조기기 지원 효율화를 위한 한국형 서비스 모델 개발 연구. 보건복지부.

한국장애인고용공단(2016). 장애인고용을 위한 사업 안내. http://www.kead.or.kr에서 검색

한국장애인고용공단(2017). 2012년도 장애인고용: 내부자료(2016. 12. 31. 기준).

한국장애인고용공단(2023). 장애인의무고용제도(부담금신고납부안내). http://www.kead.or.kr에서 검색.

한국장애인고용공단(2023). 장애인고용(업무바인더). www.kead.or.kr에서 검색.

한국장애인고용공단(2023). 장애인고용의무제도. www.kead.or.kr에서 검색.

한국장애인고용공단(2019). 장애인의무고용제도(부담금신고납부안내). www.kead.or.kr에서 검색.

한국장애인고용촉진공단(2005). 의무고용제도 재설계 방안.

한국장애인공단 내부자료(2016).

한국장애인자립생활연구회(1999). 자립생활 관련 자료집 I .

한국장애인재활협회(2006). 한국 장애인복지년사. 경기: 양서원.

한국재활재단(1997). 한국 장애인복지변천사. 경기: 양서원.

한국정보문화진흥원(2015). 2015년 정보격차해소백서. http://www.kado.or.kr에서 검색.

한국정보문화진흥원(2023). 국가정보화백서. www.nia.or.kr에서 검색.

한진수(2004). 중증장애인의 자립생활에 관한 질적 연구, 성공회대학교 사회복지대학원. 미간행석사논문.

함께걸음(2016). 보조공학의 미래를 당겨보자, 로봇이야기.

함세남(2001). 사회복지의 역사. 서울: 학지사.

홍유진 · 장현(2012). 장애인 활동지원제도의 문제점과 개선과제: Gilbert와 Terrell의 산물분석이론을 중심으로. 재활복지.16, No.4, 19-38.

희귀난치성질환센터(2016). 희귀난치성질환정보. http://www.helpline.cdc.go.kr에서 검색.

외국문헌

中西正司(1998). 자립생활운동의 역사적 변천과정 및 현황. 제1회 한 · 일 장애인자립생활 실천 세미나자료집, 정립회관.

佐藤久夫 · 北野誠一 · 三田優子(2002). 障害者と地域生活. 中央法規.

兒島美都子 · 成清美治 · 村井龍治(2001). 障害者福祉概論. 學文社.

大川弥生(2015). 일본 ICF 활용. 산업기술종합연구소.

手塚直樹(1981). *障害者福祉論*. 光生館.

相澤讓治(2005). *障害者福祉論*. 學文社.

竹原健二(2005). *障害のある人の社會福祉學*. 學文社.

蔣村多加志(2002). *障害者福祉論*. 中央法規出版.

Adolf D. Ratzka(1992). Independent Living and Our Organizations, Resource Kit for Independent Living. *Tools for Power*(Disabled Peoples' International Independent Living Committee, April 1992), http://www.independentliving.org/Tools, for Power/Tools1.html,

Adolf D. Ratzka(1993). Independent Living and our Organizations, Institute on Independent Living, Stockholm Sweden.(http://www.inedpendentliving.org),1993.

Assistive Technology Act Programs(2005), State Assistive Technology Act Programs. http://www.ataporg.org.

Batavia, A. I., & Schriner, K(2001). The Americans with Disabities Act as engine of social change: Model of disabity and the potential of a civ rights approach. *Policy studies Journal*.

Bredley, V. J.(1994). Evolution of a New Service Paradigm, Bradeley V. J., Ashbaugh, J. W., Bleney, B. C.(ed). *Creating individual supports for people with developmental disabilities: A mandate for change at ny levels*. Baltimore: Paul H. Brookes.

Brisenden, S(1989). *A charter for personal care, in Progress, 16*. Disablement Income Group,

David P. Moxley(1997). IncCase Management by Design: Reflections on Principal and Practices.

DeJong, G(1979). *The movement for independent living: origins, ideology and implications for disability research*, East Lansing MI. Michigan State University,

DeJong, G(1981). Environmental Accessibility and Independent Living – Directions for Disability Policy and Research, University Center for International Rehabilitation, Michigan State University.

Doty, P, J, Kasper, and S, Litvark(1996). Comsumer-directed models of personalcare; Lessonsfrom Medicaid, *The Milbank Quarterly. 74*(3): 337-409.

Evers, M. Karin(2007). 21세기의 장애인정책, 그리고 장애인의 자기결정권과 사회참여를 위한 보조공학의 중요성. 2007 한·독 국제장애인 보조기기심포지엄 자료집. 국장애인복지진흥회·경기도재활공학서비스연구지원센터·경기도장애인종합복지관.

Galbraith, J. H,(1967). *The new Industrial State*. Bostin. Houghton Mifflin.

Hedman, G,(1990). Rehabilitation Technology. *Physical & Occupational Therapy in Pediatrics, Volume 10*, Number 2: The Harworth Press, Inc.

Hedman, G,(1990). Rehabilitation Technology. Physical & Occupational Therapy in Pediatrics, Volume 10, Number 2: The Harworth Press, Inc.

ILO(2003). The Right to Decent Work of persons with disabilities.

ILO(2004). Achieving Equal Employment Opportunities for people with Disabilities through Legislation.

ILRU(1992). An American definition of Independent Living, Resource Kit for Independent Living Tools for Power(Disabled Peoples' International Independent Living Commit. for Power/Tools1.html, April.

ILRU(2000). *Directory of Independent Living Programs*. Houston: Author. Kathy.

Ito, Akiko(2008). Promoting the human rights of persons with disabilities through technology. 2008 International symposium on Assistive technology.

Jean P. Sartre(2008). 실존주의는 휴머니즘이다 (박정태 옮김). 서울: 이학사.

Jones, D.(1993). Informal cares and their elderly dependents: a community based longitudinal study, in Diana Robinns, Community Care: findings form Department of Health Funded research 1988-1992, London, HMSO.

Joseph P. Shapiro(2010). 동정은 싫다(윤삼호 역). 서울: 한국DPI 출판부.

Kuhn, T.(1961). *The Structure of Scientific Revolutions*. Chicago: University Press.

Lachat, M. A.(1988). The Independent Living Service Model. The Center for Resource Management, Inc.

Lassiter, Robert. A.(1983). *Vocational Evaluation Work. Adjustment, and Independent Living for Severely Disabled People*. Illinois Springfield Charles C Thomas Publisher.

Levy, L. H.(1976). Self-Help Groups: Types and Psychological Processes. *Journal of Applied Behavioral Science*.

Martinez & Barbara Duncan(2003). The Road to Independent Living in the USA: an historical perspective and contemporary challenges,

Mary Ann Lachat(2003). The Independent Living Service Model. 자립생활서비스 모델. 정립회관.

National Council on Disability, 정립회관 역(2001). 자립의 성취: 21세기를 향한 도전, 정립회관,

Nosek(1988). M. A, Independent Living and Rehabilitation Counseling, Rubin, Stanford E. & Rubin, Nancy M.(ed), *Contemporary challenges to the Rehabilitation Counseling Profession*. Paul H. Brookes Publishing Co,

Nosek, M., Fuhrer, M., & Potter, c.(1995). Life satisfaction of people with physical disability status and handicap. *Rehabilitation Psychology, 40*(3), 191-202.

Oliver, M.(1990). *The Politics of Disablement*. Basingstoke: Macmillan.

Oliver, M.(1996). *Understanding Disability*. London: Macmilan.

Oliver. M.(1991) (ed.), Social Work: *Disabled People and Disabling Environment*. London: Kingsley press.

Rubin, S. E, & Roessler, R.T.(1995). *Foundations of the vocational rehabilitation process*(4th ed.). Austin, Texas: Pro-ed.

Schneider, M.(1999). Achieving greater independence through assistive technology, Job accommodation and supported employment. *Journal of Vocational Rehabilitation, 12*.

Solvang, p.(2000). The emergence of an us and them discourse in disability theory. *Scandiniavian Journal of Disability Research, 2*(1), 3-20.

Waddington, D.(1996). Reassessing the Employemtn of People with Disabilities in Europe: from Quotas to Antidiscrimination Laws, *Comparative Labour Law Journal, 18*(62).

홈페이지 자료

국가법령정보센터. http://www.law.go.kr/ 「교통약자의 이동편의 증진법 시행령」, 「장애인·노인·임산부 등의 편의증진보장에 관한 법률 시행령」, 「장애인 정보접근권관련 법률」, 「장애인복지법 시행규칙」

국민건강보험공단. http://www.nhic.or.kr/

국민연금공단. http://www.nps.or.kr/

국토교통부. http://www.molit.go.kr/

근로복지공단. http://www.kcomwel.or.kr/

보건복지부. http://www.mw.go.kr/

부산광역시. http://www.busan.go.kr/
사회보장정보원. www.socialservice.or.kr/, http://www.ssis.or.kr/
전미국장애인자립생활협의회(NCIL). http://www.ncil.org/
충청남도청. http://www.chungnam.net/
한국 장애인자립생활센터총연합회(KOIL). http://www.koil.kr/
한국장애인고용공단. http://www.kead.or.kr/
한국정보문화진흥원. http://www.kado.or.kr/
희귀난치성질환센터. http://helpline.nih.go.kr/
http://berkeley.edu/news/media/releases/2004/08/10_drilm.shtml UC Berkeley News
http://blog.daum.net/biomarket/7619350
http://blog.naver.com/PostView.nhn?blogId=kjy0000001&logNo=140053301570
http://terms.naver.com/entry.nhn?docId=719&cid=209&categoryId=209
http://www.april-rural.org Association of Programs for Rural Independent Living
http://www.rtcil.org/Research & Training Center on Independent Living in University of Kansas

언론사 보도자료

에이블 뉴스(2009. 4. 29.) “MIT가 만든 최첨단 인공지능 휠체어”.
함께걸음(2011. 12. 29.). “보조공학의 미래를 당겨보자, 로봇 이야기”.

저자소개

이채식 우송정보대학교 사회복지과 교수

이은영 강동대학교 사회복지과 교수

이형렬 대전보건대학교 사회복지과 교수

김재익 한국열린사이버대학교 사회복지학과 특임교수
(Good Job 자립생활센터 소장)

전영록 제주관광대학교 사회복지과 교수

제7판

장애인복지론

초　판 1쇄 발행 2008년 7월 20일
초　판 4쇄 발행 2009년 8월 20일
제 2 판 1쇄 발행 2010년 2월 20일
개 정 판 4쇄 발행 2012년 7월 20일
개정2판 5쇄 발행 2015년 4월 13일
제 3 판 1쇄 발행 2017년 2월 25일
제 4 판 1쇄 발행 2018년 7월 20일
제 5 판 2쇄 발행 2021년 7월 15일
제 6 판 1쇄 발행 2024년 2월 29일
제 7 판 1쇄 발행 2025년 2월 21일

지 은 이 | 이채식 · 이은영 · 이형렬 · 김재익 · 전영록
펴 낸 이 | 김기섭
편 집 인 | 이윤희 · 이혜란
펴 낸 곳 | 창지사 www.changjisa.com
08589 서울시 금천구 가산디지털 1로 83 파트너스타워 1차 9층
전화 (02)719-2211~3
팩스 (02)701-9386
등　록 | 1977년 4월 28일 · 제1-421호

ISBN 978-89-426-1927-6 (93330)

값 27,000원